Firmen laden ein

F.A.Z.-Leitfaden Betriebsbesichtigungen

Firmen laden ein

F. A.Z.-Leitfaden Betriebsbesichtigungen

CIP-Titelaufnahme der Deutschen Bibliothek

Firmen laden ein: FAZ-Leitfaden Betriebsbesichtigungen/ [Zsstellung und verantw. für den Inhalt: Dieter Dröll; Gabriele Dietz]. – 10. Aufl. – Frankfurt am Main : Frankfurter Allg. Zeitung, 1991
ISBN 3–924875–65–0
NE: Dröll, Dieter [Hrsg.]

Überarbeitete, aktualisierte 10. Auflage 1991

Zusammenstellung und verantwortlich für den Inhalt:
Dieter Dröll, Gabriele Dietz

Gesamtherstellung
Rindt-Druck Fulda
Printed in Germany 1991

Der erste Eindruck

Die Frankfurter Allgemeine Zeitung legt hiermit einen Leitfaden der Betriebe, die besichtigt werden können – eine Public-Relations-Aktion im weitesten Sinn für die „offene Tür“ in der Wirtschaft –, vor.

Er stellt, nach Branchen gegliedert, Firmen vor, die im Rahmen ihrer Öffentlichkeitsarbeit Firmenbesichtigungen ermöglichen. Innerhalb der Branchenkapitel sind die Unternehmen in alphabetischer Reihenfolge geordnet. Ein Registerteil ordnet zusätzlich insgesamt alphabetisch und auch nach Postleiträumen.

Am Ende eines jeden Branchenkapitels werden in Anzeigen unter dem Motto „Firmen stellen sich vor“ weitere Grunddaten verschiedener Unternehmen veröffentlicht.

Der F.A.Z.-Leitfaden Betriebsbesichtigungen wendet sich an
- alle Fach- und Führungskräfte, die sich verändern wollen und an einem ersten Eindruck ihres gewünschten neuen Arbeitsplatzes interessiert sind;
- Schulen, Universitäten, Schüler, Studenten, Lehrkräfte, die sich ein Bild vor Ort machen möchten;
- Eltern, die ihren Kindern einen Einblick in Berufs- und Einsatzmöglichkeiten geben wollen;
- Verbände, Vereinigungen, Gruppen, deren Mitglieder ihr Wissen über Wirtschaft und wirtschaftliche Zusammenhänge vertiefen wollen.

Ob man einem ersten Eindruck glaubt oder mißtraut, ist eine Angelegenheit der persönlichen Überzeugung. Manchmal aber muß der erste Eindruck genügen, um sich ein möglichst umfassendes Bild zu machen, so zum Beispiel, wenn man ein Unternehmen das erste Mal besucht.

Wer mit der Branche vertraut ist, sieht mehr und kann genau das erfahren, was wesentlich ist. Je mehr Bereiche besichtigt werden können, um so abgerundeter werden die Eindrücke. Branchen, in denen Teile manuell oder maschinell be- und verarbeitet werden, ermöglichen mehr Beobachtung als der Besuch in einem Kraftwerk oder einer Raffinerie. Man muß sich immer bewußt bleiben, daß man bei einem Rundgang vor allem Manifestationen guter oder schlechter Administration sieht, was nicht zwingend auch auf Management und Bilanzen schließen läßt, obwohl gute Administration meist auf ein gutes Management schließen läßt.

Eine Reihe von namhaften Unternehmen ist in dieser Ausgabe des F.A.Z.-Leitfadens Betriebsbesichtigungen nicht vertreten. Dafür gibt es stichhaltige Gründe: Die Besucherdienste sind bereits lange im voraus ausgebucht; Umorganisation des Besichtigungsprogramms; hygienische Vorschriften; explosionsgefährdeter Betrieb; Umstellungen in der Produktion; Beeinträchtigung des Arbeitsflusses; Konkurrenzgründe.

„Firmen laden ein" ist als eine ständige Informationsquelle der Frankfurter Allgemeinen Zeitung angelegt, die jedes Jahr überarbeitet herauskommt.

Inhaltsverzeichnis

Industrie der Steine und Erden
Baugrundstoffe, Isolierungen, Industriekeramik 21

Erste Bayerische Basaltstein AG 23
Heidelberger Zement Aktiengesellschaft 24
Bernhard Link GmbH & Co. KG 25
August Lücking KG 26
Ravoton Klinkerwerke GmbH 27
Deutsche Rockwool Mineralwoll GmbH 28, 32
Siplast GmbH 29
Schmelzbasaltwerk Kalenborn Dr.-Ing. Mauritz GmbH & Co. KG 30
TeGi-Keramik Paul Teeuwen GmbH & Co. KG 31

Aluminium-, Eisen- und Stahlindustrie 33

Aluminium Walzwerke Singen GmbH 35
Hoogovens Aluminium Kabelwerk GmbH 36
Schwelmer Verpackungs GmbH 37
Witzenmann GmbH 38

Chemische Industrie, kunststoffverarbeitende Industrie
Pharma, Kosmetik 39

Avon Cosmetics GmbH 41
BASF Aktiengesellschaft 42
Bayer AG 43, 44
Byk Gulden Lomberg Chemische Fabrik GmbH 45
DUROpal-Werk Eberh. Wrede GmbH & Co. KG 46
Du Pont de Nemours (Deutschland) GmbH 47

Enka AG Werk Obernburg 48
Geka-Brush GmbH 49
Hoechst Aktiengesellschaft 50
Hoechst Aktiengesellschaft, Werk Ruhrchemie 51
Hüls Aktiengesellschaft 52
E. Merck 53
Montaplast GmbH 54
Nourypharma GmbH 55
Organon GmbH 56
Roth GmbH Bad Ems 57
Sachtleben Chemie GmbH 58
Sandoz AG 59
Schering Aktiengesellschaft 60
Schwarz Pharma AG 61
Dr. Karl Thomae GmbH 62
Kurt Vogelsang GmbH 63

Erdölgewinnung und -verarbeitung 65

Deutsche BP Aktiengesellschaft, Raffinerie Bayern 67
Deutsche Texaco Aktiengesellschaft 68
Mobil Oil 69–71
OMW, Oberrheinische Mineralölwerke GmbH 72
VEBA OEL AG 73

Gummiverarbeitung 75

Deutsche Goodyear GmbH 77
Gummi-Reiff 78
Veritas Gummiwerke AG 79

Holzgewinnung und Holzverarbeitung Möbel, Ladenbau 81

Ludwig Gebhardt GmbH & Co Betriebs-KG 83
3K Büromöbel GmbH 84
J. Lacmann & Sohn KG 85
Leicht Einbauküchen GmbH 86
Ernst Maier Ladenbau-Metallbau 87
Orschler KG 88
Pohlschröder GmbH & Co. KG 89
Resopal GmbH 90
J. + A. Schmid GmbH & Co. 91

Christof Stoll GmbH & Co. KG 92
STOREbest-Ladeneinrichtung GmbH & Co. 93
Umdasch GmbH 94

Zellstoff und Papier, Büroartikel, Pinsel 95

AWA COUVERT August Wegener 97
Dr. Karl Höhn GmbH 98
Georg Leinfelder GmbH + Co.,
BE-PAK GmbH & Co. 99
Nordland Papier GmbH 100
Gebr. Schabert GmbH, Gesadi – Pinselfabrik 101
Peter Temming AG 102

Maschinen- und Werkzeugmaschinenbau 103

Bayerische Pflugfabrik GmbH Landsberg 105
BOMAG GmbH 106
Dr.-Ing. K. Busch GmbH 107
Friedrich Deckel Aktiengesellschaft 108
John Deere Werke Mannheim 109
John Deere Werke Zweibrücken 110
Finzer Säckinger Maschinen-Fabrik GmbH 111
Francotyp GmbH 112
Heyligenstaedt & Comp. 113
Michael Hörauf Maschinenfabrik GmbH + Co. KG 114
Accumulatorenwerke Hoppecke 115
Ixion Otto Häfner GmbH & Co. KG 116
H. Jungheinrich & Co. Maschinenfabrik GmbH & Co. KG 117
Kapp & Co. 118
Klopp-Werke KG – Klopp-Handel KG 119
Körber AG 120
Otto Kynast GmbH & Co. KG 121
Lenze GmbH & Co. KG 122, 123
Maschinenfabrik Lauffer GmbH 124
MAHO AG 125, 126
Metz Feuerwehrgeräte GmbH 127
J. D. Neuhaus Hebezeuge 128
Neumünstersche Maschinen- und Apparatebau GmbH 129
Oswald Forst GmbH & Co. KG 130
Overbeck GmbH & Co. KG 131
Pfaff Haushaltmaschinen GmbH 132
Pfaff Industriemaschinen GmbH 133

Ponndorf Maschinenfabrik GmbH 134
Prettl GmbH 135
Dr. Ramisch GmbH & Co. 136
Sauer Getriebe AG 137, 151
Schaudt Maschinenbau GmbH 138
W. Schlafhorst & Co. 139
Karl Schaeff GmbH & Co. 140
Schiess Aktiengesellschaft 141
Siemens AG UB KWU 142
Sohler Airtex 143
STa-Rite Industries GmbH Europa 144
Union Werkzeugmaschinenfabrik M. Reuther GmbH & Co. KG 145
J. M. Voith GmbH 146
Michael Weinig GmbH & Co. KG 147
Wemhöner Pressen Heinrich Wemhöner GmbH & Co. KG 148
Zahnradfabrik Friedrichshafen AG 149
H. Zeppernick & Co. KG 150

Anlagenbau und Fördertechnik 153

Arnold & Stolzenberg GmbH 155
Flohr Otis GmbH 156
Flohr Otis Aufzugs-GmbH 157
Robert Hildebrand Maschinenbau GmbH 158
Lauterberger Blechwarenfabrik GmbH 159
Karl Messer GmbH & Co. KG 160
Schindler Aufzügefabrik G.m.b.H. 161
Tracto-Technik, Paul Schmidt 162
Walther Spritz- und Lackiersysteme GmbH 163

Apparatebau 165

Faudi Feinbau GmbH 167
Flanschenfabrik Hüttental GmbH 168
Wilhelm Geldbach GmbH & Co. KG 169
GESTRA Aktiengesellschaft 170
Gloria-Werke H. Schulte-Frankenfeld GmbH & Co. 171
F. W. Oventrop Arn. Sohn KG 172
Reichert-Jung Division 173
Rheintacho GmbH & Co. 174
Technicon GmbH 175

Fahrzeugbau 177

Audi AG Ingolstadt 179
Audi AG Neckarsulm 180
Heinrich Bald Fahrzeugfabrik GmbH & Co. 181
Bayerische Schiffbau GmbH 182
BMW AG 183–186, 212, 213
Fahrzeugwerk Borco-Höhns 187
IVECO Magirus AG 188
Karl Kässbohrer Fahrzeugwerke GmbH 189
Mercedes-Benz AG 190–195
Adam Opel AG 196–198
Peugeot Automobile Deutschland GmbH 199
Dr. Ing. h. c. F. Porsche Aktiengesellschaft 200
Schmitz-Anhänger 201
Südrad GmbH 202
Thyssen Nordseewerke GmbH 203
Volkswagenwerk AG, Wolfsburg 204
Volkswagenwerk AG, Emden 205
Volkswagenwerk AG, Hannover 206
Volkswagenwerk AG, Braunschweig 207
Volkswagenwerk AG, Salzgitter 208
Volkswagenwerk AG, Kassel 209
Westfalia-Werke 210

Elektroindustrie
Elektrotechnik, Elektronik 215

AEG Aktiengesellschaft 217
ANT Nachrichtentechnik GmbH 218
Bally Wulff Automaten GmbH 219
Bauknecht Hausgeräte GmbH 220
Busch-Jaeger Elektro GmbH 221
Contact GmbH 222
De Te We Deutsche Telephonwerke und Kabelindustrie / 223
Doduco KG Dr. E. Dürrwächter 224
Endress + Hauser GmbH + Co. 225
Fischer & Porter GmbH 226
Hager Electro GmbH + Co. 227
Heliowatt Werke Elektrizitäts-Gesellschaft mbH 228
Hewlett-Packard GmbH 229
Honeywell GmbH 230

IBM Deutschland GmbH	231
Klöckner-Moeller Elektrizitäts GmbH	232, 246–247
Krone AG	233
H. Kuhnke Fabrik für Elektrotechnik und Pneumatik GmbH	234
Lapp GmbH	235
Miele & Cie.	236
Mitsubishi Electric Europe GmbH	237, 248
National Semiconducter GmbH	238
Nixdorf Computer AG	239
Rank Xerox GmbH	240
Siemens	241, 249
Standard Elektrik Lorenz AG	242
TELENORMA, Telefonbau und Normalzeit	243
VEGA	244
Werbelicht KG	245
Foto und Optik	251
Foto-Quelle GmbH	253
Vereinigte CeWe-Colorbetriebe GmbH & Co. KG	254
Druckindustrie, Verlage	255
Zeitungshaus Bauer	257
Bertelsmann Distribution GmbH	258
Frankfurter Allgemeine Zeitung GmbH	259, 282–283
Fuldaer Verlagsanstalt GmbH	260
Gewa-Druck GmbH	261
Druckhaus Haberbeck	262
Heilbronner Stimme	263
Druckhaus Koblenz Mittelrhein-Verlag GmbH	264
Langenscheidt Verlagsgruppe	265
Unternehmensgruppe Lübbe	266
Verlagsgesellschaft Madsack GmbH & Co.	267
Mannheimer Morgen Großdruckerei und Verlag GmbH	268
Motor-Presse-Verlag GmbH & Co. KG	269
Neue Osnabrücker Zeitung	270
Parzeller GmbH & Co. KG	271
Presse-Druck- und Verlags-GmbH Verlag der Augsburger Allgemeinen Zeitung	272
Pressehaus Falter	273
Verlag Norman Rentrop	274
Saarbrücker Zeitung	275
Verlag Hans Schmid GmbH	276
Schwarzwälder Bote	277

Universitätsdruckerei H. Stürtz AG 278
VVA – Vereinigte Verlagsauslieferung GmbH 279
Emil Zettler Kalenderwerk 280

Textil- und Bekleidungsindustrie 285

Anker-Teppichfabrik Gebr. Schoeller GmbH & Co. KG 287
Julius Bartram 288
Besmer Teppichfabrik Mertens GmbH & Co. 289
Florex Frottier GmbH 290
Frankfurter Bettfedernfabrik Fritz Volker GmbH 291
Gold-Zack Werke Aktiengesellschaft 292
Hauser Modelle GmbH & Co. 293
F. A. Kümpers 294, 304
MEZ AG 295
Pellio-Pelze GmbH 296
Piraiki Patraiki van Delden Textil AG 297
Rollmann & Rose GmbH 298
Bekleidungsfabrik Alois Schober 299
Vereinigte Seidenwebereien AG 300
Leonhard Vogel 301
R. u. M. Wegener 302
WGF Wuppertaler Garnbleicherei und Färberei 303

Lederwaren, Schuhe, Schirme 305

Apollo-Schuhfabrik Heinrich Dinkelacker 307
Elefanten-Schuh GmbH 308
Segger KG 309

Nahrungs- und Genußmittelindustrie 311

Alpirsbacher Klosterbräu Glauner GmbH & Co 313
Weinbrennerei Asbach & Co. K.G. 314
Botterbloom Milch + Eiskrem eG 315
Breisgau Milch GmbH 316
Brohler Mineralbrunnen GmbH 317
Champignon-Kulturen-GmbH 318
Coca-Cola GmbH 319, 360
Deutz & Geldermann Sektkellerei Breisach GmbH 320
Dortmunder Kronen GmbH & Co. 321

3 Glocken GmbH 322
Peter Eckes KG 323
Eduscho 324
Eichbaum-Brauereien AG 325
Grahamhaus Studt GmbH & Co. KG 326
Enzianbrennerei Graßl GmbH & Co. KH 327
Hannen Brauerei GmbH 328
Rumhaus Hansen GmbH & Co. 329
Hassia & Luisen Mineralqellen Bad Vilbel GmbH & Co KG 330
Kammer-Kirsch GmbH 331
C. A. Kupferberg & Cie. 332
Küppers Kölsch Brauerei GmbH 333
Lindener Gilde-Bräu AG 334
Ed. Messmer GmbH & Co 335
Milchhof Niederrhein eG 336
G. Mülhoff 337
Palatia Malz GmbH 338
Sechsämtertropfen G. Vetter GmbH & Co. 339
Süddeutsche Zucker-AG, Werk Groß-Gerau 340
Süddeutsche Zucker-AG, Werk Offstein 341
Süddeutsche Zucker-AG, Werk Waghäusel 342
Süddeutsche Zucker-AG, Werk Offenau 343
Süddeutsche Zucker-AG, Werk Plattling 344
Süddeutsche Zucker-AG, Werk Regensburg 345
Süddeutsche Zucker-AG, Werk Rain 346
Weinbrennerei Scharlachberg 347
Schill-Malz GmbH 348
Schwaben Bräu Brauerei Rob. Leicht AG 349
Privatbrauerei Jacob Stauder GmbH & Co. 350
Teutoburger Mineralbrunnen GmbH 351
Union Deutsche Lebensmittelwerke GmbH, Bahrenfeld 352
Union Deutsche Lebensmittelwerke GmbH, Kleve 353
Union Deutsche Lebensmittelwerke GmbH, Mannheim 354
Vereinigung Rheinischer Molkereien G.m.b.H. 355
Warsteiner Brauerei – Gebr. Cramer KG 356
Westfälische Getränkeindustrie GmbH & Co. KG 357
Wicküler Brauerei GmbH & Co. KG 358
Zuckerfabrik Sehnde A.-G. 359

Tabakindustrie 361

BAT-Werk Berlin 363
BAT-Werk Bayreuth 364
Burger Söhne GmbH & Co. KG 365
Villiger Söhne GmbH 366

Freizeitindustrie
Musikinstrumente, Schallplatten, Spielwaren, Sportartikel 367

GEZE Vereinigte Baubeschlagfabriken Gretsch & Co. GmbH 369
Grotrian-Steinweg 370
Matth. Hohner AG 371
Margarete Steiff GmbH 372

Haushaltswaren und -geräte, Geschenkartikel, Schmuck und Uhren, Glas, Feinkeramik 373

Barthmann Cristall Dorotheenhütte 375
Glaswerke Warmensteinach eG 376
J. A. Henckels Zwillingswerk AG 377
Kristallkronleuchter-Fabrik Gerh. Palme + Co. GmbH 378
Freiherr von Poschinger Kristallglasfabrik 379
Staatliche Majolika Manufaktur Karlsruhe AG 380

Bauindustrie 381

Bildungszentren des Bauhandwerks e.V. 383
Louis Eilers 384
Euro Haus GmbH 385
Peter Gross KG, F. Albert Bauunternehmung GmbH 386
Haacke + Haacke GmbH & Co. 387
HIG Holzleimbau-Industrie Gesellschaft mbH 388
W. Hundhausen Bauunternehmung GmbH 389
Kesting-Massivhaus GmbH 390
Markgraf GmbH & Co. KG 391
Neue Heimat Bayern 392
Nordhaus Fertigbau, Schwabenthan + Luppold KG 393
Otto Scherff 394

Innenausbau, Heizung, Klima, Lüftung, Sanitär 395

E. Albers & v. Drathen 397
Aqua Butzke-Werke Aktiengesellschaft 398
Brown Boveri-York 399
Friedrich Grohe Armaturenfabrik GmbH u. Co. 400
Hans Grohe GmbH & Co. KG 401
Junior Baukonstruktionen GmbH + Co 402
Keller Lufttechnik GmbH + Co. KG 403

KK Raumelemente Kirschner GmbH & Co. KG 404
Mittelmann & Stephan GmbH & Co. KG 405
Openfire Rösler-Kamine GmbH 406
Sauter-Cumulus GmbH 407
Schüco Heinz Schürmann GmbH & Co. 408
Schwank GmbH 409
Gebr. Sulzer 410
Viessmann GmbH & Co. 411
Wamsler Herd und Ofen GmbH 412
Max Weishaupt GmbH 413

Außen-, Groß- und Einzelhandel 415

Auto Becker 417
Autohaus Georg v. Opel GmbH & Co. 418
Kurt Cl. Bergmann GmbH & Co. KG 419
Chemikalien Scheins GmbH 420
Depolma Deutsch-Polnische Maschinen-Handelsgesellschaft mbH 421
Elwert und Meurer GmbH 422
Farben Jenisch GmbH 423
Fleurop GmbH 424
HUS-Handelsunion Südwest,
Spar-Zentrale Saar-Pfalz 425
Claus Kling-Söhne GmbH & Co. 426
Franz Kling C + C-Großhandel 427
Großmarkt Mannheim GmbH 428
Möbel-Höhn KG 429
Kathreiner Aktiengesellschaft 430
Karl Kipping KG 431
Buchhandlungen Gerhard Ludwig GmbH & Co. 432
Hans R. Marquart 433
Möbel Neubert GmbH & Co. 434
Nord-West-Ring 435
OTTO Versand 436
Aug. Prelle KG 437
Schenke & Co 438
Großversandhaus Quelle Gustav Schickedanz KG 439
Schwab AG 440
Südfleisch GmbH 441
Weiss u. Sohn KG 442

Verkehr, Nachrichtenübermittlung 443

Dachser GmbH & Co. 445, 458
DB, Deutsche Bundesbahn, Hauptverwaltung 446
DB, Deutsche Bundesbahn, Betriebswerk Hamburg 1 447
Deutsche Bundespost 448
Flughafen Hannover-Langenhagen GmbH 449
Flughafen Köln/Bonn GmbH 450
Flughafen München GmbH 451
Friedr. Jaspar Rund- und Gesellschaftsfahrten GmbH 452
Lübecker Hafen-Gesellschaft mbH 453
Louis Neukirch GmbH 454
Oberbergische Verkehrsgesellschaft AG 455
Panalpina-Niederquell Welttransport GmbH 456
Rhenus Aktiengesellschaft 457

Funk, Film, Fernsehen 459

Sender Freies Berlin – SFB 461

Kreditinstitute und Versicherungen 463

Bausparkasse Wüstenrot 465
Bethmann Bank 466
BHW Gemeinnützige Bausparkasse für den öffentl. Dienst GmbH 467
DAK Deutsche Angestellten-Krankenkasse 468
Deutsche Bank AG 469
Deutsche Krankenversicherung AG 470
Deutscher Ring 471
Dresdner Bank AG 472
Frankfurter Versicherungs-AG 473
Hamburg-Mannheimer Versicherungsgesellschaften 474
Kreissparkasse Ludwigsburg 475
Metzgerbank-EVGEDEM 476
Münchener Verein Versicherungsgruppe 477
Oldenburgische Landesbank AG 478
Opel-Händler Versicherungs-Dienst GmbH 479
Sparkassen-Versicherung 480
TELA Versicherung AG 481
Versicherungsgruppe Hannover 482

Hotel- und Gaststättengewerbe, Kurbetriebe 483

Bad Orb GmbH 485
Conti Hansa Hotel 486
Dorint Hotelgesellschaft mbH 487
Kur- und Bäderverwaltung Bad Krotzingen GmbH 488
Hotel Maritim Bellevue 489
Maritim Berghotel 490
Maritim Golf- und Sporthotel 491
Maritim Seehotel 492
Maritim Staatsbadhotel 493
Hotel Maritim Stadtgarten 494
Maritim Strandhotel 495
Panoramahotel am Jägerhäusle 496
Rheuma-Heilbad AG Bad Kreuznach 497
Rüdesheimer Schloß 498
Staatsbad Salzuflen 499
Steigenberger Hotels Aktiengesellschaft 500
Weissenhäuser Strand 501

Land- und Forstwirtschaft, Weinbau 503

Weingut G. Breuer 505
Weingut Fuchs-Jacobus 506
Fürstlich Castell'sches Domänenamt 507
Gebietswinzergenossenschaft Franken eG 508
Weingut Graf von Kanitz 509
Ferdinand Pieroth Weingut-Weinkellerei GmbH 510
Prinz zu Salm – Dalberg'sches Weingut 511
Balthasar Ress KG 512
Weincastell Schilling-Gilbert 513
Fr. Strube Saatzucht 514
Zentralkellerei Badischer Winzergenossenschaften eG 515
Zentralkellerei Mosel-Saar-Ruwer eG 516

Elektronische Datenverarbeitung als Dienstleistung 517

GEI – Ges. für elektronische Informationsverarbeitung 519
ICR Internationale Consulting und Rechenzentrum GmbH 520
Matthiesen Daten GmbH, Matthiesen „Kienzle Datensysteme" Gml 521
Taylorix Organisation Stiegler, Haußer GmbH & Co. 522

Dienstleistungen für Unternehmen 523

Bremer Wertpapierbörse 525
Verband der Vereine Creditreform e.V. 526
DHL Worldwide Express GmbH 527
KOCAREK Übersetzungen Essen 528
Landesentwicklungsanstalt Nordrhein-Westfalen für Städtebau, Wohnungswesen und Agrarordnung G.m.b.H. 529
Messe Frankfurt 530
Omnia-Werbegesellschaft mbH & Co. KG 531
Pädagogisches Institut für die Wirtschaft 532
Pharmaselect GmbH 533
Rheinisch-Westfälischer TÜV e.V. 534
Heinz Schriefers 535
TEAM PR 536
Transit Kühlhausgesellschaft mbH 537
Treuarbeit Aktiengesellschaft 538
Uhde GmbH 539
Werbefachliches Lehrinstitut Marquardt WLM 540
Werbeteam 541

Forschung und Entwicklung 543

GKSS-Forschungszentrum Geesthacht GmbH 545
Hahn-Meitner-Institut Berlin GmbH 546
Kernforschungsanlage Jülich GmbH 547
Kernforschungszentrum Karlsruhe GmbH 548
Kraftwerk Union AG 549
Max-Planck-Institut für Plasmaphysik 550

Versorgungsbetriebe, Energiewirtschaft, Stadtwerke 551

Berliner Kraft- und Licht Aktiengesellschaft 553
Bremer Straßenbahn AG 554
Duisburger Verkehrsgesellschaft AG 555
Elektromark 556
Gesellschaft für Straßenbahnen im Saartal AG 557
Großkraftwerk Franken AG 558–560
Hamburger Wasserwerke GmbH 561
Hamburgische Electricitäts-Werke AG 562
Hannoversche Verkehrsbetriebe AG 563
Hessen-Nassauische Gas-Aktiengesellschaft 564
Innwerk Aktiengesellschaft 565
Isar-Amperwerke AG, Kraftwerk Irsching 566
Isar-Amperwerke AG, Kraftwerk Leiningerwerk 567

Kraftwerk am Höllenstein AG	568
Kraftwerk Arzberg der Energieversorgung Oberfranken AG, Bayreuth	569
Kraftwerk Wehrden GmbH	570
Kreisverkehrsbetriebe Saarlouis AG	571
Main-Gaswerke Aktiengesellschaft	572
NWK Nordwestdeutsche Kraftwerke AG	573
PreussenElektra Aktiengesellschaft	574
RWE, Rheinisch-Westfälisches Elektrizitätswerk AG	575
Städtische Betriebs- und Verkehrsgesellschaft mbH	576
Städtische Werke – Überlandwerke – Coburg	577
Stadtwerke Schwäbisch Hall GmbH	578
Stadtwerke Solingen	579
Stadtwerke Wiesbaden AG	580
Stadtwerke Wilhelmshaven	581
Technische Werke der Stadt Stuttgart AG	582, 585
VEW, Vereinigte Elektrizitätswerke Westfalen AG	583
Vereinigte Saar-Elektrizitäts-Aktiengesellschaft	584

Register 587

Industrie der Steine und Erden Baugrundstoffe, Isolierungen, Industriekeramik

Name des Unternehmens:
Erste Bayerische Basaltstein AG

Anschrift:
Postfach 1340
8591 Steinmühle

Wegbeschreibung:
a) Werk Steinmühle/Hirschentanz, Landkreis Tirschenreuth
St. 2176 zwischen Mitterteich und Konnersreuth
b) Werk Maroldsweisach, Landkreis Haßberge
B 279 zwischen Ebern und Königshofen

Telefon:
0 96 33 / 10 42

Kontaktperson:
Dir. Neubauer
f. Werk Steinmühle: Bruchmeister Männer
f. Werk Maroldsweisach: Betriebsleiter Weidemann

Produktionsprogramm:
Abbau, Gewinnung und Aufbereitung von Basalt in Sand, Splitt, Edelsplitt, Schotter u. Schottertragschichten für den Straßen- u. Betonbau sowie die Bundesbahn
Urgesteinsmehl für den Landwirt und Gärtner
Hochwertiger Ton für Keramikbetriebe und Ziegelwerke

Firmengröße:
a) Mitarbeiterzahl – 58
b) Umsatz – 6965000 DM

Gründungsjahr:
1880

Besichtigungen sind möglich:
Wann? – Montag bis Freitag ab 10 Uhr
Für welche Personengruppe? – 15–20
Voranmeldung:
a) erforderlich – ja
b) wie lange vorher? – 2 Wochen
Was wird gezeigt? – Abbau, Gewinnung, Aufbereitung von Basaltsteinprodukten

Name des Unternehmens:
Heidelberger Zement Aktiengesellschaft

Anschrift:
Berliner Straße 6
6900 Heidelberg

Telefon:
06621 / 4810

Kontaktstelle
Vorstandssekretariat

Produktionsprogramm:
Zement, Gips, chemische Baustoffe

Firmengröße:
a) Mitarbeiterzahl – 2700
b) Umsatz – 820 Mio. DM

Gründungsjahr:
1873

Besichtigungen sind möglich:
Wann? – nach Vereinbarung
Können sich Einzelpersonen an Gruppen anschließen? – ja
Voranmeldung:
a) erforderlich – ja
b) wie lange vorher? – 4 Wochen
Was wird gezeigt? – Produktionsablauf, Qualitätskontrolle

Name des Unternehmens:
Bernhard Link GmbH & Co. KG

Anschrift:
Oststraße
5412 Ransbach-Baumbach 1

Wegbeschreibung:
BAB Frankfurt–Köln
Ausfahrt Ransbach-Baumbach

Telefon:
0 26 23 / 20 41

Kontaktperson:
Herr Reimer

Produktionsprogramm:
Baukeramik

Firmengröße:
a) Mitarbeiterzahl – 120
b) Umsatz – 15 Mio. DM

Gründungsjahr:
1906

Besichtigungen sind möglich:
Wann? – nach tel. Rücksprache
Für welche Personengruppe? – Fachkräfte, Lehrer und Studenten, Verbände
Voranmeldung:
a) erforderlich – ja
b) wie lange vorher – 1 Woche
Was wird gezeigt? – Alles, was gewünscht wird.

Name des Unternehmens:
August Lücking KG

Anschrift:
3530 Warburg, Westf. 2

Wegbeschreibung:
BAB Kassel–Dortmund, Ausfahrt Diemelstadt

Telefon: 05642 / 5011

Kontaktperson:
Herr Schmidt

Produktionsprogramm:
Ziegeleien – Betonwerke

Firmengröße:
a) Mitarbeiterzahl – ca. 160 (gesamte Firmengruppe)
b) Umsatz – ca. 18 Mill. DM (gesamte Firmengruppe)

Gründungsjahr:
1899

Besichtigungen sind möglich:

Wann? – nach Vereinbarung

Für welche Personengruppe? – Baufachleute u. ä.

Können sich Einzelpersonen an Gruppen anschließen? – ja

Voranmeldung:
a) erforderlich – ja
b) wie lange vorher? – 4 Wochen

Was wird gezeigt? – Gesamtbetrieb in Bonenburg. Wir sind Hersteller von Baustoffen (ca. 160 Mitarbeiter und rd. 900 t Tagesleistung). In unserer Unternehmensgruppe werden in zwei Ziegeleien Hochlochziegel, UNIPOR-Leichthochlochziegel und großformatige Verblender, in unseren Betonwerken Betonwaren für den Tief-, Straßen- und Landschaftsbau und im Decken- und Fertigteilwerk Decken verschiedener Systeme sowie eine breite Palette von Fertigteilen für den Hochbau hergestellt.

Name des Unternehmens:
RAVOTON KLINKERWERKE GMBH

Anschrift:
Langenselbolder Straße 1–4
6451 Neuberg 1

Wegbeschreibung:
Autobahn über Frankfurter Kreuz – Hanau – Seligenstädter Kreuz Richtung Gießen Abfahrt Langenselbold

Telefon:
0 61 83 / 20 41

Kontaktperson:
Herr Baumann

Produktionsprogramm:
Hoch- und Tiefbau-Klinker, keramische Bodenplatten

Firmengröße:
a) Mitarbeiterzahl – 65
b) Umsatz – ca. 7 Mio. DM

Gründungsjahr:
1688

Besichtigungen sind möglich:
Wann? – Mittwoch – Donnerstag
Für welche Personengruppe? – individuelle Beteiligung
Können sich Einzelpersonen an Gruppen anschließen? – ja
Voranmeldung:
a) erforderlich – ja
b) wie lange vorher? – 1 Woche
Was wird gezeigt? – Betriebsablauf sowie Fabrikationspalette im Musterraum

ROCKWOOL®
I. WAHL DÄMMEN MIT STEINWOLLE

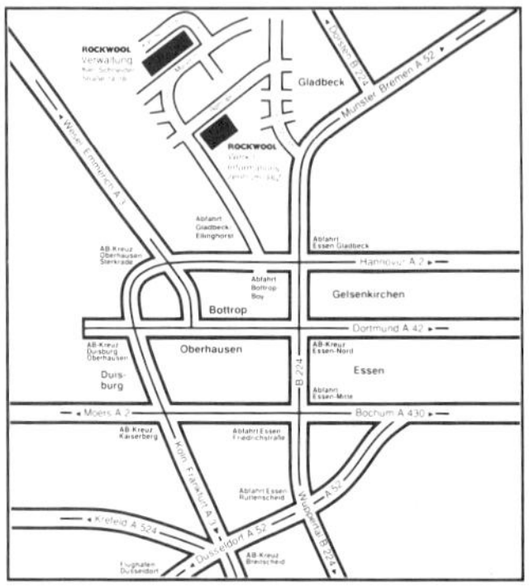

Name des Unternehmens:
DEUTSCHE ROCKWOOL
Mineralwoll-GmbH

Anschrift:
Karl-Schneider-Str. 14–18
4390 Gladbeck

Wegbeschreibung:
Autobahn A 2, Abfahrt: Gladbeck-Ellinghorst

Telefon:
0 20 43 / 40 84 00

Kontaktperson:
Hans Kammann

Produktionsprogramm:
Dämmstoffe aus Steinwolle

Firmengröße:
a) Mitarbeiterzahl–Konzern: 5000
b) Umsatz–Konzern: 1 Mrd. DM

Gründungsjahr:
1951

Besichtigungen sind möglich:
wann? Montag bis Freitag 9.00 Uhr bis 12.00 Uhr
Für welche Personengruppe? Architekten, Planer, Studenten, Bauprofis, Verarbeiter, Mitglieder von Verbänden
Können sich Einzelpersonen an Gruppen anschließen? – ja
Voranmeldung:
a) erforderlich – ja
b) wie lange vorher? – ca. 4 Wochen
Was wird gezeigt? – Herstellung von Steinwoll-Dämmstoffen, Firmenportrait, Film, Werksbesichtigung

Weitere Informationen Seite 32

Name des Unternehmens:
Siplast GmbH
Büffel-Systeme

Anschrift:
Industriegelände
Postfach 58
6632 Saarwellingen

Wegbeschreibung:
Autobahn bis Saarbrücken, Richtung Luxemburg A 620, hinter Saarlouis Abzweigung Koblenz A 1, bei Ausfahrt Nalbach nach Betonmischwerk rechts ab

Telefon:
0 68 38 / 863–0

Kontaktperson:
Sekretariat Geschäftsführung

Firmengröße:
a) Mitarbeiterzahl – 80
b) Umsatz –
Siplast GmbH 24 Mio DM
Feumas GmbH 6 Mio DM

Gründungsjahr:
1946

Besichtigungen sind möglich:
Wann? – dienstags bis donnerstags
Für welche Personengruppe? – keine Einschränkung
Können sich Einzelpersonen an Gruppen anschließen? – ja
Voranmeldung
a) erforderlich – ja
b) wie lange vorher? – ca. 14 Tage
Was wird gezeigt? – Produktionsanlagen, Produkte, Lagerwesen, Organisation

kalenborn

Name des Unternehmens:
Schmelzbasaltwerk Kalenborn
Dr.-Ing. Mauritz GmbH & Co. KG

Anschrift:
D 5467 Vettelschoss 2

Wegbeschreibung:
In der Nähe der Autobahnausfahrt Bad Honnef/Linz an der BAB E 5 Köln–Frankfurt. Ca. 4 km Abfahrt in Richtung Linz.

Telefon: 02645 / 18–0

Kontaktperson: Bert Gaebler (02645/1878)

Produktionsprogramm:
Verschleißfeste Auskleidungen aus SCHMELZBASALT.

Firmengröße:
a) Mitarbeiterzahl – 230
b) Umsatz – 40 Mio. DM

Gründungsjahr: 1921, seit 1935 KG

Besichtigungen sind möglich:
wann? – Mo bis Fr / 9.30 Uhr
(Dauer: ca. 3 Stunden)
Für welche Personengruppe? Fachschüler, techn. Studenten, Ingenieure usw. aus dem Bereich Verfahrenstechnik/Aufbereitungstechnik sowie sonstige interessierte Fachgruppen
Können sich Einzelpersonen an Gruppen anschließen? – nein
Voranmeldung:
a) erforderlich – ja
b) wie lange vorher? – ca. 14 Tage
Was wird gezeigt? – Einschmelzen von Naturbasalt, Abguß in Form von Rohren und Segmenten, Einbau der SCHMELZBASALT-Teile in Stahlgehäuse, Modellschreinerei für Formherstellung
Versuch der Darstellung der wirtschaftlichen Vorgänge in einem mittleren Unternehmen, Erklärung eines speziellen Marktes

Name des Unternehmens:
TeGi – Keramik
Paul Teeuwen GmbH & Co. KG

Anschrift:
An der Burg 1–7
5130 Geilenkirchen-Gillrath

Wegbeschreibung:
Südl. Zufahrt: Autobahn Aachen–Köln, Ausfahrt Weisweiler, dann B 56 Richtung Geilenkirchen-Gillrath
oder
Nördl. Zufahrt: Autobahn Aachen–Düsseldorf, Ausfahrt Aldenhoven, dann B 56 Richtung Geilenkirchen-Gillrath

Telefon:
0 24 51 / 80 03–5

Kontaktperson:
Herr Paul Teuwen senior oder junior

Produktionsprogramm:
Steinzeugröhren, handgeformte Wand- und Bodenplatten und Kunstkeramik

Firmengröße:
a) Mitarbeiterzahl – ca. 80
b) Umsatz – ca. 11 Mill. DM

Gründungsjahr:
1892

Besichtigungen sind möglich:
Wann? – nach Vereinbarung
Für welche Personengruppe? – Schüler, Studenten und Auszubildende
Können sich Einzelpersonen an Gruppen anschließen? – ja
Voranmeldung:
a) erforderlich – ja
b) wie lange vorher? – 14 Tage
Was wird gezeigt? – Gesamte Produktion

ROCKWOOL®

1. WAHL ☒ DÄMMEN MIT STEINWOLLE

AUS DIESEM STEIN WERDEN NATÜRLICHE DÄMMSTOFFE

Das Vulkangestein Diabas ist der Rohstoff für Rockwool-Steinwolle.

REINE STEINWOLLE

WÄRME-DÄMMUNG = SCHADSTOFF-DÄMMUNG

Die Heizungen in unseren Häusern sind Mitverursacher von Umweltbelastungen. Bei einem unzureichend gedämmten Einfamilienhaus fällt ein Ölverbrauch von ca. 4700 l jährlich an. Der Ölverbrauch – und damit auch der Schadstoffausstoß – in einem optimal gedämmten Haus könnte auf ein Fünftel reduziert werden.

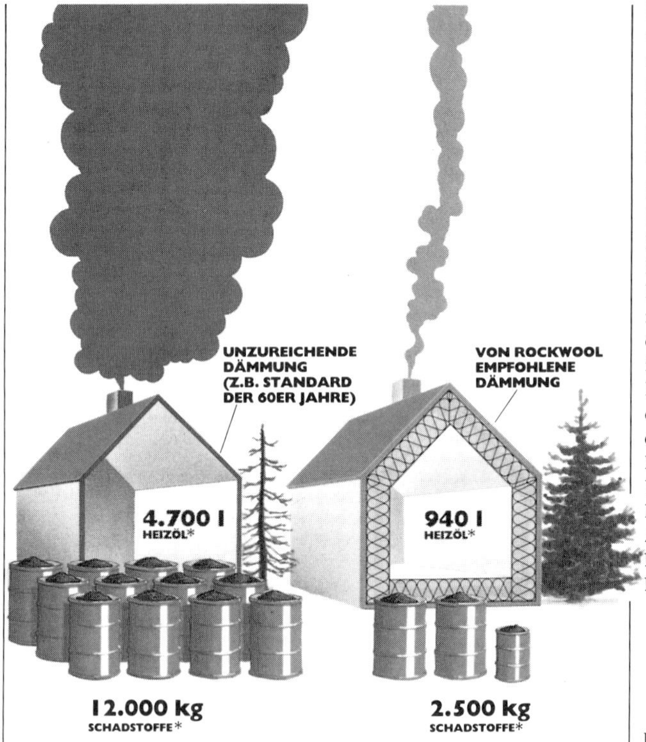

* Zirka-Werte beziehen sich auf ein Jahr, für ein 125 m² großes Einfamilienhaus

Unser Ziel muß daher diese optimale Dämmung sein. Im Dach ist z.B. eine Dämmstärke von 200 mm angebracht. Empfehlen Sie also diese Dämmung.

ROCKWOOL UND DER WWF

Der World Wide Fund For Nature hat rund 5000 Projekte weltweit erfolgreich durchgeführt: z.B. die Erhaltung des Pandas in China, des Tigers in Indien und den Schutz des Kranichs in Mitteleuropa.

Rockwool unterstützt die Umweltstiftung WWF-Deutschland bei ihrer Aktion zur Rettung der Nistplätze des Kranichs in Norddeutschland.

WWF

Rockwool unterstützt die Arbeit des WWF.

FORDERN SIE UNSEREN UMWELTPROSPEKT AN!
ROCKWOOL · POSTFACH 207
4390 GLADBECK

☒ STEINWOLLE HAT, WAS SIE HOFFENTLICH NIE BRAUCHEN

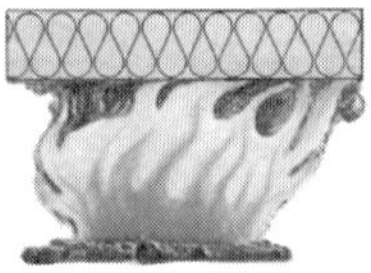

Eine Eigenschaft, die Leben retten kann: Rockwool-Steinwolle ist nichtbrennbar A1 nach DIN 4102.

☒ STEINWOLLE: GEGEN ALLE UNWETTER DIESER WELT

Rockwool-Dämmstoffe sind wasserabweisend und feuchtigkeitsstabil.

☒ STEINWOLLE: IM SOMMER KÜHL – IM WINTER MOLLIG

Dank ihrer geringen Wärmeleitfähigkeit bleiben die Temperaturen stets angenehm.
Sie spüren drinnen nicht, wie´s draußen ist.

☒ STEINWOLLE: ES BLEIBT LEISE – AUCH WENN´S DRAUSSEN LAUT WIRD

Rockwool-Produkte sind wie Ohrenschützer, die Sie nicht spüren.

☒ STEINWOLLE: BEWAHRT DIE FORM

Rockwool-Dämmstoffe sind elastisch, formstabil, überall anzupassen und unverrottbar.

Aluminium-, Eisen- und Stahlindustrie

Name des Unternehmens:
Aluminium-Walzwerke
Singen GmbH

Anschrift:
Postfach 160
7700 Singen/Hohentwiel

Wegbeschreibung:
Am Stadtausgang südlich der
Bundesstraße 33 Richtung Radolfzell

Telefon:
0 77 31 / 80 24 10

Kontaktperson:
Frau Fuchs

Firmengröße:
a) Mitarbeiterzahl – 4400
b) Umsatz – 1,2 Milliarden DM

Gründungsjahr:
1912

Besichtigungen sind möglich:
Wann? – wochentags außer Samstag
Für welche Personengruppe? – Fachinteressenten
Können sich Einzelpersonen an Gruppen anschließen? – in besonderen Fällen
Voranmeldung
a) erforderlich – ja
b) wie lange vorher? – ca. 1 Woche
Was wird gezeigt? – Gießen, Walzen, Pressen und Schmieden von Aluminium, Folienwalzen und -veredeln

ALUSINGEN

ALUSINGEN

Name des Unternehmens:
HOOGOVENS ALUMINIUM
KABELWERK GMBH

Anschrift:
Gradestraße 100
Verwaltung: Riedelstraße 1
1000 Berlin 47 (Britz)

Telefon:
0 30 / 6 00 09–0

Kontaktperson:
Volker Hampel

Produktionsprogramm:
Freileitungsseile aus Aluminium und kunststoff-isolierte Starkstromkabel mit Leitern aus Aluminium für Spannungen von 1–170 kV

Firmengröße:
a) Mitarbeiterzahl 300
b) Umsatz – ca. 120 Mio. DM p. a.

Gründungsjahr:
1963

Besichtigungen sind möglich:
Wann? – Montag bis Freitag
Für welche Personengruppe? – Technisch interessierte Gruppen bis zu max. 20 Personen
Können sich Einzelpersonen an Gruppen anschließen? – ja
Voranmeldung
a) erforderlich – ja
b) wie lange vorher? – ca. 3 Wochen
Was wird gezeigt? – Eine kombinierte Gieß-Walz-Anlage (Properzi-Anlage), Fertigung von Freileitungsseilen und Starkstromkabeln von 1–170 kV, Prüffeld-Anlage

Name des Unternehmens:
Schwelmer Verpackungs GmbH

Anschrift:
Hattinger Straße
5830 Schwelm

Telefon:
02125 / 10909

Kontaktperson:
Prok. Peter Münch

Produktionsprogramm:
Verpackung aus Stahlblech

Firmengröße:
a) Mitarbeiterzahl – 60
b) Umsatz – ca. 23 Mio. DM

Besichtigungen sind möglich:
Wann? – 9–14 Uhr
Für welche Personengruppe? – Schüler, Studenten etc., Verbände, Vereinigungen
Können sich Einzelpersonen an Gruppen anschließen? – ja
Voranmeldung:
a) erforderlich – ja
b) wie lange vorher? – 10 Werktage
Was wird gezeigt? – Sämtliche Produktionsbereiche

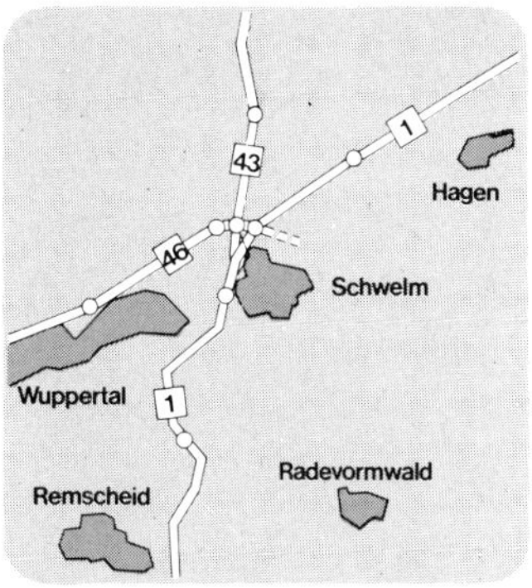

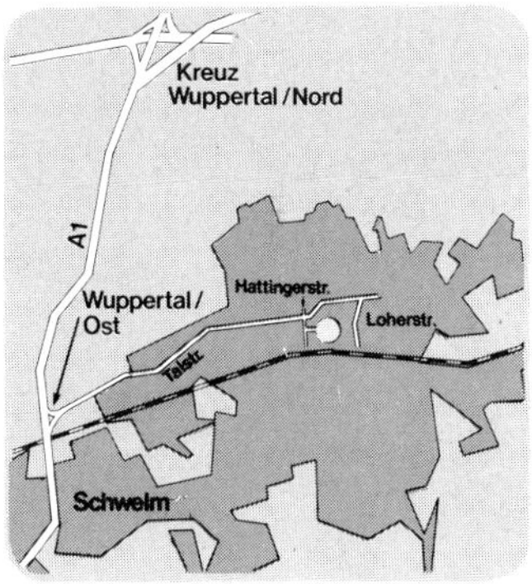

WITZENMANN GMBH

Metallschlauch-Fabrik Pforzheim
D-7530 Pforzheim, Postfach 1280

Name des Unternehmens:
Witzenmann GmbH
Metallschlauch-Fabrik Pforzheim

Anschrift:
Östliche Karl-Friedrich-Straße 134
Postfach 1280
7530 Pforzheim

Wegbeschreibung:
Autobahn A 8, Abfahrt Pforzheim-Ost
(Wegskizze siehe Firmenbroschüre)

Telefon:
0 72 31 / 581-207 oder 581-208

Kontaktperson:
Herr Dr. Hans-Eberhard Koch
Frau Ulrike Brandauer

Produktionsprogramm:
Flexible metallische Leitungselemente in allen Ausführungen und Abmessungen (1 mm – 12.000 mm Innendurchmesser): Metallschläuche, Kompensatoren, Rohrhalterungen, Metallbälge, Metallrohre (halbflexibel), Baurohre, Lüftungsrohre

Firmengröße:
a) Mitarbeiterzahl – ca. 1000
b) Umsatz – ca. 140 Mio. DM

Gründungsjahr:
1854

Besichtigungen sind möglich:
Wann? – Montag bis Donnerstag, nach Terminvereinbarung
Können sich Einzelpersonen an Gruppen anschließen? – nach Vereinbarung
Voranmeldung:
a) erforderlich – ja
b) wie lange vorher? – ca. 4 Wochen
Was wird gezeigt? – Produktion von Metallschläuchen, Kompensatoren und Metallbälgen – Firmenfilm – Diskussion – Ausbildungsplätze

Chemische Industrie, kunststoffverarbeitende Industrie Pharma, Kosmetik

AVON

Name des Unternehmens:
Avon Cosmetics GmbH

Anschrift:
Postfach 400140
8000 München 40

Wegbeschreibung:
Am Hart 2, 8056 Neufahrn b. Freising
Autobahn Nürnberg, Abfahrt Eching, in Richtung Neufahrn. – Die Firma liegt rechts am Ortseingang von Neufahrn.

Telefon:
0 81 65 / 7 28 05

Kontaktperson:
Assia Tschernookoff – Public Relations

Produktionsprogramm:
Kosmetika

Firmengröße:
a) Mitarbeiterzahl – 1433 Stand: Dezember 1987
b) Umsatz – 220 Millionen in 1987 (Avon Deutschland)
2.76 Milliarden in 1987 (Avon Products, Inc.)

Gründungsjahr:
1959

Besichtigungen sind möglich:
Wann? – Montag bis Donnerstag, vor- oder nachmittags ca. 2 Stunden
Für welche Personengruppe? – für Gruppen ab 10 Personen: Schüler, Studenten, Lehrkräfte, Verbände, Kosmetikerinnen, Hausfrauenvereinigungen und andere interessierte Gruppen.
Können sich Einzelpersonen an Gruppen anschließen? – normalerweise nein, Ausnahmen sind möglich.
Voranmeldung:
a) erforderlich – ja
b) wie lange vorher? – ca. 4 Wochen
Was wird gezeigt? – Produktion, Labor, Lager, Verpackung, Versand

BASF

Name des Unternehmens:
BASF Aktiengesellschaft

Anschrift: Carl-Bosch-Straße 38
D–6700 Ludwigshafen am Rhein

Telefon: 06 21 / 60–9 96 07

Kontaktperson: Frl. Spenthof

Produktionsprogramm:
Chemikalien von Grundstoffen bis zu hochentwickelten Erzeugnissen, Produkte für die Landwirtschaft, Kunststoffe, Farbstoffe, Informationssysteme, Arzneimittel u. a.

Firmengröße (1986):
a) Mitarbeiterzahl – AG 54634, Gruppe 131468
b) Umsatz – AG 20,46 Mrd. DM, Gruppe 40,47 Mrd. DM

Gründungsjahr: 1865

Besichtigungen sind möglich:
Wann? – Montag bis Freitag, vor- oder nachmittags ca. 2 Stunden
Für welche Personengruppe? – Schüler (Oberstufe) von Gymnasien, Studenten, Lehrkräfte; Vereinigungen, Verbände und andere interessierte Gruppen
Können sich Einzelpersonen an Gruppen anschließen? – normalerweise nicht, Ausnahmen sind jedoch möglich
Voranmeldung:
a) erforderlich – ja
b) wie lange vorher? – ca. 3 Monate
Was wird gezeigt? – Forschung: Hauptlabor; Anwendungstechnik: Kunststoffe, Leder, Textil; Produktion: Farbstoffe, Düngemittel, anorganische Chemie; Petrochemie: Anlagen, Modelle; Berufsbildung: technische und naturwissenschaftliche Berufe; Umweltschutz: Umweltüberwachungszentrale Rückstandsverbrennung, Kläranlage

Name des Unternehmens:
Bayer AG

Anschrift:
Werksleiterbüro
Geb. Q 26
5090 Leverkusen 1

Wegbeschreibung:
Autobahn A 3, Abfahrt Leverkusen, Richtung Bayerwerk, B 8 Richtung Köln, Kaiser-Wilhelm-Allee rechts ab (Hochhaus)

Telefon:
0214-30-716 80
719 20

Kontaktperson:
Birgitta Ortmann, Heinz-Dieter Nelles

Firmengröße:
a) Mitarbeiterzahl – Bayer Konzern 164.400
Bayer AG 63 755
b) Umsatz – Bayer Konzern
ca. 40 Milliarden
Bayer AG
16,7 Milliarden

Gründungsjahr:
1863

Besichtigungen sind möglich:
Wann? – montags–freitags 9–16 Uhr
Für welche Personengruppe? – Die ein enges berufliches Interesse an der Chemischen Industrie haben.
Können sich Einzelpersonen an Gruppen anschließen? – ja
Voranmeldung
a) erforderlich – ja
b) wie lange vorher? – 3 Monate
Was wird gezeigt? – nach Absprache

Name des Unternehmens:
Bayer AG, Werk Uerdingen

Anschrift:
Werksleiterbüro
Rheinuferstr. 7–9
4150 Krefeld 11

Wegbeschreibung:
erfolgt mit Einladung

Telefon:
0 21 51 / 88 74 46, -88 32 15

Kontaktperson:
Dr. Karl Morgenstern

Firmengröße:

a) Mitarbeiterzahl

– Bayer Welt	176080
– Bayer AG	63954
– Werk Uerdingen	10500

b) Umsatz

– Bayer Welt	45,9 Mrd. DM
– Bayer AG	17,5 Mrd. DM
– Werk Uerdingen	3,5 Mrd. DM

Gründungsjahr:
1877

Besichtigungen sind möglich:
wann? Montag bis Freitag 9.00 bis 16.00 Uhr
Für welche Personengruppe? alle
Können sich Einzelpersonen an Gruppen anschließen? – ja
Voranmeldung:
a) erforderlich – ja
b) wie lange vorher? – 2 Monate
Was wird gezeigt? – nach Absprache z.B. ausgewählte Produktionsbetriebe, Umweltschutzeinrichtungen, Werksrundfahrten, Ausbildungsstätten

Name des Unternehmens:
Byk Gulden Lomberg
Chemische Fabrik GmbH

Anschrift:
7750 Konstanz, Byk-Gulden-Straße 2

Wegbeschreibung:
Werk Singen, Autobahn 81 bis Ausfahrt Singen, dann B 33 neu bis Industriegebiet Singen-Süd

Telefon:
0 77 31 / 3 73 08

Kontaktperson:
Frau Runge/Dr. Dybowski

Besichtigungen sind möglich:
Wann? – Donnerstag vormittags
Für welche Personengruppe? – Personen müssen angeben: Name, Adresse, Beruf, Firmenzugehörigkeit
Voranmeldung?
a) erforderlich – ja
b) wie lange vorher? – 4 Wochen
Was wird gezeigt? – Herstellung steriler Arzneimittel im Werk Singen, Industriegebiet Singen-Süd, Byk-Gulden-Straße

Name des Unternehmens:
DUROpal-Werk
Eberh. Wrede GmbH & Co. KG

Anschrift:
Postfach 2760
Industriegelände Bruchhausen
5760 Arnsberg 1

Wegbeschreibung:
BAB nach Arnsberg, Ausfahrt Hüsten, Richtung Arnsberg auf der B 7, im Ortsteil Bruchhausen linker Hand an der B 7 gelegen

Telefon:
02932 / 302–0

Kontaktperson:
Herr Halisch

Produktionsprogramm:
Dekorative Hochdruck-Schichtstoffplatten (HPL) nach DIN 16926 und Verbundelemente daraus

Firmengröße:
a) Mitarbeiterzahl – ca. 950
b) Umsatz – über 200 Mio. DM

Gründungsjahr:
1880

Besichtigungen sind möglich:
Wann? – montags bis freitags
Für welche Personengruppe? – siehe Einleitung
Können sich Einzelpersonen an Gruppen anschließen? – fallweise ja
Voranmeldung:
a) erforderlich – ja
b) wie lange vorher? – 6 Wochen
Was wird gezeigt? – Produktion Dekorative Hochdruck-Schichtstoffplatten (HPL) nach DIN 16926

Name des Unternehmens:
Du Pont de Nemours (Deutschland) GmbH
Niederlassung Neu-Isenburg

Anschrift:
Schleussnerstr. 2
6078 Neu-Isenburg

Telefon:
0 61 02 / 18 15 83

Kontaktperson:
Klaus Schmid

Produktionsprogramm:
Silberhalogenidfilme, Fotopolymerfilme und -produkte

Firmengröße:
a) Mitarbeiterzahl – ca. 146000 weltweit, ca. 1200 in Neu-Isenburg

b) Umsatz – weltweit 35 Mrd. $

Gründungsjahr:
1802 (USA)

Besichtigungen sind möglich:
wann? Dienstag bis Donnerstag nach schriftlicher Vereinbarung
Für welche Personengruppe? Hochschulen, Verbände, sonstige fachinteressierte Gruppen (max. 15 Teilnehmer)
Können sich Einzelpersonen an Gruppen anschließen? – nein
Voranmeldung:
a) erforderlich – ja, schriftlich
b) wie lange vorher? – 8 Wochen
Was wird gezeigt? – Filmherstellungs- und Konfektionierungsbetriebe

DU PONT

DU PONT DE NEMOURS
(DEUTSCHLAND) GMBH

Niederlassung Neu-Isenburg

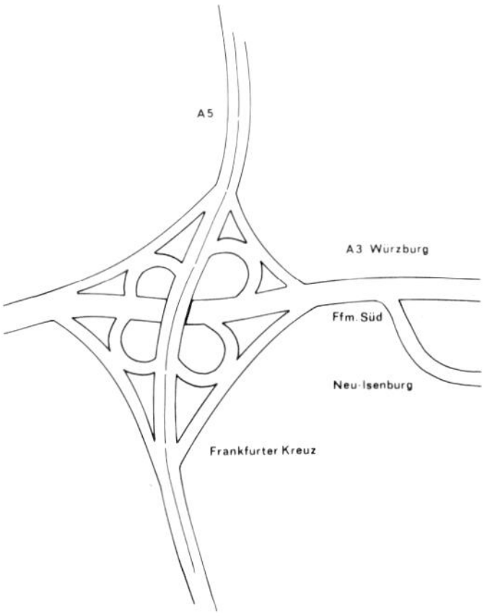

AKZO

Unternehmensbereich Fasern und Polymere

Werk Obernburg

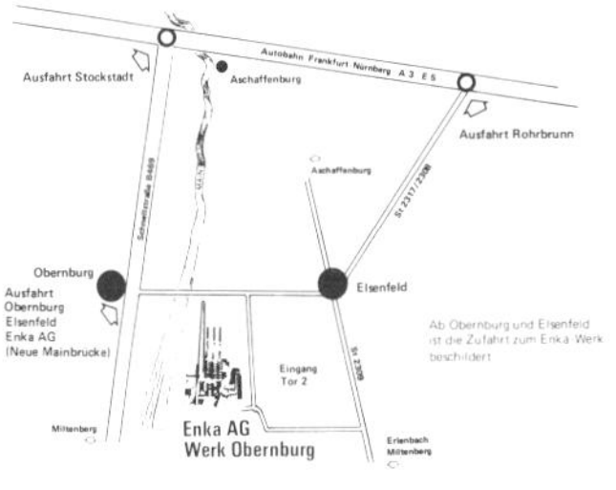

Name des Unternehmens:
Enka AG
Werk Obernburg

Anschrift:
Information und Öffentlichkeitsarbeit,
Postfach, D-8753 Obernburg

Wegbeschreibung:
Autobahn Frankfurt–Würzburg, Ausfahrt Stockstadt, Schnellstraße B 469 nach Obernburg, Abfahrt Enka Obernburg

Telefon:
(0 60 22) 81-5 70 und 81-5 65

Kontaktperson:
Dr. Anton Kaiser, Berthold Rüth

Produktionsprogramm:
Chemiefasern für technische und textile Einsatzgebiete

Firmengröße:
a) Mitarbeiterzahl – Werk Obernburg 4 700 Unternehmensbereich Fasern und Polymere 29 000
b) Umsatz – Werk Obernburg 1,0 Mrd. DEM Unternehmensbereich Fasern und Polymere 4,9 Mrd. DEM

Gründungsjahr: 1918

Besichtigungen sind möglich:
Wann? – Montag bis Freitag
Für welche Personengruppe? – weiterführende Schulen, Studenten, Lehrkräfte, Vereinigungen und Verbände (Gruppenstärke nicht über 50 Personen)
Können sich Einzelpersonen an Gruppen anschließen? – normalerweise nicht, Ausnahmen möglich
Voranmeldung
a) erforderlich – ja, schriftlich
b) wie lange vorher? – 6 Wochen
Was wird gezeigt? – Produktionsbetriebe (Viscoseverfahren und synthetische Bereiche), aber auch andere Betriebsbereiche je nach Fachinteresse, Kläranlage

Name des Unternehmens:
geka-brush GmbH

Anschrift:
Postfach 1262
8809 Bechhofen-Waizendorf

Telefon:
09822 / 79–0

Kontaktperson:
Rosa Lang

Produktionsprogramm:
Applikationssysteme und Kunststoff-Verpackungen für Kosmetik, Pharmazie und Technik

Firmengröße:
a) Mitarbeiterzahl – Deutschland: 300
Weltweit: über 500
b) Umsatz – Deutschland: 1987: 36 Mio. DM

Gründungsjahr:
1925

Besichtigungen sind möglich:
Wann? – nach Vereinbarung
Für welche Personengruppe? – nach Vereinbarung
Voranmeldung
a) erforderlich – ja
b) wie lange vorher? – 2 Wochen
Was wird gezeigt? – Kunststoffspritzerei, Fertigung von Kosmetik – wie auch technischen Pinseln, Herstellung von Spritzgußwerkzeugen, CAD-Anwendung für Produkt und Formenkonstruktion

So finden Sie uns

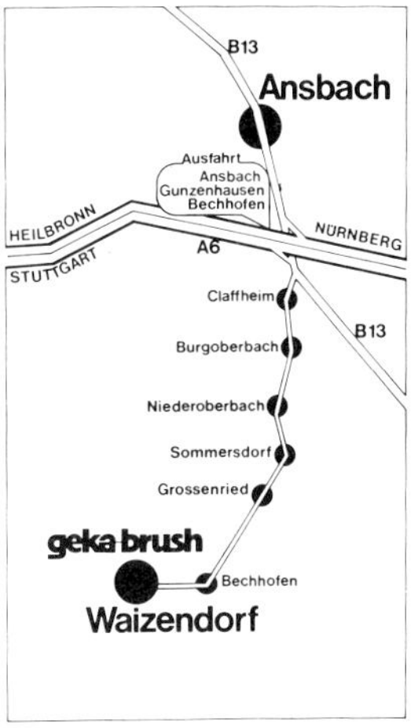

Hoechst

Name des Unternehmens:
HOECHST AG

Anschrift:
Postfach 80 03 20
6230 Frankfurt/M. 80

Telefon:
0 69 / 3 05–66 66

Kontaktperson:
Abteilung für Öffentlichkeitsarbeit

Produktionsprogramm:
Chemie

Firmengröße:
a) Mitarbeiterzahl – AG: 61 000 Welt: 182000
b) Umsatz – AG: 12,4 Mrd. Welt: 35 Mrd.

Gründungsjahr:
1863

Besichtigungen sind möglich:
Wann? – An Arbeitstagen nach schriftlicher Vereinbarung
Für welche Personengruppe? –
Für fachlich Interessierte mit Schwerpunkt Naturwissenschaft und Technik
Können sich Einzelpersonen an Gruppen anschließen? – Nein
Voranmeldung:
a) erforderlich – ja, schriftlich
b) wie lange vorher? – 6–8 Wochen
Was wird gezeigt? – Einzelheiten gemäß vereinbarten Informationswünschen

Name des Unternehmens:
Hoechst Aktiengesellschaft, Werk Ruhrchemie

Anschrift:
4200 Oberhausen 11 (Holten)
Postfach 130160

Wegbeschreibung:
Autobahnabfahrt Oberhausen–Holten der A 2/3 zwischen den Autobahnkreuzen Duisburg/Oberhausen und Oberhausen; von dort Beschilderung

Telefon:
0208/693(1)

Kontaktperson:
Dr. Kurt-Christian Traenckner, Zentralbüro

Produktionsprogramm:
Anorganische Erzeugnisse, Kunststoffe, Organische Chemikalien

Firmengröße:
a) Mitarbeiterzahl – ca. 2600
b) Umsatz – ca. 1 Mrd. DM

Gründungsjahr:
1927

Besichtigungen sind möglich:
Wann? – nach schriftlicher Voranmeldung für Gruppen bis 30 Personen, Mindestalter 16 Jahre
Für welche Personengruppe? – die ein berufliches Interesse an der chemischen Industrie hat
Können sich Einzelpersonen an Gruppen anschließen? – nur in Ausnahmefällen
Voranmeldung
a) erforderlich – ja
b) wie lange vorher – ca. 8 Wochen
Was wird gezeigt?
Verschiedene Betriebe und Labors, evtl. vorherige Vereinbarung

RUHRCHEMIE

hüls

Name des Unternehmens:
HÜLS AKTIENGESELLSCHAFT

Anschrift:
(Stammhaus Marl) Paul-Baumann-Str. 1
Postfach 1320, 4370 Marl 1
Weitere Produktionsstandorte in Bottrop und Herne

Telefon:
02365 / 49–2846, 49–2622

Kontaktperson:
Leiter Abt. Öffentlichkeitsarbeit:
Dr. Heidger Haase
Werkbesichtigungen:
Franz-Christian Rämisch

Produktionsprogramm:
Basischemikalien, Organika, Thermoplaste, Elastomere/Coatings

Firmengröße:
a) Mitarbeiterzahl – rund 15 500
b) Umsatz – 5,5 Mrd. DM

Gründungsjahr:
1938

Besichtigungen sind möglich:
Wann? – Montag bis Freitag (10 bis 14 Uhr)
Für welche Personengruppe? – Ab 16 J.
Können sich Einzelpersonen an Gruppen anschließen? – Im Ausnahmefall ja
Voranmeldung:
a) erforderlich – ja (schriftlich)
b) wie lange vorher? – mindestens 3 Monate
Was wird gezeigt? – Produktionsstätten der chemischen Großindustrie, Abteilung Umweltschutz, verschiedene Kraftwerke, Herstellung von synthetischem Kautschuk (BUNA) bei den Bunawerken Hüls GmbH, einer Beteiligungsgesellschaft von HÜLS und der BAYER AG, am Standort Marl

MERCK

Name des Unternehmens:
E. Merck

Anschrift:
Frankfurter Straße 250, Postfach 41 19,
6100 Darmstadt 1

Telefon:
Öffentlichkeitsarbeit/Besuchsbetreuung:
0 61 51 / 72-27 39, 0 61 51 / 72-25 88,
0 61 51 / 72-20 21

Kontaktperson:
Herr Eck, Frau Hoffmann, Frau Sprung,
Herr Tarazi

Produktionsprogramm:
Arzneimittel, Industriechemikalien,
Feinchemikalien, Reagenzien, Diagnostica,
Pigmente

Firmengröße:
a) Mitarbeiterzahl – 1987: 20 700
(Merck-Gruppe)
b) Umsatz – 1987: ca. 3 Mrd. DM
(Merck-Gruppe)

Gründungsjahr: 1827

Besichtigungen sind möglich:
Wann? – Montag bis Freitag
Für welche Personengruppe? – fachlich interessierte Personengruppen (max. 30 Personen).
Einzelpersonen, soweit sie nicht Fachleute sind, nur in Ausnahmefällen
Können sich Einzelpersonen an Gruppen anschließen? – ja, nach Vereinbarung
Voranmeldung
a) erforderlich – ja (bitte schriftlich)
b) wie lange vorher? – 3 Monate vorher
Was wird gezeigt? – Forschung und Entwicklung, Produktion, Qualitätskontrolle, Lager/Versand, Ausbildung, Kläranlage/Umweltschutz etc., je nach Interesse bzw. Fachrichtung der Besucher.

Name des Unternehmens:
Montaplast GmbH

Anschrift:
5222 Morsbach/Sieg

Wegbeschreibung:
Von der Autobahn Köln–Olpe: Abfahrt Morsbach
Von der Autobahn Frankfurt–Dortmund: Abfahrt Freudenberg/Morsbach

Telefon:
0 22 94 / 69 10

Kontaktperson:
Herr Ditscheid

Produktionsprogramm:
Herstellung von technischen Kunststoff-, Spritz- und Blasteilen, eigener Werkzeugbau

Firmengröße:
Mitarbeiterzahl – 500

Gründungsjahr:
1958

Besichtigungen sind möglich:
Wann? – Nach Vereinbarung
Für welche Personengruppe? – Für Gruppen ab 10 Teilnehmer
Können sich Einzelpersonen an Gruppen anschließen? – ja
Voranmeldung:
a) erforderlich – ja
b) wie lange vorher? – 1 Woche
Was wird gezeigt? – Produktionsabläufe

Name des Unternehmens:
NOURYPHARMA GMBH

Anschrift:
Mittenheimer Straße 62
8042 Oberschleissheim

Telefon:
089/3156201

Kontaktperson:
Personalabteilung

Produktionsprogramm:
Arzneimittel

Firmengröße:
a) Mitarbeiterzahl – 66
b) Umsatz – 45 Mio. DM

Gründungsjahr:
1969

Besichtigungen sind möglich:
Wann? – nach Voranmeldung wochentags
Können sich Einzelpersonen an Gruppen anschließen? – ja
Voranmeldung
a) erforderlich – ja
b) wie lange vorher? – 1 Woche
Was wird gezeigt? – Verwaltung, Vertrieb, Ausbildung

Nourypharma

Name des Unternehmens:
ORGANON GMBH

Anschrift:
Mittenheimer Straße 62
8042 Oberschleissheim

Telefon:
089/3156200

Kontaktperson:
Personalabteilung

Produktionsprogramm:
Arzneimittel

Firmengröße:
a) Mitarbeiterzahl – 176
b) Umsatz – 100 Mio. DM

Gründungsjahr:
1956

Besichtigungen sind möglich:
Wann? – nach Voranmeldung wochentags
Können sich Einzelpersonen an Gruppen anschließen? – ja
Voranmeldung
a) erforderlich – ja
b) wie lange vorher? – 1 Woche
Was wird gezeigt? – Verwaltung, Vertrieb, Ausbildung

Name des Unternehmens:
ROTH GMBH Bad Ems

Anschrift:
Pfingstwiese 1
Postfach 1252
5427 Bad Ems

Wegbeschreibung:
Autobahnabfahrt Montabaur, Richtung Bad Ems/Koblenz über Arzbach. Die Firma liegt von Arzbach aus gesehen am Ortsanfang auf der linken Seite

Telefon:
0 26 03 / 6 01−61 od. 6 01−28

Kontaktperson:
Frau Rac, Herr Süderow

Produktionsprogramm:
Haushaltreinigungs- und Pflegeartikel

Firmengröße:
a) Mitarbeiterzahl – 120
b) Umsatz – 24 Mio. DM

Gründungsjahr:
1895

Besichtigungen sind möglich:
Wann? – Dienstag bis Donnerstag (14 bis 16 Uhr)
Für welche Personengruppe? – Frauen
Können sich Einzelpersonen an Gruppen anschließen? – im Ausnahmefall ja
Voranmeldung:
a) erforderlich – ja – schriftlich
b) wie lange vorher? – mindestens 2 Monate
Was wird gezeigt? – Produktions- und Lagerhallen sowie der Abfüllablauf der Produkte

»SACHTLEBEN«
Chemie GmbH

Name des Unternehmens:
Sachtleben Chemie GmbH

Anschrift:
Pestalozzistraße 4
Postfach 17 04 54
4100 Duisburg 17

Wegbeschreibung:
Direkt am Rhein und der Autobahn A 3 gelegen, Abfahrt Duisburg-Homberg

Telefon:
0 21 36 / 22–624

Kontaktperson:
Ulrich Tillmanns, Leiter Öffentlichkeitsarbeit

Produktionsprogramm:
Weipigmente, Füllstoffe (Titandioxid, Zinksulfid), Schwefelsäure, Wasserchemikalien, Spezialitäten

Firmengröße:
a) Mitarbeiterzahl – ca. 1640
b) Umsatz – ca. 465 Mio DM

Gründungsjahr:
1878

Besichtigungen sind möglich:
Wann? – werktags zwischen 10.00 und 15.00 Uhr (spätester Beginn)
Für welche Personengruppe? – Fachgruppen wie Studenten, Angehörige wissenschaftlicher Lehreinrichtungen, Gruppen aus Behörden und öffentl. Einrichtungen, Sondergruppen
Können sich Einzelpersonen an Gruppen anschließen? – ja
Voranmeldung:
a) erforderlich – ja
b) wie lange vorher? – 2 Monate
Was wird gezeigt? – Verschiedene Produktionsanlagen (Ganz oder auszugsweise); Dünnsäure-Rückgewinnungsanlage; Vorträge/Diskussionen zum Thema Umwelt und Chemie

SANDOZ AG

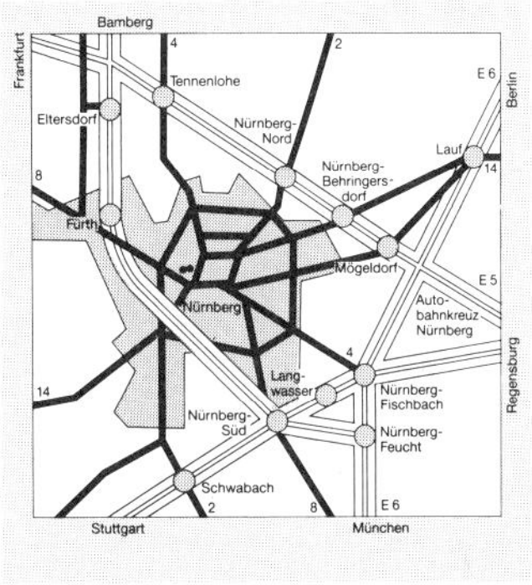

Name des Unternehmens:
SANDOZ AG

Anschrift:
Deutschherrnstraße 15
8500 Nürnberg 80

Wegbeschreibung:
siehe Skizze

Telefon:
09 11 / 27 30

Kontaktperson:
Herr Laukant
Tel.: 09 11 / 2 73–5 28

Produktionsprogramm:
Herstellung und Vertrieb von Arzneimitteln

Firmengröße:
a) Mitarbeiterzahl – 1987: 1154
b) Umsatz – 1987: 437 Mio DM

Gründungsjahr:
1926

Besichtigungen sind möglich:
Wann? – Montag bis Freitag
Für welche Personengruppe? – Interessierte Gruppen, insbesondere Angehörige von Heil- und Pflegeberufen, Schüler, Studenten, Lehrer und Verbände.
Können sich Einzelpersonen an Gruppen anschließen? – nein
Voranmeldung:
a) erforderlich – ja
b) wie lange vorher? – mindestens 14 Tage
Was wird gezeigt? – Produktion von Arzneimitteln, insbesondere Tablettenfabrikation

SCHERING

Name des Unternehmens:
Schering Aktiengesellschaft

Anschrift:
Postfach 650311, Müllerstr. 178
D-1000 Berlin 65

Telefon:
030 / 468–4459, –2412, –5627

Kontaktperson:
Besucherinformation

Firmengröße:
a) Mitarbeiterzahl – 24000 (Konzern)
b) Umsatz – 5 Mrd. DM (Konzern)

Gründungsjahr:
1871

Besichtigungen sind möglich:
Wann? – Mo. bis Fr. 9 bis 13.30 Uhr
Dauer der Besichtigung ca. 2 Stunden
Für welche Personengruppe? – Erwachsene und Jugendliche ab 16 Jahre
Können sich Einzelpersonen an Gruppen anschließen? – in Ausnahmefällen
Voranmeldung:
a) erforderlich – ja
b) wie lange vorher? – Gruppen 4 Wochen, Einzelpersonen 1 – 2 Wochen
Was wird gezeigt? – 1. Moderner Produktionsbetrieb zur Herstellung flüssiger Arzneimittel
2. Verpackung, Lagerung und Versand von Arzneimitteln

SCHWARZ
PHARMA

Name des Unternehmens:
Schwarz Pharma AG
Partnerschaft im Dienst der Gesundheit

Anschrift:
Mittelstraße 11–13
4019 Monheim

Wegbeschreibung:
BAB A 59, Ausfahrt Langenfeld/Monheim

Telefon:
0 21 73 / 59 32 38–3 77

Kontaktperson:
Frau Matull, Frau Fink, Öffentlichkeitsarbeit

Produktionsprogramm:
Arzneimittel gegen Herz- und Kreislauferkrankungen, Bluthochdruck und Bein- und Venenerkrankungen

Firmengröße:
a) Mitarbeiterzahl – 1 288 (Konzern)
b) Umsatz – 370,2 Mio. DM (Konzern)

Gründungsjahr:
1946

Besichtigungen sind möglich:
Wann? – dienstags und freitags
Für welche Personengruppe? – Ärzte, Apotheker, Studenten mit med.-/pharm. Fachrichtung sowie med./pharm. Assistenzberufe, Gruppen mit ca. 15 Personen
Können sich Einzelpersonen an Gruppen anschließen? – ja
Voranmeldung:
a) erforderlich – ja
b) wie lange vorher? – 6 Wochen
Was wird gezeigt? – Produktion, Labore, Dokumentation

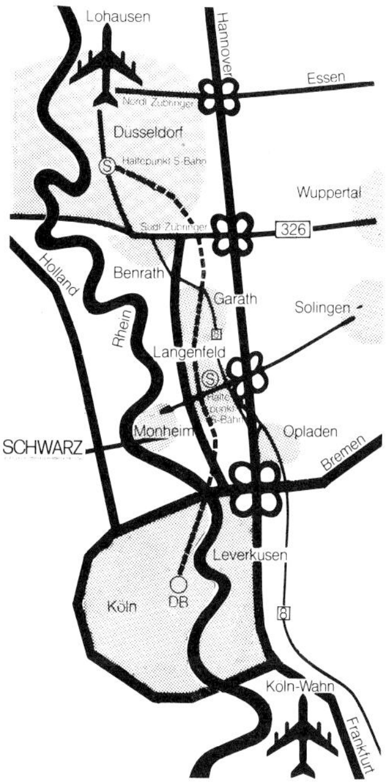

Thomae

Name des Unternehmens:
Dr. Karl Thomae GmbH

Anschrift:
Postfach 1755
7950 Biberach an der Riss

Wegbeschreibung:
Autobahn A 8, Ausfahrt Ulm/West (aus Richtung Stuttgart), Ausfahrt Ulm/Ost (aus Richtung München), Bundesstraße 30 in Richtung Friedrichshafen (ca. 45 km), Ausfahrt Biberach Nord (Warthausen, Schemmerhofen) auf der L 267 bis Ortseingang Biberach, dann rechts abbiegen.

Telefon:
0 73 51 / 54–22 09

Kontaktperson: Herr Schmidt,
Öffentlichkeitsarbeit/Besucherinformation

Produktionsprogramm: Pharmazeutika

Firmengröße:
a) Mitarbeiterzahl – 3200
b) Umsatz – 660 Mio. DM (1990)

Gründungsjahr: 1946

Besichtigungen sind möglich:

Wann? 9.30 Uhr und 13.30 Uhr

Für welche Personengruppe? – vor allem Ärzte, Apotheker, Dozenten, Lehrer, Studenten, Krankenschwestern, CTA-/PTA-/MTA-Schulen und andere

Können sich Einzelpersonen an Gruppen anschließen? – ja

Voranmeldung
a) erforderlich – ja
b) wie lange vorher? – 4 Wochen

Was wird gezeigt? Herstellung und Verpackung pharmazeutischer Präparate, Informationszentrum mit Multivision, Vorführung eines besonderen Fachfilmes auf Wunsch, verschiedene Fachabteilungen auf Anfrage.

Name des Unternehmens:
Kurt Vogelsang GmbH

Anschrift:
Postfach 11 40
6954 Hassmersheim/N.

Telefon:
0 62 66 / 5 41–5 48

Kontaktperson:
Marketingleiter
Dipl. Kfm. Erhard Bock

Produktionsprogramm:
Auto-Lacksprühdosen, Lackstifte und Zubehör-Artikel

Firmengröße:
a) Mitarbeiterzahl – ca. 250
b) Umsatz – ca. 50 Mio. DM (in 1981)

Gründungsjahr:
1955

Besichtigungen sind möglich:
Wann? – jederzeit, nach vorheriger terminlicher Abstimmung
Für welche Personengruppe? – Schüler, Studenten, Verbände, Fachhochschulen, Kundengruppen (in Gruppen zu je 15 Personen)
Können sich Einzelpersonen an Gruppen anschließen? – ja
Voranmeldung
a) erforderlich – ja
b) wie lange vorher? – 1 Monat
Was wird gezeigt? – unsere Produkte sowie der gesamte Betrieb einschl. unserer Läger

Erdölgewinnung und -verarbeitung

Name des Unternehmens:
Deutsche BP Aktiengesellschaft
Raffinerie Bayern

Anschrift:
Postfach 3 48
8070 Ingolstadt
8075 Vohburg
Irschinger Weg

Telefon:
08457 / 81

Kontaktperson:
Deutsche BP AG, Herr Ferdi Breidbach
Brienner Straße 10
8000 München 1
Telefon:
0 89 / 2 18 73 90
(Informationsbüro München)

Produktionsprogramm:
Mineralölprodukte

Firmengröße:
a) Mitarbeiterzahl – 322 (Raff. Bayern)
b) Umsatz – abzügl. vereinnahmter Mineralölsteuer 7718 Mio. DM (1978)

Gründungsjahr:
1968

Besichtigungen sind möglich:
Wann? – montags bis freitags
Für welche Personengruppe? – Verbände, Vereinigungen, deren Mitglieder ihre Kenntnisse über Wirtschaft und wirtschaftl. Zusammenhänge und energiepolitische Fragen vertiefen wollen, Studenten, Schüler ab 16
Können sich Einzelpersonen an Gruppen anschließen? – in Ausnahmefällen ja
Voranmeldung
a) erforderlich – ja
b) wie lange vorher? – 4–6 Wochen
Was wird gezeigt? – Einführungsvortrag, Werksbesichtigung, Filme, Fachgespräche und Diskussion

Name des Unternehmens:
Deutsche Texaco AG
Erdölwerke Holstein

Anschrift:
Postfach 14 40
2240 Heide/Holstein

Wegbeschreibung:
Hemmingstedt, direkt an der Bundesstraße 5 (Grüne Küstenstraße), Abfahrt von BAB 7 Büdelsdorf-Rendsburg, 203 bis Heide

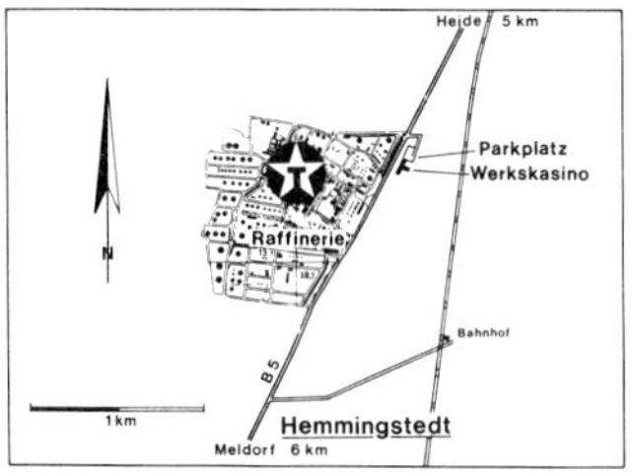

Telefon:
04 81 / 6 93-0

Kontaktpersonen:
Herr Augstien, Tel. 6932313
Herr Timm, Tel. 6 93 22 67

Produktionsprogramm:
Mineralöl- und petrochemische Produkte

Firmengröße:
Mitarbeiterzahl – 600 in der Raffinerie

Gründungsjahr:
1940

Besichtigungen sind möglich:
Wann? – werktäglich außer sonnabends, nach Absprache
Für welche Personengruppe? – ohne Einschränkung (über 16 Jahre)
Können sich Einzelpersonen an Gruppen anschließen? – ja, nach Absprache
Voranmeldung
a) erforderlich – ja
b) wie lange vorher? – 4 Wochen, gegebenenfalls auch kurzfristiger
Was wird gezeigt? – Vortrag mit Film und Dias, Prospekte, Anschauungsmaterial aus der Mineralölgewinnung und -verarbeitung, Raffinerie-Rundfahrt

Mobil

Name des Unternehmens:
Mobil Oil AG
Misch- und Veredelungswerk Wedel

Anschrift:
Tinsdaler Weg 184–190
2000 Wedel/Holstein

Telefon:
Hauptverwaltung Hamburg
0 40 / 3 04 – 24 84

Kontaktperson:
Frau Gisela Jansen, Mobil Oil AG, Hauptverwaltung Hamburg, Steinstraße 5, 2000 Hamburg 1

Produktionsprogramm:
Motoren- und Getriebeöle, Turbinen- und Metallbearbeitungsöle, Hydraulikflüssigkeiten und Sonderschmiermittel

Firmengröße: Mitarbeiterzahl – 160

Gründungsjahr: 1905/1967

Besichtigungen sind möglich:
Wann? – Montag bis Freitag nach Vereinbarung
Für welche Personengruppe? – Studenten, Schüler von Berufsschulen und Gymnasien (Oberstufe), Universitäten, Lehrkräfte, Verbände (Gruppen bis zu 25 Teilnehmern)
Können sich Einzelpersonen an Gruppen anschließen? – nein
Voranmeldung
a) erforderlich – ja
b) wie lange vorher? – ca. 4 Wochen
Was wird gezeigt? – Werkanlagen nach Einführungsvortrag

Mobil

Name des Unternehmens:
Mobil Erdgas-Erdöl GmbH

Anschrift:
Steinstraße 5
Postfach 10 45 20
2000 Hamburg 1

Kontaktperson:
J. Welland, Hamburg
0 40 / 3 04-27 04

Produktionsprogramm:
Erdgasaufbereitung/Schwefelproduktion

Firmengröße:
Mitarbeiterzahl – rund 600

Besichtigungen sind möglich:
Wann? – Montag bis Freitag nach Vereinbarung
Für welche Personengruppe? – Studenten, Schüler von Berufsschulen und Gymnasien (Oberstufe), Universitäten, Lehrkräfte, Verbände (Gruppen bis zu 30 Teilnehmern)
Können sich Einzelpersonen an Gruppen anschließen? – nein
Voranmeldung:
a) erforderlich – ja
b) wie lange vorher? – ca. 3 Wochen
Was wird gezeigt? – Bohr- und Förderanlagen, Erdgasaufbereitung/Schwefelgewinnung

Mobil

Name des Unternehmens:
Mobil Oil Raffinerie Wörth

Anschrift:
Mobil-Straße
6729 Wörth/Rhein

Telefon:
Raffinerie Wörth
0 72 71 / 77–0

Kontaktperson:
Frau G. Brenner, Mobil Oil Raffinerie Wörth
Tel.: 0 72 71 / 77–2 38

Produktionsprogramm:
Flüssiggas, Vergaserkraftstoff, Flugturbinenkraftstoff, Dieselkraftstoff, Heizöl, Bitumen, Schwefel.

Firmengröße:
a) Mitarbeiterzahl – 300
b) Kapazität – 3,5 Mio. Tonnen Rohöl

Inbetriebnahme:
1970

Besichtigungen sind möglich
Wann? – Montag bis Freitag nach Vereinbarung
Für welche Personengruppe? – Studenten, Schüler von Berufsschulen und Gymnasien (Oberstufe), Universitäten, Lehrkräfte, Verbände (Gruppen bis zu 30 Teilnehmern).
Können sich Einzelpersonen an Gruppen anschließen? – nein
Voranmeldung:
a) erforderlich – ja
b) wie lange vorher? – ca. 8 Wochen
Was wird gezeigt? – Raffinerieanlagen nach Einführungsvortrag

OMW

Name des Unternehmens:
OMW, Oberrheinische Mineralölwerke GmbH

Anschrift:
DEA-Scholven-Straße
Postfach 21 10 36
7500 Karlsruhe 21

Wegbeschreibung:
im Westen von Karlsruhe am Rhein gelegen

Telefon:
07 21 / 59 64 (1)

Kontaktperson:
Herr Schott, Tel. 5964-383

Produktionsprogramm:
Propan, Propylen, Butan, Chemiebenzin, Normalbenzin, Superbenzin, Düsentreibstoff, Petroleum, Dieselkraftstoff, leichtes und schweres Heizöl, Bitumen und Schwefel

Firmengröße:
a) Mitarbeiterzahl – 700
b) Umsatz – 1660 Mio. DM (1985)

Gründungsjahr:
1959

Besichtigungen sind möglich:
Wann? – an Wochentagen außer samstags
Für welche Personengruppe? – Schüler, Studenten u. a. interessierte Gruppen
Können sich Einzelpersonen an Gruppen anschließen? – nein
Voranmeldung
a) erforderlich – ja
b) wie lange vorher? – 6 Wochen
Was wird gezeigt? – Raffinerieanlagen nach Einführungsvortrag

Name des Unternehmens:
VEBA OEL AG
Werke Scholven und Horst
der RUHR OEL GmbH

Anschrift:
Postfach 45
4650 Gelsenkirchen

Telefon:
0209/366–7519

Werk Horst in Gelsenkirchen-Horst,
Johannastraße 2–8;
Werk Scholven in Gelsenkirchen-Scholven,
Pawikerstraße 30
(jeweils Autobahn A 2, Ausfahrten Gelsenkirchen-Buer oder Essen-Gladbeck)

Kontaktperson:
Maria Rüter
Abt. Öffentlichkeitsarbeit VEBA OEL AG

Produktionsprogramm:
Mineralöl- und petrochemische Produkte

Firmengröße:
a) Mitarbeiterzahl – rd. 5700
b) Umsatz – Destillationskapazität: 10,5 Mio. t,
Konversionskapazität: 4,7 Mio. t

Gründungsjahr:
1935

Besichtigungen sind möglich:
Wann? – Montag bis Freitag
Für welche Personengruppe? – Interessierte Öffentlichkeit (Mindestalter 16 J.; max. 30 Teilnehmer pro Gruppe; eigener Bus erforderlich)
Können sich Einzelpersonen an Gruppen anschließen? – nur bedingt
Voranmeldung
a) erforderlich – ja, schriftlich
b) wie lange vorher? – 6 Wochen
Was wird gezeigt? – Mineralölverarbeitung, Petrochemie, Konversionsanlagen

Gummiverarbeitung

Name des Unternehmens:
Deutsche Goodyear GmbH

Anschrift:
Xantener Straße 105
Postfach 10 05 08
5000 Köln 1
Werk:
Huttenheimer Landstraße
7522 Philippsburg

Telefon:
02 21 / 7 74 33 28
0 72 56 / 60 91

Kontaktperson:
Abteilung Public Relations

Produktionsprogramm:
PKW-, LKW- und Ackerschlepperreifen, Verpackungsfolien

Firmengröße:
Mitarbeiterzahl – 1500

Gründungsjahr:
1898

Besichtigungen sind möglich:
Wann? – nach vorheriger Absprache
Für welche Personengruppe? – nach vorheriger Absprache
Können sich Einzelpersonen an Gruppen anschließen? – nach vorheriger Absprache
Voranmeldung:
a) erforderlich – ja
b) wie lange vorher? – nach vorheriger Absprache
Was wird gezeigt? – Reifen- und Folienwerk

GUMMI**REIFF**

Name des Unternehmens:
Gummi-Reiff

Anschrift:
Postfach 2443
D-7410 Reutlingen

Wegbeschreibung:
Autobahn Karlsruhe–München, Ausfahrt: Stuttgart-Echterdingen auf B 27 nach Reutlingen

Telefon:
0 71 21 / 3 23–0

Kontaktperson:
Werbung
Christina Guth

Produktionsprogramm:
Herstellung runderneuerter Reifen,
Herstellung von Formteilen,
Herstellung von Pendeltüren und Streifenvorhängen
Spezialanfertigungen im Kunststoff/Gummibereich, Handel mit Reifen, Zweirad, techn. Artikel

Firmengröße:
a) Mitarbeiterzahl – 750
b) Umsatz – 200 Mio. DM

Gründungsjahr:
1910

Besichtigungen sind möglich:
Wann? – grundsätzlich keine Einschränkung – wird von Fall zu Fall entschieden
Für welche Personengruppe? – siehe vorherige Frage
Können sich Einzelpersonen an Gruppen anschließen? – ja
Voranmeldung:
a) erforderlich – ja
b) wie lange vorher? – 7 Tage
Was wird gezeigt? – Richtet sich nach den Interessen der Interessenten

Name des Unternehmens:
VERITAS Gummiwerke AG

Anschrift:
Barbarossastraße 36
6460 Gelnhausen

Telefon:
0 60 51 / 82 10

Kontaktperson:
Vorstandssekretariat

Produktionsprogramm:
Technische Gummiwaren

Firmengröße:
a) Mitarbeiterzahl – 1 000
b) Umsatz – 1987: 120 Mio. DM

Gründungsjahr:
1849

Besichtigungen sind möglich:
Wann? – nach Vereinbarung
Für welche Personengruppe? – nach Vereinbarung
Können sich Einzelpersonen an Gruppen anschließen? – nach Vereinbarung
Voranmeldung:
a) erforderlich – ja
b) wie lange vorher? – 4 Wochen
Was wird gezeigt? – Fabrikation

Holzgewinnung und Holzverarbeitung, Möbel, Ladenbau

GEBHARDT
PALETTEN

Name des Unternehmens:
Ludwig Gebhardt GmbH & Co
Betriebs-KG
Palettenwerke

Anschrift:
Frühlingstraße 2–3
Postfach 1262
8490 Cham

Wegbeschreibung:
BAB Regensburg bis Cham ca. 70 km
BAB Nürnberg–Amberg, ab Amberg ca. 80 km

Telefon:
09971 / 90-0

Kontaktperson:
Max Gebhardt
(Stellvertr.: Frau Suchy)

Produktionsprogramm:
Holz- und Metallverarbeitung
(Paletten, Behälter, Aufsatzrahmen, Rohrbügel, Rollboxen etc.)

Firmengröße:
a) Mitarbeiterzahl ca. 450
b) Umsatz – ca. 100 Mio. DM

Gründungsjahr:
1829

Besichtigungen sind möglich:
Wann? – Dienstag bis Donnerstag von 9 bis 12 Uhr
Können sich Einzelpersonen an Gruppen anschließen? – ja
Voranmeldung
a) erforderlich – ja
b) wie lange vorher? – 2 Tage
Was wird gezeigt? – Fertigung unserer Produkte sowohl im Holz- als auch Metallverarbeitungswerk, und auch der Baumarkt (ca. 6 000 qm)

3K BÜROMÖBEL

Name des Unternehmens:
3K Büromöbel GmbH

Anschrift:
Postfach 1380
6143 Lorsch

Wegbeschreibung:
Industriestraße im Gewerbegebiet

Telefon:
06251 / 5900

Kontaktperson:
Rudolf Heyn

Produktionsprogramm:
Integrierte Arbeitsplätze und Raumgliederungssysteme, Organisationsbüromöbel, Schrank- und Trennwände, Sitzmöbel

Firmengröße:
a) Mitarbeiterzahl – ca. 140
b) Umsatz – 30 Mio. DM

Gründungsjahr:
1965

Besichtigungen sind möglich:
Wann? – nur nach Vereinbarung
Für welche Personengruppe? – Verwaltungsfachleute, Organisatoren
Können sich Einzelpersonen an Gruppen anschließen? – nur nach Rücksprache
Voranmeldung
a) erforderlich – ja
b) wie lange vorher? – ca. 2 Wochen
Was wird gezeigt? – Querschnitt aller Produktreihen auf 1000 m^2 Ausstellungsfläche, Produktionsablauf

Name des Unternehmens:
J. Lacmann & Sohn KG

Anschrift:
6754 Otterberg

Wegbeschreibung:
Autobahnabfahrt Enkenbach oder Kaiserslautern-Mitte

Telefon:
0 63 01 / 94 22

Kontaktperson:
Ehmann

Produktionsprogramm:
Nadelschnittholz

Firmengröße:
a) Mitarbeiterzahl – ca. 10
b) Umsatz – ca. 1,2 Mio. DM

Gründungsjahr:
1895

Besichtigungen sind möglich:
Wann? – jederzeit
Für welche Personengruppe? – Interessierte aller Altersstufen
Voranmeldung:
a) erforderlich – ja
Was wird gezeigt? – kleines bis mittleres gut ausgerüstetes Sägewerk mit angegliederter Holzhandlung

LEICHT®
Die Markenküche

Name des Unternehmens:
Leicht Einbauküchen GmbH

Anschrift:
Benzholzstraße 12
7070 Schwäbisch Gmünd
Sitz Hauptverwaltung:
Gmünder Straße 70
7076 Waldstetten

Telefon:
07171 / 402–0

Kontaktperson:
Herr Barth

Produktionsprogramm:
Einbauküchen

Firmengröße:
Mitarbeiterzahl – 1 100

Gründungsjahr:
1928

Besichtigungen sind möglich:
Wann? – nach vorheriger Anmeldung
Für welche Personengruppe? – Interessenten aus dem Kreis der Architekten oder der mit dem Küchenverkauf direkt befaßten Fachhändler
Können sich Einzelpersonen an Gruppen anschließen? – muß von Fall zu Fall abgesprochen werden
Voranmeldung
a) erforderlich – ja
b) wie lange vorher? – ca. 4 Wochen
Was wird gezeigt? – Werksausstellung und, sofern es gewünscht wird, die Fertigungsstätten

Name des Unternehmens:
Ernst Maier GmbH
Ladenbau – Metallbau

Anschrift:
Renchtalstraße 41
Postfach 1220
7605 Bad Peterstal-Griesbach 1

Wegbeschreibung:
BAB Karlsruhe–Basel, Abfahrt Appenweier, B 28 Richtung Freudenstadt über Oberkirch und Oppenau (ca. 30 km)

Telefon:
07806 / 1001

Kontaktperson:
Geschäftsführer Ernst Maier

Produktionsprogramm:
Ladeneinrichtungen, Schaufenster- und Eingangsanlagen

Firmengröße:
a) Mitarbeiterzahl – 140, davon 20 Azubi
b) Umsatz – 14 Mio. DM

Gründungsjahr: 1938

Besichtigungen sind möglich:
Wann? – werktags 8 bis 11 und 13.30 bis 15.30 Uhr
Für welche Personengruppe? – Einzelhändler, Schulklassen, vorwiegend Abgangsklassen, Fach- und Führungskräfte, Lehrkräfte, Eltern, Verbände, Vereinigungen u. ä. auf Anfrage, Architekten, keine Mitbewerber
Voranmeldung
a) erforderlich – ja
b) wie lange vorher? – ca. 1–3 Wochen
Was wird gezeigt? – Fertigung von Ladeneinrichtungen, Schaufenster- und Eingangsanlagen, Regalgrundkonstruktion aus eigener Fertigung, große Laden-Musterschau, Ausbildungsabteilung

ernst Maier
Ladenbau-Metallbau
7605 Bad Peterstal-Griesbach 1

ORSCHLER

Ladenausstattung Messestände
Innenausbau Industriestudios

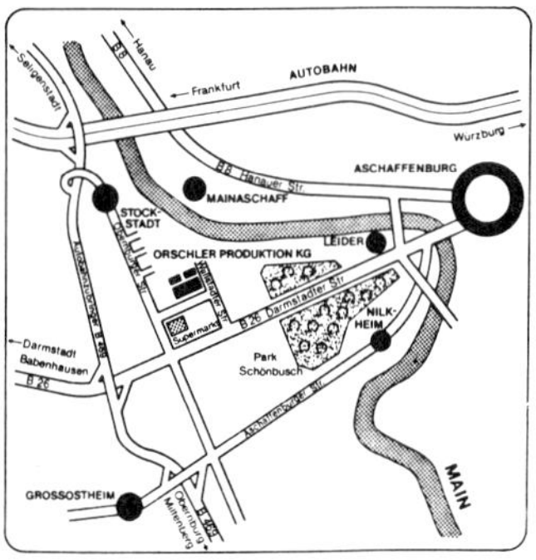

Name des Unternehmens:
ORSCHLER KG

Anschrift:
Postfach 192
8750 Aschaffenburg

Wegbeschreibung:
Industriestr. 24–26
8751 Stockstadt

Telefon:
0 60 27 / 12 42

Kontaktperson: Herr Giegerich

Produktionsprogramm:
Ladeneinrichtungen und Ausstellungsstände

Firmengröße:
a) Mitarbeiterzahl – ca. 200
b) Umsatz – 15 Mio. DM

Gründungsjahr: 1947

Besichtigungen sind möglich:

Wann? – dienstags bis donnerstags 8 bis 15 Uhr

Für welche Personengruppe? – Verbände und Erfa-Gruppen, die am Einsatz von Ladeneinrichtungen und Ausstellungsständen interessiert sind

Können sich Einzelpersonen an Gruppen anschließen? – ja

Voranmeldung
a) erforderlich – ja
b) wie lange vorher? – ca. 14 Tage

Was wird gezeigt? – Holzfertigung, Metallwerk, Glas- und Kunststoffverarbeitung, zur rationellen Fertigung von individuell gestalteten Ladeneinrichtungen und Ausstellungsständen. Zwei ständige Ausstellungen (600 qm) Orschler Ladenbau-Studio und Orschler Messe-Info-Center

Pohlschröder
Büroeinrichtungen

Name des Unternehmens:
Pohlschröder
GmbH & Co. KG

Anschrift:
4600 Dortmund 1
Hannöversche Str. 22

Wegbeschreibung:
Dortmund-Asseln: Werk 2
(Büroeinrichtungen)

Telefon:
02 31 / 51 81(1)–3 37

Kontaktperson:
Herr Hupach

Firmengröße:
a) Mitarbeiterzahl – 1 250
b) Umsatz – 115 Mio. DM

Gründungsjahr:
1855

Besichtigungen sind möglich:
Wann? – von 9 bis 14 Uhr
Für welche Personengruppe? –
Interessenten für die Herstellung von Büroeinrichtungen (Werk 2)
Können sich Einzelpersonen an Gruppen anschließen? – ja
Voranmeldung
a) erforderlich – ja
b) wie lange vorher? – 3 Wochen
Was wird gezeigt? – Werk 2: Herstellung von Stahlbüromöbeln

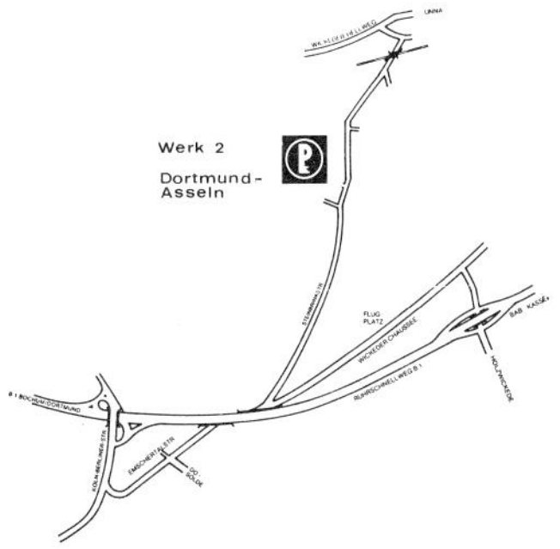

RESOPAL®

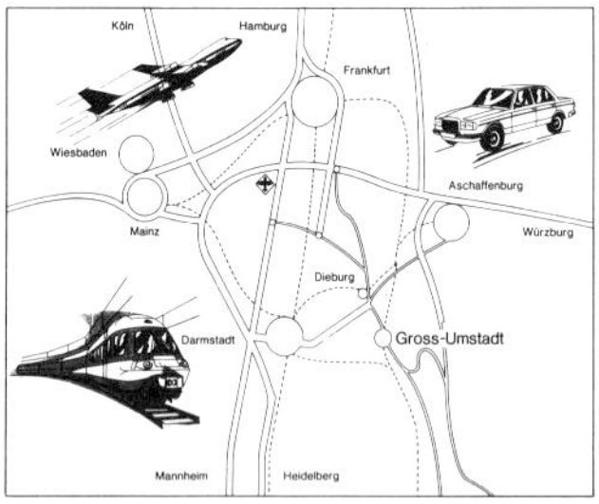

Name des Unternehmens:
RESOPAL GmbH

Anschrift:
Hans-Böckler-Straße 4
6114 Groß-Umstadt

Telefon:
0 60 78 / 8 01

Kontaktperson:
Herr Hans-Joachim Adler, Öffentlichkeitsarbeit

Produktionsprogramm:
RESOPAL®-Hochdruck-Schichtpreßstoffplatten
RESOPAL®-Elemente
RESOPLAN® – für die Außenanwendung
RESOPALAN® -Kanten
RESOPALIT® – beschichtete Spanplatten
RESAN®-Spülen und Waschbecken – Programm für Küche und Bad

Firmengröße:
a) Mitarbeiterzahl – ca. 1 250
b) Umsatz – 200 Mio. DM

Gründungsjahr:
1867

Besichtigungen sind möglich:
Wann? – nach vorheriger Absprache
Können sich Einzelpersonen an Gruppen anschließen? – nein
Voranmeldung:
a) erforderlich – ja
b) wie lange vorher? – ca. 5 Wochen
Was wird gezeigt? – Fertigungsbetriebe

Name des Unternehmens:
J. + A. Schmid GmbH & Co. Holzwerke – Säge- und Hobelwerk – Holzhandlung

Anschrift:
Bahnhofstraße 32–44
Postfach 80
8453 Vilseck

Telefon:
0 96 62 / 3 22

Kontaktperson:
Dipl.-Kfm. Richard Schmid

Produktionsprogramm:
Schnittholzfertigung, Hobelwaren aller Art, Bleistiftbrettchenherstellung, Holzhandlung, Heimwerkermarkt

Firmengröße:
Mitarbeiterzahl – 70

Gründungsjahr:
1933

Besichtigungen sind möglich:
Wann? – immer
Für welche Personengruppe? – die Interesse haben
Können sich Einzelpersonen an Gruppen anschließen? – ja
Voranmeldung:
a) erforderlich – ja
b) wie lange vorher? – 8–14 Tage
Was wird gezeigt? – Sägewerk, Hobelwerk, Kraftanlage mit Sägewerksabfällen und Rinde ca. 1000 kW

Name des Unternehmens:
Christof Stoll
GmbH & Co. KG

Anschrift:
Postfach 1942
Brückenstraße 15
7890 Waldshut 1

Wegbeschreibung:
Waldshut liegt an der B 34 zwischen Basel und Schaffhausen (direkt an der Schweizer Grenze)

Telefon:
0 77 51 / 8 42 31

Kontaktperson:
Herr Peter Rau

Produktionsprogramm:
Bürodrehstühle, Konferenztischsysteme und –stühle, technische Arbeitssitze

Firmengröße:
a) Mitarbeiterzahl – ca. 750
b) Umsatz – ca. 107 Mio. DM

Gründungsjahr:
1871

Besichtigungen sind möglich:
Wann? – nach Absprache
Voranmeldung
a) erforderlich – ja
b) wie lange vorher? – ca. 2 Wochen
Was wird gezeigt? – nach Absprache

Name des Unternehmens:
STOREbest-Ladeneinrichtung GmbH + Co

Anschrift:
Malmöstraße 1
2400 Lübeck 1

Wegbeschreibung:
Abfahrt Autobahn Lübeck–Moisling,
Richtung Malmöstraße

Telefon:
0451 / 5304-1

Kontaktperson:
Herr Rebesky
Herr Kabel

Produktionsprogramm:
Ladeneinrichtungen für alle Branchen

Firmengröße:
a) Mitarbeiterzahl – ca. 600
b) Umsatz – ca. 100 Mio. DM

Gründungsjahr:
1887

Besichtigungen sind möglich:
Wann? – täglich von 9 bis 12 Uhr, außer Sonnabend
Für welche Personengruppe? – Einzelhändler, Filialbetriebe, Fachschulen, Verbände
Können sich Einzelpersonen an Gruppen anschließen? – ja
Voranmeldung
a) erforderlich – ja
b) wie lange vorher? – 2–3 Wochen
Was wird gezeigt? – der gesamte Fertigungsbetrieb, Verwaltung, Shopshow auf 800 qm Fläche

STOREbest
LADENEINRICHTUNG

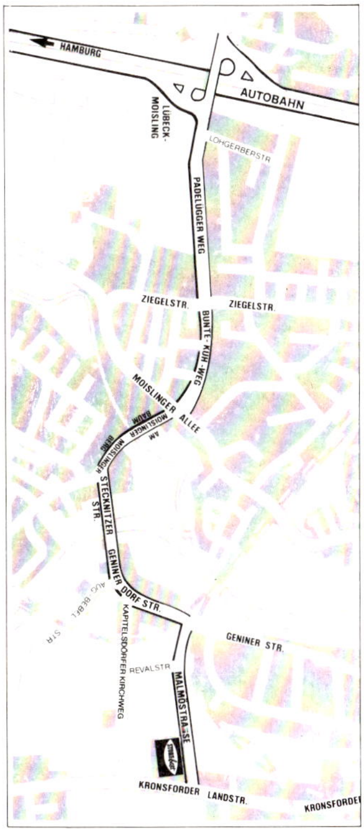

SO FINDEN SIE STOREbest IN LÜBECK:
Mit dem Kraftfahrzeug
- über Autobahn-Ausfahrt Lübeck-Moisling (etwa 4 km bis STOREbest)

Mit öffentlichen Verkehrsmitteln
- ab Lübeck-Hauptbahnhof mit dem Taxi
- ab Lübeck-Hauptbahnhof/ZOB mit der Buslinie 14 zur Haltestelle **Malmöstraße**

Umdasch

Name des Unternehmens:
Umdasch GmbH
Laden-Einrichtungen

Anschrift:
Mühlweg 9
6921 Neidenstein

Wegbeschreibung:
A6-Mannheim/Heilbronn/Stuttgart Ausfahrt Sinsheim; Richtung Mosbach (B 292), Ausschilderung Neidenstein.

Telefon:
07263 / 401-0

Kontaktperson:
Herr Sven Dünkel

Produktionsprogramm:
Laden-Einrichtungen für alle Branchen

Firmengröße:
a) Mitarbeiterzahl – ca. 360
b) Umsatz – 55 Mio. DM

Gründungsjahr:
1983

Besichtigungen sind möglich:
Wann? – nach vorheriger Anmeldung
Für welche Personengruppe? – Einzelhändler, Filialbetriebe, Verbände, Fachschulen, Erfa-Gruppen
Können sich Einzelpersonen an Gruppen anschließen? – ja
Voranmeldung:
a) erforderlich – ja
b) wie lange vorher? – 1 Woche
Was wird gezeigt? – Planungsablauf und Fertigung von Laden-Einrichtungen, Ladenbau-Ausstellung „Shop Show“

Zellstoff und Papier, Büroartikel, Pinsel

Name des Unternehmens:
AWA COUVERT
August Wegener

Anschrift:
Postfach 13 20
3220 Alfeld/Leine

Wegbeschreibung:
An der B 3 zwischen Hannover und Göttingen

Telefon:
0 51 81 / 70 20

Kontaktperson:
Günter Wegener, Michael Wegener

Produktionsprogramm:
Briefumschläge für automatisches Kuvertieren

Firmengröße:
a) Mitarbeiterzahl – 200
b) Umsatz – 31 Mio. DM

Gründungsjahr:
1923

Besichtigungen sind möglich:
Wann? – jederzeit
Für welche Personengruppe? – für alle Interessenten
Können sich Einzelpersonen an Gruppen anschließen? – ja
Voranmeldung:
a) erforderlich – ja
b) wie lange vorher? – 1–2 Wochen
Was wird gezeigt? – Produktion und Druck von Briefumschlägen und spez. Selbstklebe-Briefumschläge und Briefumschläge, geeignet für maschinelle Kuvertierung

AWA COUVERT

Name des Unternehmens:
Dr. Karl Höhn GmbH
Druck-Display-Verpackung

Anschrift:
Postfach 22 47
7900 Ulm/Donau

Wegbeschreibung:
Hohnerstraße 6-8, Ulm-Donautal, Industriegebiet

Telefon:
0731 / 494-1

Kontaktperson:
Herr Haug, Herr Ruhnke

Produktionsprogramm:
Faltschachtel- und Displayherstellung

Firmengröße:
a) Mitarbeiterzahl – ca. 180
b) Umsatz – ca. 25 Mio. DM

Gründungsjahr:
1910

Besichtigungen sind möglich:

Wann? – nachmittags 13.00 bis 15.00 Uhr

Für welche Personengruppe? – Schüler, Lehrer etc. (max. 15-20 Personen)

Können sich Einzelpersonen an Gruppen anschließen? – ja

Voranmeldung:
a) erforderlich – ja
b) wie lange vorher? – ca. 1 Woche

Was wird gezeigt: – Kartonverarbeitungswerk kpl. mit Druckformherstellung (elektronische Kopierverfahren), Offsetdruckerei, Veredelung (Lackieren, Kaschieren), Stanzformenbau, Stanzen mit Großautomaten und Tiegeln, Faltschachtel-Klebung, Klebung und Konfektionierung von Deko-Werbemitteln, Abpacken, Palettieren, Versand mit Fuhrpark, Lagerverwaltung

Name des Unternehmens:
1. Georg Leinfelder GmbH + Co.
   Papier-Karton-Kunststoff
2. BE-PAK GmbH & Co.
   Papier- und Kartonfabrik

Anschrift:
1. 8890 Schrobenhausen/Obb.
2. Wiesendamm 20/38, 1000 Berlin 20

Telefon:
0 82 52 / 9 61, 0 30 / 30 00 07–0

Kontaktperson:
Dr. Hubert Schrödinger, A. Paulus,

Produktionsprogramm:
Papier – Karton – Kunststoff

Firmengröße:
a) Mitarbeiterzahl – ca. 600
b) Umsatz – ca. 145 Mio. DM

Gründungsjahr:
1847 Schrobenhausen

Besichtigungen sind möglich:
Voranmeldung:
erforderlich – ja
Was wird gezeigt? – Recycling von Altpapier

Name des Unternehmens:
Nordland Papier GmbH

Anschrift:
Postfach 11 60
Industriegebiet
2992 Dörpen/Ems

Wegbeschreibung:
Nördl. Emsland, nahe der holl. Grenze,
Knotenpunkt B 70/B 401,
Dortmund-Ems-Kanal/ Küstenkanal,
Bahnlinie Ruhrgebiet/Emden

Telefon:
0 49 63 / 4 01–0

Kontaktperson:
Sekretariat Technische Direktion

Produktionsprogramm:
Holzfreie Druck- und Schreibpapiere

Firmengröße:
a) Mitarbeiterzahl 1 000
b) Umsatz – ca. 600 Mio. DM

Gründungsjahr:
Produktionsaufnahme 1969

Besichtigungen sind möglich:
Wann? – jeden 1. Samstag im Monat um 10 Uhr. Keine Besichtigungen im Dezember und in den Sommermonaten.
Für welche Personengruppe? – Ab 16 Jahre
Können sich Einzelpersonen an Gruppen anschließen? – ja
Voranmeldung:
a) erforderlich – ja
b) wie lange vorher? – 4 Wochen
Was wird gezeigt? – Produktionsanlagen der Papiererzeugung, z. B. Papiermaschinen, Ausrüstungsmaschinen für Papier wie Querschneider und Rollenschneider

Name des Unternehmens:
Gebr. Schabert GmbH, GESADI-Pinselfabriken

Anschrift:
Postfach 120
D–8804 Dinkelsbühl

Wegbeschreibung:
An der Romantischen Straße gelegen, zwischen Rothenburg ob der Tauber und Nördlingen, ca. 80 km südwestlich von Nürnberg

Telefon:
09851 / ⌀3098

Kontaktperson:
Heinrich Schabert jun.
und Christian Schabert

Produktionsprogramm:
Malerpinsel u. ä. für Handwerk, DIY, Industrie; Feinhaarpinsel für Porzellan-, Keramik-, Dentalindustrie; Künstler-, Kosmetikpinsel, Pinselstielherstellung

Firmengröße:
a) Mitarbeiterzahl – 160
b) Umsatz – ca. 17,5 Mio. DM

Gründungsjahr:
1908

Besichtigungen sind möglich:
Wann? – Das ganze Jahr
Für welche Personengruppe? –
Maler- u. Lackierhandwerk, Malerberufsschulen, Maler-Fachgroßhandel; Produktinformation zu Qualitätskriterien sowie Herstellung
Voranmeldung:
a) erforderlich – ja, unbedingt
b) wie lange vorher? – 6 Wochen
Was wird gezeigt? – Pinselherstellung

FORTUNA®

Name des Unternehmens:
Peter Temming Aktiengesellschaft

Anschrift:
Stadtstraße 2–14
Postfach 12 20
2208 Glückstadt

Wegbeschreibung:
Autobahn Hamburg/Heide, BAB-Ausfahrt Elmshorn/Glückstadt. Auf der B 431 Richtung Brunsbüttel bis Glückstadt

Telefon:
0 41 24 / 6 11

Kontaktperson:
Dipl.-Kfm. Hartmut Weber, Herr Brodersen

Produktionsprogramm:
1. Herstellung von grafischen Recycling-Papieren, Schreib-, Kopier- und EDV-Tabellierpapieren, Verlags- und Spezialpapiere
2. Edelzelluloseerzeugung für die Chemische, Lebensmittel-, Pharma-, Bau- und Papierindustrie

Firmengröße:
a) Mitarbeiterzahl – ca. 650
b) Umsatz – ca. 190 Mio. DM

Gründungsjahr:
1895

Besichtigungen sind möglich:
Wann? – Regelmäßig nach Absprache
Für welche Personengruppe? – Papiermacher, Druckereifachleute, chem. Verfahrens-Ing./Techniker
Können sich Einzelpersonen an Gruppen anschließen? – ja
Voranmeldung:
a) erforderlich – ja
b) wie lange vorher? – 4 Wochen
Was wird gezeigt? – Das gesamte Produktionsprogramm

Maschinen- und Werkzeugmaschinenbau

Landsberg

Name des Unternehmens:
Bayerische Pflugfabrik GmbH
Landsberg

Anschrift:
Von-Kühlmann-Straße 25
8910 Landsberg/Lech

Wegbeschreibung:
40 km südlich von Augsburg (B 17);
60 km westlich von München (B 12);
in Stadtmitte Landsberg gelegen

Telefon:
08191/4780

Kontaktperson:
Herr Gottfried Högenauer

Produktionsprogramm:
Landtechnische Maschinen und Geräte der Bodenbearbeitung, Erntebergung und Hofinnenwirtschaft

Firmengröße:
a) Mitarbeiterzahl – 350
b) Umsatz 40 Mio. DM

Gründungsjahr:
1891

Besichtigungen sind möglich:
Wann? – nach Vereinbarung
Für welche Personengruppe? – bäuerliche Bevölkerung sowie landtechnisch interessierte Schüler- und Studentengruppen
Können sich Einzelpersonen an Gruppen anschließen? – im Ausnahmefall nach besonderer Vereinbarung
Voranmeldung:
a) erforderlich – ja
b) wie lange vorher? – 1 Monat
Was wird gezeigt? – Betrieb und Produktionsprogramm

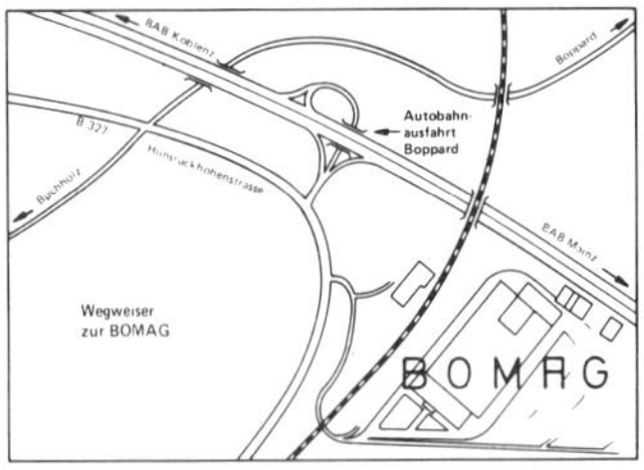

Name des Unternehmens:
BOMAG GmbH

Anschrift:
Postfach 1180
D-5407 Boppard 1

Telefon:
0 67 42 / 10 03 24

Kontaktperson:
Frau Liliane Schulz

Produktionsprogramm:
Verdichtungsgeräte (Walzen, Platten, Stampfer), Müll-Kompaktoren, Asphalt-Recycler

Firmengröße:
a) Mitarbeiterzahl – 1 600 (weltweit)
b) Umsatz – ca. 400 Mio. DM

Gründungsjahr:
1957

Besichtigungen sind möglich:

Wann? – Während der Betriebszeiten
8 bis 12 / 13 bis 16 Uhr

Für welche Personengruppe? – für Fach- und Führungskräfte, Universitäten, Fachverbände und -vereinigungen

Können sich Einzelpersonen an Gruppen anschließen? – nein

Voranmeldung:
a) erforderlich – ja
b) wie lange vorher? – 2 Wochen

Was wird gezeigt? – Präsentation: Vortrag und Dia-Serien über das Unternehmen, seine weltweiten Verpflichtungen und sein Produktionsprogramm. Betriebsführung durch die Bereiche Stahlbau, Bandagenfertigung, Montage, Forschung und Entwicklung, Qualitätskontrolle und Prüfstände

Name des Unternehmens:
Dr.-Ing. K. Busch GmbH

Anschrift:
Schauinslandstraße 1
7864 Maulburg

Wegbeschreibung:
Autobahn Frankfurt–Basel, Abfahrt Lörrach-Schopfheim, Richtung Feldberg, Einfahrt Maulburg-Ost

Telefon:
07622 / 3901–0

Kontaktperson:
Herr Uli Merkle

Produktionsprogramm:
Vakuumpumpen und Kompressoren

Firmengröße:
a) Mitarbeiterzahl – 250
b) Umsatz – 60 Mio. DM

Gründungsjahr:
1963

Besichtigungen sind möglich:
Wann? – laufend
Für welche Personengruppe? – keine Beschränkung, soweit nicht Wettbewerb
Können sich Einzelpersonen an Gruppen anschließen? – ja
Voranmeldung:
a) erforderlich – ja
b) wie lange vorher? – 8 Tage
Was wird gezeigt? – Fertigungstechnik, Werkzeugmaschinen im Einsatz

DECKEL

Name des Unternehmens:
FRIEDRICH DECKEL
AKTIENGESELLSCHAFT

Anschrift:
Postfach 70 04 28, 8000 München 70,
Plinganserstraße 150

Telefon:
0 89 / 72 46-0

Kontaktperson:
Frau Gerlinde Steininger
Durchw.: 72 46-28 01

Produktionsprogramm:
Universal-Fräs- und Bohrmaschinen, CNC-Universal-Fräs- und Bohrmaschinen, Bearbeitungszentren, Programmierplätze, Schulungssysteme, CAD/CAM-Systeme, Funkenerosionsmaschinen, Gravier- und Kopierfräsmaschinen, Koordinaten- Bohr- und Schleifmaschinen, Werkzeug-Schleifmaschinen, Zubehör, Werkzeuge.

Firmengröße:
a) Mitarbeiterzahl – 2 303 (1987)
b) Umsatz – 543 Mio. DM (1987)

Gründungsjahr:
1903

Besichtigungen sind möglich:
Wann? – Montag bis Freitag (vormittags)
Für welche Personengruppe? – Fachbereich Maschinenbau
Können sich Einzelpersonen an Gruppen anschließen? – ja
Voranmeldung:
a) erforderlich – ja
b) wie lange vorher? – ca. 6 Wochen
Was wird gezeigt? – Abteilung Anwendungstechnik und Schulung, Produktion, Montage, Härterei, Endabnahme, Ausbildungs-Werkstätte

Name des Unternehmens:
John Deere Werke Mannheim
Zweigniederlassung der Deere & Company

Anschrift:
Windeckstraße 90
6800 Mannheim 1

Wegbeschreibung:
ca. 1,3 km ab Autobahnende Mannheim Mitte

Telefon:
06 21 / 8 10 92 60

Kontaktperson:
Horst Benke, Doris Franke

Produktionsprogramm:
Landw. Traktoren

Firmengröße:
a) Mitarbeiterzahl – 4 200 (weltweit 38 200)
Stand: Juni 1988
b) Installierte Fertigungskapazität:
45 000 Traktoren p. a.

Gründungsjahr:
H. Lanz 1859; ab 1956 John Deere
(John Deere Gründungsjahr in USA 1837)

Besichtigungen sind möglich:
Wann? – nach Vereinbarung
Für welche Personengruppe? –
Zielgruppen: landwirtschaftl. orientiert,
andere Interessenten nicht ausgeschlossen
Können sich Einzelpersonen an Gruppen anschließen? – ja
Voranmeldung:
a) erforderlich – ja
b) wie lange vorher? – ca. 4 Wochen
Was wird gezeigt? – Fertigung landw. Traktoren (Gießerei, Blechbearbeitung, Transferstraßen, Zahnradfertigung, Härterei, Getriebemontage, Endmontage)

Name des Unternehmens:
John Deere Werke Zweibrücken
Zweigniederlassung der Deere & Company

Anschrift:
Homburger Straße 117
6660 Zweibrücken

Wegbeschreibung:
B 10 oder A 8 (Abfahrt Ernstweiler-Bubenhausen aus Richtung Saarbrücken/Mannheim; Abfahrt Ernstweiler-Bubenhausen aus Richtung Pirmasens)

Telefon: 0 63 32 / 8 91

Kontaktperson:
K. A. Russ

Produktionsprogramm:
Selbstfahrende Mähdrescher (11 Typen)

Firmengröße:
a) Mitarbeiterzahl – 1800
b) Kapazität (Produktion) – 5000 Einh. p. a.

Gründungsjahr:
1863 Christian Wery, 1917 Heinrich Lanz, 1956 John Deere, (1836 John Deere, USA)

Besichtigungen sind möglich:
Wann? – nach Vereinbarung
Für welche Personengruppe? – landwirtschaftlich orientierte Personen. Sonstige Interessenten nicht ausgeschlossen
Können sich Einzelpersonen an Gruppen anschließen? – ja
Voranmeldung:
a) erforderlich – ja
b) wie lange vorher? – ca. 6 Wochen
Was wird gezeigt? – Kompletter Produktionsgang (von der Blech- und Gußteilbearbeitung, über Montage und Lackierung, bis zum fertigen Mähdrescher)

Name des Unternehmens:
FINZER
Säckinger Maschinen-Fabrik GmbH

Anschrift:
Industriestraße 9
D–7880 Bad Säckingen 11

Telefon:
0 77 61 / 55 01-0

Kontaktperson:
Herr Finzer
Herr Walter

Produktionsprogramm:
Stanz-Biegeautomaten/Zubehör

Firmengröße:
a) Mitarbeiterzahl – ca. 100
b) Umsatz – ca. 13 Mio. DM

Gründungsjahr:
1961

Besichtigungen sind möglich:
Wann? – montags bis freitags
Voranmeldung:
a) erforderlich – ist erwünscht
b) wie lange vorher? – ca. 8 bis 14 Tage, jedoch auch kurzfristiger
Was wird gezeigt? – Stanz-Biegeautomaten, Schweiß-Stanz-Biegeautomaten, Hydraulik-Biegeautomaten, Gewindeeinheiten, Zubehör/Werkzeuge zu genannten Automaten, Montagestraßen, CAD, Erodiercenter

Name des Unternehmens:
Francotyp-Postalia GmbH

Anschrift:
Emmentaler Straße 132–150
Postfach 51 02 41
1000 Berlin 51

Telefon:
0 30 / 49 91-1

Kontaktperson:
Dr. Strauch

Produktionsprogramm:
Postbearbeitungsmaschinen

Firmengröße:
a) Mitarbeiterzahl – 425
b) Umsatz – 40 Mio. DM

Gründungsjahr:
1924

Besichtigungen sind möglich:
Wann? – nach Vereinbarung
Für welche Personengruppe? – spezielle Interessenten, Fachschulen
Können sich Einzelpersonen an Gruppen anschließen? – ja
Voranmeldung:
a) erforderlich – ja
b) wie lange vorher? – 2 Wochen
Was wird gezeigt? – Fertigung und fertige Maschinen

Name des Unternehmens:
HEYLIGENSTRAEDT GmbH & Co. KG

Anschrift:
Postfach 56 40
Aulweg 39–47
6300 Giessen

Wegbeschreibung:
von Giessener-Ring die Abfahrt „Schiffenberger Tal“, Richtung BW-Krankenhaus/ Uni-Klinikum

Telefon:
06 41 / 7 05-0

Kontaktperson:
Herr Ascher

Produktionsprogramm:
CNC-Drehmaschinen, CNC-Schwerdrehmaschinen, CNC-/Kopierfräsmaschinen CAD/CAM-System

Firmengröße:
a) Mitarbeiterzahl – ca. 670
b) Umsatz – ca. 80 Mio. DM

Gründungsjahr:
1876

Besichtigungen sind möglich:
wann? nach Absprache
Für welche Personengruppe? Keine Einschränkungen
Können sich Einzelpersonen an Gruppen anschließen? – ja
Voranmeldung:
a) erforderlich – ja
b) wie lange vorher? – 6–8 Wochen
Was wird gezeigt? – Zwischen- und Endmontage, Vorführzentrum, Ausbildungswerkstatt

Heyligenstaedt

Gute Fahrt wünscht HEYLIGENSTAEDT

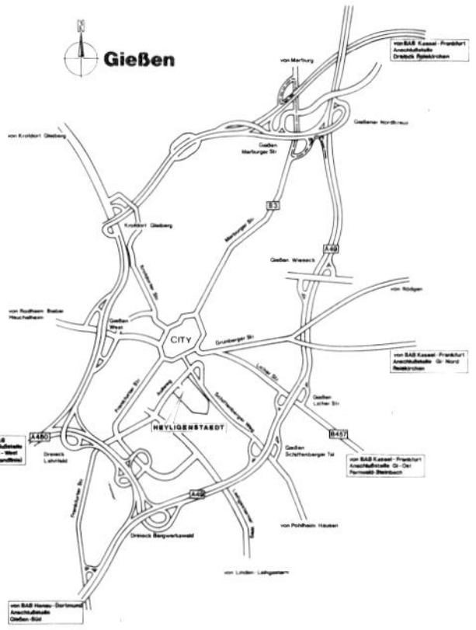

Name des Unternehmens:
Michael Hörauf
Maschinenfabrik GmbH + Co. KG

Anschrift:
Dammstraße 1
7334 Süssen

Telefon:
0 71 62 / 1 51

Kontaktperson:
H. Clauss

Produktionsprogramm:
Verpackungsmaschinen

Firmengröße:
a) Mitarbeiterzahl – 231
b) Umsatz – 29 Mio. DM

Gründungsjahr:
1937

Besichtigungen sind möglich:
Wann? – von Fall zu Fall unter vorhergehender Klärung
Voranmeldung:
a) erforderlich – ja
b) wie lange vorher? – auf Anfrage
Was wird gezeigt? – Verpackungsmaschinen-Produktion

Name des Unternehmens:
Accumulatorenwerke HOPPECKE
Carl Zoellner & Sohn GmbH & Co KG

Anschrift:
Bontkirchener Straße 2
5790 Brilon 2 – Hoppecke

Wegbeschreibung:
An der Bundesstraße 7
zwischen Brilon und Marsberg
Autobahnabfahrten:
aus Richtung Dortmund: Erwitte
aus Richtung Kassel: Diemelstadt

Telefon: 02963/61-1

Kontaktperson:
Frau Marion Vogtland

Produktionsprogramm:
Starterbatterien, Fahrzeugantriebsbatterien, ortsfeste Batterien, Formen- u. Spezialmaschinenbau

Firmengröße:
a) Mitarbeiterzahl – 1100
b) Umsatz – ca. 185 Mio. DM

Gründungsjahr: 1927

Besichtigungen sind möglich:
Wann? Januar Juni und September–November während der Geschäftszeit
Für welche Personengruppe? – Schulen, Universitäten, Verbände, Vereinigungen, alle an Wirtschaft und Technik interessierten Gruppen
Können sich Einzelpersonen an Gruppen anschließen? – nein
Voranmeldung:
a) erforderlich – ja
b) wie lange vorher? 6–8 Wochen
Was wird gezeigt? – Werksfilm, Produktion von Starter- und Industriebatterien einschl. Kunststoffspritzerei, Maschinen- und Formenbau sowie Bleiregeneration

HOPPECKE

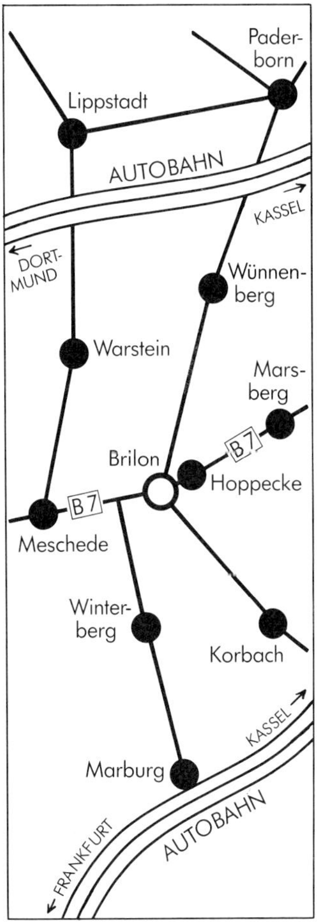

IXION

Name des Unternehmens:
IXION
Otto Häfner GmbH & Co. KG

Anschrift:
Postfach 70 08 29
2000 Hamburg 70

Wegbeschreibung:
Jenfelder Straße 30

Telefon:
0 40 / 66 98 09-1

Kontaktperson:
Dipl.-Ing. M. Klumpp

Produktionsprogramm:
Bohrmaschinen, Gewindeschneidmaschinen, CNC Bohr- und Fräscentren, CNC Tieflochbohrmaschinen

Firmengröße:
a) Mitarbeiterzahl – 125
b) Umsatz – ca. 20 Mio. DM

Gründungsjahr:
1919

Besichtigungen sind möglich:
Wann? – Mo. bis Do. 9 bis 16 Uhr
Für welche Personengruppe? Schüler, Studenten, Lehrkräfte; Verbände, Vereinigungen
Können sich Einzelpersonen an Gruppen anschließen?– ja
Voranmeldung:
a) erforderlich – ja
b) wie lange vorher? – mind. 2 Wochen
Was wird gezeigt? – Fertigungsablauf und Produktionsprogramm

Name des Unternehmens:
H. Jungheinrich & Co.
Maschinenfabrik GmbH & Co. KG

Anschrift:
Friedrich-Ebert-Damm 129
2000 Hamburg 70, und
Lawaetzstraße 9–13, 2000 Norderstedt

Telefon:
040 / 6948262

Kontaktperson:
Frau Nomrowski

Produktionsprogramm:
Flurförderzeuge – elektromotorisch betriebene Transportgeräte wie: Niederhubwagen, Gabelstapler verschiedener Bauarten, Hochregalstapler, Kommissionierer, Schlepper und Hubwagen induktiv gelenkt

Firmengröße:
a) Mitarbeiterzahl – In- und Ausland insgesamt 4600
b) Umsatz – 1985: über 800 Mio. DM

Gründungsjahr:
1949

Besichtigungen sind möglich:
Wann? – nach Vereinbarung, nach Möglichkeit jedoch vormittags
Für welche Personengruppe? – Dozenten, Studenten, Lehrer, Schüler, Sportgruppen, Senioren u. a.
Können sich Einzelpersonen an Gruppen anschließen? – ja
Voranmeldung:
a) erforderlich – ja
b) wie lange vorher? – ca. 2 Wochen
Was wird gezeigt? – Sämtliche Produktionshallen im Norderstedter Werk inkl. Lehrwerkstatt (gewerblich) sowie eine moderne Montagehalle und ein computergesteuertes Hochregallager

KAPP

Name des Unternehmens:
Kapp & Co
Werkzeugmaschinenfabrik

Anschrift:
Callenberger Straße 52–58
D–8630 Coburg

Wegbeschreibung:
Von Süden über BAB Frankfurt–Nürnberg, Ausfahrt Bamberg über B 505/B 4/B 303, von Norden über BAB Kassel–Würzburg, Ausfahrt Fulda-Süd, über B 279/B 303, nach Coburg-Nord

Telefon:
0 95 61 / 64 40

Kontaktperson:
Sekretariat der Geschäftsleitung

Produktionsprogramm:
Schleifmaschinen für die Zahnrad- und Getriebefertigung

Firmengröße:
a) Mitarbeiterzahl – ca. 360
b) Umsatz – ca. 60 Mio. DM

Gründungsjahr:
1953

Besichtigungen sind möglich:
Wann? – Für Interessenten nach vorheriger telefonischer oder schriftlicher Vereinbarung
Voranmeldung:
a) erforderlich – ja
b) wie lange vorher? – ca. 2–3 Wochen
Was wird gezeigt? – Gesamte Produktion

Name des Unternehmens:
Klopp-Werke KG – Klopp-Handel KG,
Eisengießerei Klopp GmbH

Anschrift:
Obenitterstraße 15–25
5650 Solingen 19

Wegbeschreibung:
Autobahn Wuppertal–Düsseldorf, Abfahrt Haan (Hochdahl) oder Haan-Ost, danach Richtung Solingen-Wald, Entfernung von Autobahnabfahrt: ca. 6 km

Telefon: 0 21 22 / 31 20 61

Kontaktperson: Herr Leidecker

Produktionsprogramm:
Werkzeugmaschinen (Schnellhobler, Senkrechtstoßmaschinen, Konsolfräsmaschinen, Bettfräsmaschinen, universelle Fräs- und Bohrmaschinen, NC-Steuerungen)

Firmengröße:
a) Mitarbeiterzahl – ca. 400
b) Umsatz – ca. 40 Mio. DM

Gründungsjahr:
1910

Besichtigungen sind möglich:
Wann? – Jederzeit, nach kurzer vorheriger Terminabstimmung
Für welche Personengruppe? – Schüler bzw. Studenten und Lehrkräfte des technischen Ausbildungswesens
Können sich Einzelpersonen an Gruppen anschließen? – ja
Voranmeldung:
a) erforderlich – ja
b) wie lange vorher? – ca. 1 Woche
Was wird gezeigt? – Mechanische Fertigung, Montage, NC-Steuerungsbau, eigene Gießerei

KLOPP
Werkzeugmaschinen

Körber AG

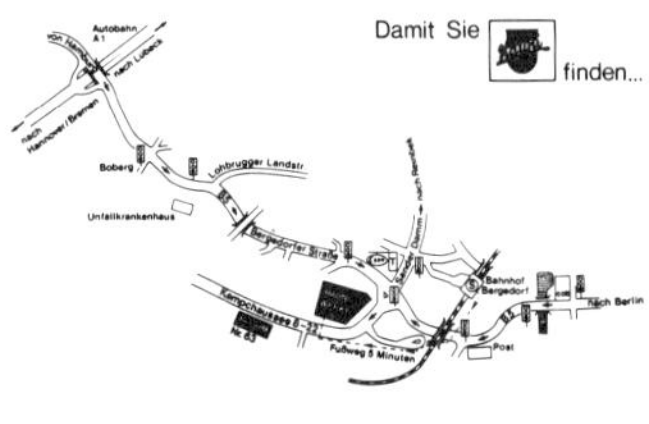

Name des Unternehmens:
Körber AG

Anschrift:
Kampchaussee 8-32
2050 Hamburg 80

Telefon:
0 40 / 72 50-20 62 oder 28 09

Kontaktperson:
Herr K. Hohm
Herr R. Lorenz

Produktionsprogramm:
Aufbereitungsanlagen und Produktionslinien für die Nahrungs- und Genußmittelindustrie, Verpackungsmaschinen, Entwicklung von Betriebsdatenerfassungs- und -verarbeitungssystemen sowie von Prozeßsteuerungssystemen

Firmengröße:
a) Mitarbeiterzahl – 3 600
b) Umsatz – 680 Mio. DM

Gründungsjahr:
1946

Besichtigungen sind möglich:
Wann? – montags bis donnerstags ab 13 Uhr
Für welche Personengruppe? – Schwerpunktmäßig Ingenieurgruppen und Ingenieurstudenten
Können sich Einzelpersonen an Gruppen anschließen? – ja
Voranmeldung:
a) erforderlich – ja
b) wie lange vorher? – ca. 8 Wochen
Was wird gezeigt? – Primär Fertigungs- und Montagebereich sowie Ausbildungseinrichtungen

Name des Unternehmens:
Otto Kynast
GmbH & Co. KG

Anschrift:
Postfach 12 20
4570 Quakenbrück

Wegbeschreibung:
Autobahnabfahrt Dinklage (ca. 15 Minuten bis Quakenbrück)

Telefon:
0 54 31 / 1 20

Kontaktperson:
Herr Werner Kynast

Firmengröße:
a) Mitarbeiterzahl – 1 750
b) Umsatz – 330 Mio. DM

Gründungsjahr:
1951

Besichtigungen sind möglich:
Wann? – jederzeit
Für welche Personengruppe? – Schulen ab 8. Klasse, weiterbildende Schulen, Fachverbände
Können sich Einzelpersonen an Gruppen anschließen? – nein
Voranmeldung:
a) erforderlich – ja
b) wie lange vorher? – 5 Arbeitstage
Was wird gezeigt? – gesamte Fabrikation

Lenze

Name des Unternehmens:
Lenze GmbH & Co. KG Aerzen

Anschrift:
Hans-Lenze-Str. 1
3258 Aerzen OT Groß-Berkel

Wegbeschreibung:
A 2 (Dortmund-Hannover), Abfahrt Bad Eilsen, dann B 83 und B 1 aus Richtung Hannover: B 217 und B 1

Telefon:
0 51 54 / 82–0

Kontaktperson:
Frau Franović

Produktionsprogramm:
elektronische Antriebstechnik

Firmengröße:
a) Mitarbeiterzahl – 645

Gründungsjahr:
1947

Besichtigungen sind möglich:
wann? nach Voranmeldung
Für welche Personengruppe? für alle
Können sich Einzelpersonen an Gruppen anschließen? – ja
Voranmeldung:
a) erforderlich – ja
b) wie lange vorher? – mind. 6 Wochen vorher
Was wird gezeigt? – Produktions- und Ingenieurarbeitsplätze

Name des Unternehmens:
Lenze GmbH & Co. KG Extertal

Anschrift:
Breslauer Str. 3
4923 Extertal-Bösingfeld

Wegbeschreibung:
A 2 (Dortmund-Hannover), Abfahrt Bad Eilsen, dann B 238

Telefon:
0 52 62 / 4 01–0

Kontaktperson:
Frau Franović

Produktionsprogramm:
mechanische Antriebstechnik

Firmengröße:
Mitarbeiterzahl – 1412

Gründungsjahr:
1947

Besichtigungen sind möglich:
wann? nach Voranmeldung
Für welche Personengruppe? für alle
Können sich Einzelpersonen an Gruppen anschließen? – ja
Voranmeldung:
a) erforderlich – ja
b) wie lange vorher? – mind. 6 Wochen vorher
Was wird gezeigt? – Produktions- und Ingenieurarbeitsplätze

Lenze

Name des Unternehmens:
Maschinenfabrik Lauffer
GmbH & Co. KG

Anschrift:
Postfach 12 20
7240 Horb am Neckar

Wegbeschreibung:
Horb-Industriegebiet
BAB Stuttgart–Singen
Ausfahrt Horb

Telefon:
07451 / 2085

Kontaktperson:
Hans-Martin Lauffer

Produktionsprogramm:
Hydraulische Pressen

Firmengröße:
a) Mitarbeiterzahl – 320
b) Umsatz – 50 Mio. DM

Gründungsjahr:
1872

Besichtigungen sind möglich:
Wann? – nach Vereinbarung
Für welche Personengruppe? – aus der Metall-, Kunststoff- und Elektronikindustrie
Können sich Einzelpersonen an Gruppen anschließen? – ja
Voranmeldung:
a) erforderlich – ja
b) wie lange vorher? – ca. 4 Wochen
Was wird gezeigt? – Fabrikation der hydr. Pressen

MAHO

Name des Unternehmens:
MAHO Aktiengesellschaft

Anschrift:
Tiroler Straße 85
8962 Pfronten

Wegbeschreibung:
A7, Ulm–Füssen, weiter auf der B309
Richtung Reutte/Tirol

Telefon:
08363 / 89-277/290

Kontaktperson:
Frau Schneider

Produktionsprogramm:
Universal-CNC-Fräs- und Bohrmaschinen, Bearbeitungszentren, flexible Fertigungszellen und -systeme, MAHO Graziano Drehmaschinen, MAHO-CAM-Bausteine zur CIM-Integration

Firmengröße:
a) Mitarbeiterzahl – Pfronten rd. 1 000 (weltweit 2 100)
b) Umsatz – 400 Mio. DM (Gruppe)

Gründungsjahr:
1920

Besichtigungen sind möglich:
Wann? – Montag bis Freitag von 9.15 bis 15 Uhr
Für welche Personengruppe? – Auszubildende, Schüler, Studenten, Lehrpersonal, Verbände, Vereinigungen und sonst. interessierte Gruppen
Können sich Einzelpersonen an Gruppen anschließen? – ja
Voranmeldung:
a) erforderlich – ja
b) wie lange vorher? – 10 Arbeitstage
Was wird gezeigt? – Fertigung und Montage, Ausbildung, Schulung

MAHO

Name des Unternehmens:
MAHO Aktiengesellschaft, Werk Emstal

Anschrift:
Uhlandstraße 20
3501 Emstal/Hessen 1

Wegbeschreibung:
Autobahn Kassel – Dortmund (A 44), Abfahrt Kassel-Wilhelmshöhe, dann auf der B 520 Richtung Schauenburg. Im Ortsteil Schauenburg-Breitenbach links ab nach Emstal.

Telefon:
05624 / 501-0

Kontaktperson:
Frau Nadler

Produktionsprogramm:
Universal CNC-Fräs- und Bohrmaschinen

Firmengröße:
Mitarbeiterzahl – 420

Besichtigungen sind möglich:
Wann? – Montag bis Freitag von 9.15 bis 15 Uhr
Für welche Personengruppe? – Auszubildende, Schüler, Studenten, Lehrpersonal, Verbände, Vereinigungen und sonstige interessierte Gruppen
Können sich Einzelpersonen an Gruppen anschließen? – ja
Voranmeldung:
a) erforderlich – ja
b) wie lange vorher? – 10 Arbeitstage
Was wird gezeigt? – Fertigung und Montage, Ausbildung

Name des Unternehmens:
Metz Feuerwehrgeräte GmbH

Anschrift:
Carl-Metz-Straße
Postfach 21 09 54
7500 Karlsruhe 21

Wegbeschreibung:
Autobahnabfahrt
Karlsruhe-Mitte, Richtung Saarbrücken,
Schnellstraße Richtung Saarbrücken, Ausfahrt
Karlsruhe-Mühlburg, Richtung Rastatt

Telefon:
07 21 / 59 65-0

Kontaktperson:
Abteilung PR

Produktionsprogramm:
Feuerwehrfahrzeuge aller Art, Drehleitern von 18-60 Meter Steighöhe

Firmengröße:
a) Mitarbeiterzahl – ca. 520
b) Umsatz – ca. 80 Mio. DM

Gründungsjahr:
1842

Besichtigungen sind möglich:
Wann? – nach Voranmeldung
Können sich Einzelpersonen an Gruppen anschließen? – nein
Voranmeldung:
a) erforderlich – ja
b) wie lange vorher? – 14 Arbeitstage
Was wird gezeigt? – komplette Fertigung und teilweise Vorführung der Geräte

Name des Unternehmens:
J. D. Neuhaus Hebezeuge GmbH & Co.

Anschrift:
Windenstraße
5810 Witten-Heven

Wegbeschreibung:
Wegeskizze liegt bei

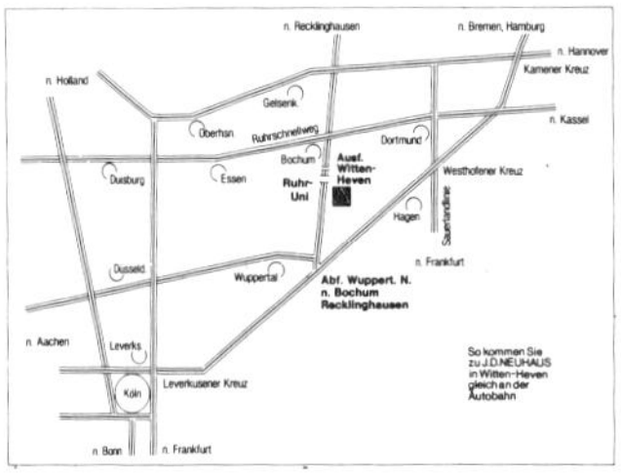

Telefon:
02302 / 208-0

Kontaktperson:
Herr Müller

Produktionsprogramm:
Druckluftbetriebene Hebezeuge von 100 bis 100000 kg Tragfähigkeit, Laufkatzen, Rangierkatzen, hydraulische Hebezeuge, mechanische Hebezeuge

Firmengröße:
a) Mitarbeiterzahl – 140
b) Umsatz – 39 Mio. DM

Gründungsjahr:
1745

Besichtigungen sind möglich:
Wann? – nach Vereinbarung
Für welche Personengruppe? – Schüler (Mindestalter 14 Jahre), Studenten, Vereine, sonstige Interessenten
Können sich Einzelpersonen an Gruppen anschließen? – ja
Voranmeldung:
a) erforderlich – ja
b) wie lange vorher? – möglichst 1 Monat
Was wird gezeigt? – PR-Film, Betrieb, historische Windenschmiede von 1745, Hebezeug-Museum
Windenfabrik J. D. Neuhaus
Nachbildung des „Kaufhauskranes der Hansestadt Lüneburg"

Name des Unternehmens:
Neumünstersche Maschinen- und Apparatebau GmbH

Anschrift:
Christianstraße 160–164
2350 Neumünster

Wegbeschreibung:
Autobahn Hamburg–Kiel, Abfahrt Neumünster-Wittorf

Telefon:
0 43 21 / 30 50

Kontaktperson:
Herr Dipl.-Ing. Michael Klinger

Produktionsprogramm:
Chemiefasermaschinen, Kreiskolbenverdichter, Allgemeiner Maschinenbau

Firmengröße:
a) Mitarbeiterzahl – 440
b) Umsatz – 55 Mio. DM

Gründungsjahr:
1948

Besichtigungen sind möglich:
Wann? – jederzeit nach Vereinbarung
Für welche Personengruppe? – max. 12 Personen
Können sich Einzelpersonen an Gruppen anschließen? – ja
Voranmeldung:
a) erforderlich – ja
b) wie lange vorher? – 2 Wochen
Was wird gezeigt? – Fertigung, Technikum

NEUMAG

GRUPPE
DEUTSCHE BABCOCK

Name des Unternehmens:
OSWALD FORST GMBH & Co. KG

Anschrift:
Schützenstraße 160
5650 Solingen 1

Telefon:
0212 / 4090

Kontaktperson:
Johannes Melder, Herbert Holstein,
Ulrich Salwender

Produktionsprogramm:
Räummaschinen,
Räumwerkzeug-Schärfmaschinen, Schlitz- und Nutenfräsmaschinen, Räumwerkzeuge, Getriebe

Firmengröße:
a) Mitarbeiterzahl – 225
b) Umsatz – 30 Mio. DM

Gründungsjahr:
1909

Besichtigungen sind möglich:
Wann? – nach Vereinbarung
Für welche Personengruppe? – nach Vereinbarung
Können sich Einzelpersonen an Gruppen anschließen? – ja
Voranmeldung:
a) erforderlich – ja
b) wie lange vorher? – 4 Wochen
Was wird gezeigt? – Betrieb

Name des Unternehmens:
OVERBECK GmbH & Co. KG
Fabrik für Schleifmaschinen

Anschrift:
Postfach 15 65
Konrad-Adenauer-Straße
6348 Herborn 1

Wegbeschreibung:
Autobahnabfahrt Herborn-Süd oder -West

Telefon:
02772 / 5003-0

Kontaktperson:
Herr Reymann

Produktionsprogramm:
Außen- und Innenrundschleifmaschinen

Firmengröße:
a) Mitarbeiterzahl – 230
b) Umsatz – 35 Mio. DM

Gründungsjahr:
1924

Besichtigungen sind möglich:
Wann? – montags bis freitags
Für welche Personengruppe? – Fachleute, Schüler, Studenten, Lehrkräfte
Können sich Einzelpersonen an Gruppen anschließen? – ja
Voranmeldung:
a) erforderlich – ja
b) wie lange vorher? – 2 Wochen
Was wird gezeigt? – Herstellung von Präzisionsschleifmaschinen und Vorführung von Schleifautomaten und Sondermaschinen

OVERBECK

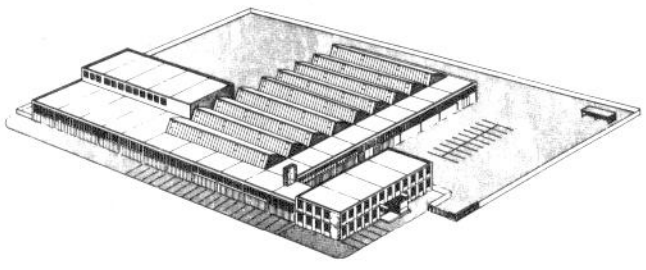

Name des Unternehmens:
Pfaff Haushaltmaschinen GmbH

Anschrift:
Gritznerstraße 11
7500 Karlsruhe 41

Telefon:
0721 / 40010

Kontaktperson:
Beate Regert
Personalabteilung für Angestellte
Telefon 4001284

Produktionsprogramm:
Nähmaschinenteile, Bügelmaschinen, Sphäro- und Leichtmetaliguß, Kunststoffteile, elektronische Steuerungen, Elektromotoren für Haushaltgeräte und Industrienähmaschinen, Elektroartikel

Firmengröße:
(Pfaff-Gruppe)
a) Mitarbeiterzahl – 9500
b) Umsatz – 1985: 1016 Mio. DM

Gründungsjahr:
1862

Besichtigungen sind möglich:
Wann? – nach Vereinbarung
Für welche Personengruppe? – Alle Bereiche
Können sich Einzelpersonen an Gruppen anschließen? – ja
Voranmeldung:
a) erforderlich – ja
b) wie lange vorher? – 4 Wochen
Was wird gezeigt? – alle interessanten Fertigungsabteilungen, Nähmaschinenmontage, Leiterplattenfertigung

Name des Unternehmens:
Pfaff-Industriemaschinen GmbH

Anschrift:
Königstraße 154
6750 Kaiserslautern

Telefon:
06 31 / 2 00-0

Kontaktperson:
Elmar Wiemer, Beratungszentrum Industriemaschinen
Tel. 2 00 26 72

Produktionsprogramm:
Industrie- und Handwerkernähmaschinen, Stickmaschinen, Präzisionsteile, Grauguß, Feinguß, Stanz- und Drehteile

Firmengröße:
(Pfaff-Gruppe)
a) Mitarbeiterzahl – 9 700
b) Umsatz – 1987: 978 Mio. DM

Gründungsjahr:
1862

Besichtigungen sind möglich:
Wann? – nach Vereinbarung
Für welche Personengruppe? – Alle Bereiche
Können sich Einzelpersonen an Gruppen anschließen? – Ja
Voranmeldung:
a) erforderlich – ja
b) wie lange vorher? – 4 Wochen
Was wird gezeigt? – alle interessanten Werkstätten, Ausbildungszentrum, Beratungszentrum für Industriemaschinen

PFAFF

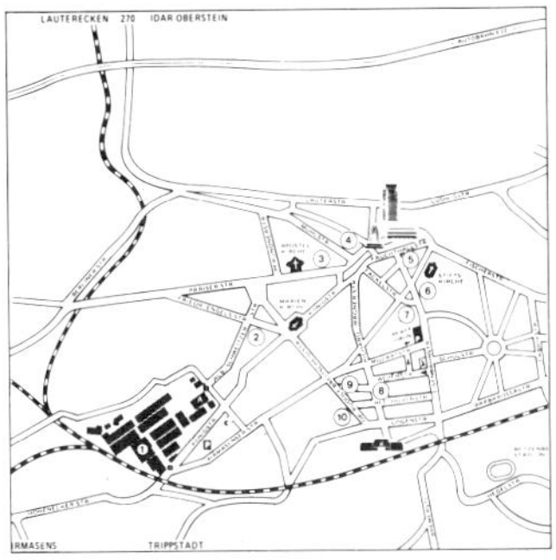

Ponndorf

Name des Unternehmens:
PONNDORF Maschinenfabrik GmbH

Anschrift:
Leipziger Straße 374, Postfach 10 28 60
D-3500 Kassel

Wegbeschreibung:
direkt an der BAB Frankfurt-Hannover

Telefon:
0561 / 51140

Kontaktperson:
Herr Ponndorf und Herr Boll
Telefon: 511415 / 511423

Produktionsprogramm:
Röhrenbündeltrockner, Schneckenpressen, Silo- und Förderanlagen

Firmengröße:
Mitarbeiterzahl – 100

Gründungsjahr:
1902

Besichtigungen sind möglich:

Wann? – nach Vereinbarung

Für welche Personengruppe? – Interessierte Fachgruppen aus Verbänden, Vereinigungen und Firmen, wie z. B. verfahrenstechn. Ingenieure aus der Stärkeindustrie, Braumeister und Brauingenieure, Spanplattenfachleute

Voranmeldung:
erforderlich – ja

Was wird gezeigt? – Moderne Einzelfertigung im Sondermaschinenbau, ferner Kleinserienfertigung von Trocknern und Entwässerungs-Schneckenpressen für die chemische Industrie und Stärkeindustrie, Anlagenteile für die Beseitigung von Brauerei-Nebenprodukten, Spänetrockner-Fertigung

Name des Unternehmens:
Prettl GmbH

Anschrift:
Bollstraße 44–52
7417 Pfullingen

Telefon:
0 71 21 / 7 01 40

Kontaktperson:
Franz Prettl, sen.

Produktionsprogramm:
Reinraum- und Laborgeräte,
Notstromaggregate, Schweißgeräte

Firmengröße:
a) Mitarbeiterzahl – 340
b) Umsatz – 86 Mio. DM

Gründungsjahr:
1953

Besichtigungen sind möglich:
Wann? – freitags
Für welche Personengruppe? – Jedermann
Können sich Einzelpersonen an Gruppen anschließen? – ja
Voranmeldung:
a) erforderlich – ja
b) wie lange vorher? – 14 Tage
Was wird gezeigt? – Fertigung

ENDRESS
SCHWEISSGERÄTE

ramisch

Name des Unternehmens:
Dr. Ramisch GmbH & Co.
Maschinen- und Stahlbau

Anschrift:
Adlerstraße 45
4150 Krefeld

Telefon:
0 21 51 / 77 40 61

Kontaktperson:
Herr Sturm, Herr Langhammer

Produktionsprogramm:
Maschinen- und Stahlbau

Firmengröße:
a) Mitarbeiterzahl – 65
b) Umsatz – ca. 7 Mio. DM

Gründungsjahr:
1950

Besichtigungen sind möglich:
Voranmeldung:
a) erforderlich – ja
b) wie lange vorher? – 10 Tage
Was wird gezeigt? – Stahlbaufertigung

SAUER SUNDSTRAND

Name des Unternehmens:
Sauer-Sundstrand GmbH & Co.

Anschrift:
Krokamp 35
2350 Neumünster

Wegbeschreibung:
BAB Hamburg–Kiel, Abfahrt Neumünster-Wittorf

Telefon:
0 43 21 / 87 12 07

Kontaktperson:
Uwe Birk

Produktionsprogramm:
Hydrostatische Getriebe, Mechan. Getriebe, Siro-Sperrschiebereinheiten, Zahnradpumpen und Motoren, Ventile, Aggregate

Firmengröße:
a) Mitarbeiterzahl – 2800
b) Umsatz – 520 Mio. DM

Gründungsjahr:
Fusion 1. 1. 87 (50/50)
1987 (1967 unter SAUER GETRIEBE KG)

Besichtigungen sind möglich:
Wann? – Wochentags von 9 bis 14 Uhr
Für welche Personengruppe? – Gruppen, bei denen Fachinteresse besteht
Können sich Einzelpersonen an Gruppen anschließen? – ja
Voranmeldung:
a) erforderlich – ja
b) wie lange vorher? – 4–6 Wochen
Was wird gezeigt? – Produktion, kfm. Abt. auf Wunsch, Ausstellung der Erzeugnisse

Weitere Informationen Seite 151

SCHAUDT

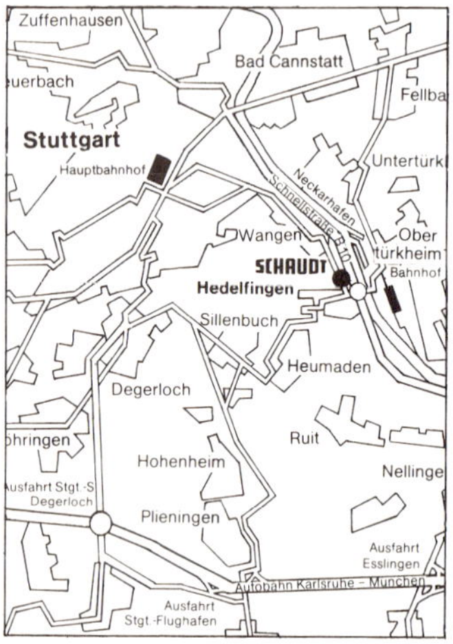

Name des Unternehmens:
Schaudt Maschinenbau GmbH

Anschrift:
Hedelfinger Str. 137
7000 Stuttgart 61-Hedelfingen

Wegbeschreibung:
Ausfahrt A8 in Stuttgart-Degerloch
Ausfahrt B10 in Stuttgart-Hedelfingen
s. Anlage (Wegeskizze)

Telefon:
0711 / 4014-0

Kontaktperson:
Dr. Günther Hermann

Produktionsprogramm:
CNC-Außenrund- und Nockenformschleifmaschinen aller Automatisierungsstufen einschließlich kompletter Schleifsysteme

Firmengröße:
a) Mitarbeiterzahl – ca. 600, einschließlich 50 Auszubildenden
b) Umsatz – ca. 200000,– pro Mitarbeiter

Gründungsjahr:
1906

Besichtigungen sind möglich:
Wann? – nach Vereinbarung
Für welche Personengruppe? – schwerpunktmäßig Ingenieurstudenten und Absolventen Technikerschulen, Fachrichtung Maschinenbau und Elektrotechnik
Können sich Einzelpersonen an Gruppen anschließen? – nein, da nur sporadische Termine
Voranmeldung:
a) erforderlich – ja
b) wie lange vorher? – ca. 6 Wochen
Was wird gezeigt? – Fertigung, Schwerpunkt Montage; Ausbildungseinrichtungen

Name des Unternehmens:
W. Schlafhorst & Co.

Anschrift:
Postfach 2 05
4050 Mönchengladbach 1

Wegbeschreibung:
Blumenberger Straße 143–145, Autobahnabfahrt: MG-Holt, Richtung Zentrum

Telefon:
0 21 61 / 2 80

Kontaktperson:
Herr Vollmer – Abt. VTO

Produktionsprogramm:
autom. Textilmaschinen für die Spinnerei und Weberei-Vorbereitung, insbes. Rotorspinnautomaten und Kreuzspulautomaten

Firmengröße:
a) Mitarbeiterzahl – über 6 000
b) Umsatz – ca. 1 200 Mio. DM

Gründungsjahr:
1884

Besichtigungen sind möglich:
Wann? – ganzjährig – außer Hauptferienzeit in Nordrhein-Westfalen
Für welche Personengruppe? – Schüler, Studenten, Verbände usw. über 16 Jahre
Können sich Einzelpersonen an Gruppen anschließen? – ja, nach Voranmeldung
Voranmeldung:
a) erforderlich – ja
b) wie lange vorher? – 4 Wochen
Was wird gezeigt? – Fertigung und Montage von Textilmaschinen im Großserienbau, Produktionsprogramm unter Praxisbedingungen, Filme

Name des Unternehmens:
Karl Schaeff GmbH & Co.
Maschinenfabrik

Anschrift:
7183 Langenburg/Württ.
Vertrieb: Werk II
8803 Rothenburg/Tauber

Wegbeschreibung:
Nähe Autobahn Würzburg, Abfahrt Randersacker oder
Nähe Autobahn Ansbach

Telefon:
09861/5091

Kontaktperson:
Herr Harald Fath,
Direktor

Produktionsprogramm:
Baumaschinen

Firmengröße:
a) Mitarbeiterzahl – ca. 700
b) Umsatz – 150 Mio. DM

Gründungsjahr:
1937

Besichtigungen sind möglich:
Wann? – nach Vereinbarung
Für welche Personengruppe? – Bereich Bau, Kommunal, Industrie und Ausbildungsanstalten
Können sich Einzelpersonen an Gruppen anschließen? – ja
Voranmeldung:
a) erforderlich – ja
b) wie lange vorher? – 2 Wochen
Was wird gezeigt? – Produktion in den Werken Langenburg/Rothenburg/Crailsheim oder Maschinen im Einsatz

SCHIESS
NASSOVIA

Name des Unternehmens:
SCHIESS Aktiengesellschaft
Geschäftsbereich Schiess-Nassovia

Anschrift:
Postfach 1220
6070 Langen

Telefon:
06103 / 751-0

Kontaktperson:
Herr Dr. Wauer – Geschäftsbereichsleitung
Herr Klein – Verwaltung/Personalwesen

Produktionsprogramm:
Funkenerosionsmaschinen
Drahterodiermaschinen
Kopierfräsmaschinen

Firmengröße:
a) Mitarbeiterzahl – ca. 130
b) Umsatz – ca. 50 Mio. DM

Gründungsjahr:
1919

Besichtigungen sind möglich:
Wann? – nach Abstimmung
Für welche Personengruppe? – Techniker oder techn. gebildete Kaufleute
Können sich Einzelpersonen an Gruppen anschließen? – ja
Voranmeldung:
a) erforderlich – ja
b) wie lange vorher? – 8–10 Tage
Was wird gezeigt? – Produktionsprogramm: Funkenerosions- und Kopierfräsmaschinen, Drahterodiermaschinen, Betriebswerkstätten, Verwaltung, Konstruktionsbüro, Arbeitsvorbereitung, Vertriebsabteilung

Siemens AG
Unternehmensbereich KWU

Name des Unternehmens:
Siemens Aktiengesellschaft UB KWU

Anschrift:
Siemens AG UB KWU – Werke Mühlheim
Wiesenstraße 35
4330 Mühlheim a. d. Ruhr

Wegbeschreibung:
A 430 Abfahrt Aktien- oder Mellinghofer Straße
Eingang Tor 3, Mellighofer-/Zinkhüttenstraße,
Bau 20, Planungs- und Informationszentrum

Telefon:
02 08 / 4 56-28 62 oder -25 40

Kontaktperson:
Besucherwesen/Öffentlichkeitsarbeit:
Dipl.-Ing. Josef Tümmers

Produktionsprogramm:
Entwicklung und Fertigung von Dampfturbinen, Turbogeneratoren, Kondensatoren und weiteren Kraftwerkskomponenten

Firmengröße:
a) Mitarbeiterzahl – UB KWU rd. 20 000
Standort Mühlheim: rd. 4 600
b) Umsatz – 1986/87 Siemens AG:
51,4 Mrd. DM, darin UB KWU: 7,5 Mrd. DM

Gründungsjahr:
Unternehmensbereich KWU seit 1987

Besichtigungen sind möglich:
Wann? – Montag bis Freitag von 9 bis 16 Uhr
Für welche Personengruppe? – Möglichst geschlossene Personengruppen (bis zu 40 Personen) mit Interesse für Dampfturbinen- u. Generatorenbau sowie allg. Maschinenbau
Können sich Einzelpersonen an Gruppen anschließen? – ja
Voranmeldung:
a) erforderlich – ja
b) wie lange vorher? – etwa 4 Monate
Was wird gezeigt? – Fertigungswerkstätten für Dampfturbinen, Turbogeneratoren und Kondensatoren sowie Montagehallen und Transport-Verladeanlagen

SOHLER AIRTEX

Name des Unternehmens:
SOHLER AIRTEX

Anschrift:
Karl-Hirnbein-Straße 20
7988 Wangen im Allgäu

Wegbeschreibung:
vom Stadtzentrum Richtung Ravensburg, ca. 80 Meter nach Bahnübergang links abbiegen

Telefon:
0 75 22 / 30 50-59

Kontaktperson:
Ing. Backfisch

Produktionsprogramm:
vollautomatische Reinigungsanlagen für die Textilindustrie

Firmengröße:
a) Mitarbeiterzahl – 100
b) Umsatz – 12 Mio. DM

Gründungsjahr:
1946

Besichtigungen sind möglich:
Wann? – Dienstag bis Donnerstag zwischen 8 und 12 Uhr
Für welche Personengruppe? – Gruppen ab 10 Personen
Können sich Einzelpersonen an Gruppen anschließen? – ja
Voranmeldung:
a) erforderlich – ja
b) wie lange vorher? – ca. 2 Monate
Was wird gezeigt? – Gesamte Anlagenfertigung

Name des Unternehmens:
STA-RITE INDUSTRIES
GmbH Europa

Anschrift:
Wiesenstraße 6
6103 Griesheim/Hess.

Wegbeschreibung:
Autobahn-Abfahrt Darmstadt/Griesheim

Telefon:
0 61 55 / 20 16–17–18

Kontaktperson:
J. van de Sandt
Gert van de Sandt

Produktionsprogramm:
Schwimmbadpumpen und -filter,
Wasserenthärter, Unterwasserpumpen,
Ölbrennerpumpen

Firmengröße:
a) Mitarbeiterzahl – 35
b) Umsatz – 10 Mio. DM

Gründungsjahr:
1960

Besichtigungen sind möglich:
Wann? – nach vorheriger Vereinbarung
Für welche Personengruppe? – alle, aber nur in begrenzter Anzahl
Voranmeldung:
a) erforderlich – ja
b) wie lange vorher? – 14 Tage
Was wird gezeigt? – Fertigung

Name des Unternehmens:
UNION Werkzeugmaschinenfabrik
M. Reuther GmbH & Co. KG

Anschrift:
Potsdamer Straße 150-152
4800 Bielefeld 17

Telefon:
0521/205071–72

Kontaktperson:
Herr Kahl

Produktionsprogramm:
Fräsmaschinen für die Metallbearbeitung, Konsolfräsmaschinen, Universal-Werkzeugfräsmaschinen, Bettfräsmaschinen, jeweils auch CNC-gesteuert

Firmengröße:
a) Mitarbeiterzahl – 120
b) Umsatz – ca. 16 Mio. DM

Gründungsjahr:
1948

Besichtigungen sind möglich:
Wann? – 8 bis 15 Uhr
Für welche Personengruppe? – maximal ca. 20 Personen
Können sich Einzelpersonen an Gruppen anschließen? – ja
Voranmeldung
a) erforderlich – ja
b) wie lange vorher? – ca. 3 Wochen
Was wird gezeigt? – Mechanische Bearbeitung und Montage

VOITH

Name des Unternehmens:
J. M. Voith GmbH

Anschrift:
J. M. Voith GmbH
Postfach 1940
St. Pöltener Str. 43
7920 Heidenheim

Wegbeschreibung:
Autobahn Ulm–Würzburg, Ausf. Heidenheim od. v. Norden üb. B 19, v. Westen über B 466

Telefon:
07321 / 37-2219 oder 37-3253

Kontaktperson:
Herr Protz, Frl. Eggert

Produktionsprogramm:
Papiermaschinen, Stofftechnik, Antriebstechnik, Wasserturbinen, Schiffstechnik, Lufttechnik und Industriefertigung

Firmengröße:
a) Mitarbeiterzahl – 14 300 (Voith-Gruppe)
b) Umsatz – 1 681 Mio. DM (1986/87)

Gründungsjahr:
1867

Besichtigungen sind möglich:
Wann? – werktags, 9.30 Uhr bis 13.30 Uhr – nach Vereinbarung
Für welche Personengruppe? – Studenten u. Schüler von Universitäten, Fachhochschulen, Fachschulen (Schwerpunkt Maschinenbau)
Können sich Einzelpersonen an Gruppen anschließen? – ja – nach besonderer Vereinbarung
Voranmeldung:
a) erforderlich – ja
b) wie lange vorher? – mindestens 1 Monat
Was wird gezeigt? – Fertigungsbetrieb und Produktionsprogramm

Name des Unternehmens:
MICHAEL WEINIG AG

Anschrift:
Weinigstraße 2/4
Postfach 14 40
6972 Tauberbischofsheim

Telefon:
0 93 41 / 86-0

Kontaktperson:
Herr R. Walz

Produktionsprogramm:
Holzbearbeitungsmaschinen: Kehlmaschinen, Profil- u. Werkzeugschleifmaschinen, Hobelwerksmaschinen u. Mechanisierungsanlagen für Hobelwerke

Firmengröße:
a) Mitarbeiterzahl – 1 030
b) Umsatz – 200 Mio. DM

Gründungsjahr:
1905

Besichtigungen sind möglich:
Wann? – Montag bis Freitag während den Betriebsstunden
Für welche Personengruppe? – Holzfachleute
Können sich Einzelpersonen an Gruppen anschließen? – in Ausnahmefällen nach Voranmeldung
Voranmeldung:
a) erforderlich – ja
b) wie lange vorher? – 2–3 Wochen
Was wird gezeigt? – Fertigung, Produkt

Name des Unternehmens:
WEMHÖNER PRESSEN
Heinrich Wemhöner GmbH & Co. KG

Anschrift:
Postfach 30 62
4900 Herford

Wegbeschreibung:
Lehmkuhlenweg 30
4900 Herford

Telefon:
05221 / 7702-10

Kontaktperson:
Herr Wemhöner jun.

Produktionsprogramm:
Hydraulische Pressen für die Möbel- und Plattenindustrie

Firmengröße:
a) Mitarbeiterzahl – 125
b) Umsatz – ca. 30 Mio. DM

Gründungsjahr:
1925

Besichtigungen sind möglich:
Wann? Montag–Freitag
Für welche Personengruppe? – praktisch alle
Können sich Einzelpersonen an Gruppen anschließen? – ja
Voranmeldung:
a) erforderlich – ja
b) wie lange vorher? – ca. 14 Tage
Was wird gezeigt? – Fertigung, Verwaltung, Filme über Anwendungsbereich der Pressen

Name des Unternehmens:
Zahnradfabrik
Friedrichshafen AG

Anschrift:
Postfach 25 20
7990 Friedrichshafen 1

Telefon:
07541/772822

Kontaktperson:
Dr. Herbert Spitzmann

Produktionsprogramm:
Getriebe für Land-, Wasser- und Luftfahrzeuge, Lenkungen, Achsen

Firmengröße:
a) Mitarbeiterzahl – 28300
b) Umsatz – 4,0 Mrd. DM

Gründungsjahr:
1915

Besichtigungen sind möglich:
Wann? – Dienstag/Mittwoch/Donnerstag
Für welche Personengruppe? –
Überregional: Studenten von Fachhochschulen und Hochschulen
Regional: Berufsschulen, Berufsfachschulen, Technische Gymnasien, Technikerschulen
Können sich Einzelpersonen an Gruppen anschließen? – ja
Voranmeldung:
a) erforderlich – ja
b) wie lange vorher? – mind. 4 Wochen
Was wird gezeigt? – Fertigung, Spezialgebiete nach Vereinbarung

Name des Unternehmens:
H. Zeppernick & Co. KG

Anschrift:
An der Ohmtalbahn 2
3575 Kirchhain 1

Wegbeschreibung:
Autobahn Frankfurt–Kassel, Abfahrt Homberg oder B 3 über Marburg/L. Aus Richtung Westen über BAB Sauerlandlinie/Gießen

Telefon:
0 64 22 / 10 68

Kontaktperson:
Frau Zeppernick/Herr Wiegand

Produktionsprogramm:
Präzisions- und Spezialdrehteile nach Kundenzeichnungen

Firmengröße:
a) Mitarbeiterzahl – 110
b) Umsatz – 6 Mio. DM

Gründungsjahr:
1946

Besichtigungen sind möglich:
Wann? – täglich werktags 8 bis 16 Uhr
Für welche Personengruppe? – aus allen Bereichen
Können sich Einzelpersonen an Gruppen anschließen? – ja
Voranmeldung:
a) erforderlich – ja
b) wie lange vorher? – ca. 14 Tage
Was wird gezeigt? – Fertigung von Drehteilen auf Automaten und Drehbänken. Nachbearbeitung wie Schleifen, Fräsen, Bohren, Honen und Läppen. NC-gesteuerte Maschinen für hochwertige, präzise Teile etc.

Anlagenbau und Fördertechnik

Name des Unternehmens:
Arnold & Stolzenberg GmbH
Antriebstechnik

Anschrift:
Postfach 26
3352 Einbeck

Wegbeschreibung:
Die Firma liegt an der Landstraße von Einbeck nach Dassel im Ortsteil Juliusmühle

Telefon:
05562/810

Kontaktperson:
H. Schiffner
(Ausbildungsleiter)

Produktionsprogramm:
Stahlgelenkketten nach DIN, ANSI und Werksnorm, Kettenräder

Firmengröße:
a) Mitarbeiterzahl – 530
b) Umsatz – ca. 50 Mio. DM

Gründungsjahr:
1909 (1963 Übernahme durch Renold Ltd., Manchester)

Besichtigungen sind möglich:
Wann? – jederzeit nach Rücksprache
Können sich Einzelpersonen an Gruppen anschließen? – ja
Voranmeldung:
a) erforderlich – ja
b) wie lange vorher? – ca. 4 Wochen
Was wird gezeigt? – Herstellung von Stahlgelenkketten und Kettenrädern

ARNOLD & STOLZENBERG GMBH

FLOHR OTIS

Name des Unternehmens:
Flohr Otis GmbH

Anschrift:
Otisstr. 33
1000 Berlin 27

Wegbeschreibung:
Stadtautobahn Nord/Abfahrt Holzhauser Str.

Telefon:
0 30 / 43 04-29 08 / 29 10

Kontaktperson:
Herr K.-D. Weyrich

Produktionsprogramm:
Aufzüge, Fahrtreppen, Fahrsteige, Service

Firmengröße:
a) Mitarbeiterzahl – 3 000
b) Umsatz – ca. 500 Mio. DM

Gründungsjahr:
Fusion der Firmen Carl Flohr und Otis Elevator Company 1951

Besichtigungen sind möglich:
Wann?– stets nach Terminabsprache
Für welche Personengruppe? Gruppen aller Art
Können sich Einzelpersonen an Gruppen anschließen? – ja
Voranmeldung:
a) erforderlich – ja
b) wie lange vorher? – ca. 6 Wochen
Was wird gezeigt? – Fertigung von Mikroprozessorsteuerung, Antriebsmaschinen und Ersatzteilen

Name des Unternehmens:
FLOHR OTIS Aufzugs-GmbH

Anschrift:
Industriestraße 2,
3060 Stadthagen

Wegbeschreibung:
Autobahn Bielefeld-Hannover, Abfahrt Stadthagen, Ausschilderung bis Stadtschilderung bis Stadthagen folgen, danach Ausschilderung Flohr Otis Aufzugs-GmbH

Telefon:
0 57 21 / 70 61

Kontaktperson:
Herr Knüfer

Produktionsprogramm:
Herstellung von Fahrtreppen/Fahrsteigen

Firmengröße:
a) Mitarbeiterzahl – ca. 800
b) Umsatz – ca. 80 Mio. DM

Gründungsjahr:
1964

Besichtigungen sind möglich:
Wann? – nach Absprache
Für welche Personengruppe? – Studenten, Schüler, Spezialisten-Gruppen
Können sich Einzelpersonen an Gruppen anschließen? – ja
Voranmeldung:
a) erforderlich – ja
b) wie lange vorher? – ca. 2 Wochen
Was wird gezeigt? – komplette Fertigung

HILDEBRAND

Name des Unternehmens:
ROBERT HILDEBRAND
MASCHINENBAU GMBH

Anschrift:
Postfach 14 40 und 14 60
D–7440 Nürtingen
Nürtinger Straße 68
D–7446 Oberboihingen

Telefon:
0 70 22 / 7 32 50

Kontaktperson:
Gunter Schwäble

Produktionsprogramm:
Trocknungs-, Oberflächen-, Förderanlagen, komplette Fabrikanlagen

Firmengröße:
Mitarbeiterzahl – 600

Gründungsjahr:
1946

Besichtigungen sind möglich:
Wann? – immer
Für welche Personengruppe? – Schulen, Verbände
Können sich Einzelpersonen an Gruppen anschließen? – ja
Voranmeldung:
a) erforderlich – ja
b) wie lange vorher? – 4 Wochen
Was wird gezeigt? – Produktion, Technikum

Name des Unternehmens:
Lauterberger Blechwarenfabrik GmbH als Verwaltungsgesellschaft der Lauterberger Industrietechnik GmbH und Lauterberger Verpackungs GmbH

Anschrift:
Postfach 420
3422 Bad Lauterberg 1

Wegbeschreibung:
BAB-Abf. Seesen-Osterode-Herzberg-B. Lauterberg, BAB-Abf. Göttingen Nord-Herzberg-Bad Lauterberg

Telefon
05524 / 8510

Kontaktperson:
Prok. Peter Arnemann

Produktionsprogramm:
Transport- und Fördertechnik,
Schallschutztechnik,
Stahlblechverpackungen (Fässer, Trommeln, Hobbocks)

Firmengröße:
a) Mitarbeiterzahl – ca. 230
b) Umsatz – ca. 40 Mio. DM

Gründungsjahr:
1916

Besichtigungen sind möglich:
Wann? – 9 bis 15 Uhr
Für welche Personengruppe? – Schüler, Studenten etc., Verbände, Vereinigungen
Können sich Einzelpersonen an Gruppen anschließen? – ja
Voranmeldung:
a) erforderlich – ja
b) wie lange vorher? – 10 Werktage
Was wird gezeigt? – Sämtliche Produktionsbereiche

Name des Unternehmens:
Karl Messer GmbH u. Co. KG

Anschrift:
Stt. Lengers
6432 Heringen/Werra

Wegbeschreibung:
BAB-Abfahrt Friedewald, über Heimboldshausen, Richtung Heringen

Telefon:
0 66 24 / 12 21

Kontaktperson:
Geschäftsführer, Herr Udo Henss
kaufm. Prokurist, Herr Rolf-D. Hartmann
techn. Prokurist, Herr Rudolf Döring

Produktionsprogramm:
Stahl-, Apparate-, Rohrleitungsbau, Montagen, Kranverleih

Firmengröße:
a) Mitarbeiterzahl – 300
b) Umsatz – 25-30 Mio. DM

Gründungsjahr:
1947

Besichtigungen sind möglich:
Wann? – montags bis donnerstags, vormittags bis 12 Uhr
Für welche Personengruppe? – Techniker und Kaufleute
Können sich Einzelpersonen an Gruppen anschließen? – ja
Voranmeldung:
a) erforderlich – ja
b) wie lange vorher? – ca. 4 Wochen
Was wird gezeigt? – laufende Produktion

Name des Unternehmens:
Schindler Aufzügefabrik GmbH

Anschrift:
Ringstr. 44-66
1000 Berlin 42

Telefon:
0 30 / 70 29-4 03

Kontaktperson:
Herr B. Kustos

Produktionsprogramm:
Aufzüge, Fahrtreppen

Firmengröße:
a) Mitarbeiterzahl – 2 300
b) Umsatz – 335 Mio. DM

Gründungsjahr:
1906

Besichtigungen sind möglich:
Wann? – von montags bis donnerstags
Für welche Personengruppe? – Architekten, Bauplaner, Bauherren, Schüler, Studenten, Lehrkräfte, Eltern von künftigen Lehrlingen, Mitglieder von Verbänden u. Vereinigungen
Können sich Einzelpersonen an Gruppen anschließen? – nein
Voranmeldung:
a) erforderlich – ja
b) wie lange vorher? – mind. 4 Wochen
Was wird gezeigt? – Fertigung mechanischer und elektrischer Teile für Aufzüge

Schindler

Name des Unternehmens:
TRACTO-TECHNIK
Paul Schmidt
Maschinenfabrik KG

Anschrift:
Postfach 4020, Reiherstr. 2
5940 Lennestadt 1, Saalhausen

Wegbeschreibung:
BAB bis Olpe, dann ca. 30 km Richtung Winterberg bis Saalhausen

Telefon:
0 27 23 / 80 80, Teletex: 272 331 tractd,
Telefax: 0 27 23 / 8 08 80

Kontaktperson:
Herr Naujoks

Produktionsprogramm:
Zielgenaue deutsche Erdrakete GRUNDOMAT, Rohrvortriebsmaschinen, Ramm- u. Ziehgeräte, Rohrverlegemaschinen, Hydraulikrohrbearbeitungsmaschinen mit weltweit mehr als 100 Patenten

Firmengröße:
a) Mitarbeiterzahl – 200
b) Umsatz – ca. 30 Mio. DM

Gründungsjahr:
1957

Besichtigungen sind möglich:
Wann? – nach Vereinbarung
Für welche Personengruppen? – Studenten, Verbände, Fachpublikum
Können sich Einzelpersonen der Gruppe anschließen? – ja
Voranmeldung
a) erforderlich – ja
b) wie lange vorher? – ca. 3 Wochen
Was wird gezeigt? – der gesamte Produktionsablauf mit CNC-gesteuerten Bearbeitungszentren und CNC-gesteuerten Drehmaschinen

WALTHER
Spritz- und Lackiersysteme GmbH

Name des Unternehmens:
Walther Spritz- und Lackiersysteme GmbH

Anschrift:
Kärntner Straße 22-30
5600 Wuppertal 11

Wegbeschreibung:
Autobahnausfahrt Sonnborner Kreuz (A 46), Richtung Velbert/Essen Vohwinkel

Telefon:
02 02 / 7 87-0, Telefax: 02 02 / 78 72 17

Kontaktperson:
Herr Wiese, Herr Hahn

Produktionsprogramm:
Farbspritzpistolen und -Anlagen

Firmengröße:
a) Mitarbeiterzahl – 105
b) Umsatz – 14 Mio. DM

Gründungsjahr:
1987

Besichtigungen sind möglich:
Wann? – fallweise zu entscheiden
Für welche Personengruppe? – fallweise zu entscheiden
Können sich Einzelpersonen an Gruppen anschließen? – fallweise zu entscheiden
Voranmeldung:
a) erforderlich – ja
b) wie lange vorher? – binnen Wochenfrist
Was wird gezeigt? – Fertigung

Apparatebau

FAUDI
Filtersysteme

Name des Unternehmens:
Faudi Feinbau GmbH

Anschrift:
Postfach 1267
6370 Oberursel

Wegbeschreibung:
Im Diezen 4
Ab Frankfurter Kreuz Richtung Kassel zum Homburger Kreuz, Abfahrt Oberursel Nord, dann Hohemarkstraße links abbiegen, 2. Straße links

Telefon:
06171 / 508-101

Kontaktperson:
Herr Dipl.-Kfm. Werner Bürk

Produktionsprogramm:
Filtersysteme für Flüssigkeiten und Gase
a) Industriefilteranlagen, insbesondere für Kühlschmierstoffe
b) Filter für Mineralölwirtschaft und Flugzeugbetankung

Firmengröße:
a) Mitarbeiterzahl – 230
b) Umsatz – 1987: 35 Mio. DM

Gründungsjahr:
1938

Besichtigungen sind möglich:
Wann? – nach Anmeldung (vorherige Anforderung von Prospekten zur Vorbereitung empfohlen: Telefon 06171 / 508-135)
Für welche Personengruppe? – Interessenten
Können sich Einzelpersonen an Gruppen anschließen? – nach Absprache
Voranmeldung:
a) erforderlich – ja
b) wie lange vorher? – 1–2 Wochen
Was wird gezeigt? – Produktionseinrichtungen und Erzeugnisse

Name des Unternehmens:
Flanschenfabrik
Hüttental GmbH

Anschrift:
Postfach 210243
5900 Siegen 21

Wegbeschreibung:
Einheitsstraße 11, 12 und 14,
5900 Siegen-Weidenau

Telefon:
02 71 / 7 60 35–36

Kontaktperson:
Herr Klos

Produktionsprogramm:
Flansche, Bunde, Ringe und Bandagen nach DIN und abnormal bis 2500 mm ∅

Firmengröße:
a) Mitarbeiterzahl – 21
b) Umsatz – 6,0 Mio. DM

Gründungsjahr:
1909 (erste Spezialfabrik zur Herstellung von Flanschen in Deutschland)

Besichtigungen sind möglich:
Wann? – außer in der Ferienzeit nach vorheriger Anmeldung jederzeit möglich
Für welche Personengruppe? – Da Warmbetrieb, ist eine Besichtigung für Körperbehinderte nicht ungefährlich
Können sich Einzelpersonen an Gruppen anschließen? – ja
Voranmeldung
a) erforderlich – ja
b) wie lange vorher? – 2–3 Wochen
Was wird gezeigt? – Die Herstellung eines Flansches vom gewalzten oder geschmiedeten Stab bis zum Fertigteil

Name des Unternehmens:
Wilhelm Geldbach
GmbH & Co. KG

Anschrift:
Ziegelstraße 17
Postfach 100963
4650 Gelsenkirchen

Wegbeschreibung:
Abfahrt Autobahn Gelsenkirchen-Buer oder
B 1 Abfahrt Wattenscheid-Hermannstraße

Telefon:
0209 / 1580325

Kontaktperson:
Frau Joswig

Produktionsprogramm:
Vorschweißflanschen, glatte Flanschen,
Stahlfittings, Rohrbogen

Firmengröße:
a) Mitarbeiterzahl – 585
b) Umsatz – 120 Mio. DM

Gründungsjahr:
1903

Besichtigungen sind möglich:
Wann? – montags bis freitags 9 bis 18 Uhr
Für welche Personengruppe? – Schüler/Studenten
Können sich Einzelpersonen an Gruppen anschließen? – nein
Voranmeldung:
a) erforderlich – ja
b) wie lange vorher? – 6 Wochen
Was wird gezeigt? – Fertigung je nach Interessenslage der Gruppe

Name des Unternehmens:
GESTRA Aktiengesellschaft

Anschrift:
Postfach 105460
Hemmstraße 130
2800 Bremen 1

Wegbeschreibung:
ab „Bremer Kreuz“ in Richtung Bremerhaven Autobahn A 27, Ausfahrt „Bremen-Freihafen“, Stadteinfahrt Richtung „Stadthalle“

Telefon:
0421/35031

Kontaktperson:
Herr Taubert

Firmengröße:
a) Mitarbeiterzahl – ca. 780
b) Umsatz – ca. 130 Mio. DM

Gründungsjahr:
1902

Besichtigungen sind möglich:
Wann? – Montag-Freitag, 10-15 Uhr
Für welche Personengruppe? – Betriebsleiter/-ingenieure, Planungsingenieure, Meister, Monteure
Können sich Einzelpersonen an Gruppen anschließen? – grundsätzlich ja
Voranmeldung:
a) erforderlich – ja
b) wie lange vorher? – nach telefonischer Vereinbarung
Was wird gezeigt? – Umfangreiche Versuchseinrichtungen, z. B. Prüfstände für Kondensatableiter, Kühlwasserregler, Öl- und Trübungsmelder, Hochdruckprüffeld für HD-Ableiter und sonstige Hochdruckarmaturen bis zum überkritischen Bereich von 250 bar, Physiklabor, Hydrauliklabor, vollautom. Fertigungsanlagen

Name des Unternehmens:
GLORIA-WERKE
H. Schulte-Frankenfeld GmbH & Co.

Anschrift:
Diestedder Straße 39
4724 Wadersloh

Wegbeschreibung:
Autobahnabfahrt Oelde, Richtung Soest, in Diestedde links ab Richtung Wadersloh

Telefon:
0 25 23 / 77-0

Kontaktperson:
Herr Knoche

Produktionsprogramm:
Feuerlöscher und Sprüh- und Gartengeräte

Firmengröße:
a) Mitarbeiterzahl – 650
b) Umsatz – 100 Mio. DM

Gründungsjahr:
1945

Besichtigungen sind möglich:
Wann? – nach tel. Abstimmung
Für welche Personengruppe? – Fachgruppen und Endverbraucher
Können sich Einzelpersonen an Gruppen anschließen? – ja
Voranmeldung:
a) erforderlich – ja
b) wie lange vorher? – ca. 4 Wochen
Was wird gezeigt? – Herstellung und Demonstration von Feuerlöschern, Filmvorführung und Diskussion

GLORIA®

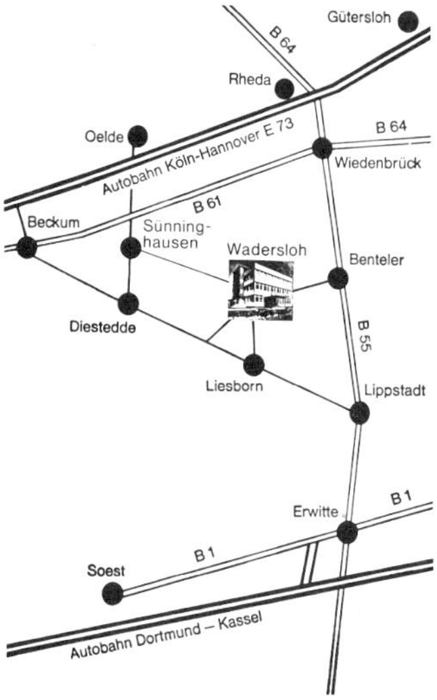

Werk Marienfeld

Hauptwerk Wadersloh

oventrop

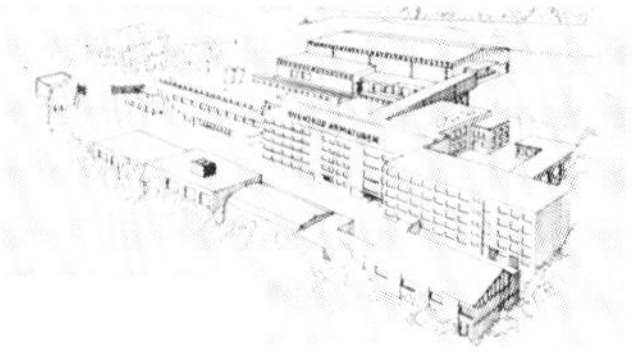

Name des Unternehmens:
F. W. Oventrop KG

Anschrift:
Paul-Oventrop-Straße 1
5787 Olsberg 1

Wegbeschreibung:
Hochsauerland, im oberen Ruhrtal zwischen Meschede und Winterberg gelegen

Telefon:
0 29 62 / 82-1

Kontaktperson:
Werner Dickmann

Produktionsprogramm:
Armaturen aus Messing und Rotguß für Heizung, Wasser, Industrie;
Kundenguß

Firmengröße:
a) Mitarbeiterzahl – 650
b) Umsatz – 75 Mio. DM

Gründungsjahr:
1851

Besichtigungen sind möglich:
Wann? – Montag–Freitag, 9.30–12 Uhr
Für welche Personengruppe? – Berufs-, Meister- und Technikerschulen, Fachklassen SHK, Innungen SHK, Ingenieur- und Planungsbüros, Fach- und Großhandelsfirmen SHK
Können sich Einzelpersonen an Gruppen anschließen? – ja
Voranmeldung:
a) erforderlich – ja
b) wie lange vorher? – 2–3 Wochen
Was wird gezeigt? – der gesamte Produktionsablauf (Gießerei – mechanische Bearbeitung – Montage)

Reichert-Jung

Name des Unternehmens:
Cambridge Instruments GmbH
Reichert-Jung Division

Anschrift:
Heidelberger Straße 17–19
6907 Nußloch

Wegbeschreibung:
12 km südlich von Heidelberg an der B 3

Telefon:
0 62 24 / 14 30

Kontaktperson:
Herr Dag Graupner

Produktionsprogramm:
Mikrotome, Kryostate, Mikroskope

Firmengröße:
a) Mitarbeiterzahl – 150
b) Umsatz – 35 Mio. DM

Gründungsjahr:
1872

Besichtigungen sind möglich:
Wann? – nach Voranmeldung
Für welche Personengruppe? – Studenten, Universitäten, MTA-Schulen
Können sich Einzelpersonen an Gruppen anschließen? – ja
Voranmeldung:
a) erforderlich – ja
b) wie lange vorher? – 3–4 Wochen
Was wird gezeigt? – Fertigung, Montagc, Ausstellungsraum

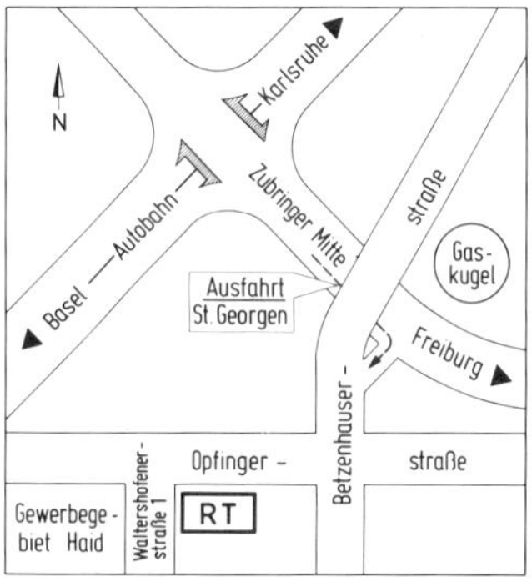

Name des Unternehmens:
Rheintacho GmbH & Co.,
Meß- und Regeltechnik

Anschrift:
Waltershofener Straße 1
Postfach 5325
7800 Freiburg

Wegbeschreibung:
Autobahnausfahrt Freiburg-Mitte,
Richtung Freiburg-St. Georgen

Telefon:
0761 / 42296 / 42696 / 42220

Kontaktperson:
Frau Wagner
Planung

Produktionsprogramm:
Mechanische, elektrische und elektronische Drehzahlmeßgeräte

Firmengröße:
a) Mitarbeiterzahl – 80
b) Umsatz – 7 Mio. DM

Gründungsjahr:
1901

Besichtigungen sind möglich:
Wann? – nach Vereinbarung
Für welche Personengruppe? – Interessenten
Können sich Einzelpersonen an Gruppen anschließen? – ja
Voranmeldung:
a) erforderlich – ja
b) wie lange vorher? – ca. 2 Wochen
Was wird gezeigt? – nach Vereinbarung

Name des Unternehmens:
TECHNICON GmbH

Anschrift:
Im Rosengarten 11
6368 Bad Vilbel 1

Wegbeschreibung:
ab Autobahnkreuz Frankfurt NW über BAB 80 und Frankfurt Miquelallee zur B 3 in Richtung Friedberg. Vor der Ortsausfahrt Bad Vilbel rechts abbiegen in Richtung Büdingen, nächste Kreuzung links abbiegen, dann Parkplatz nach 300 m links

Telefon:
06101/604-0

Kontaktperson:
G. Stahl, Leiter Finanz- und Personalabteilung

Produktionsprogramm:
Analysensysteme und EDV-Anlagen für Medizin und Industrie

Firmengröße:
Mitarbeiterzahl – 155

Gründungsjahr:
1961

Besichtigungen sind möglich:
Wann? – nach Vereinbarung
Für welche Personengruppe? – MTA-Schulen, Studierende, Ingenieure, Techniker
Können sich Einzelpersonen an Gruppen anschließen? – ja
Voranmeldung
a) erforderlich – ja
b) wie lange vorher? – 14 Tage
Was wird gezeigt? – Trainingszentrum, Applikationslabors, Werkstatt, Gerätespektrum

Fahrzeugbau

Name des Unternehmens:
AUDI AG

Anschrift:
Kundenkommunikation- und betreuung
Postfach 2 20
8070 Ingolstadt

Telefon:
08 41 / 89 12 41

Kontaktperson:
Frl. Zieglmeier

Produktionsprogramm:
Automobile (Audi 80, Audi 90, Audi 100, Audi Coupé, Audi Cabrio, Audi quattro)

Firmengröße:
a) Mitarbeiterzahl – 26800
b) Umsatz – 12,2 Mrd. DM (Gesamtunternehmen)

Gründungsjahr:
1910

Besichtigungen sind möglich:
wann? Montag bis Freitag 10.00/10.45 und 14.00 Uhr (Führungsdauer ca. 2 Std.)
Für welche Personengruppe? alle (Gruppen bis max. 50 Personen)
Können sich Einzelpersonen an Gruppen anschließen? – ja, mit telefonischer Anmeldung
Voranmeldung:
a) erforderlich – ja (Gruppen schriftlich)
b) wie lange vorher? – Gruppen 3 Monate
Was wird gezeigt? – gesamter Produktionsablauf (Preßwerk, Rohbau-Roboterstraße, Lackiererei, Aggregatmontage, Endmontage)

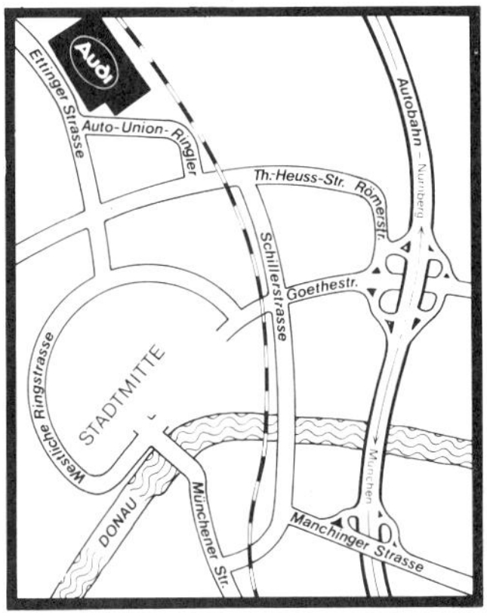

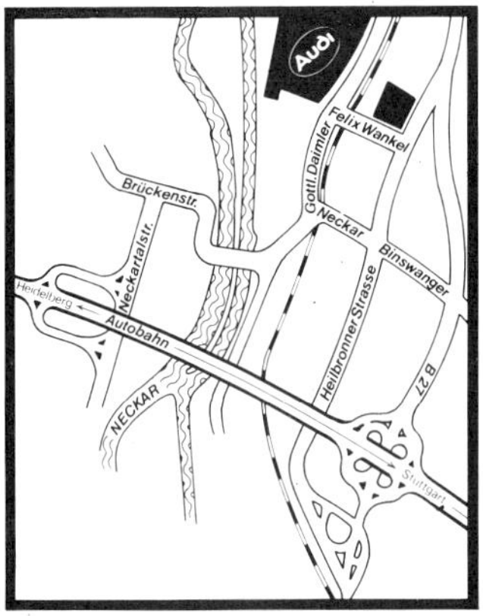

Name des Unternehmens:
AUDI AG

Anschrift:
Besucherdienst
7107 Neckarsulm

Telefon:
0 71 32 / 31 22 92

Kontaktperson:
H. Winkler

Produktionsprogramm:
Automobile (Audi 100, Audi 100 Avant, Audi V8)

Firmengröße:
a) Mitarbeiterzahl – 11 400
b) Umsatz – 12,2 Mrd. DM (Gesamtunternehmen)

Gründungsjahr:
1910

Besichtigungen sind möglich:
wann? Montag bis Freitag 9.00 und 13.00 Uhr (Führungsdauer ca. 2 Std.)
Für welche Personengruppe? alle
Können sich Einzelpersonen an Gruppen anschließen? – ja
Voranmeldung:
a) erforderlich – ja (tel. oder schriftlich)
b) wie lange vorher? – Gruppen 6–8 Wochen
Was wird gezeigt? – Produktionsablauf (Preßwerk, Karosserie-Rohbau, Lackiererei, Endmontage)

Name des Unternehmens:
Heinrich Bald
Fahrzeugfabrik GmbH & Co.

Anschrift:
Postfach 10 01 22
Leimbachstraße 117–119
5900 Siegen 1

Wegbeschreibung:
BAB 45 (Sauerlandlinie) aus Richtung Frankfurt: Abfahrt Siegen-Süd, aus Richtung Dortmund: Abfahrt Siegen-Eiserfeld

Telefon:
02 71 / 3 37 42 03

Kontaktperson:
Herr Helmut Bald

Produktionsprogramm:
Vertreter der Daimler-Benz AG

Firmengröße:
a) Mitarbeiterzahl – 483 (davon 66 Azubi)
b) Umsatz – 105,8 Mio. DM 1982/83

Gründungsjahr:
1862

Besichtigungen sind möglich:
Wann? – gemäß Absprache
Für welche Personengruppe? – jede
Können sich Einzelpersonen an Gruppen anschließen? – ja
Voranmeldung:
a) erforderlich – ja
b) wie lange vorher? – mind. 14 Tage
Was wird gezeigt? – Hauptbetrieb Siegen

Name des Unternehmens:
BSG Bayerische Schiffbau G.m.b.H.
vorm. Anton Schellenberger

Anschrift:
Mainstraße
8765 Erlenbach am Main

Wegbeschreibung:
Autobahn Richtung Frankfurt–Würzburg, Richtung Würzburg, Abfahrt Stockstadt, dann Richtung Obernburg, Elsenfeld, Erlenbach, Werft liegt am Ortsende

Telefon:
09372 / 7022

Kontaktperson:
Knut Holt
Geschäftsführer

Produktionsprogramm:
Binnen-, Seeschiffe, Schlepper, Küstenwachboote

Firmengröße:
a) Mitarbeiterzahl – 200
b) Umsatz – 25 Mio. DM

Gründungsjahr:
1668

Besichtigungen sind möglich:
Wann? – 9.30 bis 12 Uhr und 14 bis 16 Uhr
Für welche Personengruppe? – Schulen (Alter ab 15 Jahre), Verbände, Industrie, Behörden, Vereine
Können sich Einzelpersonen an Gruppen anschließen? – nein
Voranmeldung:
a) erforderlich – ja
b) wie lange vorher? – ca. 1 Woche
Was wird gezeigt? – Moderne Schiffswerft, Bauhelling, Fertigungshallen, Schiffsreparaturplätze, Ausrüstungspier

Name des Unternehmens:
BMW AG Werk München

Anschrift:
Öffentlichkeitsarbeit
Postfach 40 02 40
Petuelring 130
8000 München 40

Telefon:
0 89 / 38 95-36 39 (für Gruppen),
33 06 (für Einzelpersonen)

Kontaktperson:
Gertrud Proske

Firmengröße:
a) Mitarbeiterzahl – Konzern: 70 000
Werk: 14 500
b) Umsatz – Konzern 27 Mrd. DM

Gründungsjahr:
1916

Besichtigungen sind möglich:
wann? nur nach Vereinbarung
Für welche Personengruppe? alle Personen über 14 Jahre, Mindestalter für Gruppenmitglieder 16 Jahre
Können sich Einzelpersonen an Gruppen anschließen? – nach Vereinbarung
Voranmeldung:
a) erforderlich – ja
b) wie lange vorher? – für Gruppen 9 Monate in schriftlicher Form; für Einzelpersonen 1 Woche telefonisch
Was wird gezeigt? – Pkw-Produktion, Multivision, Vorträge, Diskussionen

Weitere Informationen Seite 212/213

Name des Unternehmens:
BMW AG Werk Dingolfing

Anschrift:
Öffentlichkeitsarbeit
Postfach 11 20
Landshuter Str. 56
8312 Dingolfing

Telefon:
0 87 31 / 86 72 95 oder 75 05

Kontaktperson:
Anton Kiebler, Joseph E. Rasch

Firmengröße:
a) Mitarbeiterzahl – Konzern: 70000
Werk: 19500
b) Umsatz – Konzern 27 Mrd. DM

Gründungsjahr:
1968

Besichtigungen sind möglich:
wann? nur nach Vereinbarung
Für welche Personengruppe? alle Personen über 14 Jahre, Mindestalter für Gruppenmitglieder 16 Jahre
Können sich Einzelpersonen an Gruppen anschließen? – nach Vereinbarung
Voranmeldung:
a) erforderlich – ja
b) wie lange vorher? – für Gruppen 6 Monate in schriftlicher Form; für Einzelpersonen 1 Woche telefonisch
Was wird gezeigt? – Pkw-Produktion, Multivision, nach vorheriger Absprache Fachdiskussionen

Weitere Informationen Seite 212/213

Name des Unternehmens:
BMW AG Werk Regensburg

Anschrift:
Öffentlichkeitsarbeit
Herbert-Quandt-Allee
8400 Regensburg

Telefon:
09 41 / 7 70 20 12

Kontaktperson:
Christine Kalus

Firmengröße:
a) Mitarbeiterzahl – Konzern: 70000
Werk: 5500
b) Umsatz – Konzern 27 Mrd. DM

Gründungsjahr:
1972

Besichtigungen sind möglich:
wann? nur nach Vereinbarung
Für welche Personengruppe? alle Personen über 14 Jahre, Mindestalter für Gruppenmitglieder 16 Jahre
Können sich Einzelpersonen an Gruppen anschließen? – nach Vereinbarung
Voranmeldung:
a) erforderlich – ja
b) wie lange vorher? – für Gruppen 6 Monate in schriftlicher Form; für Einzelpersonen 1 Woche telefonisch
Was wird gezeigt? – Pkw-Produktion, Videofilme, Vorträge, Diskussionen

Weitere Informationen Seite 212/213

Name des Unternehmens:
BMW AG Sparte Motorrad

Anschrift:
Öffentlichkeitsarbeit
Postfach 20 08 60
1000 Berlin 20

Telefon:
0 30 / 33 96-1 26 oder 2 25

Kontaktperson:
Carsten Starkowski

Firmengröße:
a) Mitarbeiterzahl – Konzern: 70000
Werk: 1500
b) Umsatz – Konzern 27 Mrd. DM

Gründungsjahr:
1939 (ehem. Flugmotorenwerk)

Besichtigungen sind möglich:
wann? nur nach Vereinbarung
Für welche Personengruppe? alle Personen über 14 Jahre, Mindestalter für Gruppentglieder 16 Jahre
Können sich Einzelpersonen an Gruppen anschließen? – nach Vereinbarung
Voranmeldung:
a) erforderlich – ja
b) wie lange vorher? – für Gruppen 6 Monate in schriftlicher Form; für Einzelpersonen 1 Woche telefonisch
Was wird gezeigt? – Motorradfertigung

Weitere Informationen Seite 212/213

Name des Unternehmens:
Fahrzeugwerk
Borco-Höhns GmbH & Co KG

Anschrift:
Industriestraße 1–3
Postfach 1325
2120 Rotenburg (Wümme)

Telefon:
0 42 61 / 6 71-0

Kontaktperson:
über Anmeldung

Produktionsprogramm:
Verkaufs- und Werbefahrzeuge, gleislose Besucherbahnen

Firmengröße:
a) Mitarbeiterzahl – 150
b) Umsatz – ca. 20 Mio. DM

Gründungsjahr:
1954

Besichtigungen sind möglich:
Wann? – jederzeit
Für welche Personengruppe? – Fachinteressenten
Können sich Einzelpersonen an Gruppen anschließen? – ja
Voranmeldung
a) erforderlich – ja
b) wie lange vorher? – ca. 8 Tage
Was wird gezeigt? – Alle Produktionsstufen bis hin zum fertigen Fahrzeug

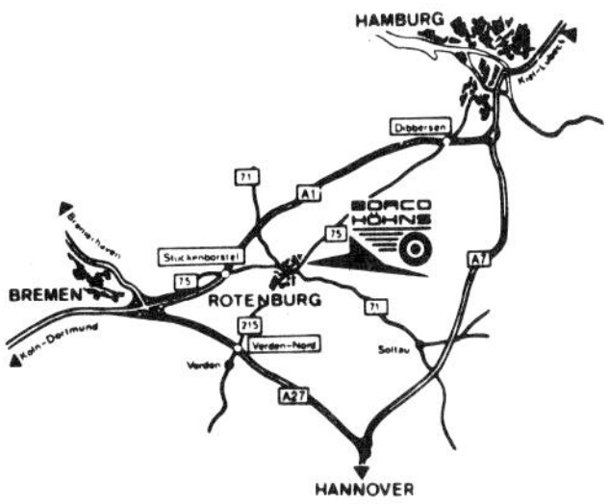

IVECO MAGIRUS

Name des Unternehmens:
Iveco Magirus AG

Anschrift:
Verwaltung
Schillerstraße 2
7900 Ulm/Donau

Wegbeschreibung:
für Werksbesichtigungen: Werk Donautal, Nicolaus-Otto-Str. 27, 7900 Ulm
Autobahnausfahrt Ulm-West, von Ulm B 311 Richtung Sigmaringen, Ausfahrt Industriegebiet Donautal.

Telefon:
0731/104-1 Sammelnummer
0731/104-678/367

Kontaktperson:
Herbert Scheffczyk

Produktionsprogramm:
Lastkraftwagen, Brandschutzfahrzeuge

Firmengröße:
a) Mitarbeiterzahl – 6 600
b) Umsatz – 2,0 Mrd. DM

Gründungsjahr:
1864

Besichtigungen sind möglich:
Wann? – gemäß Vereinbarung
Für welche Personengruppe? –
Anwendebereich: Nutzfahrzeuge
Fachbereich: Nutzfahrzeugtechnik
Können sich Einzelpersonen an Gruppen anschließen? – ja
Voranmeldung:
a) erforderlich – ja, in schriftlicher Form
b) wie lange vorher? – bei Gruppen 2 Monate
Was wird gezeigt? – Werk Donautal: Lkw-Endmontage, Fahrerhausfertigung, Fertigung Brandschutzfahrzeuge (nach Vereinbarung)

Name des Unternehmens:
Karl Kässbohrer
Fahrzeugwerke GmbH

Anschrift:
Kässbohrerstraße
Postfach 26 60
7900 Ulm

Telefon:
0731 / 181-1

Kontaktperson:
Herr Jernss,
Abt. Schulung/Information
Telefon 0731 / 181249

Produktionsprogramm:
Anhänger, Aufbauten, SETRA-Omnibusse, Pisten-Bully

Firmengröße:
a) Mitarbeiterzahl – 1986: 7200
b) Umsatz – 1985: 1,035 Mrd. DM

Gründungsjahr:
1893

Besichtigungen sind möglich:
Wann? – nach schriftlicher Anmeldung
Für welche Personengruppe? – Fachbereich Nutzfahrzeuge
Können sich Einzelpersonen an Gruppen anschließen? – ja
Voranmeldung
a) erforderlich – ja
b) wie lange vorher? – 6 Wochen
Was wird gezeigt? – Produktionsablauf Omnibusherstellung, bzw. bei speziellem Interesse auch Anhänger- und Pistenpflegegeräte-Produktion

Kässbohrer

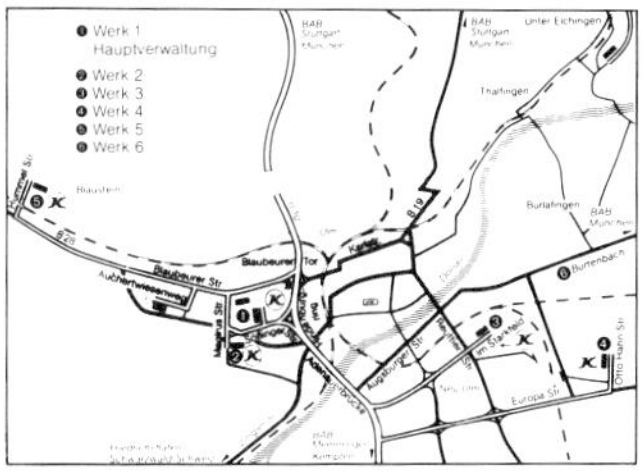

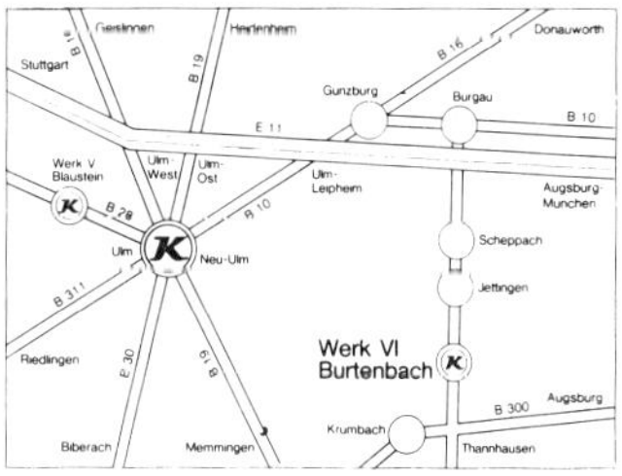

Mercedes-Benz

Name des Unternehmens:
Mercedes-Benz AG, Werk Untertürkheim

Anschrift:
Postfach 600202
7000 Stuttgart 60

Telefon:
07 11 / 17–4 77 25

Kontaktperson:
Werkführungsdienst – Herr Werner Emele

Firmengröße:
a) Mitarbeiterzahl –
Werk Untertürkheim: 23622
Inland ges.: 169 234
Daimler-Benz-Konzern: 340000
b) Umsatz – DB-Konzern 75 Mrd. DM

Gründungsjahr:
1883 Benz & Cie,
Rheinische Gasmotorenfabrik
1890 Daimler-Motoren-Gesellschaft
1926 Daimler-Benz AG
1989 Mercedes-Benz AG

Besichtigungen sind möglich:
Wann? – nur nach Vereinbarung
Für welche Personengruppe? – Personen ab 16 Jahren mit techn. Vorkenntnissen
Können sich Einzelpersonen an Gruppen anschließen? – nach Vereinbarung
Voranmeldung:
a) erforderlich – ja
b) wie lange vorher? – für Gruppen 2–4 Monate in schriftlicher Form
Was wird gezeigt? – Pkw-Aggregateproduktion (Motoren, Getriebe, Achsen) von den Vorbetrieben (Schmiede, Presserei, Gießerei) bis zum fertig montierten, nach Prüflauf einbaufähigen Aggregat

Mercedes-Benz

Name des Unternehmens:
Mercedes-Benz AG, Werk Bremen

Anschrift:
Mercedesstraße 1
2800 Bremen 44

Wegbeschreibung:
A27 BAB, Abfahrt Sebaldsbrück,
B75 stadteinwärts

Telefon:
04 21 / 4 19-22 54

Kontaktperson:
Herren Kern, Ney, Wolters

Produktionsprogramm:
Automobilfertigung (Mercedes-Benz 190
T-Reihe und Sportwagen)

Firmengröße:
a) Mitarbeiterzahl – Werk Bremen: 16000
b) Umsatz – kein Außenumsatz

Gründungsjahr:
1938

Besichtigungen sind möglich:
Wann? – Nach Vereinbarung an Werktagen (Dauer etwa 2 Stunden)
Für welche Personengruppe? – Gruppen aller Art bis etwa 50 Personen (Schulklassen: ab 16 Jahren)
Können sich Einzelpersonen an Gruppen anschließen? – ja, jedoch nur auf besondere Vereinbarung
a) erforderlich – ja
b) wie lange vorher? – mindestens 4 Monate
Was wird gezeigt? – Werksfilm und die Montage der Typen Mercedes-Benz 190

Mercedes-Benz

Name des Unternehmens:
Mercedes-Benz AG, Werk Kassel

Anschrift:
Mercedesplatz 1, Postfach 100967
3500 Kassel

Wegbeschreibung:
Autobahn Frankfurt–Hannover, Abfahrt Kassel-Ost/Niestetal, Richtung Kassel-Zentrum, B 7, Richtung Paderborn (Holländische Straße), abbiegen Wiener Straße bis Mercedesplatz

Telefon: 05 61 / 8 02–0

Kontaktperson: Sekretariat Werkleitung, Tel. 05 61 / 8 02–22 04, Schulklassen: Betriebliches Bildungswesen, Tel. 05 61 / 8 02–26 62

Produktionsprogramm: Achsen für den Nutzfahrzeugbereich der Daimler-Benz AG

Firmengröße:
a) Mitarbeiterzahl – rd. 4 100
b) Umsatz – Das Werk Kassel ist Zulieferwerk für die Endmontagewerke der Mercedes-Benz AG und hat keinen Außenumsatz.

Gründungsjahr:
Das Werk Kassel wurde 1978 von der Hanomag-Henschel Fahrzeugwerke GmbH in die DBAG überführt. Der Ursprung des Werkes geht auf die Firma Henschel zurück, die 1810 gegründet wurde.

Besichtigungen sind möglich:
Wann? – nur nach Vereinbarung
Für welche Personengruppe? – Mindestalter 14 Jahre, sonst keine Einschränkungen
Können sich Einzelpersonen an Gruppen anschließen? – nach Vereinbarung ja
Voranmeldung:
a) erforderlich – ja
b) wie lange vorher? – ca. 4 Wochen
Was wird gezeigt? – Hochmechanisierte Fertigung von Nfz-Vorder- und -Hinterachsen aller Achslastbereiche mit den Schwerpunkten der mechanischen Bearbeitung (einschl. Verzahnung) und Montage

Mercedes-Benz

Name des Unternehmens:
Mercedes-Benz AG, Werk Gaggenau

Anschrift:
Hauptstraße
Postfach 1220
7560 Gaggenau

Wegbeschreibung:
BAB 8, Ausfahrt Rastatt/Gaggenau, B 462 Richtung Gaggenau bis Ausfahrt Gaggenau-Mitte

Telefon:
07225 / 61-2497 oder 2706

Kontaktperson:
Herren Frick, Wipfler

Produktionsprogramm:
Herstellung von UNIMOG und MB-trac, NFZ-Schalt- und Automatikgetriebe, schwere NFZ-Achsen, div. NFZ- und PKW-Teile

Firmengröße:
Mitarbeiterzahl – ca. 9 400

Gründungsjahr:
Bergmann's Industriewerke 1893

Besichtigungen sind möglich:
Wann? – nur nach Vereinbarung
Für welche Personengruppe? – Kunden und Interessenten
Können sich Einzelpersonen an Gruppen anschließen? – nach Vereinbarung
Voranmeldung:
a) erforderlich – ja
b) wie lange vorher? – 3 Monate in schriftlicher Form

Was wird gezeigt? – Werk Gaggenau mit Getriebe-Fertigung, Außenplaneten-Achs-Fertigung, Montageband UNIMOG/MB-trac, Teilnahme an einer Vorführung auf dem Testgelände.

Mercedes-Benz

Name des Unternehmens:
Mercedes-Benz AG
Werk Sindelfingen

Anschrift:
Kundencenter, Postfach 226
7032 Sindelfingen

Wegbeschreibung:
Autobahn Stuttgart–Singen A 81, Ausfahrt Sindelfingen, Böblingen, Tübingen

Telefon:
0 70 31 / 90-24 73

Kontaktperson:
Detlef Goebel, Abt. Kundenbetreuung

Produktionsprogramm:
Personenkraftwagen

Firmengröße:
Mitarbeiterzahl – ca. 45 000

Gründungsjahr:
1915

Besichtigungen sind möglich:
Für Kunden, die ihr Fahrzeug abholen: Montag bis Freitag, 7.45 Uhr, 8.15 Uhr, 8.45 Uhr, 9.15 Uhr, 9.45 Uhr, 10.15 Uhr, 11.45 Uhr, 12.15 Uhr, 12.45 Uhr, 13.15 Uhr, 13.45 Uhr und 14.15 Uhr
Einzelbesucher (Mindestalter 16 Jahre) können in beschränkter Anzahl an folgenden Führungen teilnehmen: Montag bis Freitag, 12.45, 13.15 Uhr, 13.45 Uhr und 14.15 Uhr
Gruppen mit mehr als 6 Personen können an diesen Werkführungen nicht teilnehmen. Hierfür ist eine schriftliche Anfrage bei der Abteilung Kundenbetreuung erforderlich.
Was wird gezeigt? – Film über Pkw-Entwicklung und Produktion, Herstellung von Pkw-Karosserien und Montage

Mercedes-Benz

Name des Unternehmens:
Mercedes-Benz AG, Werk Berlin-Marienfelde

Anschrift:
Daimlerstraße 123
1000 Berlin 48

Telefon:
0 30 / 74 91–22 66

Kontaktperson:
Betriebliches Bildungswesen

Produktionsprogramm:
Herstellung von Nfz-Motoren, Aggregaten und Einzelteilen für Pkw + Nfz, Tauschmotoreninstandsetzung

Firmengröße:
Mitarbeiterzahl – ca. 3500

Gründungsjahr:
1902

Besichtigungen sind möglich:
Wann? – nur nach Vereinbarung
Für welche Personengruppe? – alle Personen über 14 Jahre und Schülergruppen ab 16 Jahren
Können sich Einzelpersonen an Gruppen anschließen? – nach Vereinbarung
Voranmeldung:
a) erforderlich – ja
b) wie lange vorher? – für Gruppen 2–4 Monate in schriftlicher Form

Was wird gezeigt? – Einige Bereiche aus der Produktion von Aggregaten und der Montage von Nfz-Motoren. Diskussionen über sozialpolitische, wirtschaftliche und standortbezogene Fragen sowie techn. Probleme, soweit sie unser Haus berühren.

OPEL

Name des Unternehmens:
Adam Opel AG

Anschrift:
Postfach 1710
6090 Rüsselsheim

Wegbeschreibung:
Führungsbeginn Ausstellungsraum neben dem Hauptportal, Nähe Bahnhof; Autofahrer folgen den Schildern „Bahnhof/Opel-Hauptportal"

Telefon:
06142/66-2378

Kontaktperson:
Frau C. Bauer, Öffentlichkeitsarbeit

Produktionsprogramm:
Vectra, Omega, Senator

Firmengröße:
a) Mitarbeiterzahl – 29 200 (Werk Rüsselsheim)
b) Umsatz – 17,2 Mrd. DM (alle Werke)

Gründungsjahr:
1862

Besichtigungen sind möglich: – ja
Wann? – montags bis freitags 8.30, 10.45 und 14 Uhr
Für welche Personengruppe? – Alle Interessenten ab 18 Jahren
Können sich Einzelpersonen an Gruppen anschließen? – ja
Voranmeldung
a) erforderlich? – ja, für Gruppen
b) wie lange vorher? – 7 Monate für Gruppen,
Was wird gezeigt? – Preßwerk, Karosseriebau, Fertigmontage und Endmontage

Name des Unternehmens:
Adam Opel AG
– Werk Bochum –

Anschrift:
Öffentlichkeitsarbeit
Postfach 101870
4630 Bochum 1

Wegbeschreibung:
Opel-Werk I in Bochum-Lear, Besuchereingang Tor 1 / am Sheffieldring, per Bus und Straßenbahn bis Haltestelle Mettestraße

Telefon:
0234/389-2321 oder 2355

Kontaktperson:
Frau U. Knaup, Frau G. Buch, Öffentlichkeitsarbeit

Produktionsprogramm:
Opel Kadett

Firmengröße:
Mitarbeiterzahl – 17 150

Gründungsjahr: 1862, Werk Bochum 1962

Besichtigungen sind möglich: – ja
Wann? – montags bis freitags 9.00 Uhr, 11.00 Uhr und 14.00 Uhr
Für welche Personengruppe? – Mindestalter 14 Jahre, maximale Obergrenze pro Gruppe 30 Personen, 9.00 Uhr – geeignet für Schulklassen, erwachsene Einzelpersonen, Gruppen und Vereine jeder Art, 11.00 Uhr – für Schulen, Berufsschulen, Auszubildende anderer Firmen, 14.00 Uhr – Erwachsenengruppen vorbehalten.
Können sich Einzelpersonen an Gruppen anschließen? – ja, Voranmeldung und Terminabsprachen erbeten
Was wird gezeigt? – Werksführer erklären und zeigen Ihnen die Fertigung des Kadett mit den Robotern und angewandten Hochtechnologien in den Betriebsbereichen Presswerk, Karosseriewerk und Wagenendmontage.

OPEL

Name des Unternehmens:
Adam Opel Aktiengesellschaft
Werk Kaiserslautern

Anschrift:
Postfach 1380
6750 Kaiserslautern

Wegbeschreibung:
Portal 1

Telefon:
0631/532243

Kontaktperson:
Frau H. Adam, Sozialdienste

Produktionsprogramm:
Zulieferteile für die Opel-Modelle Kadett, Omega, Vectra, Senator

Firmengröße:
Mitarbeiterzahl – 5 862

Gründungsjahr:
1862 – Werk Kaiserslautern 1966

Besichtigungen sind möglich:

Wann? – täglich ab 9.00 Uhr

Für welche Personengruppe? – Alle Interessenten, Jugendliche ab 15 Jahre

Können sich Einzelpersonen an Gruppen anschließen? – ja

Voranmeldung
a) erforderlich – ja, für alle Besucher
b) wie lange vorher? – 1 Monat

Was wird gezeigt? – Automaten- und Fahrwerkteile, Motorenbau, Preßwerk, Preßschweißstraßen, Motoren- u. Achsteile, Kunststoffteilefertigung

Name des Unternehmens:
PEUGEOT TALBOT DEUTSCHLAND GMBH

Anschrift:
Saargemünder Str. 247
Postfach 537
6600 Saarbrücken

Wegbeschreibung:
Autobahn Mannheim–Saarbrücken
Richtung Saarbrücken: Abfahrt Kreisel
St. Arnual, dann Abfahrt Unner–Straßburg,
Richtung Mannheim: Abfahrt Unner–Straßburg

Telefon:
0681/879310

Kontaktperson:
Herr Rüdiger Fritz

Produktionsprogramm:
Kfz-Handel, Ersatzteilhandel u. Reparaturdienst

Firmengröße:
a) Mitarbeiterzahl – 1200
b) Umsatz – 1,5 Mrd. DM

Gründungsjahr:
1967

Besichtigungen sind möglich:
Wann? – Nach Anmeldung, im allgemeinen an jedem Arbeitstag
Für welche Personengruppe? – Schüler, Studenten, fachlich interessierte Personengruppen
Können sich Einzelpersonen an Gruppen anschließen? – ja
Voranmeldung:
a) erforderlich? – ja
b) wie lange vorher? – 1 Monat
Was wird gezeigt? – Lagertechnik, Reparaturdienst, Kundendienstschule, Datenverarbeitung

PEUGEOT

PORSCHE

Name des Unternehmens:
Dr. Ing. h. c. F. Porsche Aktiengesellschaft

Anschrift:
Porschestraße 42
7000 Stuttgart 40
(Zuffenhausen)

Wegbeschreibung:
Autobahnausfahrt Stuttgart-Zuffenhausen

Telefon:
0711 / 827-5384

Kontaktperson:
Ina Schlegl

Produktionsprogramm:
Porsche 924 S, 944, 944 Turbo, 911 Carrera, 911 Turbo, 928 S

Firmengröße:
a) Mitarbeiterzahl – 7915
b) Umsatz – 3,2 Mrd. DM

Gründungsjahr:
1931

Besichtigungen sind möglich:
Wann? – Montag bis Freitag, 10 bis 14 Uhr
Für welche Personengruppe? – Gruppen bis 15 Personen, für alle Besucher (Mindestalter 16 Jahre)
Können sich Einzelpersonen an Gruppen anschließen? – bedingt
Voranmeldung:
a) erforderlich? – ja
b) wie lange vorher? –
Einz. Personen: mind. 1 Woche –
Gruppen: 4 Monate
Was wird gezeigt? – Fahrzeugmontage 911 und 928, Porsche-Museum (Öffnungszeiten: Mo-Fr, 9-12 Uhr und 13.30-16 Uhr)

Name des Unternehmens:
SCHMITZ-ANHÄNGER
Fahrzeugbau-Gesellschaft mbH & Co.,
Altenberge

Anschrift:
Verwaltung
Bahnhofstraße 22
4435 Horstmar

Wegbeschreibung:
BAB 1 bis Münster Nord; Richtung Gronau B 54 bis Altenberge: Über Laer nach Horstmar

Telefon:
0 25 58 / 8 10

Kontaktperson:
H. Ehlert, H. Fleitmann

Produktionsprogramm:
Anhänger, Aufbauten und Wechselsysteme in Koffer- und Pritschenausführung, sowie Sonderfahrzeuge

Firmengröße:
a) Mitarbeiterzahl – 1 500
b) Umsatz – 300 Mio. DM

Gründungsjahr:
Vor ca. 150 Jahren

Besichtigungen sind möglich:
Wann? – Nach Vereinbarung
Für welche Personengruppe? – Schulen, Fachschulen, Universitäten, Verbände, Behörden, Vereine, technisch interessierte Gruppen
Können sich Einzelpersonen an Gruppen anschließen? – Wird im Einzelfall entschieden
Voranmeldung:
a) erforderlich – ja
b) wie lange vorher? – 3 Monate
Was wird gezeigt? – Tonbildschau, Videofilm und die Produktion in Altenberge oder Vreden. Die Schwerpunkte des Programmes werden jeweils auf die Besucher abgestimmt.

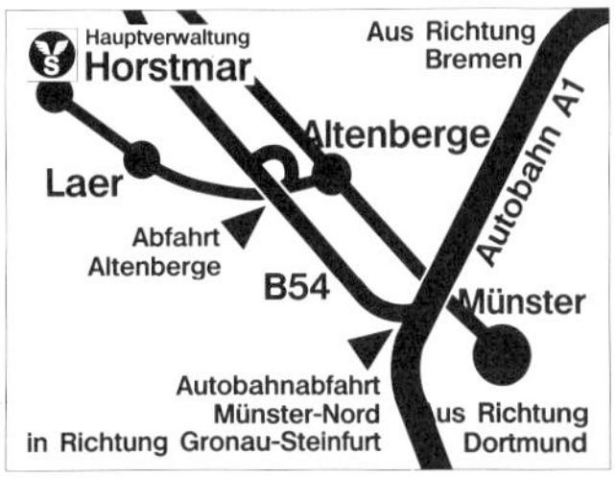

SÜDRAD

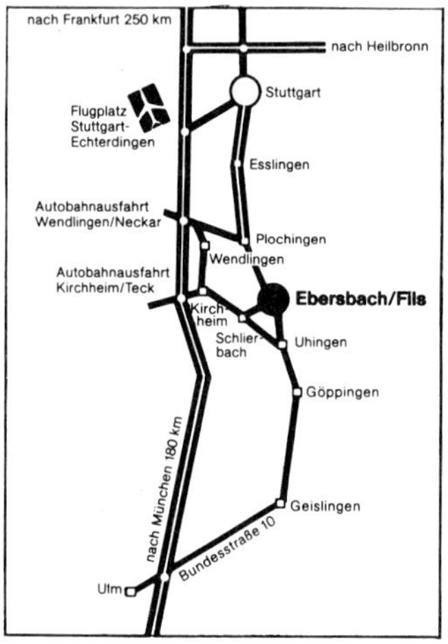

Name des Unternehmens:
SÜDRAD GmbH

Anschrift:
Strutstraße 21
Postfach 13 69
7333 Ebersbach/Fils

Telefon:
0 71 63 / 20 44

Kontaktperson:
Frl. Emma Binder

Produktionsprogramm:
Stahlscheiben-Räder für PKW, LKW, landwirtschaftliche und Sonderfahrzeuge

Firmengröße:
a) Mitarbeiterzahl – ca. 750
b) Umsatz – ca. 80 Mio. DM

Gründungsjahr:
1946

Besichtigungen sind möglich:
Wann? – werktags, 7.30 bis 15.30 Uhr
Können sich Einzelpersonen an Gruppen anschließen? – ja
Voranmeldung
a) erforderlich – ja
b) wie lange vorher? – 14 Tage
Was wird gezeigt? – Fertigung

THYSSEN

Name des Unternehmens:
Thyssen Nordseewerke GmbH

Anschrift:
Am Zungenkai, Postfach 23 51, 2970 Emden

Telefon: 0 49 21 / 8 51

Kontaktperson: Herr Dr. Manfred Schachtner

Produktionsprogramm:
Handels- und Marineschiffsneubauten, Schiffsumbauten, Schiffsreparaturen, schwimmende und verschwimmbare Versorgungs- und Industrieanlagen, Komponenten für Bohrinseln und Plattformen, sonstiges schwimmendes Gerät, Versorger, Winden und maschinenbauliche Sonderfertigungen, Behälter-, Rohrleitungs- und Stahlbau, Umrüstungen und Reparaturen von Kfz-Sonderfahrzeugen

Firmengröße:
a) Mitarbeiterzahl – rd. 3600
b) Umsatz – im Durchschnitt der letzten 6 Geschäftsjahre: 350 Mio. DM/Jahr

Gründungsjahr: 1903

Besichtigungen sind möglich:
Wann? – arbeitstäglich um 9.30 Uhr und 14.30 Uhr. Ausnahmeregelungen möglich
Für welche Personengruppe? – sämtliche. Kinder nur in Begleitung Erwachsener
Können sich Einzelpersonen an Gruppen anschließen? – ja
Voranmeldung
a) erforderlich – ja
b) wie lange vorher? – 3 Wochen, schriftlich
Was wird gezeigt? – sämtliche Produktionsstätten einschließlich Lager, Kaianlagen, Docks und Ausbildungswerkstätten. Der Fertigungsablauf wird vom Ausgangsmaterial Stahl über Halbfabrikate bis zum fertigen Neubau gezeigt. Anbordgehen ist unter Umständen möglich. Fotografieren ist nicht erlaubt

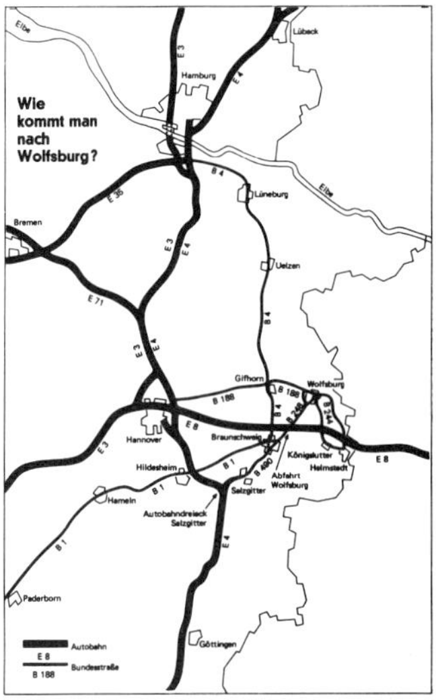

Name des Unternehmens:
Volkswagen AG

Anschrift:
Besucherdienst
3180 Wolfsburg 1

Telefon:
05361/92–4270

Kontaktperson:
Karin König

Firmengröße:
a) Mitarbeiterzahl – 64000
b) Umsatz – (VW-Konzern) 55 Mrd. DM

Gründungsjahr:
1938

Besichtigungen sind möglich: – ja
Wann? – Montag bis Freitag
9.30 Uhr Gruppen,
13.30 Uhr Einzelbesucher
Für welche Personengruppe? – alle (Mindestalter 16 Jahre)
Können sich Einzelpersonen an Gruppen anschließen? – nein
Voranmeldung
a) erforderlich – Gruppen ja, Einzelbesucher nein
b) wie lange vorher? – 8 Monate
Was wird gezeigt? – Produktionsablauf, Golf, Polo, Jetta

Name des Unternehmens:
Volkswagen AG

Anschrift:
PR-Besucherdienst
2970 Emden

Wegbeschreibung:
Pkw-Einfahrt (Haupttor)

Telefon:
0 49 21 / 86-23 90

Kontaktperson:
Manfred Kathose

Produktionsprogramm:
Personenwagen Volkswagen Passat

Firmengröße:
a) Mitarbeiterzahl – 9700
b) Umsatz – (VW-Konzern 1985) 52 Mrd. DM

Gründungsjahr:
1964

Besichtigungen sind möglich:
Wann? – Montag bis Freitag
9.30 Uhr und 13.30 Uhr
Für welche Personengruppe? – alle
(Mindestalter 16 Jahre)
Können sich Einzelpersonen an Gruppen anschließen? ja, nur um 13.30 Uhr
Voranmeldung
a) erforderlich – Gruppen ja, Einzelbesucher ja
b) wie lange vorher? – Gruppen 2 Monate, Einzelbesucher 5 Tage
Was wird gezeigt? – Produktionsablauf Personenwagen Volkswagen Passat

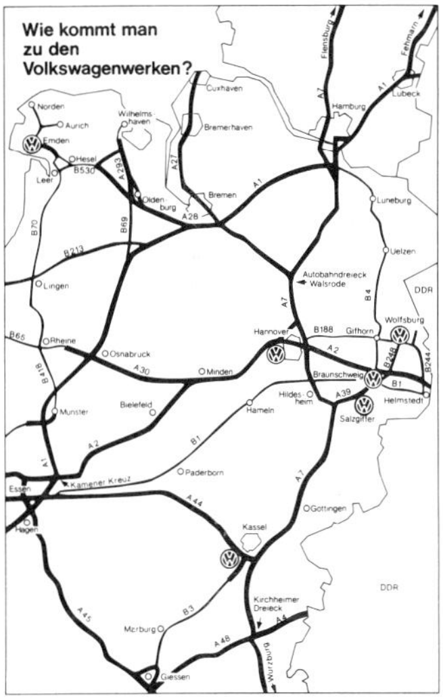

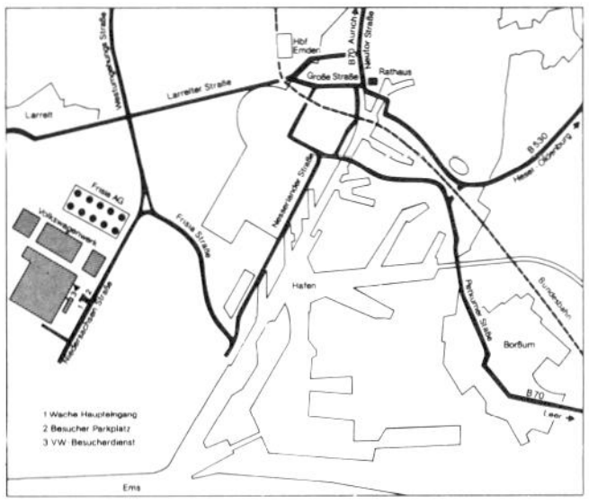

Name des Unternehmens:
Volkswagen AG

Anschrift:
Besucherdienst
3000 Hannover

Telefon:
05 11 / 7 98–41 39

Kontaktperson:
Alfred Soderschnik

Firmengröße:
a) Mitarbeiterzahl – 18 400
b) Umsatz – (VW-Konzern) 33 Mrd. DM

Gründungsjahr:
1956

Besichtigungen sind möglich:
Wann? – Montag bis Freitag
9.30 Uhr und 13.30 Uhr
Für welche Personengruppe? – alle
(Mindestalter 16 Jahre)
Können sich Einzelpersonen an Gruppen anschließen? – nur um 13.30 Uhr
Voranmeldung
a) erforderlich – Gruppen ja,
Einzelbesucher ja
b) wie lange vorher? – 3 Monate f. Gruppen
Was wird gezeigt? – Produktionsablauf
Volkswagen Transporter, Volkswagen LT, Motoren, Kleinbusse

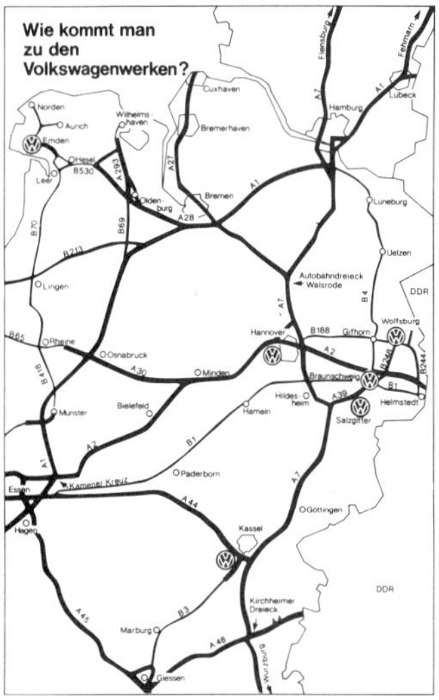

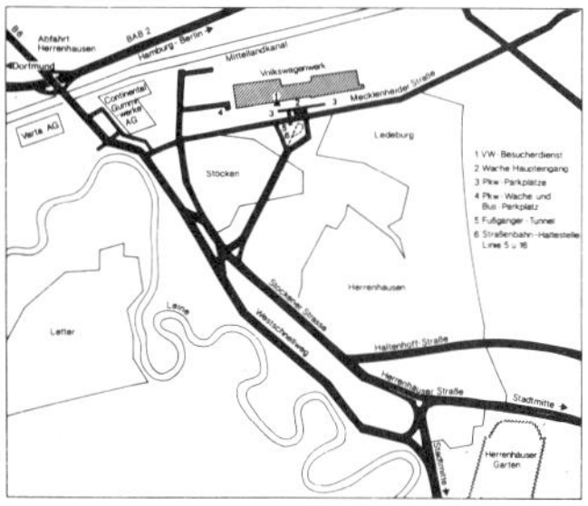

Name des Unternehmens:
Volkswagen AG

Anschrift:
Besucherdienst
3300 Braunschweig

Telefon:
0531 / 398-644

Kontaktperson:
Günther Brosig

Firmengröße:
a) Mitarbeiterzahl – 6792
b) Umsatz – (VW-Konzern) 55 Mrd. DM

Gründungsjahr:
1938

Besichtigungen sind möglich:
Wann? – Montag bis Freitag 9.30 Uhr und 14 Uhr.
Für welche Personengruppe? – alle (Mindestalter 16 Jahre)
Können sich Einzelpersonen an Gruppen anschließen? – nein
Voranmeldung
a) erforderlich – Gruppen ja, Einzelbesucher ja
b) wie lange vorher? – 2 Monate
Was wird gezeigt? – Vorder- und Hinterachsen für Volkswagen und Audi-Fahrzeuge, Werkzeuge

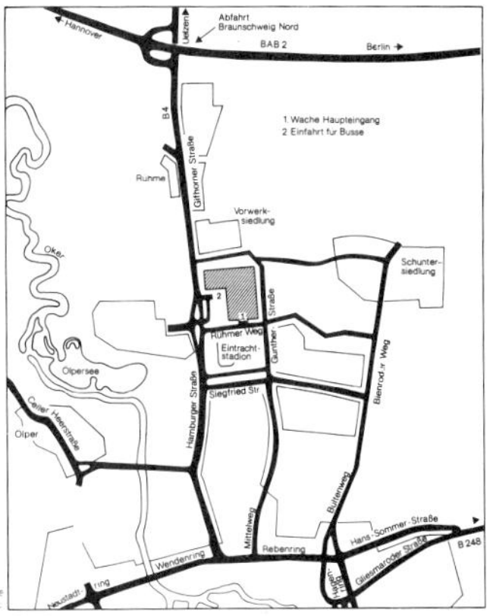

Name des Unternehmens:
Volkswagen AG

Anschrift:
Besucherdienst
3321 Salzgitter 31

Telefon:
0 53 41 / 2 42–6 10

Kontaktperson:
Rolf Engel

Firmengröße:
a) Mitarbeiterzahl – 9700
b) Umsatz – (VW-Konzern) 55 Mrd. DM

Gründungsjahr:
1969

Besichtigungen sind möglich:

Wann? – Montag bis Freitag 9.30 Uhr und 13.30 Uhr.

Für welche Personengruppe? – alle (Mindestalter 16 Jahre)

Können sich Einzelpersonen an Gruppen anschließen? – ja

Voranmeldung
a) erforderlich – Gruppen ja, Einzelbesucher ja
b) wie lange vorher? – 2 Monate

Was wird gezeigt? – Produktionsablauf wassergekühlte Volkswagen- und Audi-Motoren

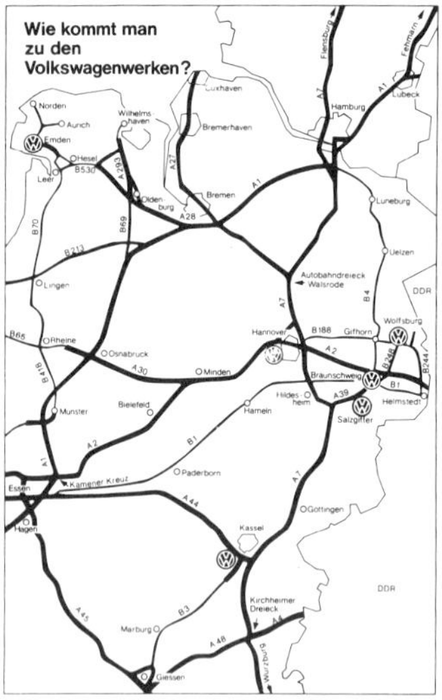

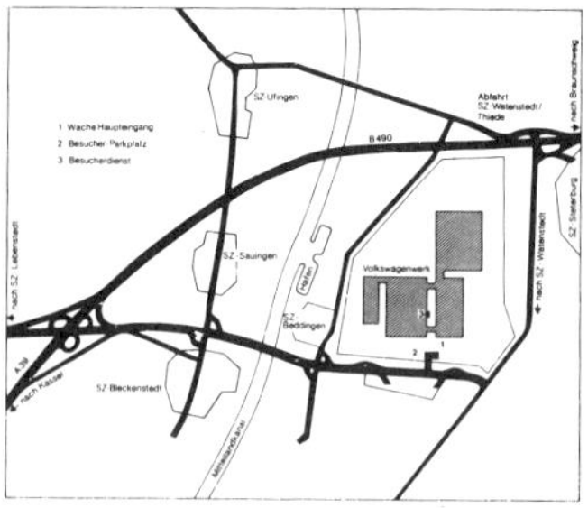

Name des Unternehmens:
Volkswagen AG

Anschrift:
Besucherdienst
3500 Kassel

Telefon:
0561 / 490-2099

Kontaktperson:
Herbert Sopper

Firmengröße:
a) Mitarbeiterzahl – 18650
b) Umsatz – (VW-Konzern) 55 Mrd. DM

Gründungsjahr:
1958

Besichtigungen sind möglich:
Wann? – Montag bis Freitag
9.30 Uhr und 13.30 Uhr
Für welche Personengruppe? – alle
(Mindestalter 16 Jahre)
Können sich Einzelpersonen an Gruppen anschließen? – ja
Voranmeldung
a) erforderlich – Gruppen ja,
Einzelbesucher ja
b) wie lange vorher? – 2 Monate
Was wird gezeigt? – Produktionsablauf
Getriebe, Ersatzteile und
Austauschaggregate für Volkswagen- und
Audi-Fahrzeuge

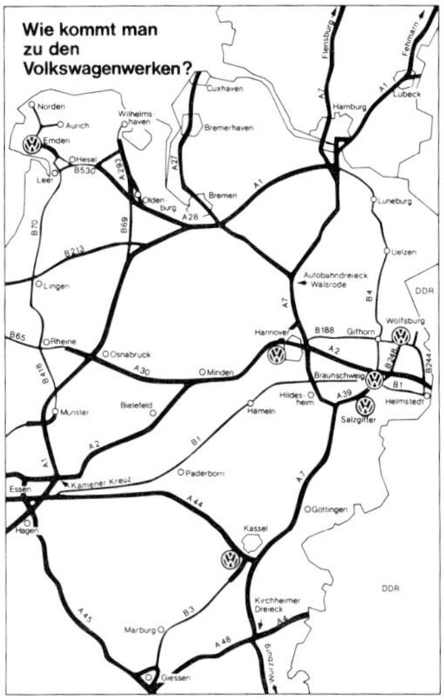

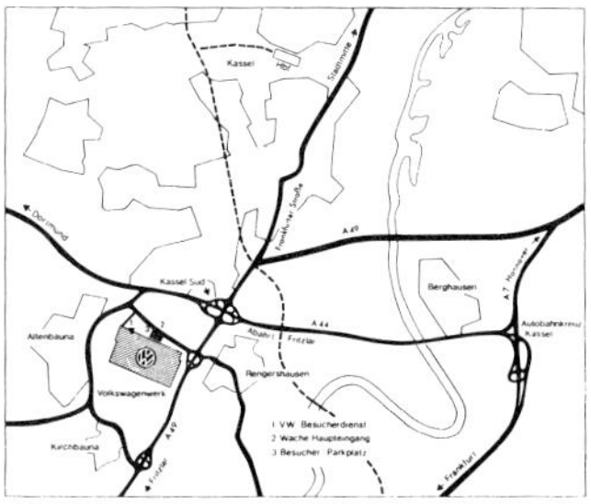

Name des Unternehmens:
Westfalia-Werke
Franz Knöbel & Söhne KG

Anschrift:
Am Sandberg 45
4840 Rheda-Wiedenbrück

Wegbeschreibung:
BAB 2, Abfahrt Rheda-Wiedenbrück, Richtung Wiedenbrück, 2. Ampel rechts, nach 1 km auf der linken Seite

Telefon:
05242/15432

Kontaktperson:
Werner Gaudecki

Produktionsprogramm:
Wohnmobile, PKW-Anhänger, Anhängevorrichtungen, Behördenfahrzeuge

Firmengröße:
a) Mitarbeiterzahl – ca. 1000
b) Umsatz – ca. 145 Mio. DM

Gründungsjahr:
1844

Besichtigungen sind möglich:
Wann? – nach Absprache
Für welche Personengruppe? – interessierte Gruppen
Können sich Einzelpersonen an Gruppen anschließen? – im Prinzip ja
Voranmeldung
a) erforderlich – ja
b) wie lange vorher? – so früh wie möglich, wenigstens 14 Tage
Was wird gezeigt? – alle Fertigungen

BMW – Ein internationaler Konzern

Das Zeichen erklärt den Ursprung: Flugmotoren (rotierender Propeller) aus Bayern (weiß-blaue Landesfarben). Es steht heute für das zwölftgrößte deutsche Industrieunternehmen.

In mehr als einhundert Ländern fahren mehr als fünf Millionen BMW-Fahrzeuge, technisch anspruchsvolle und elegante Automobile und Motorräder. Sie kommen aus zehn Werken in Deutschland, Österreich und Südafrika. In den wichtigsten Exportländern unterhält BMW eigene Vertriebsgesellschaften.

Die Bayerischen Motoren Werke nahmen und nehmen den Inhalt ihres Namens ernst. Die Motoren bilden den Kern der Marke. Sie repräsentieren technische Spitzenleistung, verhelfen zu Zuverlässigkeit, ermöglichen Freude am Fahren und nehmen Rücksicht auf die Umwelt.

BMW Motoren entfalten ihre sportliche Kraft in Fahrwerken, die höchste aktive Sicherheit vermitteln. Die Karosserien verkörpern schlichte Eleganz und Komfort. Sie schützen die Insassen bei Unfällen optimal vor Verletzungen.

Jährlich verlassen mehr als 500 000 Autos die Werke München, Dingolfing und Regensburg. Davon gehören zwischen 50 und 60 Prozent der 3er-Reihe an, die Ende 1990 in dritter Generation vorgestellt wurde. Diese Reihe drückt die BMW Philosophie, Freude am Fahren, in reiner Form aus. Die BMW 5er-Reihe, für Fahrer gedacht, die den Spaß am Fahren mit Prestige ergänzen möchten, ist das zweite Volumenmodell des Unternehmens. Die 7er-Reihe bietet als Luxusklasse höchste Fahrkultur.

Im Spitzenprodukt, dem Coupe 850i, sind alle BMW Tugenden wieder vereint. Sportliche Modelle der 3er- und 5er-Reihe ergänzen das Angebot.

Die Automobile werden von 4-, 6- und 12-Zylinder-Motoren angetrieben. Die Hubräume beginnen bei 1,6 Liter im 316i und enden bei 5 Litern im 750i und 850i. Die Leistungsspanne reicht von 100 bis 315 PS.

Die größte Modell-Vielfalt bietet die 3er-Reihe mit ihren zwei- und viertürigen Varianten, den Limousinen, dem Cabrio und dem touring, dem Hinterrad- und Allradantrieb, den 4- und 6-Zylinder-Motoren. In der 3er und 5er-Reihe wird ein kultivierter Turbodiesel-Motor angeboten.

Das BMW Werk Berlin produziert jährlich knapp 30 000 Motorräder – klassisch mit dem 2-Zylinder-Boxermotor, 650 und 800 ccm, 27 und 50 PS, – modern mit den 3- und 4-Zylinder-Reihenmotoren der K-Reihe. Hier reichen die Hubräume von 750 bis 1000 ccm, die Leistungen von 75 bis 100 PS. Mit den Modellvarianten setzt BMW ganz auf Individualität. Die Maschinen sind entweder fürs bequeme Reisen ausgelegt oder für sportliches Fahren auf der Straße oder für Ausflüge in unwegsames Gelände.

Auch bei den Motorrädern von BMW steht also der Fahrspaß obenan. Und er ist bei BMW mit einem Höchstmaß an Sicherheit und Umweltfreundlichkeit gekoppelt: BMW Motorräder werden mit ABS und Abgaskatalysator angeboten.

Nach 25jähriger Unterbrechung ist BMW 1990 zu seinen Ursprüngen zurückgekehrt, baut wieder Triebwerke für Flugzeuge.

Dazu wurde die KHD Luftfahrttechnik GmbH in Oberursel erworben und die Tochtergesellschaft BMW Rolls-Royce GmbH gegründet. Dort wird eine Triebwerksreihe für unterschiedlich große Flugzeuge entwickelt.

Im BMW Forschungs- und Ingenieurs-Zentrum wird nicht nur über neue und verbesserte Serien-Fahrzeuge nachgedacht, sondern auch über alternative Antriebe und Energien.

In einer übergreifenden Initiative bereitet BMW ein Projekt zur besseren Kooperation der Verkehrssysteme im Münchener Norden (kooperatives Verkehrsmanagement) vor.

Für die Wiederverwendung der in ausgedienten Automobilen enthaltenen Rohstoffe und Komponenten hat BMW als erster Hersteller eine Pilotanlage im Werk Landshut in Betrieb genommen.

Traditionell engagiert sich BMW in der kulturellen Szene seiner Standorte und in der internationalen Kulturarbeit. Dabei geht es BMW vornehmlich darum, durch eigene Initiativen Neues möglich zu machen, das später selbständig fortgeführt werden kann.

Elektroindustrie
Elektrotechnik, Elektronik

Name des Unternehmens:
AEG Aktiengesellschaft

Anschrift:
Theodor-Stern-Kai 1
6000 Frankfurt 70

Telefon:
069 / 600-41 02

Kontaktperson:
Zentralabteilung Aus- und Weiterbildung
Hochschulkontakte und Traineeprogramme
Herr Christian

Firmengröße:
a) Mitarbeiterzahl – über 80 000
b) Umsatz – 11,7 Mrd. DM

Gründungsjahr:
1883

Besichtigungen sind möglich:
Wann? – Nach Absprache mit den in Frage kommenden Bereichen
Für welche Personengruppe? – Professoren und Studenten höherer Semester technischer Fachrichtungen, vorwiegend Elektrotechnik, Gruppenstärke im allgemeinen nicht über 25 Personen
Können sich Einzelpersonen an Gruppen anschließen? – nein
Voranmeldung
a) erforderlich – ja
b) wie lange vorher? – ca. 8-10 Wochen
Was wird gezeigt? – Forschungs-, Entwicklungs- und Produktionsprogramm der jeweiligen Bereiche.

ANT Nachrichtentechnik

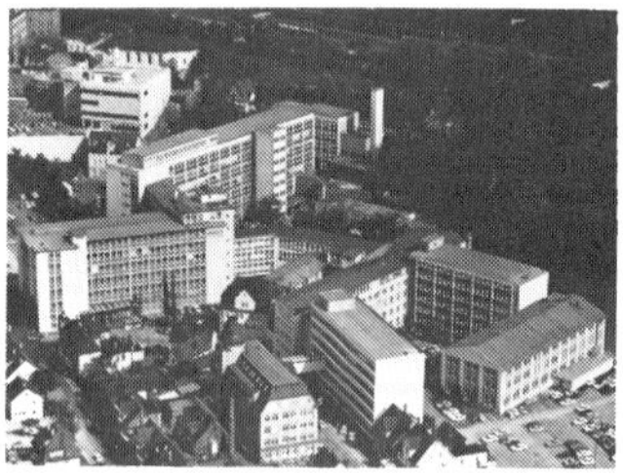

Name des Unternehmens:
ANT Nachrichtentechnik GmbH

Anschrift:
Gerberstraße 33
7150 Backnang

Telefon:
0 71 91 / 13-0

Kontaktperson:
Dr. Gerhard Ketterer, Abtl. L1, Telefon 2351
H. Koehler, Abtl. K54, Telefon 2676
Dr. Behrbalk, Abtl. Presse, V73, Telefon 2051

Firmengröße:
a) Mitarbeiterzahl – 7 200
b) Umsatz – 1,3 Mrd. DM

Gründungsjahr:
1982

Besichtigungen sind möglich: – ja
Wann? – nach Absprache
Für welche Personengruppe? – Studenten, Journalisten
Können sich Einzelpersonen an Gruppen anschließen? ja
Voranmeldung:
a) erforderlich – ja
Was wird gezeigt? – Schwerpunkte aus der Produktion und Entwicklung

Name des Unternehmens:
Bally Wulff Automaten GmbH

Anschrift:
Maybachufer 48-51
1000 Berlin 44

Telefon:
0 30 / 6 24 60 61

Kontaktperson:
Bernhard Eber

Produktionsprogramm:
Spielautomaten

Firmengröße:
a) Mitarbeiterzahl – 250 Produktion, 170 Vertrieb
b) Umsatz – 60 Mio. DM Produktion, 90 Mio. DM Vertrieb

Gründungsjahr:
1950

Besichtigungen sind möglich:
Wann? – auf Absprache Montag bis Donnerstag, 9.00 bis 15.00 Uhr
Für welche Personengruppe? – keine Kinder
Voranmeldung:
a) erforderlich – ja
b) wie lange vorher? – mind. 1-2 Wochen
Was wird gezeigt? – Produktionsteile, Leiterplattenherstellung, Montage von Spielautomaten, elektronisches Prüffeld

Bauknecht

Bauknecht ist sich seiner Tradition als deutscher Hersteller von Hausgeräten bewußt.

Bauknecht stellt Qualitätsprodukte her. Alle Aktivitäten sind direkt oder indirekt auf dieses Unternehmensziel gerichtet.

Bauknecht konzentriert sein langjähriges Know-how darauf, daß alle seine Produkte zeitgemäße Vernunft und Verantwortung widerspiegeln.

Bauknecht will die Belange der Umwelt berücksichtigen und sinnvoll mit Energie und Wasser umgehen.

Bauknecht will langlebige Technik bieten und keine Wegwerfartikel.

Bauknecht will dieser Technik den ihr zukommenden Stellenwert geben:
Diener des Menschen zu sein und nicht Herr.

Bauknecht orientiert deshalb Entwicklung und Produktion am Nutzen für den Menschen und nicht an den Vordergründigkeiten des technisch Machbaren.

Name des Unternehmens:
Bauknecht Hausgeräte GmbH

Anschrift:
Am Wallgraben 99
7000 Stuttgart 80
Kontakt: Werbeleitung

Produktionsprogramm:
Elektro-Hausgeräte

Firmengröße:
a) Mitarbeiterzahl – 4 900
b) Umsatz – 1000 Mio. DM
c) Gesellschaften in 11 europäischen Ländern

Gründungsjahr:
Gottlob Bauknecht gründete das Unternehmen als elektrotechn. Werkstatt 1918

Besichtigungen sind möglich:
Wann? – nach Abstimmung
Für welche Personengruppe? – Fachpublikum, Studenten, Schüler, Hausfrauen
Können sich Einzelpersonen an Gruppen anschließen? – nach Absprache
Voranmeldung:
a) erforderlich – ja
b) wie lange vorher? – 4 Wochen
Was wird gezeigt?
- Fertigung und Entwicklung von Kühl- und Gefriergeräten
  Werk Calw
  Nord-Schwarzwald, Nähe Pforzheim
- Fertigung und Entwicklung von Geschirrspülern
  Werk Neunkirchen/Saar
- Fertigung und Entwicklung von Waschmaschinen, kombinierten Wasch-Trocknern und Wäschetrocknern
  Werk Schorndorf
  Remstal, Nähe Stuttgart

Busch-Jaeger Elektro GmbH

Name des Unternehmens:
Busch-Jaeger Elektro GmbH

Anschrift:
Postfach 1280
Freisenberg
5880 Lüdenscheid/Westf.

Wegbeschreibung:
Über die BAB 45 „Sauerlandlinie"
Abfahrt: Lüdenscheid-Nord

Telefon:
02351 / 552-1

Kontaktperson:
Jürgen Winkels Abt. MH4

Produktionsprogramm:
Installationstechnik
Hausleittechnik

Firmengröße:
a) Mitarbeiterzahl – Inland ca. 2 000
b) Umsatz – Inland ca. 250 Mio. DM

Gründungsjahr:
1879

Besichtigungen sind möglich:
Wann? – nach Abstimmung
Für welche Personengruppe? – Architekten und Planer, Elektroinstallateure, Elektrogroßhandlungen, Fachschulen
Können sich Einzelpersonen an Gruppen anschließen? – ja – nach vorheriger Vereinbarung
Voranmeldung
a) erforderlich – ja
b) wie lange vorher? – z. Z. ½ Jahr
Was wird gezeigt? – Stammhaus der Firmengruppe in Lüdenscheid mit Fertigung von Installationsmaterial – Elektronik-Geräten, Hochregallager, Qualitätssicherung (Labors und Prüffelder), Werkzeugbau

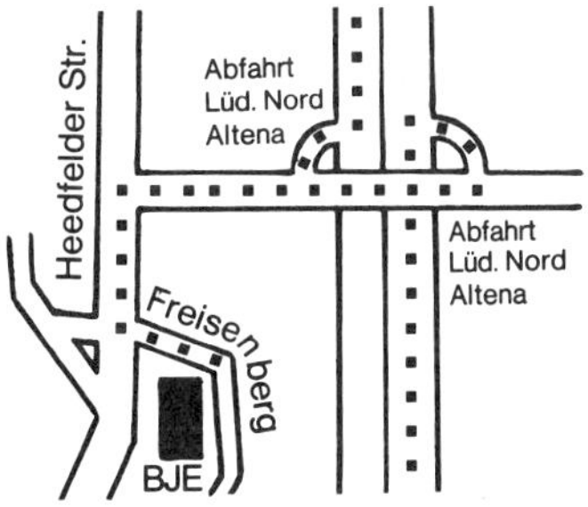

Name des Unternehmens:
Contact GmbH

Anschrift:
Contact GmbH
Schulze-Delitzsch-Straße 29,
Postfach 800640
7000 Stuttgart 80

Wegbeschreibung:
Industriegebiet Stuttgart-Vaihingen
Autobahnausfahrt Stgt.-Vaihingen/Möhringen
Bei Anreise mit Flugzeug:
ca. 15 Minuten vom Flughafen Echterdingen entfernt

Telefon: 0711/783803

Telex: 7 25 57, Fax: 07 11 / 78 38-3 66

Kontaktperson:
Frau Weitbrecht, Abt. GL-ASS-PR

Produktionsprogramm:
Vielpolige elektrische Steckverbinder für Maschinenbau, Elektrotechnik und Computertechnik sowie Stecker für die Einschubtechnik, zylindrische Steckverbinder und elektrische Bauelemente aller Art, Sonderanfertigung in Spezialsteckvorrichtungen

Firmengröße:
a) Mitarbeiterzahl – 150
b) Umsatz – GJ 1983/84 = Gesamtunternehmen ca. 25 Mio. DM

Gründungsjahr:
1962

Besichtigungen sind möglich: – ja
Wann? – Montag bis Donnerstag jeder Woche. Vorherige Vereinbarung mit der Kontaktperson wie o. a. ist erforderlich.
Erwünscht sind nur Gruppenbesuche. Einzelbesucher nach spezieller Vereinbarung.
Was wird gezeigt: – Herstellung der Produkte und Verwendungszweck der Produkte.

DeTeWe

Name des Unternehmens:
DeTeWe
Deutsche Telephonwerke
und Kabelindustrie AG

Anschrift:
Wrangelstraße 100
1000 Berlin 36

Wegbeschreibung:
Nähe U-Bahn-Station Schlesisches Tor

Telefon:
030/61044318

Kontaktperson:
Hr. Schröter, Presse und Öffentlichkeitsarbeit

Produktionsprogramm:
Einrichtungen der Kommunikationstechnik

Firmengröße:
a) Mitarbeiterzahl – 3 870
b) Umsatz – 538 Mio. DM (1987)

Gründungsjahr:
1887

Besichtigungen sind möglich:
Wann? – nach Absprache
Für welche Personengruppe? – Fachbesucher
Können sich Einzelpersonen an Gruppen anschließen? – in der Regel nein
Voranmeldung
a) erforderlich – ja
b) wie lange vorher? – 2 Monate
Was wird gezeigt? – Fertigung von Einrichtungen der Kommunikationstechnik.

DODUCO

Name des Unternehmens:
DODUCO GmbH + Co Dr. E. Dürrwächter

Anschrift:
Im Altgefäll 12
7530 Pforzheim

Wegbeschreibung:
Bundesautobahn Karlsruhe–Stuttgart
Ausfahrt Pforzheim-West oder -Ost

Telefon:
07231/602-0

Kontaktperson:
Lothar Sauer

Produktionsprogramm:
Kontaktwerkstoffe, Halbzeuge, Kontaktteile und Spezialerzeugnisse für die Elektronik und Elektrotechnik

Firmengröße:
a) Mitarbeiterzahl – ca. 1600
b) Umsatz – 280 Mio. DM (1985)

Gründungsjahr:
1922

Besichtigungen sind möglich:
Wann? – Nur nach Anmeldung
Für welche Personengruppe? – Universitäten und Technische Hochschulen, Presse, Industrie außer Wettbewerb
Können sich Einzelpersonen an Gruppen anschließen? – nein
Voranmeldung
a) erforderlich – ja
b) wie lange vorher? – vier Wochen
Was wird gezeigt? – Fertigung Kontakthalbzeuge, Gießerei, Strangpresserei, Draht-Blechfertigung, Galvanische Veredlung, Rückgewinnung von Edelmetallen aus Abfällen, Sintermetall-Abteilung, Fertigung Kontaktteile

Name des Unternehmens:
ENDRESS + HAUSER GMBH + CO.

Anschrift:
Hauptstr. 1
7864 Maulburg

Wegbeschreibung:
BAB Karlsruhe–Basel, BAB-Abfahrt Lörrach; Lörrach Richtung Schopfheim/Donaueschingen, B 317

Telefon:
07622/28-428

Kontaktperson:
Frau Bruhn/Sekretariat Personalleitung

Produktionsprogramm:
Betriebsmeßtechnik und Sensorik für Füllstand, Durchfluß, Durchsatz, Druck und Feuchte

Firmengröße:
a) Mitarbeiterzahl – 950
b) Umsatz – 185 Mio. DM

Gründungsjahr:
1953

Besichtigungen sind möglich:
Wann? – Montag bis Freitag
Für welche Personengruppe? – Absolventen Berufsakademie, FHS, Technikerschulen, TH's, Universitäten
Können sich Einzelpersonen an Gruppen anschließen? – nein
Voranmeldung
a) erforderlich – ja
b) wie lange vorher? – ca. 2 Wochen
Was wird gezeigt? – Je nach Interessenschwerpunkt: – Mechanik-, Elektronik- und Sensorproduktion – Forschung und Entwicklung

FISCHER & PORTER

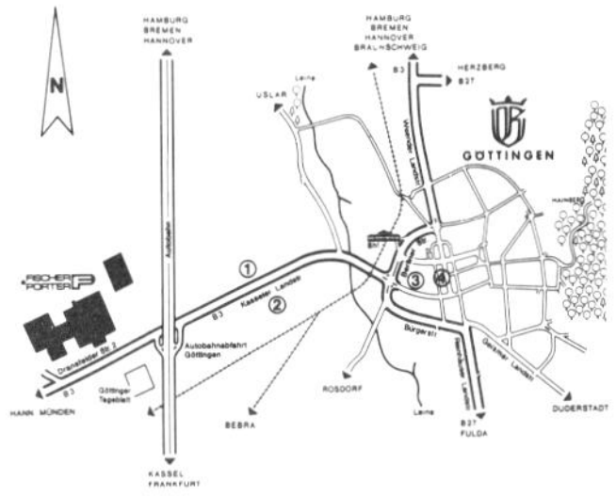

Name des Unternehmens:
FISCHER & PORTER GMBH
Meß- und Regelungstechnik

Anschrift:
Postfach 7 01
D–3400 Göttingen 1

Wegbeschreibung:
BAB-Hauptabfahrt Göttingen, B 3 Richtung Hann.-Münden erster Gebäudekomplex rechts

Telefon:
05 51 / 9 05-2 14 oder 2 51

Kontaktperson:
Renner/Spillner

Produktionsprogramm:
Meß- und Regelungstechnik

Firmengröße:
a) Mitarbeiterzahl – ca. 450
b) Umsatz – ca. 60 Mio. DM

Gründungsjahr:
1958

Besichtigungen sind möglich:
Wann? – Montag bis Freitag ca. 9 bis 15 Uhr
Können sich Einzelpersonen an Gruppen anschließen? – ja
Voranmeldung:
a) erforderlich – ja
b) wie lange vorher? – ca. 3 Wochen
Was wird gezeigt? – Produktion/Verwaltung

hager

Name des Unternehmens:
Hager Electro GmbH & Co.

Anschrift:
Im Hofgarten
6601 Ensheim/Saar

Telefon:
0 68 93 / 8 50

Kontaktperson:
Frau Kempf/Frau Walle
Telefon 0 68 93 / 8 52 70

Produktionsprogramm:
Zählerplätze, Geräte und Systeme zur sicheren Stromversorgung in Wohn-, Gewerbe- und öffentlichen Bauten

Firmengröße:
Mitarbeiterzahl – 780 in Ensheim,
1 150 in Obernai, Elsaß

Gründungsjahr:
1955

Besichtigungen sind möglich:
Wann? – montags bis freitags
Für welche Personengruppe? – Schüler, Studenten, Behörden, Institute
Können sich Einzelpersonen an Gruppen anschließen? – ja
Voranmeldung
a) erforderlich – ja
b) wie lange vorher? – 6 Wochen
Was wird gezeigt? – Kunststoff- und Stahlblechverarbeitung, Werkzeugbau, Montage

Name des Unternehmens:
HELIOWATT WERKE
Elektrizitäts-Gesellschaft mbH

Anschrift:
Wilmersdorfer Straße 39
1000 Berlin 12

Wegbeschreibung:
ca. 10 Auto-Minuten von der Autobahnausfahrt „Funkturm" (Messedamm)

Telefon:
030 / 31908-1

Kontaktperson:
Herr Sondershausen, Hausapp. 281

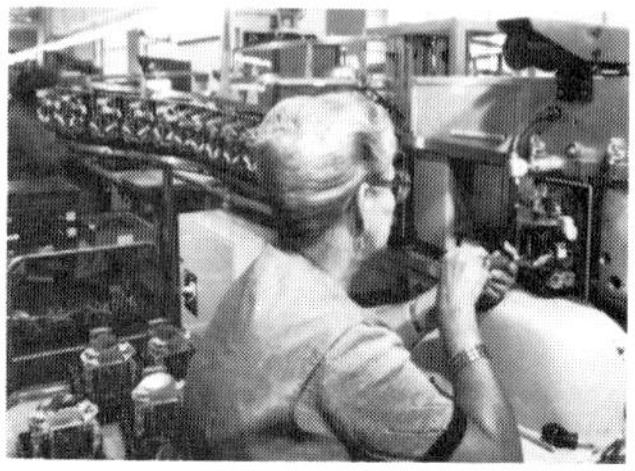

Produktionsprogramm:
Elektrizitätszähler, Schaltuhren, Regelgeräte

Firmengröße:
a) Mitarbeiterzahl – ca. 280
b) Umsatz – ca. 24 Mio. DM

Gründungsjahr:
1883

Besichtigungen sind möglich:
Wann? – nach Absprache
Für welche Personengruppe? – jede interessierte mit max. 20 Personen
Können sich Einzelpersonen an Gruppen anschließen? – ja
Voranmeldung:
a) erforderlich – ja
b) wie lange vorher? – wenigstens 2–3 Wochen
Was wird gezeigt? – unsere Fertigungsstätten mit kpl. Produktionsprogramm

HEWLETT PACKARD

Name des Unternehmens:
Hewlett-Packard GmbH

Anschrift:
Herrenberger Straße 130
7030 Böblingen

Wegbeschreibung:
A 831 Stuttgart-Singen, Autobahnkreuz Böblingen, Richtung Böblingen-Hulb

Telefon: 0 70 31 / 14 31 67

Kontaktperson:
Anke Maruschka, Öffentlichkeitsarbeit

Produktionsprogramm:
Hewlett-Packard ist in der elektronischen Meßtechnik und Datenverarbeitung tätig. Das Unternehmen entwickelt, fertigt und vertreibt mehr als 10000 Produkte, die in den Bereichen Elektrotechnik, Medizin, Chemie, Forschung, Betriebliches Rechnungswesen, Verwaltung, Organisation, Erziehung und Wissenschaft angewendet werden.

Firmengröße:
a) Mitarbeiterzahl–Konzern: über 90000
Deutschland: über 6000
b) Umsatz–Konzern: 13,2 Mrd. $
Deutschland: 4,1 Mrd. DM

Gründungsjahr: 1959 in Deutschland

Besichtigungen sind möglich:
Wann? – jederzeit nach Vereinbarung
Für welche Personengruppe? – Bildungs- und Forschungseinrichtungen, Verbände, Interessengemeinschaften, Journalisten, Kommunen – Bund–Länder, Kunden, Partner, Händler
Voranmeldung:
a) erforderlich – ja
b) wie lange vorher? – ca. 8 Wochen
Was wird gezeigt? – je nach Interesse: Computerfertigung, Leiterplattenfertigung, Metallvorfertigung, Medizingerätefertigung, Meßgerätefertigung, Techn. Systeme und Peripherie, außerdem werden Fachvorträge angeboten.

Honeywell

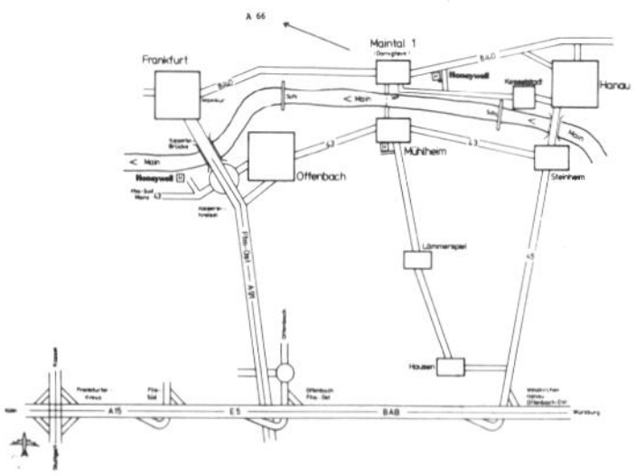

Name des Unternehmens:
HONEYWELL Regelsysteme GmbH
Werke Dörnigheim

Anschrift:
Honeywellstraße
6457 Maintal 1

Wegbeschreibung:
an der B 8/40 zwischen Frankfurt und Hanau

Telefon:
0 61 81 / 40 11

Kontaktperson:
Personalleitung

Produktionsprogramm:
Meß- und Automatisierungstechnik

Firmengröße

a) Mitarbeiterzahl

– Konzern	78 000
– Bundesrepublik Deutschland	4 000
– Maintal	1 300

b) Umsatz (1987)

– Konzern	6,7 Mrd. US **$**
– Bundesrepublik Deutschland	700 Mio. DM
– Maintal	275 Mio. DM

Gründungsjahr:
1954 in Deutschland

Besichtigungen sind möglich:

Wann? – Montag bis Freitag 9 bis 15 Uhr

Für welche Personengruppe? – Universitäten, Fachschulen, öffentliche Stellen, Verbände, Kunden

Können sich Einzelpersonen an Gruppen anschließen? – ja

Voranmeldung
a) erforderlich – ja
b) wie lange vorher? – 4 Wochen

Was wird gezeigt? – Informationszentrum, Produktion, Entwicklung

Name des Unternehmens:
IBM Deutschland GmbH

Anschrift:
Pascalstraße 100
Postfach 80 08 80
7000 Stuttgart 80

Telefon:
07 11 / 7 85-31 65

Kontaktperson:
Dieter Meyer

Firmengröße:
a) Mitarbeiterzahl – 28 000
b) Umsatz – ca. 13,2 Mrd.

Gründungsjahr:
1910

Besichtigungen sind möglich:
Wann? – nur nach Vereinbarung
Für welche Personengruppe? – Kunden und Interessenten, Gruppen aus Wirtschaft, Wissenschaft und Verwaltung
Können sich Einzelpersonen an Gruppen anschließen? – nein
Voranmeldung
a) erforderlich – ja
b) wie lange vorher? – mind. 2–3 Monate
Was wird gezeigt? – Fertigung elektronischer Computerbauelemente, Anwendungen der modernen Informationsverarbeitung (z. B. Bürokommunikation) individuell zusammengestellte Besuchs- und Informationsprogramme

Klöckner MOELLER

Name des Unternehmens:
Klöckner-Moeller GmbH

Anschrift:
Hein-Moeller-Str. 7–11
5300 Bonn 1

Telefon:
0228/6020

Kontaktperson:
Vertrieb Deutschland
Frau Stammen

Produktionsprogramm:
Elektrische und elektronische Geräte, Systeme und Anlagen zur Automatisierung und Energieverteilung

Firmengröße:
a) Mitarbeiterzahl – 9229 (1989/90) im In- und Ausland
b) Umsatz – 1219,2 Mio. DM (1989/90)

Gründungsjahr:
1899

Besichtigungen sind möglich:
bei 12 Werken im Inland
Wann? – nach Absprache während des ganzen Jahres
Für welche Personengruppe? – Personengruppen, die beruflich mit der Niederspannungstechnik zu tun haben (Mitglieder von techn. Vereinen, Abschlußsemester von Fachhochschulen und Technischen Hochschulen)
Können sich Einzelpersonen an Gruppen anschließen? – ja
Voranmeldung
a) erforderlich – ja
b) wie lange vorher? – 6–8 Wochen
Was wird gezeigt? – Fertigung von elektrischen und elektronischen Geräten, Systemen und Anlagen zur Automatisierung und Energieverteilung.

Weitere Informationen Seite 246, 247

Name des Unternehmens:
KRONE AG

Anschrift:
Beeskowdamm 3-11
1000 Berlin 37

Wegbeschreibung:
Avus: Abfahrt Hüttenweg, Clayallee, Teltowdamm, Beesowdamm

Telefon:
0 30 / 88 53–17 70

Kontaktperson:
Frau Newiger

Produktionsprogramm:
Elektro- und Fernmeldetechnik

Firmengröße:
a) Mitarbeiterzahl 3500 Weltweit
b) Umsatz 500 Mio. DM (1990)

Gründungsjahr:
1928

Besichtigungen sind möglich:
wann? Montag–Freitag 9.00 bis 13.00 Uhr

Für welche Personengruppe? – Studenten der Techn. Fachhochschule und Techn. Universität sowie Interessenten aus Wirtschaft und Verwaltung

Können sich Einzelpersonen an Gruppen anschließen? – Nur nach Absprache

Voranmeldung:
a) erforderlich – ja
b) wie lange vorher? – 8 Wochen

Was wird gezeigt? – Fertigung von Kabelanschlußsystemen für Fernmelde- und Datennetze – Fertigung von rechner-gesteuerten elektronischen Anzeigesystemen in Fallblatt-, LCD-, und Elektroluminesenztechnik (Anwendung als Anzeigetafeln auf Bahnhöfen, Flughäfen etc.) – Fertigung von Glasfaserübertragungssystemen mit Übertragungsraten von 34 und 140 Mbit/s – ASIC-Designzentrum

KRONE

KUHNKE
Elektronik
Elektromechanik
Pneumatik

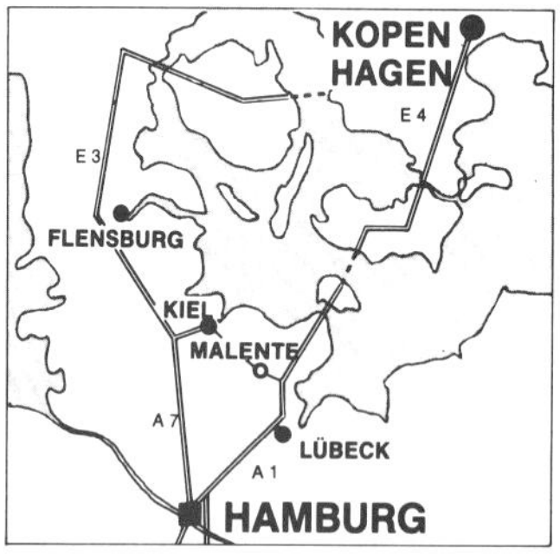

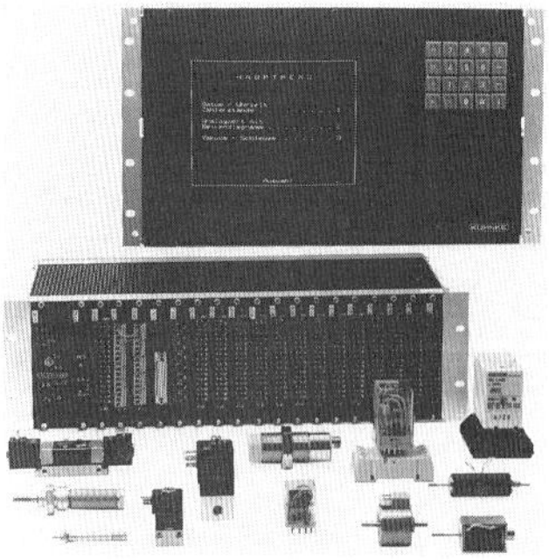

Name des Unternehmens:
KUHNKE
Elektrotechnik und Pneumatik GmbH

Anschrift:
Postfach 160, Lütjenburger Straße 101
2427 Malente

Telefon:
0 45 23 / 40 20

Kontaktperson:
Herr Bernd Wille

Produktionsprogramm:
Systeme und Komponenten für die Automation, Relais, Magnete, Sensoren, Miniaturpneumatik, Steuerungssysteme

Firmengröße:
a) Mitarbeiterzahl – 800
b) Umsatz – 115 Mio. DM

Gründungsjahr:
1928

Besichtigungen sind möglich:
Wann? – Montag bis Donnerstag
Für welche Personengruppe? – Schüler und Studenten sowie andere Personengruppen nach vorheriger Absprache
Können sich Einzelpersonen an Gruppen anschließen? – nach Absprache
Voranmeldung
a) erforderlich – ja
b) wie lange vorher? – 6 Wochen
Was wird gezeigt? – Fabrikation und Verwaltung

LAPP KABEL

Name des Unternehmens:
Lapp GmbH Kabelwerk

Anschrift:
Schulze-Delitzsch-Straße 25
Postfach 800640
7000 Stuttgart 80

Wegbeschreibung:
Industriegebiet Stuttgart-Vaihingen
Autobahnausfahrt Stgt.-Vaihingen/Möhringen
Bei Anreise mit Flugzeug: ca. 15 Minuten vom Flughafen Echterdingen entfernt.

Telefon:
0711/783802

Telex:
7255725

Teletex:
7111384

Kontaktperson:
Frau Weitbrecht, Abt. GL-ASS-PR

Produktionsprogramm:
Elektrische Kabel und Leitungen, flexible und hochflexible Spezialkabel und Leitungen sowie Glaskabel

Firmengröße:
a) Mitarbeiterzahl – 500 (insgesamt mit Vertriebunternehmen)
b) Umsatz – ca. 200 Mio. DM (Gesamtunternehmen)

Gründungsjahr:
1959

Besichtigungen sind möglich:
Wann? – Montag bis Donnerstag jeder Woche. Vorherige Vereinbarung mit der Kontaktperson wie o. a. ist erforderlich.
Erwünscht sind nur Gruppenbesuche. Einzelbesucher nach spezieller Vereinbarung.
Was wird gezeigt? – Herstellung der Produkte und Verwendungszweck der Produkte

Miele

Name des Unternehmens:
Miele & Cie.

Anschrift:
Carl-Miele-Straße 29
4830 Gütersloh 1

Telefon:
0 52 41 / 89-13 08

Kontaktperson:
Kunden-Information
Heinrich Lüffe

Produktionsprogramm:
Waschmaschinen, Wäschetrockner, Bügelmaschinen, Geschirrspülmaschinen, Herde, Einbauküchen, Staubsauger, Luftreiniger, Labor-Spezialspüler, gewerbliche Wasch- und Geschirrspülanlagen, Melk- und Milchkühlanlagen

Firmengröße:
a) Mitarbeiterzahl – 11 300
b) Umsatz – 1,800 Mrd. DM

Gründungsjahr:
1899

Besichtigungen sind möglich:
Wann? – nach Absprache
Für welche Personengruppe? – Fachbesucher
Voranmeldung
a) erforderlich – ja
b) wie lange vorher? – 3–4 Monate
Was wird gezeigt? – Produktion in den Werken Gütersloh, Bielefeld, Euskirchen, Lehrte, Warendorf

MITSUBISHI ELECTRIC

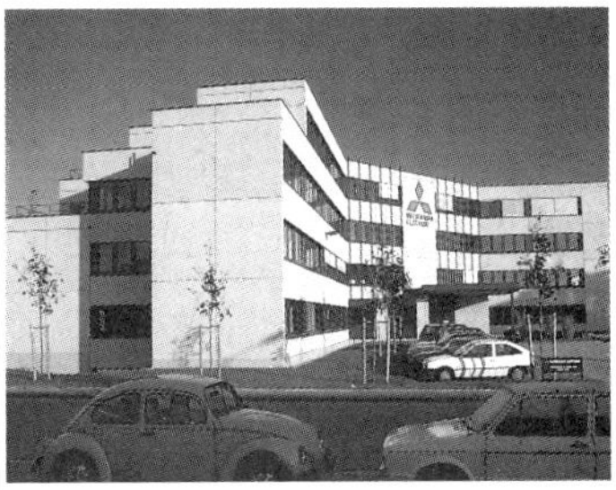

Name des Unternehmens:
Mitsubishi Electric Europe GmbH

Anschrift:
Gothaer Straße 8
4030 Ratingen-West

Wegbeschreibung:
BAB-Kreuz Breitscheid (A 3/A 52) Richtung Düsseldorf, Abfahrt Kaiserswerth/Ratingen-West

Telefon:
02102/486-0

Kontaktpersonen:
Herr Heinz Steinforth/
Herr Reinhardt Heidermann

Produktionsprogramm:
vollständiges Programm v. elektrischen u. elektronischen Produkten

Firmengröße:
a) Mitarbeiterzahl – Konzern: 85000
Deutschland: 450
b) Umsatz – Konzern: 7,6 Mrd. US $
Deutschland: 850 Mio. DM

Gründungsjahr:
1978 in Deutschland, Konzern 1921

Besichtigungen sind möglich:
Wann? – jederzeit nach Vereinbarung
Für welche Personengruppe? – Universitäten, Fachhochschulen, Fachschulen, Technikerschulen bis etwa 20 Personen
Können sich Einzelpersonen an Gruppen anschließen? – ja
Voranmeldung
a) erforderlich – ja
b) wie lange vorher? – 6 Wochen
Was wird gezeigt? – Lagerhaltung, Servicewerkstätten, Qualitätskontrolle, Produktprogramm (Produktion im Ausland), Arbeits- und Einsatzmöglichkeiten

Weitere Informationen Seite 248

Name des Unternehmens:
NATIONAL
SEMICONDUCTOR GMBH

Anschrift:
Industriestraße 10
8080 Fürstenfeldbruck

Wegbeschreibung:
S 4 Richtung Geltendorf, Station Buchenau/
2 Minuten entfernt

Telefon:
08141 / 103213

Kontaktperson:
Adelheid Bartels
Personalleiterin

Produktionsprogramm:
Ein breites Spektrum der Semiconductor-Produkte

Firmengröße:
a) Mitarbeiterzahl – 30000 weltweit, ca. 230 BRD
b) Umsatz – weltweit 1,79 Mrd. US $, BRD 78,3 Mio. US $

Gründungsjahr:
1967

Besichtigungen sind möglich:
Wann? – nach Vereinbarung, sofern Interesse, da keine Produktionsstelle, nur Vertrieb
Können sich Einzelpersonen an Gruppen anschließen? – nach Vereinbarung
Voranmeldung
a) erforderlich – ja
b) wie lange vorher? – 10 Tage
Was wird gezeigt? – Vertriebszentrale

Name des Unternehmens:
Nixdorf Computer AG

Anschrift:
Fürstenallee 7
4790 Paderborn

Telefon:
05251 / 15-1125-1128

Kontaktperson:
Hans Böcker

Produktionsprogramm:
Informations- und Kommunikationssysteme

Firmengröße:
a) Mitarbeiterzahl – ca. 30 000
b) Umsatz – 5,071 Mrd. DM (1987)

Gründungsjahr:
1952 Gründung des „Labor für Impulstechnik", aus dem 1968 die Nixdorf Computer AG hervorging

Besichtigungen sind möglich:
Wann? – während der normalen Geschäftszeit
Für welche Personengruppe? – Schulen, Universitäten, Verbände, Vereinigungen, alle an Wirtschaft und Technik interessierten Gruppen
Können sich Einzelpersonen an Gruppen anschließen? – wird im Einzelfall entschieden
Voranmeldung:
a) erforderlich – ja (schriftlich)
b) wie lange vorher? – 6–8 Wochen
Was wird gezeigt? – Computerproduktion, Computeranwendungen, Schwerpunkt des Besichtigungsprogramms sind jeweils auf den Besucherkreis zugeschnittene Referate

NIXDORF COMPUTER

Name des Unternehmens:
Rank Xerox GmbH

Anschrift:
Emanuel-Leutze-Straße 20
4000 Düsseldorf 11 – Informationszentrum

Wegbeschreibung:
Seestern-Zentrum an der Theodor-Heuss-Brücke

Telefon:
0211/59930

Kontaktperson:
Herr Peter Bauer, Abt. Besucherprogramme

Produktionsprogramm:
Kopierer, Vervielfältiger, elektronische Drucksysteme, Textverarbeitung, elektronische Speicherschreibmaschinen, Netzwerksysteme, Ingenieurprodukte, Telefaxgeräte, Qualitätspapier, Copy-Service

Firmengröße:
a) Mitarbeiterzahl – ca. 3 100
b) Umsatz – 826,90 Mio. DM (1987)

Gründungsjahr:
1959

Besuchsprogramme sind möglich:
Wann? – Nach Absprache
Für welche Personengruppe? – Studenten, Auszubildende, Firmen, Organisationen, Voraussetzung: EDV-Grundwissen
Können sich Einzelpersonen an Gruppen anschließen? – nein
Voranmeldung:
a) erforderlich – ja
b) wie lange vorher? – 6 Wochen
Was wird gezeigt: Netzwerk im Verbund verschiedener Bürosysteme – keine Besichtigungen von Produktionsanlagen

Name des Unternehmens:
Siemens Aktiengesellschaft

SIEMENS

Anschrift:
Für unsere drei Hauptstandorte in Berlin, Erlangen und München erhalten Sie bei folgenden Kontaktadressen Auskunft:

Siemens AG Zentrale Berliner Leitung
Nonnendammallee 101
1000 Berlin 13 (Siemensstadt)
Telefon (0 30) 3 86-52 92

Siemens AG
Referat Bildung, Information und Presse
Werner-von-Siemens-Straße 50
8520 Erlangen
Telefon (0 91 31) 7-2 04 14

Siemens-Museum
Prannerstraße 10
8000 München 2
Telefon (0 89) 2 34-26 60

Auf über 2000 m^2 ist die Entwicklung der Elektrotechnik bis zur Mikroelektronik zu sehen. Eine Kombination aus Führung und individueller Erkundung macht das Siemens-Museum als außerschulischen Lernort für naturwissenschaftliche und sozialwissenschaftliche Unterrichtsfächer nutzbar.

(weitere Informationen über das Siemens-Museum auf Seite 249)

Weitere Informationen Seite 249

SEL
ALCATEL Gruppe

Name des Unternehmens:
Standard Elektrik Lorenz AG

Anschrift:
Lorenzstr. 10
7000 Stuttgart 40

Wegbeschreibung:
S-Bahn (Linie S 6): Station Neuwirtshaus, Autobahnausfahrt: Stuttgart-Zuffenhausen

Telefon:
07 11 / 8 21-39 12, -46 87

Kontaktperson:
Zentrale Öffentlichkeitsarbeit – Besucher und Veranstaltungen – Herr Kruse, Frau Schmid, Frau Bahr

Produktionsprogramm:
Nachrichten- und Kommunikationstechnik

Firmengröße:
a) Mitarbeiterzahl – 23 553 (Stand 1988)
b) Umsatz – 5,3 Mrd. DM (1987)

Gründungsjahr:
1879

Besichtigungen sind möglich:

Wann? – Dienstags bis donnerstags 9 bis 15 Uhr

Für welche Personengruppe? – Abschlußsemester technischer Fachrichtungen aus Fach- und Hochschulbereichen

Können sich Einzelpersonen an Gruppen anschließen? – nein

Voranmeldung
a) erforderlich – ja
b) wie lange vorher? – möglichst frühzeitig, nicht weniger als 2 bis 3 Monate

Was wird gezeigt? – Produktion von Einrichtungen und Geräten der Nachrichten- und Kommunikationstechnik; Forschung und Entwicklung

Name des Unternehmens:
TELENORMA Telefonbau und Normalzeit

Anschrift:
Mainzer Landstraße 128–146
Postfach 102160, 6000 Frankfurt 1

Telefon:
(069) 266-2530

Kontaktperson:
Presse und Öffentlichkeitsarbeit, Werksinformation, Herr Theodor Kreiling

Produktionsprogramm:
Private Kommunikationssysteme; Öffentliche Kommunikationssysteme; Informationssysteme, Sicherheitssysteme

Firmengröße:
a) Mitarbeiterzahl – ca. 17 000
b) Umsatz – 2,1 Mrd. DM

Gründungsjahr: 1899

Besichtigungen sind möglich:
Wann? – montags bis freitags
Für welche Personengruppe? –
Personen ab 16 Jahre, vor allem fachlich interessierte Gruppen bis max. 25 Personen
Können sich Einzelpersonen an Gruppen anschließen? –
wird im Einzelfall entschieden
Voranmeldung:
a) erforderlich – ja
b) wie lange vorher? – 2 Monate
Was wird gezeigt? –
Fertigung von Terminals und Systemen des oben genannten Produktprogramms in den Werken: 6000 Frankfurt, 6074 Rödermark, 6790 Landstuhl/Pfalz, 6250 Limburg/Lahn – sowie spezielle Bereiche nach Vereinbarung

VEGA

Name des Unternehmens:
VEGA Grieshaber GmbH & Co
Elektronische Füllstandmessung

Anschrift:
Am Hohenstein 113
Postfach 1142
7622 Schiltach/Schwarzwald

Wegbeschreibung:
Autobahnabfahrt Offenburg, B 33 bis Hausach, B 294 bis Schiltach, Richtung Freudenstadt

Telefon:
07836/50-0

Kontaktperson:
Herr Copien

Produktionsprogramm:
Elektronische Füllstandmeßgeräte

Firmengröße:
a) Mitarbeiterzahl – 170
b) Umsatz – 28 Mio. DM

Gründungsjahr:
1958

Besichtigungen sind möglich:
Wann? – täglich
Für welche Personengruppe? – wirtschaftlich interessierte Gruppe
Können sich Einzelpersonen an Gruppen anschließen? – ja
Voranmeldung
a) erforderlich – ja
b) wie lange vorher? – möglichst 8 Tage
Was wird gezeigt? – Produktion, Verwaltung

Name des Unternehmens:
Werbelicht KG

Anschrift:
Heinz-Kerneck-Straße 3
2800 Bremen

Wegbeschreibung:
Bremer Kreuz, Abfahrt Sebaldsbrück, Richtung TV Sender Bremen

Telefon:
04 21 / 4 84 98

Kontaktperson:
Rudolf Jeroma

Firmengröße:
a) Mitarbeiterzahl – 60
b) Umsatz – 7,5 Mio. DM

Gründungsjahr:
1956

Besichtigungen sind möglich:
Wann? – jederzeit
Für welche Personengruppe? – Auszubildende, Umschüler, Branchenwechsler, Publizisten, Wirtschaftsverbände (hier bestehen bereits Erfahrungen)
Voranmeldung
a) erforderlich – ja
b) wie lange vorher? – 10 Arbeitstage
Was wird gezeigt? – Werbemittelherstellung im Bereich Lichtwerbung vom Entwurf über manuelle und maschinelle Fertigung bis zur Montage, Spezialist für patentierte Verfahren von energiesparsamen Lichtwerbesystemen

Klöckner-Moeller beherrscht den Strom – weltweit

Elektrizität und Zuverlässigkeit – Zwei, die zusammengehören.

Deshalb: Wenn es um elektrische und elektronische Anlagen geht, um Systeme und Geräte zur Automatisierung und Energieverteilung: Klöckner-Moeller – Ihr Partner weltweit.

23 Werke und über 300 Technische Außenbüros im In- und Ausland bieten unseren Kunden Produkte und Service in Klöckner-Moeller-Qualität: leistungsfähig und zuverlässig.

Von der Projektierung bis zur Lieferung, vom handbetätigten Drucktaster bis zur vollautomatischen Steuerungsanlage.

Sie bestellen – wir liefern. So einfach ist das.

Internationale Normen? Approbationen? – Kein Problem!

Klöckner-Moeller-Geräte sind in allen Ländern zugelassen. Selbstverständlich auch in den USA – als Sondertypen.

Denn: Flexibilität und Know-how, das sind die Stärken, die Klöckner-Moeller auszeichnen. Als kompetenten Partner für die Märkte der Welt.

Klöckner-Moeller –
Zuverlässigkeit im Umgang mit Elektrizität.

Geräteprüfung im Werk

Verteilen, Schalten, Steuern und Automatisieren

Klöckner-Moeller – das heißt Qualität. Garantiert!

Denn Klöckner-Moeller setzt auf sicheres Beherrschen aktueller, zukunftsweisender Verfahrenstechnik. – In jeder Phase.

Von der Forschung und Planung bis zur Herstellung und Inbetriebnahme. Ob bei der Weiterentwicklung bewährter Produkte oder bei der Verwirklichung neuer Konzeptionen.

Hochqualifizierte Fachleute + modernste Technologie + vorbildliche Produktionsstätten: Das ist unser Konzept.

Für den Fortschritt ohne Risiko.

Das Ergebnis sind Produkte, die mehr leisten, einfacher zu handhaben und trotzdem preisgünstig sind. Mit der Garantie für „eingebaute" Zukunftssicherheit.

Denn: Fortschritt hat bei Klöckner-Moeller Tradition. Seit mehr als 90 Jahren.

Unsere Verpflichtung – Ihre Garantie.

Klöckner-Moeller –
Strom sicher beherrschen, schalten, steuern.

Foto und Optik

Name des Unternehmens:
FOTO-QUELLE GmbH und Apollo-Optik GmbH

Anschrift:
Thomas-Mann-Straße 50
8500 Nürnberg-Langwasser 50

Wegbeschreibung:
BAB Frankfurt–München, Ausfahrt Fischbach oder Langwasser

Telefon:
0911/8601–312 oder 8601-1

Kontaktperson:
Heinz Fischer, Prokurist

Produktionsprogramm:
Foto-Quelle International ist das Fotohandelshaus, welches seine Foto-Artikel unter den Namen REVUE und die optischen Brillen unter dem Namen APOLLO vertreibt

Firmengröße:
a) Mitarbeiterzahl – 2327 und 155 Auszubildende
b) Umsatz – 545 Mio. DM 1985/86; 3000 Vertriebsstellen im In- und Ausland

Gründungsjahr: 1957

Besichtigungen sind möglich:
Wann? – Montag bis Donnerstag
Für welche Personengruppe? – Verbraucher-Verbände, Kunden-Gruppen, Studenten, Lehrer, Journalisten
Können sich Einzelpersonen an Gruppen anschließen? – ja, aber es laufen nicht täglich Führungen
Voranmeldung
a) erforderlich – ja
b) wie lange vorher? – mindestens 1 Woche
Was wird gezeigt? – REVUE-Großlabor, Augenoptik-Zentralwerkstatt, Gütesicherung, Lager und Versand, Kundendienstabteilung

Vereinigte cewe color

Name des Unternehmens:
Vereinigte CeWe-Colorbetriebe GmbH & Co. KG

Anschrift:
Meerweg 30–32
2900 Oldenburg

Wegbeschreibung:
Von Süden BAB Hansalinie, Abzweigung Ahlhorner Heide, auf BAB 29 Richtung Oldenburg, Abfahrt Sandkrug Richtung Oldenburg, Ausschilderung folgen; oder von BAB 28 in Oldenburg, Abfahrt Kreyenbrück Cloppenburger Straße stadtauswärts, Ausschilderung folgen

Telefon:
0441 / 4041

Kontaktperson:
Herr Johann Vrey

Produktionsprogramm:
Farbfilm-Entwicklung, Herstellung von Farbfotos

Firmengröße:
a) Mitarbeiterzahl – in Oldenburg ca. 900, mit 6 weiteren Betrieben insgesamt ca. 1900
b) Umsatz – 300 Mio. DM

Gründungsjahr:
1962

Besichtigungen sind möglich:
Wann? – Februar, März, April, Mai, Oktober, November
Für welche Personengruppe? – fototechnisch interessierte Personen
Können sich Einzelpersonen an Gruppen anschließen? – ja
Voranmeldung
a) erforderlich – ja
b) wie lange vorher? – ca. 6–8 Wochen vor geplantem Termin
Was wird gezeigt? – Arbeitsablauf im Color-Großlabor

Druckindustrie, Verlage

Name des Unternehmens:
Zeitungshaus BAUER

Anschrift:
Kampstraße 84 b
4370 Marl

Telefon:
0 23 65 / 1 07–1

Kontaktperson:
Karin Schmidt-Kollmeier

Produktionsprogramm:
Herausgabe und Herstellung von Tageszeitungen

Firmengröße:
a) Mitarbeiterzahl – 206

Gründungsjahr:
1831

Besichtigungen sind möglich:
Wann? – Schulklassen vormittags, für Erwachsenen-Gruppen ab 19 Uhr
Für welche Personengruppe? – Interessierte Gruppen bis 23 Personen
Können sich Einzelpersonen an Gruppen anschließen? – ja
Voranmeldung
a) erforderlich – ja
b) wie lange vorher? – 6 Monate
Was wird gezeigt? – Die technische Herstellung einer Tageszeitung

Bertelsmann distribution

Name des Unternehmens:
Bertelsmann Distribution GmbH

Anschrift:
An der Autobahn
4830 Gütersloh 100

Wegbeschreibung:
Direkt an der BAB A 2, Abfahrt Gütersloh, Fahrtrichtung Hannover, rechtsliegend

Telefon:
05241/80-5308

Kontaktperson:
Beate Rudek-Meier, Sybille Fischer

Produktionsprogramm:
Kaufmännische und logistische Dienstleistungen für Verlage, Handel und Industrie einschl. Factoring Zentrallager – Aktionsservice

Firmengröße:
a) Mitarbeiterzahl – 2 000
b) Dienstleistungserlöse – 140 Mio. DM

Gründungsjahr:
1958

Besichtigungen sind möglich:
Wann? – Nach Vereinbarung
Für welche Personengruppe? – Fachpublikum bis zu 20 Personen
Können sich Einzelpersonen an Gruppen anschließen? – nach Absprache
Voranmeldung
a) erforderlich – ja
b) wie lange vorher? – 2–3 Monate
Was wird gezeigt? – Größtes Buch-Hochregallager Europas, Lagervolumen für 70 Millionen Bücher und Industrieprodukte (Tonträger, Video-Kassetten etc.), prozeßrechnergesteuerte, fahrerlose Transportfahrzeuge und Nachschubsysteme, EDV-optimierte Logistik und Distribution, ergonomische Arbeitsplätze – Informationsschau: Video

Name des Unternehmens:
FRANKFURTER ALLGEMEINE
ZEITUNG GMBH

Anschrift:
Hellerhofstraße 2–4
6000 Frankfurt/Main 1

Wegbeschreibung:
Hellerhofstraße/ Ecke Mainzer Landstraße; S-Bahn-Station „Galluswarte", Straßenbahnhaltestellen „Galluswarte" oder „Speyerer Straße"

Telefon:
0 69 / 75 91 16 04

Kontaktperson:
Irene Bossert

Firmengröße:
a) Mitarbeiterzahl – ca. 1 300
b) Umsatz – ca. 550 Mio. DM

Gründungsjahr:
1949

Besichtigungen sind möglich:
Wann? – Montag–Freitag jeweils ab 15 Uhr
Für welche Personengruppe? – Schulklassen (Mindestalter 14 Jahre), Studenten, Jugendgruppen und sonstige Interessenten (Vereine usw.)
Können sich Einzelpersonen an Gruppen anschließen? – ja, nach Vereinbarung
Voranmeldung:
a) erforderlich – ja
b) wie lange vorher? – 4 Wochen
Was wird gezeigt? – Herstellung, Rotationsdruckerei und Versandabwicklung und auf Wunsch Gespräch mit einem Redakteur oder mit einem Mitglied der Verlagsleitung der Frankfurter Allgemeinen Zeitung

Weitere Informationen Seite 282, 283

Fuldaer Verlagsanstalt GmbH

Name des Unternehmens:
Fuldaer Verlagsanstalt GmbH

Anschrift:
Rangstraße 3–7
6400 Fulda

Wegbeschreibung:
Autobahnabfahrt Fulda-Süd oder Stadtmitte, direkt am Parkhaus Brauhausstraße

Telefon:
0661 / 295-0

Kontaktperson:
Alfred Fladung, techn. Leiter

Produktionsprogramm:
Fotosatz, Datenkonvertierung, Reprofotografie, Taschenbücher, Prospekte, Farbdrucke

Firmengröße:
a) Mitarbeiterzahl – 148, dav. 40 Angest.
b) Umsatz – ca. 14 Mio. DM

Gründungsjahr:
1945

Besichtigungen sind möglich:
Wann? – montags bis donnerstags nach Absprache
Für welche Personengruppe? – maximal 20 Personen
Können sich Einzelpersonen an Gruppen anschließen? – ja
Voranmeldung
a) erforderlich – ja
b) wie lange vorher? – etwa 14 Tage
Was wird gezeigt? – Einführungsvortrag, Besichtigung der gesamten techn. Abteilungen, anschl. Diskussion möglich

Name des Unternehmens:
GEWA-DRUCK GMBH

Anschrift:
Postfach 30 38
6530 Bingen/Rhein 11

Wegbeschreibung:
Bingen-Büdesheim,
Schultheiß-Kollei-Straße 23–27

Telefon:
06721 / 4060

Kontaktperson:
Heinz Walter

Produktionsprogramm:
Wein- und Spirituosen-Etiketten

Firmengröße:
a) Mitarbeiterzahl – 100
b) Umsatz – ca. 16 Mio. DM

Gründungsjahr:
1931

Besichtigungen sind möglich:
Wann? – nach vorheriger Absprache
Für welche Personengruppe? – alle interessierten Personen
Können sich Einzelpersonen an Gruppen anschließen? – ja
Voranmeldung
a) erforderlich – ja
b) wie lange vorher? – 14 Tage
Was wird gezeigt? – der gesamte Betrieb (Buchdruck, Offset, Etikettenverlag)

DRUCKHAUS HABERBECK GmbH

Name des Unternehmens:
DRUCKHAUS HABERBECK GmbH

Anschrift:
Industriestr. 17
4937 Lage, Lippe

Wegbeschreibung:
16 km von den Autobahnabfahrten A 2
Bielefeld bzw. Herford/Bad Salzuflen

Telefon:
0 52 32 / 39 35

Kontaktperson:
Dr. Hans-Rudolf Haberbeck
Dr. Harro Haberbeck

Produktionsprogramm:
Gesamtherstellung gedruckter Werbemittel

Firmengröße:
a) Mitarbeiterzahl – 135
b) Umsatz – 30 Mio. DM

Gründungsjahr:
1903

Besichtigungen sind möglich:
Wann? – werktags zwischen 8 und 15 Uhr
Für welche Personengruppe? – Schulklassen und Gruppen von Auszubildenden
Können sich Einzelpersonen an Gruppen anschließen? – ja, nach vorheriger Absprache
Voranmeldung
a) erforderlich – ja
b) wie lange vorher? – 3–4 Wochen
Was wird gezeigt? – Werbefotografie in 2 Großraum-Ateliers, Offsetproduktionen über Laser-Scanner; Filmsatz, Rollenoffsetdruck und Bogenoffsetdruck, Buchbinderei, Werbemittel-Konfektionierung und -Versand

HEILBRONNER STIMME

Name des Unternehmens:
HEILBRONNER STIMME
GmbH & Co. KG

Anschrift:
Allee 2
Postfach 1940
7100 Heilbronn

Wegbeschreibung:
Hochhaus in Stadtmitte, neben der Hauptpost

Telefon:
0 71 31 / 6 15-1

Kontaktperson:
Frau Mattfeld (Direktanschluß 615-261)

Produktionsprogramm:
Herstellung einer Tageszeitung

Firmengröße:
a) Mitarbeiterzahl – 430
b) Umsatz – 70 Mio. DM

Gründungsjahr:
1946

Besichtigungen sind möglich:
Wann? – Montag bis Donnerstag 10, 15, 21 Uhr
Für welche Personengruppe? – für alle Personengruppen, Alter ab 15 Jahren, Gruppen 15 bis 30 Personen
Können sich Einzelpersonen an Gruppen anschließen? – ja
Voranmeldung
a) erforderlich – ja
b) wie lange vorher? – mögl. 4 Wochen, evtl. 14 Tage

Was wird gezeigt? – Speziell die technische Herstellung einer Tageszeitung (Fotosatz, Rotationsdruck), Rundgang durchs ganze Haus (Verlag, Redaktion, Technischer Betrieb), Vorführung einer instruktiven Tonbildschau

Rhein-Zeitung
Die Zeitung fürs Leben.

So finden Sie uns:

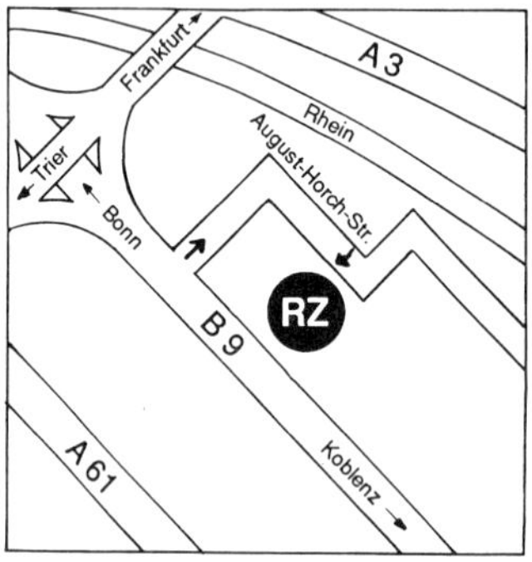

Name des Unternehmens:
Druckhaus Koblenz
Mittelrhein-Verlag GmbH

Anschrift:
August-Hörch-Str. 28
5400 Koblenz

Wegbeschreibung:
siehe Skizze

Telefon:
02 61 / 8 92-2 15/2 16

Kontaktperson:
Frau Süßmeyer, Frau Calabrese

Produktionsprogramm:
Satz, Druck, Versand der Rhein-Zeitung und Lokalausgaben

Firmengröße:
Mitarbeiterzahl 966

Gründungsjahr:
1948

Besichtigungen sind möglich:
wann? montags abends
Für welche Personengruppe? Verbände, Organisationen, Kurse
Können sich Einzelpersonen an Gruppen anschließen? – nein
Voranmeldung:
a) erforderlich – ja
b) wie lange vorher? – ca. 6 Wochen
Was wird gezeigt? – Satz-, druck- und versandtechnische Produktionen von Zeitungen und Zeitschriften

Name des Unternehmens:
Langenscheidt-Verlagsgruppe

Anschrift:
Neusser Straße 3
8000 München 40

Wegbeschreibung:
Autobahn Nürnberg–München,
Ausfahrt München-Schwabing

Telefon:
089 / 36096-0

Kontaktperson:
Bettina Theisen (für Schulgruppen, Nst.: -3 01)
Dr. Gabriele Hefele (sonstige Gruppen, -285)

Produktionsprogramm:
Wörterbücher, Schulbücher, Reiseführer (Polyglott), Video, Software

Firmengröße:
Mitarbeiterzahl – 480

Gründungsjahr:
1856

Besichtigungen sind möglich:
Wann? – werktäglich zwischen 9 und 16 Uhr
Für welche Personengruppe? – Für alle an der Arbeitsweise eines Sachbuchverlages interessierte Gruppen
Können sich Einzelpersonen an Gruppen anschließen? – u. U.
Voranmeldung
a) erforderlich – ja
b) wie lange vorher? – 14 Tage
Was wird gezeigt? – Arbeitsweise eines Verlages – Einsatz von neuen Medien in Verlag

Langenscheidt L

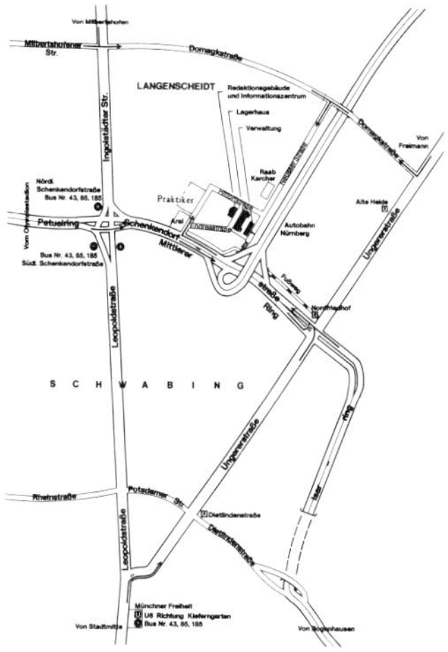

Unternehmensgruppe Lübbe

Name des Unternehmens:
Unternehmensgruppe Lübbe

Anschrift:
Scheidtbachstraße 23–31
Postfach 20 01 27
5060 Bergisch Gladbach 2

Wegbeschreibung:
Autobahnabfahrt Frankenforst, Kölner Straße Richtung Bensberg, links in die Gladbacher Straße, links in die Hüttenstraße und weiter rechts in die Senefelderstraße und Scheidtbachstraße

Telefon:
0 22 02 / 12 13 07/8

Kontaktperson:
Frau Bärbel Naporowski

Firmengröße:
a) Mitarbeiterzahl – ca. 730
b) Umsatz – ca. 180 Mio. DM

Gründungsjahr:
1953 Übernahme des Bastei-Verlages
1958 Gründung der Druckerei, seit 1971 im eigenen Gebäude
1963 Gründung des Gustav Lübbe Verlages

Besichtigungen sind möglich:
Wann? – nach telefonischer Vereinbarung
Für welche Personengruppe? – kann individuell abgestimmt werden
Können sich Einzelpersonen an Gruppen anschließen? – ja
Voranmeldung
a) erforderlich – ja
b) wie lange vorher? – mind. 8-10 Wochen
Was wird gezeigt? – Verschiedene Besichtigungsprogramme können zusammengestellt werden: z. B. Druckhaus Lübbe, Bastei-Lübbe Versandzentrale,

Name des Unternehmens:
Verlagsgesellschaft Madsack GmbH & Co.

Anschrift:
Bemeroder Straße 58
3000 Hannover 71

Wegbeschreibung:
A 7 Ausfahrt Anderten, Schnellstraße Richtung Stadtmitte bis Ende, links ab, nach 100 m rechts: Einfahrt zum Verlagsgebäude

Telefon:
05 11 / 5 18 28 34

Kontaktperson:
Herr Schildener

Produktionsprogramm:
Tageszeitungen, Anzeigenblätter, Zeitschriften im Offset-Druck, eigene Objekte sowie Fremddruck

Firmengröße:
a) Mitarbeiterzahl – 2 122 (ohne Zusteller)
b) Umsatz – 360 Mio. DM

Gründungsjahr:
1893

Besichtigungen sind möglich:
Wann? – Montag bis Donnerstag: 20.30 bis ca. 22.30 Uhr
Für welche Personengruppe? – max. 30 Personen ab 14 Jahren
Können sich Einzelpersonen an Gruppen anschließen? – ja
Voranmeldung
a) erforderlich – ja
b) wie lange vorher? – 3 Monate
Was wird gezeigt? – Videofilm zur Vorstellung des Unternehmens, technische Herstellung einer Tageszeitung, Fernschreibzentrale, Satzherstellung, Montage, Plattenherstellung, Rotation, Versand

Hannoversche Allgemeine
Hannoversche Neue Presse

Mannheimer MORGEN

Name des Unternehmens:
MANNHEIMER MORGEN
Großdruckerei und Verlag GmbH

Anschrift:
Verwaltung:
R 1, 4–6 (Pressehaus am Marktplatz)
6800 Mannheim
Druckhaus:
Dudenstraße 12–26
6800 Mannheim-Wohlgelegen

Telefon:
0621/3803-501

Kontaktperson:
Frau Funkhauser, TL-Sekretariat

Produktionsprogramm:
Druck von Tageszeitungen und zeitungsähnlichen Druckobjekten; Satzherstellung mit modernsten Techniken

Firmengröße:
a) Mitarbeiterzahl – ca. 550
b) Umsatz – über 76 Mio. DM

Gründungsjahr:
1946

Besichtigungen sind möglich:
Wann? – nach vorheriger Absprache
Für welche Personengruppe? – Verbände, Vereine, Studenten, Schulen etc.
Können sich Einzelpersonen an Gruppen anschließen? – ja
Voranmeldung
a) erforderlich – ja
b) wie lange vorher? – mind. 4 Wochen
Was wird gezeigt? – Zeitungsproduktion

Name des Unternehmens:
MOTOR-PRESSE-VERLAG GMBH & CO KG
VEREINIGTE MOTOR-VERLAGE GMBH & CO KG

Anschrift:
Leuschnerstraße 1
7000 Stuttgart 1

Wegbeschreibung:
Stuttgart Stadtmitte, gegenüber Liederhalle

Telefon:
07 11 / 2 04 31

Kontaktperson:
Karl H. Hufstadt

Produktionsprogramm:
Automobil-Zeitschriften, Motorrad-Zeitschriften, Nutzfahrzeug-Zeitschriften, Flugzeug-Zeitschriften, HiFi-Zeitschriften

Firmengröße:
a) Mitarbeiterzahl – 430
b) Umsatz – über 100 Mio. DM

Gründungsjahr:
MPV 1946, VMV 1951

Besichtigungen sind möglich:
Wann? – In der Zeit zwischen Januar und Ende August
Für welche Personengruppe? – etwa bis 10 Personen
Können sich Einzelpersonen an Gruppen anschließen? – ja
Voranmeldung
a) erforderlich – ja
b) wie lange vorher? – 4 Wochen
Was wird gezeigt? – nach Vereinbarung

NEUE OZ

Name des Unternehmens:
Neue Osnabrücker Zeitung

Anschrift:
Große Str. 17/19, 4500 Osnabrück
Postfach 42 60

Wegbeschreibung:
BAB Hansalinie bis Lotter Kreuz, Richtung Osnabrück, Abfahrt Osnabrück-Hellern, Richtung Osnabrück-Mitte

Telefon: 05 41 / 31 02 40

Kontaktperson:
Josef Trinczek, Leiter Öffentlichkeitsarbeit Werbung und Verkaufsförderung

Produktionsprogramm:
Zeitungsverlag

Firmengröße:
Mitarbeiterzahl – 1 136

Gründungsjahr: 1967

Besichtigungen sind möglich:

Wann? - Dienstag, Mittwoch, Donnerstag, morgens 9.00 Uhr bis 11.30 Uhr und nachmittags, abends 20.15 Uhr bis Andruck.

Für welche Personengruppe? – Vereine, Verbände, Studenten, Schulen usw., maximal 30 Personen

Können sich Einzelpersonen an Gruppen anschließen? – ja

Voranmeldung:

a) erforderlich – ja

b) wie lange vorher? – Für Tagestermin mindestens 6 Wochen, für Abendtermin mindestens 6 Monate

Was wird gezeigt? – Verlagshäuser in der Innenstadt mit Nachrichtenzentrale, Texterfassung, Bildschirmarbeit, Setzerei, Filmherstellung. Anschl. Fahrt zum Druckzentrum. Im Druckzentrum: Tonbildschau, Papierlager, Plattenherstellung, Rotations- und Versandanlagen. Auf Wunsch Gesprächsrunde mit einem Redakteur der Neuen OZ.

Name des Unternehmens:
Druckerei Parzeller GmbH & Co. KG

Anschrift:
Peterstor 16–20
6400 Fulda

Wegbeschreibung:
BAB-Abfahrt Fulda-Nord/Stadtmitte oder Abfahrt Fulda-Süd; stadteinwärts bis zur Dalbergstraße fahren

Telefon:
0661/280-0

Kontaktperson:
Benno Jacobi, Personalleiter

Produktionsprogramm:
Fuldaer Zeitung, Bücher, Broschüren, Kataloge, Prospekte

Firmengröße:
Mitarbeiterzahl – 310

Gründungsjahr:
1873

Besichtigungen sind möglich:
Wann? – Montags bis donnerstags; Terminabsprache erforderlich
Für welche Personengruppe? – Schulklassen (Mindestalter 14 Jahre) und andere Interessenten (Vereine usw.)
Können sich Einzelpersonen an Gruppen anschließen? – ja
Voranmeldung?
a) erforderlich – ja
b) wie lange vorher? – 3 Wochen
Was wird gezeigt? – Technische Herstellung einer Tageszeitung und/oder Herstellung von Druckereierzeugnissen

Druckerei Parzeller

AUGSBURGER
ALLGEMEINE

pd

Presse-Druck- und Verlags-GmbH Augsburg
Verlag der Augsburger Allgemeinen

Name des Unternehmens:
Presse-Druck- und Verlags-GmbH
Verlag der Augsburger Allgemeinen Zeitung

Anschrift:
Curt-Frenzel-Straße 2
8900 Augsburg
Postfach 100054

Wegbeschreibung:
Nähe BAB Stuttgart/München, Ausfahrt Autobahn Augsburg-Ost, ca. 800 m Richtung Augsburg, Hochhaus am Ortsrand von Augsburg

Telefon:
0821/70071 (Zentrale)

Kontaktperson:
Frau Jaschke, Tel. 0821/7007-405
Vertretung: Frau Lack, Tel. 0821/7007-405

Firmengröße:
Mitarbeiterzahl – ca. 1 340

Gründungsjahr:
1945

Besichtigungen sind möglich:
Wann? – Montag / Dienstag / Mittwoch (tagsüber oder abends)
Für welche Personengruppe? – pro Besichtigung max. 40 Personen
Können sich Einzelpersonen an Gruppen anschließen? – ja / ebenfalls nach Voranmeldung
Voranmeldung:
a) erforderlich – unbedingt
b) wie lange vorher? – 8–12 Wochen
Was wird gezeigt? – Bei den Abendführungen Produktion der Tageszeitung, jeweils Mittwoch Produktion der Anzeigenblätter (tagsüber), Montag und Dienstag tagsüber meist keine Produktion

Name des Unternehmens:
Pressehaus Falter
Buch und Presse Michael Falter
GmbH & Co. KG

Anschrift:
Talbotstr. 25
5100 Aachen

Telefon:
02 41 / 16 60 60

Kontaktperson:
Dietmar Oelschlegel

Produktionsprogramm:
Presse-Grosso

Firmengröße:
Mitarbeiterzahl – 130

Gründungsjahr:
1935

Besichtigungen sind möglich:
Wann? – Montags bis freitags
Für welche Personengruppe? –
Können sich Einzelpersonen an Gruppen anschließen? – ja
Voranmeldung
a) erforderlich – ja
b) wie lange vorher? – 2 Wochen
Was wird gezeigt? – Betrieb, Besonderheiten im Presse-Grosso

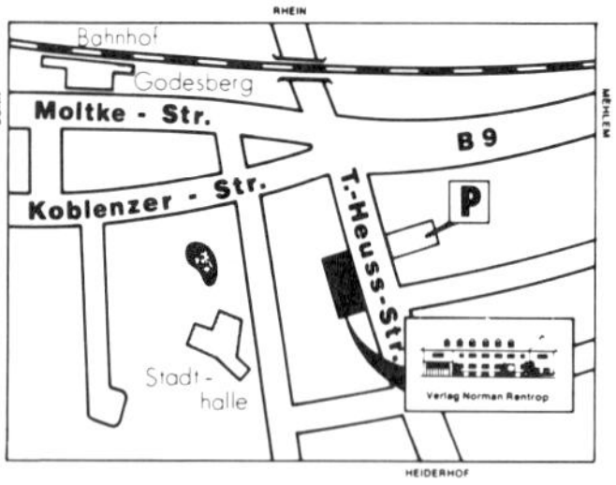

Name des Unternehmens:
Verlag Norman Rentrop

Anschrift:
Theodor-Heuss-Straße 4
5300 Bonn 2

Wegbeschreibung:
Von Bonn kommend auf der B 9 am Bad Godesberger Bahnhof vorbei in Richtung Koblenz, rechts einbiegen in die Friedrich-Ebert-Straße, links in die Koblenzer Straße, rechts in die Theodor-Heuss-Straße, Parkplatz linke Straßenseite.

Telefon:
02 28 / 82 05 0

Kontaktperson:
Frau Gabi Breuer

Produktionsprogramm:
Wirtschaftsfachliteratur

Firmengröße:
Mitarbeiterzahl – 120

Gründungsjahr:
1976

Besichtigungen sind möglich:
Wann? – nach vorheriger Absprache
Für welche Personengruppe? – für alle Personengruppen
Können sich Einzelpersonen an Gruppen anschließen? – ja
Voranmeldung:
a) erforderlich – ja
b) wie lange vorher? – 14 Tage
Was wird gezeigt? – der gesamte Betrieb

Name des Unternehmens:
Saarbrücker Zeitung

Anschrift:
Saarbrücker Zeitung
Verlag und Druckerei GmbH
Gutenbergstraße 11–23
6600 Saarbrücken

Wegbeschreibung:
Autobahnabfahrt Wilhelm-Heinrich-Brücke

Telefon:
0681/502290

Kontaktperson:
Herbert Hartmann

Produktionsprogramm:
Zeitungsverlag, Druckerei, Reisebüro, Buchhandlung, Neue Medien, Buchverlag

Firmengröße:
a) Mitarbeiterzahl – 1150
b) Umsatz – 165 Mio. DM 1982

Gründungsjahr:
1761

Besichtigungen sind möglich:
Wann? – Montag bis Donnerstag 9 Uhr und 22 Uhr
Für welche Personengruppe? – ab 14 Jahren nach Belieben
Können sich Einzelpersonen an Gruppen anschließen? – ja
Voranmeldung
a) erforderlich – ja
b) wie lange vorher? – 4 bis 8 Wochen
Was wird gezeigt? – Tonbildschau über das Gesamtunternehmen; Führung durch den Zeitungsbereich, schwerpunktmäßig Reproduktion, Satzherstellung, Seitenmontage, Plattenkopie, Rotation, Versand; Neue Medien

Saarbrücker Zeitung

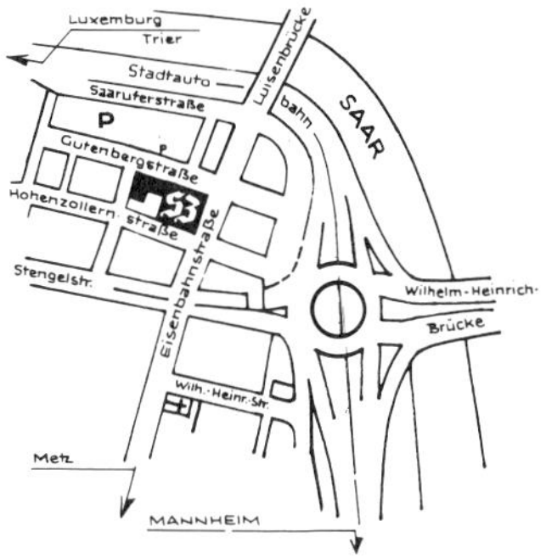

Name des Unternehmens:
Verlag Hans Schmid GmbH
Verlag und Druckerei

Anschrift:
Netzstraße 1–3
6689 Merchweiler/Saar

Wegbeschreibung:
A 8 zwischen AB-Kreuz Neunkirchen und AB-Kreuz Saarbrücken, Abfahrt Merchweiler Richtung Ortsmitte, 3. Straße rechts, Wegweiser

Telefon:
0 68 25 / 50 21–50 29

Kontaktperson:
Christa Frisch

Produktionsprogramm:
DEUTSCHER GEMEINDEBOTE

Firmengröße:
a) Mitarbeiterzahl – 130
b) Umsatz – 10 Mio. DM

Gründungsjahr:
1960

Besichtigungen sind möglich:
Wann? – montags und freitags
Für welche Personengruppe? – 8–10 Personen
Können sich Einzelpersonen an Gruppen anschließen? – ja
Voranmeldung
a) erforderlich – ja
b) wie lange vorher? – 2–3 Wochen
Was wird gezeigt? – Anzeigenannahme, Setzerei (Fotosatz), Montage, Druckerei (Offset), Versand

Name des Unternehmens:
Schwarzwälder Bote

Anschrift:
Postfach 13 80
7238 Oberndorf am Neckar

Wegbeschreibung:
Autobahn Stuttgart–Singen/A 81
Ausfahrt Oberndorf

Telefon:
0 74 23 / 78-0

Kontaktperson:
technische Betriebsleitung

Produktionsprogramm:
Zeitungsverlag und Akzidenzdruckerei

Firmengröße:
Mitarbeiterzahl – 665

Gründungsjahr:
1835

Besichtigungen sind möglich:
Wann? – nach Vereinbarung
Für welche Personengruppe? – Schüler und Erwachsene
Können sich Einzelpersonen an Gruppen anschließen? – ja
Voranmeldung
a) erforderlich – ja
b) wie lange vorher? – 3–4 Wochen
Was wird gezeigt? – Die Zeitungsherstellung vom Eingang der Nachrichten bis zur versandfertigen Tageszeitung

Schwarzwälder Bote

Name des Unternehmens:
Universitätsdruckerei
H. Stürtz AG

Anschrift:
Beethovenstraße 5
8700 Würzburg

Telefon:
09 31 / 3 85–1

Kontaktperson:
Herr Herberth

Produktionsprogramm:
Wissenschaftliche Werke und Zeitschriften, Schulbücher, Industriedrucksachen

Firmengröße:
a) Mitarbeiterzahl – 640
b) Umsatz – ca. 60 Mio. DM

Gründungsjahr:
1830

Besichtigungen sind möglich:
Wann? – jederzeit
Für welche Personengruppe? – Fachlich Interessierte
Können sich Einzelpersonen an Gruppen anschließen? – ja
Voranmeldung
a) erforderlich – ja
b) wie lange vorher? – mind. 1 Monat
Was wird gezeigt? – Druckvorlagenherstellung, Druckformherstellung, Satzherstellung, Druck, Weiterverarbeitung

VVA-Vereinigte Verlagsauslieferung GmbH

Name des Unternehmens:
Vereinigte Verlagsauslieferung GmbH (VVA)

Anschrift:
An der Autobahn
4830 Gütersloh 100

Wegbeschreibung:
Direkt an der BAB A 2, Abfahrt Gütersloh, Fahrtrichtung Hannover, rechtsliegend

Telefon:
05241/80-5308

Kontaktperson:
Wolfpeter Hocke, Sybille Fischer

Produktionsprogramm:
Lagerhaltung, Versand, Debitorenbuchhaltung für über 200 Verlage und Industrieunternehmen

Firmengröße:
a) Mitarbeiterzahl – 1000
b) Umsatz – 1,4 Mrd. DM

Gründungsjahr:
1958

Besichtigungen sind möglich:
Wann? – Montags bis freitags von 9 bis 12 Uhr
Für welche Personengruppe? – Sachlich-fachlich Interessierte bis zu 20 Personen
Können sich Einzelpersonen an Gruppen anschließen? – Nach Absprache
Voranmeldung
a) erforderlich – ja
b) wie lange vorher? – 2–3 Monate
Was wird gezeigt? – Größtes Buch-Hochregallager der Welt, Lagervolumen für 70 Millionen Bücher und Industrieprodukte (Tonträger, Video-Kassetten, Computer etc.), prozeßrechnergesteuerte, fahrerlose Transportfahrzeuge und Nachschubsysteme, EDV-optimierte Logistik und Distribution, ergonomische Arbeitsplätze – Informationsschau: Dia und Video

Name des Unternehmens:
Emil Zettler Kalenderwerk

Anschrift:
Alpenstraße 3
8930 Schwabmünchen

Wegbeschreibung:
25 km südlich Augsburg an der Bahnlinie Augsburg–Lindau bzw. Oberstdorf, bzw. Bundesstraße B 17 Augsburg–Füssen, Ausfahrt Schwabmünchen

Telefon:
0 82 32 / 20 55

Kontaktperson:
Herr Alt

Produktionsprogramm:
Tages- und Wochenabreißkalender, illustrierte und bunte Abreißkalender, Dreimonatskalender, Tisch- und Umlegekalender, Tagebuchkalender, Taschenplaner, Großplaner, Wandtafelkalender, Kalenderrückwände

Firmengröße:
a) Mitarbeiterzahl – 160
b) Umsatz – 15 Mio. DM

Gründungsjahr:
1923

Besichtigungen sind möglich:
Wann? – Montag bis Donnerstag 8 bis 12, 13 bis 16 Uhr
Für welche Personengruppe? – nach Belieben
Können sich Einzelpersonen an Gruppen anschließen? – ja
Voranmeldung
a) erforderlich – ja
b) wie lange vorher? – 3–14 Tage
Was wird gezeigt? – Kalenderherstellung

Journalismus
ist für uns die schwierigste, schrecklichste, aufregendste Sache der Welt.

So stand es in der ersten Ausgabe der Frankfurter Allgemeinen Zeitung vom 1. November 1949 unter der Überschrift „Zeitung für Deutschland“. Zeitung für Deutschland war die prägnanteste Formel, um die Aufgabe zu kennzeichnen, der die Zeitung dienen sollte. Es galt zunächst, eine täglich erscheinende, von den damaligen Besatzungsmächten unabhängige Zeitung zu schaffen, die – drinnen und draußen – für das ganze Deutschland wirken und sprechen sollte. Daran hat sich bis heute nichts geändert – auch nicht daran, daß Journalismus, die tägliche Herstellung der Zeitung, für uns die schwierigste, schrecklichste, aufregendste Sache der Welt ist.

Sie können uns beim Zeitungmachen, beim Drucken und beim Verschicken über die Schulter schauen, wenn Sie es wollen. Zu einer Betriebsbesichtigung haben wir Sie bereits vorn auf der Seite 259 dieses Buches eingeladen. Es gibt aber noch eine zweite Möglichkeit, die Frankfurter Allgemeine Zeitung, ihre Organisation und ihre Herstellung, kennenzulernen. Wir haben eine Dokumentationsschrift darüber angefertigt, die Sie von uns auf Anforderung völlig kostenlos und unverbindlich bekommen können.

Frankfurter Allgemeine

ZEITUNG FÜR DEUTSCHLAND

Frankfurt / Dienstag, 1. 11. 1949 — Herausgegeben von Hans Baumgarten, Erich Dombrowski, Karl Korn, Paul Sethe, Erich Welter — Probenummer

Zeitung für Deutschland

In Berlin

Der Saum des Mantels

Der Bundespräsident in Berlin

Inkognito in Frankfurt

Unter dem Titel „Alles über die Zeitung“ erfahren Sie auf 288 Seiten – reich bebildert – einiges über die Geschichte unseres Hauses, vor allen Dingen über Aufbau und Einteilung der

Frankfurter Allgemeinen Zeitung, das Zustandekommen der täglichen Ausgabe, viel über die Redaktion und das große, weltweite Korrespondentennetz, über die Aufgaben der Korrespondenten und ihre Wirkungsplätze – auch ein ausführliches Kapitel über die technische Herstellung, über Anzeigen und Vertrieb – eben „Alles über die Zeitung“ ist in dieser Schrift nachzulesen. In einem speziellen Kapitel wird das freitägliche „Frankfurter Allgemeine Magazin“ – selbstverständlich in Farbe – vorgestellt; ein weiteres Kapitel präsentiert die „Neuen Medien“ im Hause F.A.Z.

„Die Dokumentation gilt zwar in erster Linie der F.A.Z., sagt aber doch genug Grundsätzliches über die Arbeit an Tageszeitungen allgemein... Insider werden den Band mit größtem Gewinn studieren... aber auch jeder bessere Zeitungsleser“, so schrieb der Branchendienst „kress-report“ bei Erscheinen der ersten Auflage von „Alles über die Zeitung“.

Inzwischen haben wir einen nochmals überarbeiteten Nachdruck der 21. Auflage ausgeliefert, damit hat unsere Dokumentation bereits eine Gesamtauflage von über einer halben Million erreicht.

Mit dem unten abgedruckten Coupon können Sie „Alles über die Zeitung“ bei uns anfordern – und Sie können sich auch die Frankfurter Allgemeine Zeitung selbst zwei Wochen lang – ebenfalls völlig kostenlos und unverbindlich – zur Probe ins Haus liefern lassen. Lernen Sie die Frankfurter Allgemeine Zeitung, eine der großen Zeitungen der Welt, kennen. Wenn Sie dieses Buch nicht zerschneiden wollen, genügt es auch, wenn Sie uns Ihre Wünsche kurz auf einer Postkarte nennen. Beziehen Sie sich dabei bitte auf dieses Buch.

Und wenn Sie selbst bei uns hereinschauen wollen, lesen Sie bitte auf Seite 259 in diesem Buch nach.

Auf jeden Fall freuen wir uns, wenn Sie unsere Bekanntschaft machen wollen.

Frankfurter Allgemeine

ZEITUNG FÜR DEUTSCHLAND

Schicken Sie diesen Coupon bitte ausgefüllt an die Frankfurter Allgemeine Zeitung, Postfach 10 08 08, W-6000 Frankfurt/M. 1.

Senden Sie mir wie im Buch „Firmen laden ein/F.A.Z.-Leitfaden Betriebsbesichtigungen“ angeboten – völlig kostenlos und unverbindlich

☐ die Dokumentation „Alles über die Zeitung“

☐ die Frankfurter Allgemeine Zeitung zwei Wochen lang zur Probe ins Haus

an meine Anschrift:

Vor- und Zuname

Straße/Hausnummer

PLZ/Wohnort

Vorwahl/Telefon

Textil- und Bekleidungsindustrie

ANKER TEPPICHBODEN

Name des Unternehmens:
ANKER-Teppichfabrik
Gebrüder Schoeller GmbH & Co. KG

Anschrift:
Postfach 10 19 26
5160 Düren

Wegbeschreibung:
Autobahnabfahrt Düren

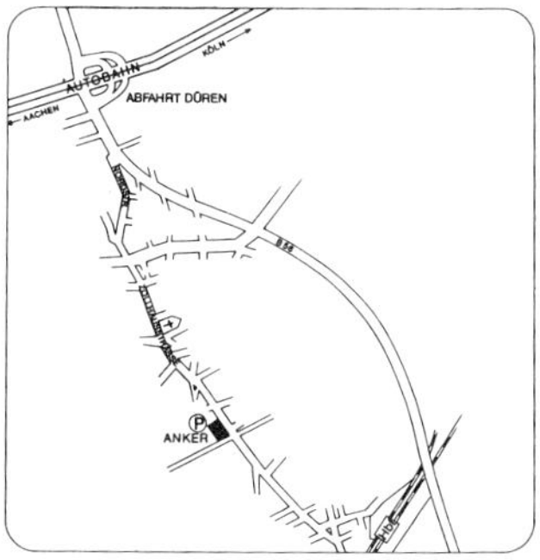

Telefon:
0 24 21 / 80 40

Kontaktperson:
Frau Denk
0 24 21 / 80 43 43

Produktionsprogramm:
Teppichböden, gewebt, getuftet

Firmengröße:
a) Mitarbeiterzahl – ca. 500
b) Umsatz – 100 Mio. DM

Gründungsjahr:
1854

Besichtigungen sind möglich:
Wann? – montags bis donnerstags
9.00 und 14.00 Uhr
Für welche Personengruppe? – Schüler, Studenten, Lehrkräfte, Mitglieder von Verbänden und Vereinigungen (produktbezogen)
Können sich Einzelpersonen an Gruppen anschließen? – nein
Voranmeldung
a) erforderlich – ja
b) wie lange vorher? – ca. 4 Wochen
Was wird gezeigt? – Färberei, Vorbehandlung, Weberei, Tufting-Abteilung, Nachbehandlung, Fertigungskontrolle

Name des Unternehmens:
Julius Bartram
Tuchfabrik

Anschrift:
Wrangelstraße 9
2350 Neumünster

Wegbeschreibung:
B 7 Abfahrt Neumünster-Wittorf,
2. Ampelanlage in Neumünster links abbiegen

Telefon:
0 43 21 / 6 30 16

Kontaktperson:
Jens Bartram
Ove Bartram

Produktionsprogramm:
Gewebe für Damen- und Herrenoberbekleidung

Firmengröße:
Mitarbeiterzahl – 270

Gründungsjahr:
1856

Besichtigungen sind möglich:
Wann? – Montag bis Freitag 9 Uhr
Für welche Personengruppe? – Fachklasse der berufsbildenden Schulen
Können sich Einzelpersonen an Gruppen anschließen? – nein
Voranmeldung
a) erforderlich – ja
b) wie lange vorher? – 2 Wochen
Was wird gezeigt? – Gesamtproduktion

Name des Unternehmens:
BESMER Teppichfabrik
Mertens GmbH & Co.

Anschrift:
Süntelstraße 5
3250 Hameln 1

Wegbeschreibung:
ca. 45 km ab AB Kassel–Dortmund
ca. 20 km ab AB Hannover–Köln

Telefon:
0 51 51 / 78 10

Kontaktperson:
Herr Kluge – Werbeabteilung
Durchwahl 78 11 41

Produktionsprogramm:
Teppichböden (gewebt und getuftet) und Teppiche

Firmengröße:
Mitarbeiterzahl – ca. 700

Gründungsjahr:
1904

Besichtigungen sind möglich:
Wann? – nach vorheriger Anmeldung
Für welche Personengruppe? – Heimtextilien-Branche und angeschlossene Bereiche
Können sich Einzelpersonen an Gruppen anschließen? – nein
Voranmeldung
a) erforderlich – in jedem Fall
b) wie lange vorher? – 4–6 Wochen
Was wird gezeigt? – Tuftingproduktion und Weberei

Name des Unternehmens:
florex frottier GmbH

Anschrift:
Waldbadstraße 9-13
4803 Steinhagen

Wegbeschreibung:
BAB A 2 Oberhausen–Hannover, Abfahrt Rheda-Wiedenbrück, B 61 Gütersloh–Bielefeld, B 68 Bielefeld–Steinhagen

Telefon:
0 52 04 / 16-0

Kontaktperson:
Frau Fritsche, Herr Schwärmer

Produktionsprogramm:
Frottierwäsche, Frottierkonfektion, Frottier- und Glattbettwäsche

Firmengröße:
a) Mitarbeiterzahl – 360
b) Umsatz – 45 Mio. DM

Gründungsjahr:
1928 – heutige Gesellschaftsform 1981

Besichtigungen sind möglich:
Wann? – Mo. – Do. 8.00 – 14.00 Uhr
Für welche Personengruppe? – Schüler, Studenten, Vereine, Verbände sowie an Heim- und Haustextilien interessierte Personen.
Können sich Einzelpersonen an Gruppen anschließen? – ja, nach vorheriger telefonischer Terminabstimmung
Voranmeldung:
a) erforderlich – ja
b) wie lange vorher? – 4-6 Wochen
Was wird gezeigt? – Mehrstufiger textiler Produktionsbetrieb mit: Vorwerk, Weberei, Wirkerei, Druckerei, Garn- und Stückfärberei, Veredlung, Stickerei und Konfektion

Name des Unternehmens:
Frankfurter Bettfedernfabrik
Fritz Volker GmbH

Anschrift:
Postfach 11 07 42
6000 Frankfurt 11
Hanauer Landstraße 287–289
6000 Frankfurt/Main 1

Wegbeschreibung:
Frankfurt-Ost

Telefon:
069 / 430295

Kontaktperson:
Herr Loth / Herr Heuchel

Produktionsprogramm:
Bearbeitung von Bettfedern, Produktion von Bettwaren

Firmengröße:
a) Mitarbeiterzahl – 180
b) Umsatz – 40 Mio. DM

Gründungsjahr:
1885

Besichtigungen sind möglich:
Wann? – von Montag bis Donnerstag, vormittags
Für welche Personengruppe? – Fachschulen (z. B. Hauswirtschaft) usw. und Verbände usw. max. 20 Personen
Können sich Einzelpersonen an Gruppen anschließen? – nein
Voranmeldung
a) erforderlich – ja
b) wie lange vorher? – 4 Wochen
Was wird gezeigt? – Bearbeitung von Bettfedern, Produktion von Bettwaren

Gold-Zack®

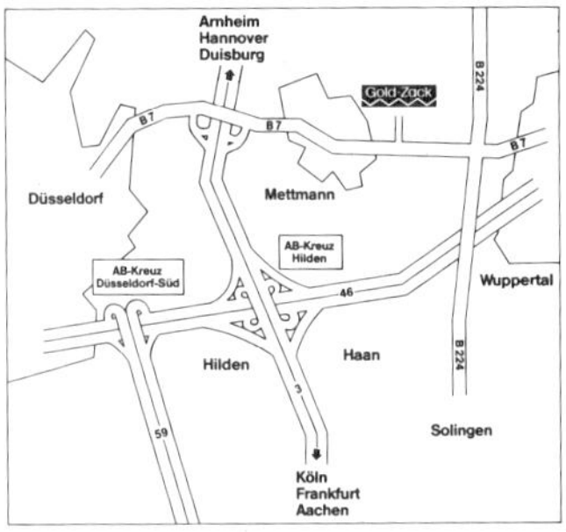

Name des Unternehmens:
Gold-Zack Werke
Aktiengesellschaft

Anschrift:
Gold-Zack Straße 2–4
Postfach 10 01 10
4020 Mettmann 1

Wegbeschreibung:
Autobahnabfahrt A 3/Mettmann, Weiterfahrt in Richtung Wuppertal B 7

Telefon:
0 21 04 / 14 91

Kontaktperson:
Herr Walbrecht

Produktionsprogramm:
Text. Erzeugnisse
a) Kurzwarenlinie
b) el. und unel. Artikel für die weiterverarbeitende Industrie (Wäsche, Mieder, Schuh-, div. techn. Verarbeiter)

Firmengröße:
a) Mitarbeiterzahl – 565
b) Umsatz – 87 Mio. DM

Gründungsjahr:
1868

Besichtigungen sind möglich:
Wann? – Montag bis Freitag
Für welche Personengruppe? – 25 Personen max.
Können sich Einzelpersonen an Gruppen anschließen? – ja
Voranmeldung
a) erforderlich – ja
b) wie lange vorher? – 8 Wochen
Was wird gezeigt? – kompletter Fertigungsablauf

Name des Unternehmens:
HAUSER MODELLE GMBH & CO
Hauser Boutique

Anschrift:
Babenbergerstraße 2
Postfach 16 60
8940 Memmingen

Wegbeschreibung:
Autobahnausfahrt: Memmingen-Nord
Nähe Stadtkrankenhaus

Telefon:
0 83 31 / 6 20 76

Kontaktperson:
Herr Karl Hauser
Frau Dagmar Hauser-Kilgert

Produktionsprogramm:
modische Damenoberbekleidung

Firmengröße:
a) Mitarbeiterzahl – 150
b) Umsatz – 10 Mio. DM

Gründungsjahr:
1939

Besichtigungen sind möglich:
Wann? – während der Geschäftszeit
Für welche Personengruppe? – für modisch interessierte Personen
Können sich Einzelpersonen an Gruppen anschließen? – ja
Voranmeldung
a) erforderlich – ja
b) wie lange vorher – ca. 4 Wochen
Was wird gezeigt? – Betriebsführung und eventuell Modenschau

Name des Unternehmens:
F. A. Kümpers KG
Spinnerei, Weberei, Färberei, Ausrüstung

Anschrift:
Postfach 17 64
Basilikastraße 22–30
W-4440 Rheine

Wegbeschreibung:
Autobahn A 1 Hansalinie, Abfahrt Greven, B 481 bis Rheine
Autobahn A 30, Abfahrt Rheine-Kanalhafen, aus Richtung Lingen und Wesel B 70

Telefon:
0 59 71 / 8 61-0

Kontaktperson:
Hans-Joachim Rentmeister,
Tel.-Durchwahl 0 59 71 / 8 61-2 11

Produktionsprogramm:
Garne und Gewebe für Wohnung, Kleidung, Freizeit und vielfältige technische Anwendungsgebiete

Firmengröße:
Mitarbeiterzahl – 860

Gründungsjahr:
1886

Besichtigungen sind möglich:

Für welche Personengruppe? – Schüler, Studenten, Vereine, Verbände; max. 30 Pers.
Können sich Einzelpersonen an Gruppen anschließen? – Anfrage nötig
Voranmeldung:
a) erforderlich – ja
b) wie lange vorher? – mögl. mind. 6 Wochen
Was wird gezeigt? – theoretische Einführung, Film, kompletter Produktionsgang; Dauer: ca. 2 ½ Std.

Weitere Informationen Seite 304

Name des Unternehmens:
MEZ AG

Anschrift:
Postfach
Kaiserstraße 1, D–7832 Kenzingen

Wegbeschreibung:
Autobahn Karlsruhe–Basel, Abfahrten Ettenheim oder Riegel

Telefon:
0 76 44 / 8 02-2 40

Kontaktperson:
Franz O. Weidlich

Produktionsprogramm:
Herstellung von Näh-, Stopf- und Handarbeitsgarnen

Firmengröße:
a) Mitarbeiterzahl – 850
b) Umsatz – 126 Mio. DM

Gründungsjahr:
1785

Besichtigungen sind möglich:
Wann? – Montag bis Donnerstag
Für welche Personengruppe? – Textilorientierte Fachgruppen
Können sich Einzelpersonen an Gruppen anschließen? – nein
Voranmeldung:
a) erforderlich – ja
b) wie lange vorher? – ca. 4 Wochen
Was wird gezeigt? – Firmenportrait, Werdegang der MEZ Garne mit Betriebsbesichtigung, Warenverteilzentrum

Name des Unternehmens:
Pellio-Pelze GmbH

Anschrift:
Chemnitzer Straße 19
7157 Murrhardt

Wegbeschreibung:
Autobahn Heilbronn, Abfahrt Ellhofen oder Mundelsheim, dann Löwenstein und idyllische Straße über Sulzbach/Murr

Telefon:
07192 / 7048

Kontaktperson:
Christian Franke

Produktionsprogramm:
Pelze in mittlerem und gehobenem Genre
Pelze in Maßarbeit

Firmengröße:
a) Mitarbeiterzahl – ca. 20
b) Umsatz – 2–3 Mio. DM

Gründungsjahr:
1972

Besichtigungen sind möglich:
Wann? – Montag bis Freitag von 9 bis 16 Uhr, Herbst bis Frühjahr eventuell auch Samstag, 9–12 Uhr
Für welche Personengruppe? – Verbände, Vereinigungen
Können sich Einzelpersonen an Gruppen anschließen? – ja
Voranmeldung
a) erforderlich – ja
b) wie lange vorher? – in der Regel 4 Wochen

Was wird gezeigt? – Herstellung von Pelzteilen

Name des Unternehmens:
Piraiki Patraiki
van Delden Textil
Aktiengesellschaft

Anschrift:
Laurenzstraße 55
4434 Ochtrup

Wegbeschreibung:
Abfahrt Münster-Nord Richtung Gronau

Telefon:
02553/14322

Kontaktperson:
Frau Heß

Produktionsprogramm:
Vollstufiges Textilunternehmen
Spinnerei, Weberei und Veredlung
– Gewebe und Gestricke uni und bedruckt

Firmengröße:
a) Mitarbeiterzahl – 800
b) Umsatz – 130 Mio. DM

Gründungsjahr:
1854 (Gebr. Laurenz Textilwerke)

Besichtigungen sind möglich:
Wann? – Jederzeit, ausgenommen Betriebsferien
Für welche Personengruppe? – Studenten von Textil-Fachschulen
Können sich Einzelpersonen an Gruppen anschließen? – nein
Voranmeldung
a) erforderlich – ja
b) wie lange vorher? – 14 Tage
Was wird gezeigt? – Gesamtes Unternehmen oder auf Wunsch Teile

Piraiki
Ihr Partner für Qualität

PIRAIKI PATRAIKI VAN DELDEN TEXTIL AKTIENGESELLSCHAFT

Name des Unternehmens:
ROLLMANN & ROSE GMBH
STRUMPFFABRIKEN

Anschrift:
3444 Wehretal 2 (Hoheneiche)

Wegbeschreibung:
Werra-Meißner-Kreis, zu erreichen über B 27

Telefon:
0 56 58 / 10 11

Kontaktperson:
Herr Gleim

Produktionsprogramm:
Herstellung von gestrickten Strümpfen und Strumpfhosen für Damen, Herren und Kinder.

Firmengröße:
Mitarbeiterzahl – ca. 500

Gründungsjahr:
1869

Besichtigungen sind möglich:
Voranmeldung
a) erforderlich – ja
b) wie lange vorher? – ca. 4 Wochen
Was wird gezeigt? – Fabrikationsbetrieb Strickerei

Name des Unternehmens:
Bekleidungsfabrik
Alois Schober

Anschrift:
Hauptstraße 48
8399 Neukirchen/Inn

Wegbeschreibung:
8 km südlich von Passau

Telefon:
0 85 02 / 4 14

Kontaktperson:
Helmut Schober

Produktionsprogramm:
Damenoberbekleidung

Firmengröße:
a) Mitarbeiterzahl – 200
b) Umsatz – ca. 20 Mio. DM

Gründungsjahr:
1950

Besichtigungen sind möglich:
Wann? – nach Vereinbarung
Für welche Personengruppe? – Schulen, Universitäten, Lehrkräfte
Können sich Einzelpersonen an Gruppen anschließen? – ja
Voranmeldung
a) erforderlich – ja
b) wie lange vorher? – ca. 2 Wochen
Was wird gezeigt? – Fertigung

Name des Unternehmens:
Vereinigte Seidenwebereien AG

Anschrift:
Industriestraße 56
Postfach 40 80
4150 Krefeld 1

Wegbeschreibung:
Autobahn Köln–Moers–Goch, Ausfahrt Krefeld Gartenstadt, Zubringer nach Westen rd. 6,5 km immer gerade aus zur Kreuzung Oranierring/Hülserstraße (Ampel) nach Norden rechts abbiegen, der Straßenbahn folgend, 600 m bis Moritzplatz (Ampel, Kirche), links einbiegen in Girmesgath, zweite Straße links Industriestraße

Telefon:
0 21 51 / 89 01

Kontaktperson:
Dr. R. Esters
Tel. 89 02 65

Produktionsprogramm:
Bekleidungstextilien, Industrietextilien, Futterstoffe, Krawattenstoffe, Heimtextilien

Firmengröße:
a) Mitarbeiterzahl – Konzern: ca. 1 500
b) Umsatz – Konzern: ca. 274 Mio. DM

Gründungsjahr:
1920

Besichtigungen sind möglich:
Wann? – nach Vereinbarung
Für welche Personengruppe? – Fachinteressierte bzw. in der Ausbildung befindliche Personen
Können sich Einzelpersonen an Gruppen anschließen? – im Einzelfall zu klären
Voranmeldung
a) erforderlich – ja
b) wie lange vorher? – mind. 2 Wochen
Was wird gezeigt? – Webereibetriebe

Name des Unternehmens:
Leonhard Vogel,
Bekleidungswerk

Anschrift:
Sudetenstraße 8–12
Postfach 40
8751 Mömlingen

Wegbeschreibung:
Mömlingen an der B 426, Autobahn Frankfurt–Würzburg Abfahrt Stockstadt über die Schnellstraße nach Obernburg in Richtung Höchst/Erbach-Odenwald

Telefon:
0 60 22 / 33 18/33 19

Kontaktperson:
Herr Roland Vogel
Abt. Öffentlichkeitsarbeit

Produktionsprogramm:
Herren- und Damenoberbekleidung

Firmengröße:
a) Mitarbeiterzahl – ca. 200
b) Umsatz – ca. 10 Mio. DM

Gründungsjahr:
1924

Besichtigungen sind möglich:
Wann? – von Montag bis Freitag
Für welche Personengruppe? – Erwachsene, Verbände, Vereinigungen, Vereine usw.
Können sich Einzelpersonen an Gruppen anschließen? – nein
Voranmeldung
a) erforderlich – ja
b) wie lange vorher? – 3 Tage
Was wird gezeigt? – Produktionsbetrieb für Herren- und Damen-Oberbekleidung sowie Fabrikverkaufslager

1817

WEGENER Hüte

Name des Unternehmens:
R. u. M. Wegener

Anschrift:
Vogelsbergstraße 157
6420 Lauterbach

Wegbeschreibung:
Abfahrt BAB Alsfeld-Ost, Richtung Lauterbach, Richtung Herbstein

Telefon:
0 66 41 / 20 56

Kontaktperson:
Fr. Schnell
Hr. Hans Th. Wegener

Firmengröße:
a) Mitarbeiterzahl – 150
b) Umsatz – 7 Mio. DM

Gründungsjahr:
1817

Besichtigungen sind möglich:
Wann? – wochentags Montag bis Donnerstag 10 bis 16 Uhr, Freitag 10 bis 12 Uhr
Für welche Personengruppe? – jede, auch Schüler etc.
Können sich Einzelpersonen an Gruppen anschließen? – ja
Voranmeldung
a) erforderlich – ja
b) wie lange vorher? – 14 Tage
Was wird gezeigt? – Produktion Filzhüte Damen und Herren, Mützen und Stoffhüte, Zylinder, Melonen, Cowboyhüte (der echte Marlboro)

Name des Unternehmens:
Wuppertaler Garnbleicherei
und Färberei

Anschrift:
WGF – Wuppertaler Garnbleicherei und
Färberei
Postfach 23 01 01
Am Wupperstollen 2
5600 Wuppertal 23

Wegbeschreibung:
BAB 1 – Ausfahrt Wuppertal-Süd
B 51 Richtung Wuppertal-Beyenburg

Telefon:
(0202) 61031

Kontaktperson:
Herr Rohleder, Herr Schmidt

Produktionsprogramm:
Rohgarnimport, Garnveredlung, Garnvertrieb

Firmengröße:
a) Mitarbeiterzahl – ca. 130
b) Umsatz – ca. 30 Mio. DM

Gründungsjahr:
1898

Besichtigungen sind möglich:
Wann? – nach Vereinbarung
Für welche Personengruppe? – ohne besondere Einschränkung
Können sich Einzelpersonen an Gruppen anschließen? – ja
Voranmeldung
a) erforderlich – ja
b) wie lange vorher? – 1 Monat
Was wird gezeigt? Dia-Schau über Baumwollerzeugung; Führung durch die Produktion mit Erklärung der Garnveredlung

F.A. KÜMPERS

Ein Unternehmen der Textilindustrie stellt sich vor

Stammdaten
F.A. Kümpers ist ein vollstufiges Textilunternehmen; es besteht seit 1886 und verfügt über zwei Spinnereien, drei Webereien, eine Färberei und eine Ausrüstungsabteilung. Die Spinnereien sind mit ca. 17800 Ringspindeln und 5000 Rotor-Spinnstellen ausgestattet, die im Durchschnitt etwa 9000 t Garn pro Jahr erzeugen. Mehr als 90% der Garnproduktion werden in den eigenen Webereien verarbeitet, wo auf mehr als 500 Webautomaten jährlich ca. 63 Mio. Quadratmeter Gewebe hergestellt werden. Das reich differenzierte Gewebeprogramm erstreckt sich auf die Bereiche Wohnung, Kleidung, Freizeit und Technik. Die wichtigsten Absatzgebiete liegen in der Bundesrepublik Deutschland und in den Ländern der EG.

Wissenswertes über die Mitarbeiter
Die Beschäftigtenzahl liegt bei etwa 860 Personen (80% Männer, 20% Frauen).
Neben den üblichen Berufsgruppen in Verwaltung, Spinnerei, Weberei, Färberei und Ausrüstung (z.B. Sachbearbeiter, Schichtführer, Meister, Laborant, Maschinenführer, Spuler, Zettler, Färber) sind auch Schlosser, Dreher, Elektroanlageninstallateure, Energieanlagenelektroniker usw. bei F.A. Kümpers tätig. Technische und kaufmännische Angestellte machen etwa 18% der Belegschaft aus. Der Heranbildung qualifizierter Nachwuchskräfte wird große Bedeutung beigemessen. Im Jahresdurchschnitt werden deshalb stets etwa 80 junge Leute in den verschiedensten Berufen ausgebildet. Zudem sichert das Unternehmen die notwendige Weiterbildung durch entsprechende Lehrgänge. Der Aufstieg in höhere Führungspositionen ist für gute Mitarbeiter stets offen.

Geschäfts- und Betriebsführung
Das Unternehmen, eine Kommanditgesellschaft, wird heute in der dritten Generation von vier persönlich haftenden Gesellschaftern geführt. Selbständig arbeitende, leitende Angestellte in Produktion und Verwaltung gewährleisten ein reibungsloses Funktionieren des Betriebsablaufes. Die technische Ausstattung wird ständig auf dem neuesten Stand gehalten, der Einsatz von EDV und anderen elektronischen Hilfen ist selbstverständlich.
Über betriebliche, wirtschaftliche und heimatgeschichtliche Ereignisse berichtet F.A. Kümpers seit mehr als fünf Jahrzehnten in einer regelmäßig erscheinenden Werkzeitschrift, die sowohl als Mittel der Mitarbeiterinformation als auch als Informationsmedium für die Öffentlichkeit dient. Darüber hinaus werden interessierten Personenkreisen, wie etwa Schulklassen, Vereinen, Verbänden usw., durch Betriebsführungen, Film- und Diavorträge Einblicke in das Unternehmen und in die textile Technik vermittelt.

Standort
Der Unternehmenssitz ist Rheine, eine aufstrebende Mittelstadt, verkehrsgünstig gelegen im Dreieck Münster-Osnabrück-Enschede. Sie hat gehobenen Freizeitwert (Stadtpark, Tierpark, Sportplätze, Erholungsgebiete, kulturelle Veranstaltungen etc.) und weist eine leistungsfähige Infrastruktur auf. Schulen aller Art, Volkshochschule und eine Außenstelle der Fernuniversität Hagen stehen zur Verfügung

Kontaktanschrift
F.A. KÜMPERS KG
Basilikastraße 22–30
W-4440 Rheine
Tel. (0 59 71) 8 61-0
Teletex 597 147 FAK D
Telefax (0 59 71) 86 12 04

Teilansicht einer der modernen Webereien

Lederwaren, Schuhe, Schirme

Name des Unternehmens:
APOLLO-Schuhfabrik
Heinrich Dinkelacker

Anschrift:
Fronäckerstraße 30
Postfach 2 04
7032 Sindelfingen

Telefon:
0 70 31 / 8 10 01

Kontaktperson:
Burkh. Dinkelacker

Produktionsprogramm:
hochwertige Herrenschuhe

Firmengröße:
Mitarbeiterzahl – ca. 100

Gründungsjahr:
1879

Besichtigungen sind möglich:
Wann? – nach Vereinbarung
Können sich Einzelpersonen an Gruppen anschließen? – ja
Voranmeldung
a) erforderlich – ja
b) wie lange vorher? – 1 Woche
Was wird gezeigt? – Herstellung von Schuhen

APOLLO

So erreichen Sie
Sindelfingen:

So finden Sie
die neue
Apollo-Schuhfabrik:

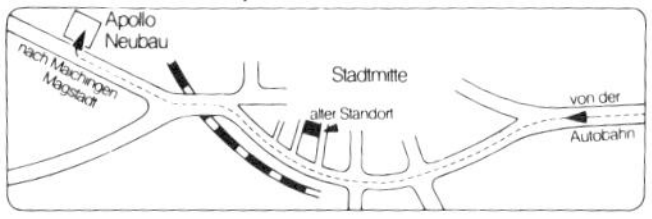

elefanten

Name des Unternehmens:
elefanten-Schuh GmbH

Anschrift:
Hoffmannallee 41–51
Postfach 13 20
4190 Kleve

Wegbeschreibung:
Autobahnabfahrt Emmerich (E 36) oder Goch/Kleve (A 57), Richtung Kleve, Kleve Oberstadt

Telefon:
02821 / 86-1 (Durchwahl 86276)

Kontaktperson:
Herr Hossfeld

Produktionsprogramm:
Kinder- und Jugendschuhe

Firmengröße:
a) Mitarbeiterzahl – ca. 1580
b) Umsatz – ca. 165 Mio. DM

Gründungsjahr:
1908

Besichtigungen sind möglich:
Wann? – nach vorheriger Terminvereinbarung
Für welche Personengruppe? – Schuhfachhandel, Ärzte, Erzieher, Berufsschulklassen (keine anderen Schulklassen)
Können sich Einzelpersonen an Gruppen anschließen? – nein
Voranmeldung
a) erforderlich – ja
b) wie lange vorher? – 3 Monate
Was wird gezeigt? – Der richtige Kinder- und Jugendschuh, Forschung, Entwicklung und Produktion

Name des Unternehmens:
SEGGER KG
Bevergern-Saltenwiese

Anschrift:
4446 Hörstel

Wegbeschreibung:
Hörstel liegt zwischen Rheine und Ibbenbüren im nördlichen Westfalen

Telefon:
0 54 59 / 70 70/70 77/70 78/70 79

Kontaktperson:
Josef G. Segger oder
Carl A. Beyer

Produktionsprogramm:
Industriekoffer, das sind Koffer für industrielle Produkte in Großserien, und Kunststoffspritzguß ausschließlich technischer Artikel

Firmengröße:
a) Mitarbeiterzahl – 140
b) Umsatz – 12 Mio. DM

Gründungsjahr:
1919

Besichtigungen sind möglich:
Wann? – nach Vereinbarung
Für welche Personengruppe? – ohne Einschränkung
Können sich Einzelpersonen an Gruppen anschließen? – ja
Voranmeldung
a) erforderlich – ja
b) wie lange vorher? – 10 Tage
Was wird gezeigt? – Herstellung der o. g. Artikel

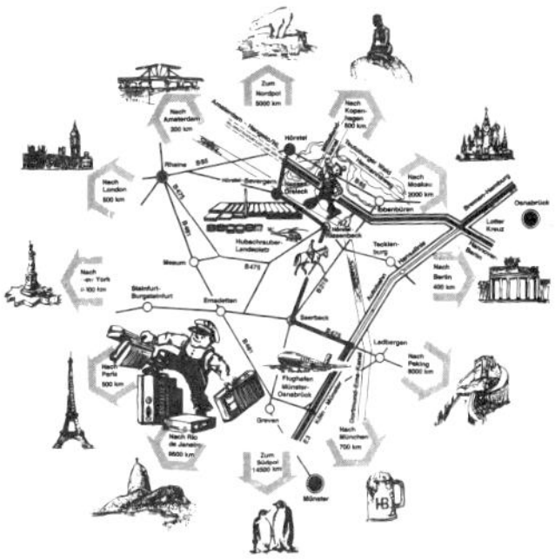

Nahrungs- und Genußmittelindustrie

Name des Unternehmens:
Alpirsbacher Klosterbräu
Glauner GmbH & Co

Anschrift:
Postfach 12 20
7297 Alpirsbach 1

Wegbeschreibung:
Frankfurter Autobahn Abfahrt: Pforzheim
B 294 bis Alpirsbach
Autobahn Stuttgart–Singen Abfahrt: Sulz oder Oberndorf

Telefon:
07444/67-0

Kontaktperson:
Frau Sonja Haas
Herr Karl Frommer

Produktionsprogramm:
Bier

Firmengröße:
a) Mitarbeiterzahl – in Alpirsbach 135
b) Umsatz – 51 Mio. DM

Gründungsjahr:
1880

Besichtigungen sind möglich:
Wann? – Montag bis Donnerstag
9.30 bis 12 Uhr und 13.30 bis 15 Uhr
Für welche Personengruppe? – alle
Können sich Einzelpersonen an Gruppen anschließen? – ja
Voranmeldung
a) erforderlich – ja
b) wie lange vorher? – ca. 10 Tage
Was wird gezeigt? – Abfüllbetrieb (auf Wunsch: Sudhaus für Fachbesucher, Verwaltung, Produktion, Abfüllbetrieb)

Name des Unternehmens:
Weinbrennerei Asbach & Co. K.G.

Anschrift:
Am Rottland 2–10
6220 Rüdesheim am Rhein

Wegbeschreibung:
Gegenüber dem Bahnhof Rüdesheim/Rhein

Telefon:
0 67 22 / 1 20

Kontaktperson:
Führungsdienst, Herr Klebanowski

Firmengröße:
a) Mitarbeiterzahl – 620
b) Umsatz – rd. 400 Mio. DM (1987)

Gründungsjahr:
1892

Besichtigungen sind möglich:
Wann? – Montag–Donnerstag
8.30 – 11.00 Uhr und 13.30 – 15.30 Uhr
Freitag 8.30 – 11.00 Uhr
Für welche Personengruppe? – Keine Einschränkung, außer Kindern und Jugendlichen unter 16 Jahren
Können sich Einzelpersonen an Gruppen anschließen? – ja
Voranmeldung
a) erforderlich – ja
b) wie lange vorher? – 14 Tage
Was wird gezeigt? – Brennerei, Lagerung, Abfüllung

Name des Unternehmens:
Botterbloom Milch + Eiskrem eG

Anschrift:
Strückhausen
2882 Ovelgönne 1

Wegbeschreibung:
BAB Oldenburg–Wilhelmshaven, Abfahrt Brake auf B 211 Ri. Brake

Telefon:
0 44 80 / 8 11 06 Direktwahl
E. Müller

Kontaktperson:
Eckhard Müller

Produktionsprogramm:
Eiskrem, H-Milch, Milchtrocknung, Mischfutter, Butter

Firmengröße:
a) Mitarbeiterzahl – 500
b) Umsatz – 300 Mio. DM

Gründungsjahr:
1884

Besichtigungen sind möglich:
Wann? – montags bis freitags, nur vormittags
Für welche Personengruppe? – keine Beschränkungen
Können sich Einzelpersonen an Gruppen anschließen? – ja
Voranmeldung
a) erforderlich – ja
b) wie lange vorher? – 2 Monate
Was wird gezeigt? – sämtliche Produktionsanlagen, Werksfilm

Name des Unternehmens:
Breisgaumilch GmbH

Anschrift:
Haslacher Straße 12
7800 Freiburg i. Br.

Wegbeschreibung:
Gewerbegebiet Haslach-Ost,
Autobahnabfahrt Freiburg-Mitte,
Zubringerabfahrt Haslach
(Ochsenbrücke)

Telefon: 0761 / 4788-0

Kontaktperson:
Prok. H. Letzelter

Produktionsprogramm:
Trinkmilch, Fitmilch, Schweden-Buttermilch, Kakaotrunk, Schlagsahne, saure Sahne, Crème fraîche, Dickmilch, Joghurt, Joghurt-Desserts, Joghurt-Spezialitäten, Speisequark, Fruchtquark, Kräuterquark, Markenbutter, Sterilmilch, steril. Kaffeesahne, steril. Kakaotrunk, Milchkaffee, H-Milch. Hergestellt werden jährlich rd. 125 Mill. Prod.-Einheiten

Firmengröße:
a) Mitarbeiterzahl – 325
b) Umsatz – 193 Mio. DM

Gründungsjahr: 1930

Besichtigungen sind möglich:
Wann? – Dienstag und Mittwoch (außer Juli u. Aug.)
Für welche Personengruppe? – Schüler, Hausfrauen, Verbände
Können sich Einzelpersonen an Gruppen anschließen? – ja
Voranmeldung
a) erforderlich – ja
b) wie lange vorher? – ca. 8 Wochen
Was wird gezeigt? – Werksfilm, Produktions- und Vertriebseinrichtungen

Name des Unternehmens:
Brohler Mineral- und Heilbrunnen GmbH

Anschrift:
Postfach 66
Koblenzer Straße 71–72
5474 Brohl-Lützing 1

Wegbeschreibung:
Brohl/Rhein ca. 30 km nördlich von Koblenz an der Bundesstraße 9

Telefon:
0 26 33 / 2 93-0

Kontaktperson:
Dr. J. Schilling-Oeffelke, Prokuristin

Produktionsprogramm:
nat. Mineralwasser, Heilwasser, Fruchtsaftgetränke, diät Fruchtsaftgetränke, Limonaden, diät Limonaden

Firmengröße:
Mitarbeiterzahl – 150

Gründungsjahr:
1909

Besichtigungen sind möglich:
Wann? – Montag bis Donnerstag nach Absprache
Für welche Personengruppe? – Schulen, Verbände o. ä. der Wirtschaft
Voranmeldung
a) erforderlich – ja
b) wie lange vorher? – ca. 2 Wochen
Was wird gezeigt? – gesamte Produktion und Verladung

trink Brohler
Der Mineral- und Heilwasser-spezialist

Name des Unternehmens:
Champignon-Kulturen-GmbH

Anschrift:
Talweg 4
6477 Limeshain 1-Rommelhausen

Wegbeschreibung:
Autobahn Hanau–Gießen, Abfahrt Altenstadt

Telefon:
0 60 47 / 3 47

Kontaktperson:
Herr Schmaus

Firmengröße:
a) Mitarbeiterzahl – 30
b) Umsatz – 2,5 Mio. DM

Gründungsjahr:
1963

Besichtigungen sind möglich:
Wann? – nach Absprache
Für welche Personengruppe? – für jede
Können sich Einzelpersonen an Gruppen anschließen? – ja
Voranmeldung
a) erforderlich – ja
b) wie lange vorher? – 14 Tage
Was wird gezeigt? – Der gesamte Betrieb

Coca-Cola GmbH

Name des Unternehmens:

Coca-Cola GmbH
Postfach 100761
4300 Essen 1
Tel. 0201 / 8210 Fax: 02 01 / 82 15 10

Produktionsprogramm:

alkoholfreie Erfrischungsgetränke:

Coca-Cola
Coca-Cola light
Coca-Cola light koffeinfrei
Fanta, Fanta light,
Sprite, Sprite light,
Mezzo-Mix, Cappy,
Sport Aquarius,
Bonaqa

Betriebsbesichtigungen sind möglich:

In der Bundesrepublik Deutschland wird das weltweit bekannte Getränk Coca-Cola ebenso wie die anderen alkoholfreien Erfrischungsgetränke von selbständigen, mittelständischen Vertragsfirmen abgefüllt und vertrieben. Viele dieser Unternehmen führen Betriebsbesichtigungen durch. Eine Liste dieser Abfüller finden Sie auf Seite 360. Rufen Sie an, wenn Sie an einer Besichtigung interessiert sind. Unsere Konzessionäre freuen sich auf Ihren Besuch.

Weitere Informationen Seite 360

SEIT 1838
Deutz & Geldermann
FLASCHENGÄRUNG IM CHAMPAGNERVERFAHREN

Name des Unternehmens:
Deutz & Geldermann
Sektkellerei Breisach GmbH

Anschrift:
Postfach 11 49
7814 Breisach

Telefon:
07667 / 834-26
Telex: 7722502 dugb
Telefax: 0 76 67 / 8 34 74

Kontaktperson:
Herr Velten

Produktionsprogramm:
Sekt im traditionellen Champagnerverfahren (handgerüttelt)

Firmengröße:
a) Mitarbeiterzahl – 80
b) Umsatz – 27 Mio. DM

Gründungsjahr:
1838

Besichtigungen sind möglich:
Wann? – Mo. bis Fr. 8 bis 11 und 14 bis 18 Uhr, Sa. 8 bis 18 Uhr
Für welche Personengruppe? – alle
Können sich Einzelpersonen an Gruppen anschließen? – ja
Voranmeldung
a) erforderlich – ja
b) wie lange vorher? – 8 Tage
Was wird gezeigt? – Tonbildschau über das Haus Deutz & Geldermann und seine Produkte sowie das angewandte traditionelle Champagnerverfahren, Besichtigung der gesamten Kellerei mit den mittelalterlichen Felsenkellern. Anschließende Sektverkostung.

Name des Unternehmens:
Privatbrauerei
Dortmunder Kronen GmbH & Co.

Anschrift:
Postfach 672
Märkische Straße 85
4600 Dortmund 1

Telefon:
54 13-3 74 oder 3 24

Kontaktperson:
Herr Reiher

Produktionsprogramm:
CLASSIC, Kronen-Pils, Kronen-Export, Kronen-Alt, Karamalz, Kronen-Steinbock, Kronen-Diät, Kronen-Weizen, Kronen-Hefe-Weizen

Firmengröße:
a) Mitarbeiterzahl – 411
b) Umsatz – 120 Mio. DM

Gründungsjahr:
In Familienbesitz seit 1729

Besichtigungen sind möglich:
Wann? – montags bis freitags,
Beginn 10 Uhr – Ende 13 Uhr
bzw. Beginn 13 Uhr – Ende 17 Uhr!
Für welche Personengruppe? – für jede an der Herstellung von Bier interess. Gruppe
Können sich Einzelpersonen an Gruppen anschließen? – ja
Voranmeldung
a) erforderlich – ja
b) wie lange vorher? – 3 Wochen
Was wird gezeigt?
1. Tonbildschau
2. Betriebsrundgang durch die Bereiche Sudhaus, Gär- und Lagerkeller, Faß- und Flaschenabfüllung
3. Verkostung unserer Biermarken und kleiner Imbiß

(Kostenbeteiligung: 8,– DM/Pers.)

3 GLOCKEN

Name des Unternehmens:
3 GLOCKEN GmbH

Anschrift:
Postfach 10 02 62
Werderstraße 4
6940 Weinheim/Bergstr.

Wegbeschreibung:
Autobahn Darmstadt/Heidelberg, Ausfahrt Viernheim/Weinheim

Telefon:
0 62 01 / 6 07-0

Kontaktperson:
PR- und Werbeleiter
Dieter Steinbach

Produktionsprogramm:
Eier-Nudeln und Spezialitäten

Firmengröße:
a) Mitarbeiterzahl – ca. 350
b) Umsatz – Tagesproduktion rd. 150 Tonnen Teigwaren

Gründungsjahr:
1884

Besichtigungen sind möglich:
Wann? – Nur wenige Termine dienstags, mittwochs, donnerstags, nur im Frühjahr oder Herbst
Für welche Personengruppe? – Nur für Fachleute aus dem Lebensmittel-Einzel- und Großhandel. Keine Schüler oder Verbraucher Ausschließlich für Fachbesucher.
Können sich Einzelpersonen an Gruppen anschließen? – nein
Voranmeldung
a) erforderlich – ja
b) wie lange vorher? – mind. 6 Wochen
Was wird gezeigt? – Herstellung und Verpackung von 3 GLOCKEN Eier-Nudeln auf modernsten, vollautomatischen „Nudel-Straßen"

Name des Unternehmens:
Eckes AG

Anschrift:
Ludwig-Eckes-Allee 6
6501 Nieder-Olm

Telefon:
0 61 36 / 35–0 (Zentrale)
0 61 36 / 3 52 37 (Durchwahl)

Kontaktperson:
Doris Breier

Produktionsprogramm:
Spirituosen wie Chantré, Mariacron, Eckes Edelkirsch, Markenfruchtgetränke wie hohes C, Trink 10, Dr. Koch's, Nahrungs- und Genußmittel für die Gesunde Ernährung wie Markensortimente von Schneekoppe und Lihn

Firmengröße:
a) Mitarbeiterzahl – rd. 1600 (weltweit)
b) Umsatz – über 1,2 Mrd. DM (weltweit)

Gründungsjahr:
1867

Besichtigungen sind möglich:
wann? Montag bis Freitag
Führungen nach vorheriger telefonischer Vereinbarung unter 0 61 36 / 3 52 37.
Führungen auch in englischer und französischer Sprache möglich.
Für welche Personengruppe? Partner aus Handel, Gastronomie und Gemeinschaftsverpflegung, Verbrauchergruppen, Institutionen, z. B. Verbände, Vereine, Behörden, Universitäten, Fachschulen.
Können sich Einzelpersonen an Gruppen anschließen? – ja
Voranmeldung:
a) erforderlich – ja
b) wie lange vorher? – 4 Wochen mindestens
Was wird geboten? – Ton-Dia-Schau, Rundgang durch Gewölbekeller mit Produktpräsentation, Brennerei, Reifelager, Abfüllerei, anschl. Produktverkostung.
Einkaufsmöglichkeit ist gegeben.

EDUSCHO

Name des Unternehmens:
EDUSCHO GmbH & Co. KG

Anschrift:
Postfach 107960
Lloydstraße 4 – Am Europahafen –
2800 Bremen 1

Wegbeschreibung:
BAB 27, Abfahrt Bremen-Freihäfen
BAB 1, Abfahrt Bremen-Arsten

Telefon:
04 21 / 3 89 32 29 (Durchwahl)

Kontaktperson:
Herr H.-J. Kiselowsky – Marketing – Öffentlichkeitsarbeit

Produktions-Verkaufsprogramm:
Kaffee-, Tee-, Kakaoprodukte – Non food

Firmengröße:
a) Mitarbeiterzahl – ca. 4 500
b) Umsatz – ca. 2,3 Mrd. DM
ca. 600 Röstfrisch-Center
ca. 16 000 Röstfrisch-Depots

Gründungsjahr:
1924

Besichtigungen sind möglich:
Wann? – Montag–Donnerstag 9.30 Uhr
Für welche Personengruppe? – Verbraucherverbände, Hausfrauenvereine, Berufs- und Fachschulen
Können sich Einzelpersonen an Gruppen anschließen? – nein
Voranmeldung für Gruppen:
a) erforderlich – ja
b) wie lange vorher? – mind. 8 Monate
Was wird gezeigt? – Informationsvortrag mit Multivisionsschau und Kaffeetafel
Besichtigung modernster Produktionsanlagen
Gesamtdauer ca. 3 Stunden

Name des Unternehmens:
EICHBAUM-BRAUEREIEN AG

Anschrift:
Käfertaler Straße 170
6800 Mannheim 1

Wegbeschreibung:
BAB 6, Viernheimer Kreuz, Abfahrt Mannheim-Käfertal B 38 Richtung Stadtmitte, Hinweis Käfertal – TÜV folgen

Telefon: 06 21 / 39 03–2 97 oder 2 78

Kontaktperson: Nikolaus Satter

Produktionsprogramm:
untergärige und obergärige Biere
Spezialitäten: –UREICH Pils
–LEICHTER TYP

Firmengröße:
a) Mitarbeiterzahl – ca. 420
b) Umsatz – ca. 125 Mio. DM

Gründungsjahr:
1679 – über 300 Jahre Brautradition

Besichtigungen sind möglich:
wann? Montag bis Donnerstag, 9.30 Uhr bis 13.00 Uhr
Für welche Personengruppe? – Alle interessierten Verbraucher; bevorzugt Verbände, Vereinigungen, Gruppen der Wirtschaft und Verwaltung, Universitäten und weiterführende Schulen, Mindestalter der Teilnehmer: 18 Jahre
Können sich Einzelpersonen an Gruppen anschließen? – ja, nach vorheriger Anmeldung
Voranmeldung:
a) erforderlich – ja
b) wie lange vorher? – mind. 3–4 Monate
Was wird gezeigt? – Historisches Altes Sudhaus, Besichtigung der gesamten Brauereianlage – die EICHBAUM-BRAUEREIEN AG gehören zu den modernst ausgestatteten Brauereien in Europa – mit anschließendem kleinen Imbiß und Probetrunk.

Name des Unternehmens:
Grahamhaus Studt
GmbH & Co. KG

Anschrift:
Alzeyer Straße 131/133
6550 Bad Kreuznach

Wegbeschreibung:
BAB-Abfahrt Bad Kreuznach/Bingen

Telefon: 0671 / 62061-3

Kontaktperson:
Frau Orzschig

Produktionsprogramm:
Spezialfabrik für Vollkornerzeugnisse
und diätetische Lebensmittel

Firmengröße:
Mitarbeiterzahl – 220

Gründungsjahr:
1894

Besichtigungen sind möglich:
Wann? – nach Anfrage (Nov., Dez., Juni, Juli und August nicht)
Für welche Personengruppe? – Verbände, Schüler, Lehrkräfte, Gruppen (max. 25 Personen)
Voranmeldung
a) erforderlich – ja
b) wie lange vorher? – 1 Monat
Was wird gezeigt? – Produktionsablauf

Name des Unternehmens:
Enzianbrennerei Graßl GmbH & Co. KG

Anschrift:
Postfach 2207
8240 Berchtesgaden
Salzburger Straße 105
Berchtesgaden-Unterau

Telefon:
08652/5036

Kontaktperson:
Herr G. M. Droßbach

Produktionsprogramm:
Enzian, Kräuterliköre

Firmengröße:
a) Mitarbeiterzahl – ca. 100
b) Umsatz – ca. 20 Mio. DM

Gründungsjahr:
ca. 1600

Besichtigungen sind möglich:
Wann? – Montag bis Freitag von 8 bis 12 Uhr und 13 bis 17 Uhr
Für welche Personengruppe? – alle
Können sich Einzelpersonen an Gruppen anschließen? – ja
Voranmeldung
erforderlich – nein
Was wird gezeigt? – Brennerei, Schau historischer Brenngeräte, Informationsfilm, kostenlose Kostproben. Großer Busparkplatz vorhanden.

Name des Unternehmens:
HANNEN BRAUEREI GMBH

Anschrift:
Produktionsstätte:
Senefelderstraße 25
4050 Mönchengladbach-Neuwerk
Verwaltung:
Brauereistr. 7–27
4156 Willich 1

Wegbeschreibung:
BAB 52, Ausfahrt MG-Neuwerk

Telefon:
02154/490431
Telex 8531921
Telefax 02154/490326

Kontaktperson:
Frau Marie Rickhoff

Produktionsprogramm:
HANNEN ALT, Abfüllung in Fässer, KEGS, Flaschen u. Dosen

Firmengröße:
Mitarbeiterzahl – 450

Gründungsjahr:
1725

Besichtigungen sind möglich
Wann? – montags bis freitags, 11, 13, 15 und 17 Uhr, am Wochenende auf Anfrage
Voranmeldung
erforderlich – unter Tel. 02154/490431
Was wird gezeigt? – Ton-Bild-Schau, Sudhaus, Lagerkeller, Filtration, Abfüllung, Expedition plus Verkostung in der Braustube

Name des Unternehmens:
Rumhaus Hansen GmbH & Co.
(Hansen-Rum)

Anschrift:
Schleswiger Straße 74
2390 Flensburg

Wegbeschreibung:
BAB Hamburg–Flensburg, Abfahrt Tarp, dann B 76 nach Flensburg

Telefon:
0461 / 98001

Kontaktperson:
Herr Klaus Petersen

Produktionsprogramm:
Rum, Whisky, Importe, Hansen-PRÄSIDENT, Der alte Hansen, Andresen-Rum, Der milde Balle, Old Schmidt-Rum, Nissen-Rum Double Q, Amaretto Romanza.

Firmengröße:
a) Mitarbeiterzahl – 100
b) Umsatz – 200 Mio. DM

Gründungsjahr:
1868

Besichtigungen sind möglich:
Wann? – während der Betriebszeit Mo.–Do.
Für welche Personengruppe? – fach- und branchenbezogene Gruppen
Können sich Einzelpersonen an Gruppen anschließen? – in der Regel nicht
Voranmeldung
a) erforderlich – ja
b) wie lange vorher? – mind. 1 Woche
Was wird gezeigt? – Flensburg und der Rum, Geschichte des traditionsreichen Unternehmens Hansen, Produktionsvorgang Rum bis zur Vermarktung

Hassia & Luisen
Mineralquellen Bad Vilbel GmbH & Co
Postfach 1160 · 6368 Bad Vilbel
Telefon 06101/403-0

Name des Unternehmens:
Hassia & Luisen Mineralquellen
Bad Vilbel GmbH & Co KG

Anschrift:
Gießener Straße 18-28
6368 Bad Vilbel

Wegbeschreibung:
Von der B 3 aus beschildert

Telefon:
0 61 01 / 40 30

Kontaktperson:
Frau Frank

Produktionsprogramm:
Mineralwasser und Limonaden, Fruchtsaftgetränke

Firmengröße:
a) Mitarbeiterzahl – ca. 430
b) Umsatz – ca. 100 Mio. DM

Gründungsjahr:
1864

Besichtigungen sind möglich:
Wann? – Mo. – Do. (nach Vereinbarung) (außer Juli und August)
Für welche Personengruppe? – Diverse
Können sich Einzelpersonen an Gruppen anschließen? – ja
Voranmeldung:
a) erforderlich – ja
b) wie lange vorher? – ca. 2 Wochen
Was wird gezeigt? – Abfüllung, Lager, Verladung

Name des Unternehmens:
Kammer-Kirsch GmbH
Brennereibetrieb Oppenau

Anschrift:
Dreikönigweg 6
Postfach 64
7603 Oppenau/Schwarzwald
(Renchtal)

Telefon: 0 78 04 / 20 17

Kontaktperson:
Fräulein Schnurr

Firmengröße:
Mitarbeiterzahl – 55

Gründungsjahr:
1922

Besichtigungen sind möglich:
Wann? – nach Vereinbarung
Für welche Personengruppe? – max. 30 Personen
Können sich Einzelpersonen an Gruppen anschließen? – ja
Voranmeldung
a) erforderlich – ja
b) wie lange vorher? – mind. 14 Tage
Was wird gezeigt? – Obstbrennerei

Name des Unternehmens:
C.A. Kupferberg & Cie.
Sektkellerei seit 1850

Anschrift:
Kupferberg Terrasse 17–19
6500 Mainz am Rhein

Telefon:
0 61 31 / 5 55–0 und 5 55–2 15

Kontaktperson:
PR-Leiter: Jochen Weinert
Besucherdienst: Gabriele Schöffel

Produktionsprogramm:
Kupferberg Sekte

Firmengröße:
a) Mitarbeiterzahl – ca. 120
b) Umsatz – ca. 70 Mio. DM

Gründungsjahr:
1850 in Mainz

Besichtigungen sind möglich:
wann? montags bis sonntags nach Absprache
Für welche Personengruppe? 20–200 Personen
Können sich Einzelpersonen an Gruppen anschließen? – ja, allerdings nur nach vorheriger Absprache
Voranmeldung:
a) erforderlich – ja
b) wie lange vorher? – mind. 4–6 Wochen
Was wird gezeigt? – Die tiefsten Sektkeller der Welt in sieben Etagen unter der Erde, Keller aus dem Mittelalter und der Römerzeit. Die wohl umfassendste Sammlung historischer Sekt- und Champagnergläser.
Der Führung schließt sich eine fachlich kommentierte Sektprobe an. Tagungsmöglichkeiten und Rahmenprogramme werden im Haus angeboten.

Name des Unternehmens:
Küppers Kölsch Brauerei GmbH

Anschrift:
Alteburger Straße 145–155,
5000 Köln-Bayenthal

Telefon:
02 21 / 3 77 92 42

Kontaktperson:
Frau Oesterritz

Produktionsprogramm:
Küppers Kölsch, Küppers Wieß

Firmengröße:
Mitarbeiterzahl – 166

Gründungsjahr:
1962

Besichtigungen sind möglich:
Wann? – nur nach Vereinbarung
Für welche Personengruppe? – Verbraucher
Können sich Einzelpersonen an Gruppen anschließen? – ja
Voranmeldung
a) erforderlich – ja, schriftlich
b) wie lange vorher? – 1 Monat
Was wird gezeigt? – Sudhaus, Gär- und Lagerkeller, Abfüllung, historische Braustätte und Galerie alter Bierreclame, Brauhaus

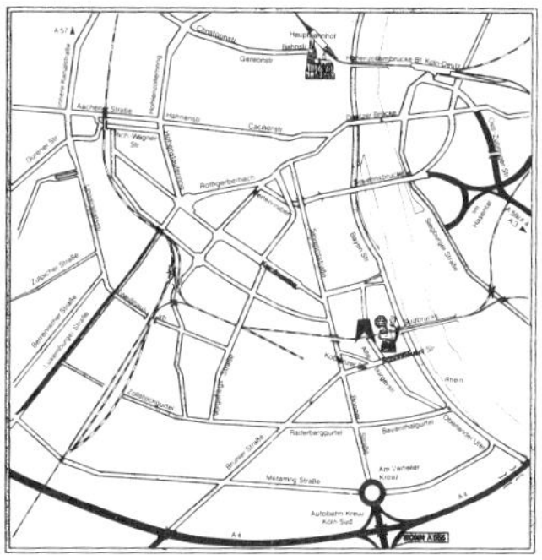

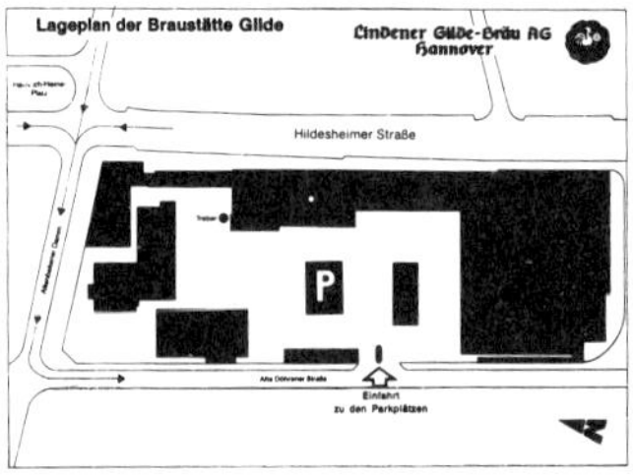

Name des Unternehmens:
Lindener Gilde-Bräu AG

Anschrift:
Hildesheimer Straße 132, 3000 Hannover 1

Wegbeschreibung:
Braustätte Gilde liegt zwischen Hildesheimer Straße und Maschsee.
Anfahrt: BAB 7 (Nord/Süd) Abfahrt Hann.-Kirchhorst-Messe-Schnellweg-Süd-Schnellweg-Abfahrt Hildesheimer Straße/Zentrum
BAB 2 (Ost/West) Abfahrt Hann.-Herrenhausen-West-Schnellweg-Süd-Schnellweg (Ausschilderung Messe)-Abfahrt Hildesheimer Straße/Zentrum

Telefon: 05 11 / 80 05–1

Kontaktperson:
Werbeabteilung, Herr Moritz

Produktionsprogramm:
ober- und untergärige Biere

Firmengröße:
a) Mitarbeiterzahl – über 600
b) Umsatz – 165 Mio. DM

Gründungsjahr: 1546

Besichtigungen sind möglich:
Wann? – Montag bis Freitag 12.30 bis 16.00 Uhr
Für welche Personengruppe? – Alle Gruppen ab 18 Jahren bis zu 45 Personen
Können sich Einzelpersonen an Gruppen anschließen? – ja
Voranmeldung
a) erforderlich – ja
b) wie lange vorher? – bis zu 3 Monate
Was wird gezeigt? – Gesamter Brauprozeß und Flaschenabfüllung, 15-Minuten-Film mit anschl. rustikalem Imbiß

Name des Unternehmens:
Ed. Messmer GmbH & Co.
Frankfurt/Main

Anschrift:
des Produktionswerkes in Grettstadt:
Meßmerstraße 29
8722 Grettstadt

Wegbeschreibung:
Autobahn Nr. 3 Frankfurt–München, Abfahrt Wiesentheid, auf der B 286 Richtung Gerolzhofen, Abfahrt Alitzheim, Autobahn Nr. 7 Hamburg–München, Abfahrt Schweinfurt/Werneck, auf der B 26a Richtung Schweinfurt, dann auf die 286a Richtung Gerolzhofen, Abfahrt Röthlein, durch Schwebheim Richtung Volkach, beim Ortsende nach Grettstadt

Telefon:
0 97 29 / 8 48

Kontaktperson:
Herr Adam

Produktionsprogramm:
Schwarz-, Kräuter- und Arzneitees

Firmengröße:
Mitarbeiterzahl des Werkes – über 100

Gründungsjahr:
1852

Besichtigungen sind möglich:
Wann? – dienstags bis donnerstags von 11 bis 14 Uhr von März bis Oktober
Für welche Personengruppe? – Hausfrauen- und Verbraucherverbände, Hauswirtschaftliche Fachschulen
Voranmeldung
a) erforderlich – ja
b) wie lange vorher? – ca. 4 Wochen
Was wird gezeigt? – Tonfilmschau, Informationen über Anbau, Ernte und Verarbeitung von Tee, im Betrieb das Mischen und Verpacken von Tee mit Hilfe modernster Technik

Name des Unternehmens:
Milchhof Niederrhein eG

Anschrift:
Paul-Bäumer-Straße 19
4100 Duisburg 12
Boumannstraße 8–12
4280 Borken
Westparkstraße 139
4150 Krefeld

Telefon:
Duisburg: 02 03 / 4 50 03-0
Borken: 0 28 61 / 50 81
Krefeld: 0 21 51 / 76 96-0

Kontaktpersonen:
Duisburg: Fr. Lichtenberg, Fr. Hellmann;
Borken: Hr. Schlattmann;
Krefeld: Hr. Uebachs

Firmengröße:
a) Mitarbeiterzahl – 400
b) Umsatz 410 Mio. DM

Gründungsjahr:
1932

Besichtigungen sind möglich:
Wann? – Montag bis Mittwoch vormittags
Für welche Personengruppe? – Hausfrauen- und Verbraucherverbände, Hauswirtschaftliche Fachschulen, Schulabschlußklassen
Können sich Einzelpersonen an Gruppen anschließen? – ja
Voranmeldung
a) erforderlich – ja
b) wie lange vorher? – 8 Wochen
Was wird gezeigt? – Videofilmschau
Duisburg: Milchannahme, Milchbearbeitung, Frischmilchabfüllung
Borken: Dessertartikel, Frischkäse
Krefeld: H-Milch, Trockenmilch, Sauermilch, Butter

Name des Unternehmens:
G. Mülhoff
Spirituosenfabrik

Anschrift:
4180 Goch

Wegbeschreibung:
Autobahnabfahrt Goch

Telefon:
0 28 23 / 33 01

Kontaktperson:
Mülhoff

Firmengröße:
a) Mitarbeiterzahl – 60
b) Umsatz – 35 Mio. DM

Gründungsjahr:
1865

Besichtigungen sind möglich:
Wann? – 10 bis 16 Uhr
Können sich Einzelpersonen an Gruppen anschließen? – ja
Voranmeldung
a) erforderlich – ja
b) wie lange vorher? – 3 Tage
Was wird gezeigt? – Spirituosenfabrik

PALATIA MALZ
GMBH

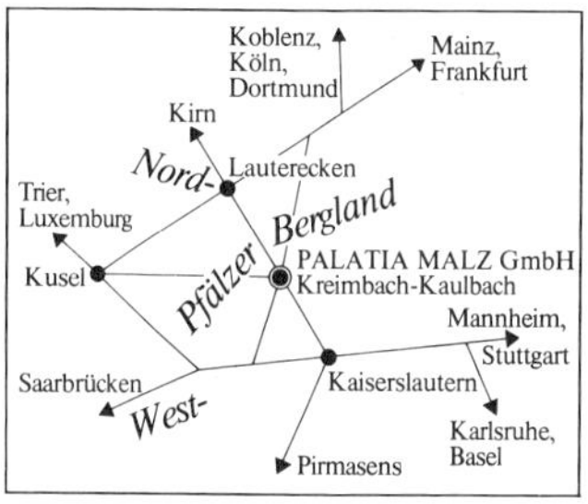

Name des Unternehmens:
Palatia Malz GmbH

Anschrift:
Werk:
6751 Kreimbach-Kaulbach/Pfalz

Wegbeschreibung:
nördlich Kaiserslautern an B 270

Telefon:
Verwaltung Heidelberg:
0 62 21 / 4 90 41

Kontaktperson:
Dipl.-Kfm. E. Göhler

Produktionsprogramm:
Braumalz jeden Typs aus ausgesuchter Pfälzer Braugerste, Spezialität: PALATIA MALZ für Premiumbiere

Firmengröße:
a) Mitarbeiterzahl – ca. 30
b) Umsatz – ca. 30 Mio. DM

Gründungsjahr:
1899

Besichtigungen sind möglich:
Wann? – Oktober bis Juni, jeweils Mittwoch nach Voranmeldung
Für welche Personengruppe? – je nach Vereinbarung
Können sich Einzelpersonen an Gruppen anschließen? – gegebenenfalls ja
Voranmeldung
a) erforderlich – ja, bei Verwaltung Heidelberg
b) wie lange vorher? – 1 Monat
Was wird gezeigt? – auf Wunsch gesamter Mälzereibetrieb, Getreide-/Malzsilos, Abwasserreinigungsanlage usw.
moderne Mälzungsstraße

Sechsämtertropfen
G. VETTER GMBH & CO

Name des Unternehmens:
Sechsämtertropfen
G. Vetter GmbH & Co.

Anschrift:
Sechsämterlandstraße 40
Postfach 2 60
8592 Wunsiedel

Telefon:
0 92 32 / 35 25–28

Kontaktperson:
Herr Dr. Hübner

Produktionsprogramm:
Spirituosen

Firmengröße:
a) Mitarbeiterzahl – 140
b) Umsatz – 55 Mio. DM

Gründungsjahr:
1895

Besichtigungen sind möglich:
Wann? – Montag bis Donnerstag von 9.15 bis 11 Uhr und von 13 bis 16 Uhr
Für welche Personengruppe? – für alle
Können sich Einzelpersonen an Gruppen anschließen? – ja
Voranmeldung
a) erforderlich – ja
b) wie lange vorher? – 1 Woche
Was wird gezeigt? – Produktion

SÜDZUCKER

Name des Unternehmens:
Süddeutsche Zucker-Aktiengesellschaft
Werk Groß-Gerau

Anschrift:
Postfach 16 64
Mainzer Straße 83
6080 Groß-Gerau

Wegbeschreibung: BAB-Ausfahrt Groß-Gerau, Zufahrt ausgeschildert bzw. an Durchgangsstraße gelegen

Telefon:
0 61 52 / 71 51

Kontaktperson:
Sekretariat des Werkleiters

Produktionsprogramm:
Zucker, Futtermittel

Firmengröße:
a) Mitarbeiterzahl – im Gesamtunternehmen sind knapp 3000 Mitarbeiter beschäftigt
b) Umsatz – Geschäftsjahr 1987/88 1,51 Mrd. DM

Gründungsjahr:
1883

Besichtigungen sind möglich:
Wann? – von Mitte Oktober bis Ende November
Für welche Personengruppe? – für Jugendliche – aus Sicherheitsgründen – erst ab 16 Jahre
Können sich Einzelpersonen an Gruppen anschließen? – auf Anfrage
Voranmeldung
a) erforderlich – ja
b) wie lange vorher? – möglichst 6–8 Wochen
Was wird gezeigt? – Tonbildschau über Gewinnungsverfahren und Erzeugnisse, Führung durch das Werk

Name des Unternehmens:
Süddeutsche Zucker-Aktiengesellschaft
Werk Offstein

Postanschrift:
Postfach 11 27
6718 Grünstadt 1

Firmensitz:
Wormser Straße 11
6719 Obrigheim/Pfalz

Wegbeschreibung:
Zufahrt ausgeschildert bzw. an Durchgangsstraße gelegen

Telefon:
0 63 59 / 80 31

Kontaktperson:
Sekretariat des Werkleiters

Produktionsprogramm:
Zucker, flüssige Zucker, Fruchtzucker, Futtermittel

Firmengröße:
a) Mitarbeiterzahl – Im Gesamtunternehmen knapp 3000
b) Umsatz – Geschäftsjahr 1987/88 1,51 Mrd. DM

Gründungsjahr:
1883

Besichtigungen sind möglich:
Wann? – Ende Oktober bis Mitte Dezember
Für welche Personengruppe? – für Jugendliche – aus Sicherheitsgründen – nur bedingt
Können sich Einzelpersonen an Gruppen anschließen? – auf Anfrage
Voranmeldung
a) erforderlich – ja
b) wie lange vorher? – 4–6 Monate
Was wird gezeigt? – Tonbildschau über Gewinnungsverfahren und Erzeugnisse, Führung durch das Werk

SÜDZUCKER

SÜDZUCKER

Name des Unternehmens:
Süddeutsche Zucker-Aktiengesellschaft
Werk Waghäusel

Anschrift:
Postfach 21 60
6833 Waghäusel 3

Wegbeschreibung:
Zufahrt ausgeschildert bzw. an Durchgangsstraße gelegen

Telefon:
07254/203-1

Kontaktperson:
Sekretariat des Werksleiters

Produktionsprogramm:
Zucker, Futtermittel

Firmengröße:
a) Mitarbeiterzahl – Im Gesamtunternehmen knapp 3000
b) Umsatz – Geschäftsjahr 1987/88 1,51 Mrd. DM

Gründungsjahr:
1837

Besichtigungen sind möglich:
Wann? – von Mitte Oktober bis Mitte Dezember
Für welche Personengruppe? – für Jugendliche – aus Sicherheitsgründen – nur bedingt
Können sich Einzelpersonen an Gruppen anschließen? – auf Anfrage
Voranmeldung
a) erforderlich – ja
b) wie lange vorher? – möglichst 6 Wochen
Was wird gezeigt? – Tonbildschau über Gewinnungsverfahren und Erzeugnisse, Führung durch das Werk

SÜDZUCKER

Name des Unternehmens:
Süddeutsche Zucker-Aktiengesellschaft
Werk Offenau

Anschrift:
Postfach
Ludwig-Kayser-Straße
7101 Offenau

Wegbeschreibung:
Zufahrt ausgeschildert bzw. an Durchgangsstraße gelegen

Telefon:
0 71 36 / 8 11

Kontaktperson:
Sekretariat des Werksleiters

Produktionsprogramm:
Zucker, Futtermittel

Firmengröße:
a) Mitarbeiterzahl – Im Gesamtunternehmen knapp 3 000
b) Umsatz – Geschäftsjahr 1987/88 1,51 Mrd. DM

Gründungsjahr:
1971

Besichtigungen sind möglich:
Wann? – von Mitte Oktober bis Mitte Dezember
Für welche Personengruppe? – für Jugendliche – aus Sicherheitsgründen – nur bedingt
Können sich Einzelpersonen an Gruppen anschließen? – auf Anfrage
Voranmeldung
a) erforderlich – ja
b) wie lange vorher? – möglichst 2 Wochen
Was wird gezeigt? – Tonbildschau über Gewinnungsverfahren und Erzeugnisse, Führung durch das Werk

SÜDZUCKER Z

Name des Unternehmens:
Süddeutsche Zucker-Aktiengesellschaft
Werk Plattling

Anschrift:
Postfach 12 63
Dr.-Ludwig-Kayser-Straße 1
8350 Plattling

Wegbeschreibung:
Plattling-Nord – A 3

Telefon:
0 99 31 / 4 01

Kontaktperson:
Sekretariat des Werkleiters
Frau Rennberger, Tel. 09931 / 40209

Produktionsprogramm:
Zucker, Futtermittel

Firmengröße:
a) Mitarbeiterzahl – Im Gesamtunternehmen ca. 3000, Werk Plattling: 380
b) Umsatz – Geschäftsjahr 1987/88 1,51 Mrd. DM

Gründungsjahr:
Werk Plattling: 1961

Besichtigungen sind möglich:
Wann? – von Mitte Oktober bis Mitte Dezember
Für welche Personengruppe? – für Jugendliche – aus Sicherheitsgründen – nur bedingt
Können sich Einzelpersonen an Gruppen anschließen? – ja
Voranmeldung
a) erforderlich – ja
b) wie lange vorher? – ca. 8 Tage
Was wird gezeigt? – Tonbildschau über Gewinnungsverfahren und Erzeugnisse, Führung durch das Werk

Name des Unternehmens:
Süddeutsche Zucker-Aktiengesellschaft
Werk Regensburg

Anschrift:
Postfach 1 16
Straubinger Straße 18
8400 Regensburg 1

Wegbeschreibung:
Zufahrt ausgeschildert bzw. an Durchgangsstraße B 8 gelegen

Telefon:
0941/79691

Kontaktperson:
Sekretariat des Werksleiters

Produktionsprogramm:
Zucker, Futtermittel

Firmengröße:
a) Mitarbeiterzahl – Im Gesamtunternehmen knapp 3000, Werk Regensburg ca. 300
b) Umsatz – Geschäftsjahr 1987/88 1,51 Mrd. DM

Gründungsjahr:
1899

Besichtigungen sind möglich:
Wann? – von Mitte Oktober bis Mitte Dezember
Für welche Personengruppe? – für Jugendliche – aus Sicherheitsgründen – nur bedingt
Können sich Einzelpersonen an Gruppen anschließen? – auf Anfrage
Voranmeldung
a) erforderlich – ja
b) wie lange vorher? – möglichst 2 Wochen
Was wird gezeigt? – Tonbildschau über Gewinnungsverfahren und Erzeugnisse, Führung durch das Werk

SÜDZUCKER

SÜDZUCKER

Name des Unternehmens:
Süddeutsche Zucker-Aktiengesellschaft
Werk Rain

Anschrift:
Postfach 11 40
Donauwörther Straße 50
8852 Rain/Lech

Wegbeschreibung:
Zufahrt ausgeschildert bzw. an Durchgangsstraße gelegen

Telefon:
0 90 02 / 7 11

Kontaktperson:
Sekretariat des Werksleiters

Produktionsprogramm:
Zucker, flüssige Zucker, Würfelzucker, Futtermittel

Firmengröße:
a) Mitarbeiterzahl – Im Gesamtunternehmen knapp 3 000
b) Umsatz – Geschäftsjahr 1987/88 1,51 Mrd. DM

Gründungsjahr:
1956/57

Besichtigungen sind möglich:
Wann? – von Mitte Oktober bis Mitte Dezember
Für welche Personengruppe? – für Jugendliche – aus Sicherheitsgründen – nur bedingt
Können sich Einzelpersonen an Gruppen anschließen? – auf Anfrage
Voranmeldung
a) erforderlich – ja
b) wie lange vorher? – möglichst 2 Wochen
Was wird gezeigt? – Tonbildschau über Gewinnungsverfahren und Erzeugnisse, Führung durch das Werk

Name des Unternehmens:
WEINBRENNEREI SCHARLACHBERG
Sturm & Co.

Anschrift:
Postfach 1835
Saarlandstraße 62–66
6530 Bingen am Rhein

Wegbeschreibung:
Von A 60 (Mainz–Bingen) und A 61 (Koblenz–Ludwigshafen) Abfahrt Bingen-Büdesheim bzw. Bingen, B 9 Richtung Stadtzentrum Bingen, in der Saarlandstraße 62–66, direkt am Fuße des bekannten Scharlachbergs

Telefon:
06721/183240 ‹408240›

Kontaktperson:
Frau Elke Krei

Produktionsprogramm:
Scharlachberg Meisterbrand
und Scharlachberg Meisterlikör

Firmengröße:
Mitarbeiterzahl – 230

Gründungsjahr:
1898

Besichtigungen sind möglich:
Wann? – montags bis donnerstags von 8.30 bis 10.45 und 13 bis 15 Uhr, freitags von 8.30 bis 10.45 Uhr
Für welche Personengruppen? – alle ab 18 Jahren in Gruppen bis 45 Personen, in Ausnahmefällen bis 80 Personen Fachschulen ab 16 J.
Können sich Einzelpersonen an Gruppen anschließen? – ja
Voranmeldung
a) erforderlich – ja
b) wie lange vorher? – bei Gruppen ca. 8 Tage
Was wird gezeigt? – Brennerei, Destillatlager, Fabrikationsanlagen, Füllanlagen, anschließend Verkostung.

WEINBRENNEREI
Scharlachberg
STURM & CO.
POSTFACH 1835
6530 BINGEN am Rhein

Name des Unternehmens:
SCHILL-MALZ GmbH & Co. KG

Anschrift:
Ludwig-Schwamb-Straße 7–9
6522 Osthofen/Rhh.

Wegbeschreibung:
Nähe Worms/Rhein, A 61, B 9

Telefon:
0 62 42 / 8 60/8 62

Kontaktperson:
Carl-Otto Schill
Rudolf Stockmeier

Produktionsprogramm:
Braumalze, Diastasemalze

Firmengröße:
a) Mitarbeiterzahl – 50
b) Umsatz – 80 000 Tonnen

Gründungsjahr:
1859

Besichtigungen sind möglich:
Wann? – jederzeit
Für welche Personengruppe? – gleich, keine Schulklassen
Können sich Einzelpersonen an Gruppen anschließen? – nach Absprache
Voranmeldung
a) erforderlich – ja
b) wie lange vorher? – kurzfristig
Was wird gezeigt? – Produktionsablauf

Name des Unternehmens:
Schwaben Bräu
Bräu Rob. Leicht AG

Anschrift:
Hauptstraße 26
7000 Stuttgart 80

Telefon:
07 11 / 73 70-2 01

Kontaktperson:
Herr Axmann

Produktionsprogramm:
Bier, Fruchtsäfte, Limonaden

Firmengröße:
a) Mitarbeiterzahl – ca. 600
b) Umsatz – ca. 160 Mio. DM

Gründungsjahr:
1878

Besichtigungen sind möglich:
Wann? – 10.30 und 13.00 Uhr
Können sich Einzelpersonen an Gruppen anschließen? – ja
Voranmeldung:
a) erforderlich – ja
b) wie lange vorher? – 4 Wochen zur genauen Terminierung
Was wird gezeigt? – Das Schwäbische Brauereimuseum Stuttgart mit 5.000jähriger Biergeschichte, eine attraktive Tonbildschau und die Bierherstellung vom Sudhaus bis zur Abfüllung.

Privatbrauerei
Jacob Stauder

Anschrift:
Postfach 12 03 05
4300 Essen 12
Stauderstraße 88
4300 Essen-Altenessen

Telefon:
02 01 / 36 16-0

Kontaktperson:
Sabine Peters

Produktionsprogramm:
Stauder Pils, Die kleine Persönlichkeit

Firmengröße:
Mitarbeiterzahl – 250

Gründungsjahr:
1867

Besichtigungen sind möglich:
Wann? – Montag bis Donnerstag, von 14.00 bis 17.00 Uhr
Für welche Personengruppe? – keine Einschränkung (ab 18 Jahren)
Können sich Einzelpersonen an Gruppen anschließen? – ja, wenn Einladung durch Stauder vorhanden
Voranmeldung:
a) erforderlich – ja
b) wie lange vorher? – 3 Monate
Was wird gezeigt? – der Brauprozeß, das hauseigene Museum incl. Tonbildschau

Name des Unternehmens:
Teutoburger Mineralbrunnen GmbH
(Christinen Brunnen)

Anschrift:
Brunnenbetrieb:
Brockhagener Straße 200
4800 Bielefeld 14
Hauptverwaltung:
Gottlieb-Daimler-Str. 26
Postfach 1753
4830 Gütersloh 1

Telefon:
0 52 41 / 6 02-0

Kontaktperson:
H. Buß, H. Lüdtke

Firmengröße:
a) Mitarbeiterzahl – 400
b) Umsatz – 110 Mio. DM

Gründungsjahr:
1966

Besichtigungen sind möglich:
Wann? – Montag bis Donnerstag (9 bis 15 Uhr)
Für welche Personengruppe? – 15–35 Personen
Können sich Einzelpersonen an Gruppen anschließen? – ja
Voranmeldung
a) erforderlich – ja
b) wie lange vorher? – 14 Tage
Was wird gezeigt? – gesamtes Abfüllprogramm

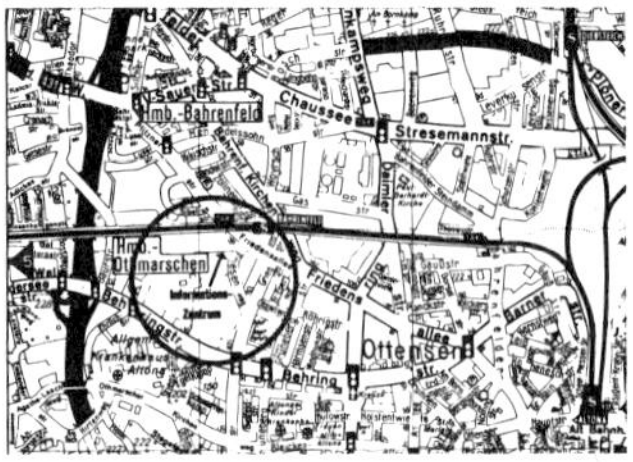

Name des Unternehmens:
UNION Deutsche Lebensmittelwerke GmbH
Zweigniederlassung Bahrenfeld

Anschrift:
Friedensallee 333
2000 Hamburg 50
Informationszentrum

Wegbeschreibung:
gegenüber S-Bahn Bahrenfeld

Telefon:
040 / 88301416 (Durchwahl)

Kontaktperson:
Frau Elke Selmer

Firmengröße:
a) Mitarbeiterzahl – rd. 6 500
b) Umsatz – rd. 3 Mrd. DM (6 Werke)

Gründungsjahr:
1929

Besichtigungen sind möglich:
Wann? – montags bis freitags
Für welche Personengruppe? – Alle allgem. bildenden Schulen, Berufs-/Berufsfachschulen, Lehrküchen, Krankenpflegeschulen, Verbraucherzentralen, Frauenverbände (DGH/DHB), Handelspartner, Fachjournalisten, Gesundheitsbehörden, Lehrer, Studierende aller Fachrichtungen
Können sich Einzelpersonen an Gruppen anschließen? – ja
Voranmeldung
a) erforderlich – ja
b) wie lange vorher? – 2–3 Wochen
Was wird gezeigt? – Herstellung von Margarine und Speisefetten

Name des Unternehmens:
UNION Deutsche Lebensmittelwerke GmbH
Zweigniederlassung Kleve

Anschrift:
Van-den-Bergh-Straße
4190 Kleve
Informations-Zentrum

Telefon:
0 28 21 / 8 34 84

Kontaktperson:
W. Philippi

Firmengröße:
a) Mitarbeiterzahl – rd. 6 500
b) Umsatz – rd. 3 Mrd. DM (6 Werke)

Gründungsjahr:
1929

Besichtigungen sind möglich:
Wann? – montags bis freitags
Für welche Personengruppe? – Alle allgem. bildenden Schulen, Berufs-/Berufsfachschulen, Lehrküchen, Krankenpflegeschulen, Verbraucherzentralen, Frauenverbände (DGH/DHB), Handelspartner, Fachjournalisten, Gesundheitsbehörden, Lehrer, Studierende aller Fachrichtungen
Können sich Einzelpersonen an Gruppen anschließen? – ja
Voranmeldung:
a) erforderlich – ja
b) wie lange vorher? – 2-3 Monate
Was wird gezeigt? – Herstellung von Margarine, Speisefetten und -ölen

Name des Unternehmens:
UNION Deutsche Lebensmittelwerke GmbH
Zweigniederlassung Mannheim

Anschrift:
Rheinrottstraße 5
6800 Mannheim 1
Informationszentrum

Telefon:
06 21 / 39 07-1 27

Kontaktperson:
Erika Herzog

Firmengröße:
siehe Bahrenfeld

Gründungsjahr:
1904

Besichtigungen sind möglich:

Wann? – Dienstag bis Freitag, Beginn 9.30 Uhr oder 13.30 Uhr

Für welche Personengruppe? – Fachschulen – Frauenverbände usw.

Können sich Einzelpersonen an Gruppen anschließen? – ja

Voranmeldung:

a) erforderlich – ja

b) wie lange vorher? – 3–4 Wochen

Was wird gezeigt? – Herstellung von Margarine und Speisefetten

Name des Unternehmens:
Vereinigung Rheinischer
Molkereien G.m.b.H.

Anschrift:
Westparkstr. 130
4150 Krefeld,

Wegbeschreibung:
BAB 57, Abfahrt Krefeld-Gartenstadt, hinter Eisstadion

Telefon:
02151 / 76910

Kontaktpersonen:
Dipl.-Volkswirt Günter Dory
Betriebsdirektor Aloys Broekmans
stellv. Betriebsdirektor Norbert Reyers

Produktionsprogramm:
Butter, Butterspezialitäten

Firmengröße:
a) Mitarbeiterzahl – ca. 80
b) Umsatz – ca. 340 Mio. DM

Gründungsjahr:
1926

Besichtigungen sind möglich:
Wann? – nach vorheriger Terminabsprache
Für welche Personengruppe? – Einzelpersonen und Personengruppen
Voranmeldung
a) erforderlich – ja
b) wie lange vorher? – 8–14 Tage
Was wird gezeigt? – Vollautomatische Verpackung der Butter in verschiedenen Packungsgrößen und die Stapelung 10 Meter hoch in den Tiefkühlhäusern

Name des Unternehmens:
WARSTEINER BRAUEREI
Gebr. Cramer GmbH & Co. KG

Anschrift:
Postfach 13 66
Im Waldpark
4788 Warstein

Wegbeschreibung:
A 44, Abfahrt Erwitte/Anröchte, B 55 Richtung Meschede, südlich des Ortsausgangs Warstein Richtung Meschede

Telefon:
0 29 02 / 88-2 88

Kontaktperson:
Frau Winter

Produktionsprogramm:
WARSTEINER – Spitzenpilsener der Premiumklasse

Firmengröße:
a) Mitarbeiterzahl – ca 645
b) Umsatz – 341 Mio. DM (1987)

Gründungsjahr:
1753

Besichtigungen sind möglich:
Wann? – Montag bis Donnerstag, 11.30 Uhr und 15.30 Uhr
Für welche Personengruppe? – Touristen, Betriebe, Vereine, Einzelpersonen
Können sich Einzelpersonen an Gruppen anschließen? – ja
Voranmeldung:
a) erforderlich – ja
b) wie lange vorher? – bei Gruppen bis 50 Personen ca. 2 Monate vorher, bei Einzelpersonen einige Tage vorher
Was wird gezeigt? – Fahrt mit der „Warsteiner Bierkutsche" durch die Brauerei (Sudhaus, Gärkeller, Faß- und Flaschenabfüllung, Verladehalle), ein Dokumentarfilm mit einer Bierreise rund um die Welt, anschließend Bierverkostung. Kosten der Besichtigung: 7,50 DM.

Name des Unternehmens:
Westfälische Getränkeindustrie
GmbH & Co. KG

Anschrift:
Paschenbergstraße 30
4352 Herten

Wegbeschreibung:
A 2, A 42, A 43 – Abfahrt Herten

Telefon:
0 23 66 / 8 03–0

Kontaktperson:
Heike Urbanski

Produktionsprogramm:
alkoholfreie Erfrischungsgetränke: Coca-Cola, Fanta, Sprite

Firmengröße:
a) Mitarbeiterzahl – 260
b) Umsatz – 120 Mio. DM

Gründungsjahr:
1936

Besichtigungen sind möglich:
wann? Montags bis freitags nach Vereinbarung
Für welche Personengruppe? Alle interessierten Gruppen. Spezielles wirtschaftskundliches Programmangebot für Schulen ab Klasse 8.
Können sich Einzelpersonen an Gruppen anschließen? – ja
Voranmeldung:
a) erforderlich – ja,
unter Tel. 0 23 66 / 8 03–2 07
b) wie lange vorher? – 4 Wochen
Was wird gezeigt? – Tonfilmschau: Produktion von Coca-Cola. Information: Geschichte von Coca-Cola. Umweltschutz bei Coca-Cola. Besichtigung: Abfüllanlagen, Lager, Vertrieb. Verkostung.

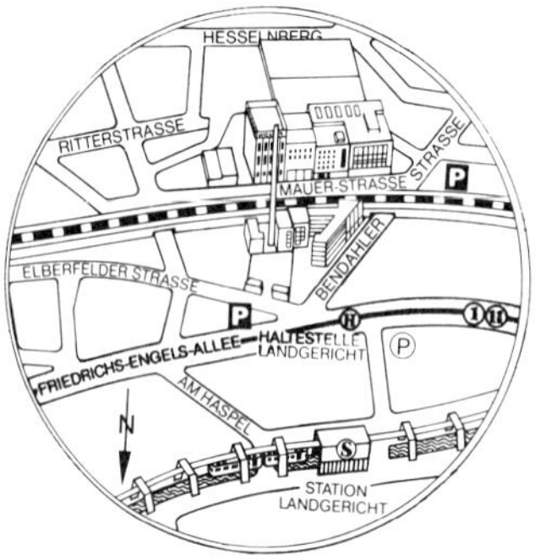

Name des Unternehmens:
Wicküler Brauerei GmbH & Co.
Kommanditgesellschaft

Anschrift:
Bendahler Straße 31
5600 Wuppertal 2

Telefon:
02 02 / 8 90 31

Kontaktperson:
Herr Hornemann

Produktionsprogramm:
Wicküler Pilsener und andere Sorten

Firmengröße:
Mitarbeiterzahl – 656

Gründungsjahr:
1828

Besichtigungen sind möglich:
Wann? – Montag, Dienstag, Mittwoch
Für welche Personengruppe? – Verbraucher
Können sich Einzelpersonen an Gruppen anschließen? – ja
Voranmeldung
a) erforderlich – ja
b) wie lange vorher? – 1 Monat
Was wird gezeigt? – Betriebsfilm, Sudhaus, Lagerkeller, Filtration, Abfüllung, Expedition, Braustübl, Tonbildschau, historische Hausbrauerei, Gär- und Lagerkeller, Filtration, Abfüllung, Expedition, Braustube

ZUCKERFABRIK SEHNDE A. G.

Name des Unternehmens:
Zuckerfabrik Sehnde A.-G.

Anschrift:
Postfach 10 52
3163 Sehnde 1

Wegbeschreibung:
Autobahnabfahrt Hannover-Anderten

Telefon:
0 51 38 / 20 02

Kontaktperson:
Herr Martin oder
Frau Notbohm

Produktionsprogramm:
Weißzucker, Puderzucker, Sandzucker,
gem. Raffinade, Melasse,
mel. Trockenschnitzel-Pellets

Firmengröße:
a) Mitarbeiterzahl – 105
b) Umsatz – 48 Mio. DM

Gründungsjahr:
1876

Besichtigungen sind möglich:
Wann? – vom 15. 10. bis 30. 11.
(Saisonbetrieb)
Voranmeldung
a) erforderlich – ja
b) wie lange vorher? – 14 Tage
Was wird gezeigt? – Produktion und Lager

Coca-Cola Abfüllbetriebe

5413 Bendorf
Erfrischungs-Getränke GmbH
Mittelrhein
0 26 22 / 30 36
1000 Berlin 45
Lichterfelder Getränke
Herstellung und
Vertrieb GmbH
0 30 / 77 00 02-0
4800 Bielefeld
Hermann Tönsmeise
Getränke-Industrie
05 21 / 7 30 51
5300 Bonn-Tannenbusch
Peter Bürfent GmbH & Co.
Coca-Cola Abfüllfabrik
02 28 / 66 80 80
3300 Braunschweig
Getränke-Industrie Winter & Both
GmbH & Co. KG
05 31 / 87 60 50
4980 Bünde
Georg Diekmann KG
0 52 23 / 1 20 17
7301 Deizisau
RACO GETRÄNKE
GMBH & CO. KG
0 71 53 / 2 30 81-83
5962 Drolshagen-Germinghausen
Alfons Lütticke GmbH
0 27 63 / 2 31
2200 Elmshorn
Karl Burmeister & Co.
Getränkeindustrie
0 41 21 / 2 00 93
7012 Fellbach
bwg
Baden-Württembergische
Erfrischungsgetränke GmbH
07 11 / 5 70 41

6360 Friedberg
Wetterauer Getränke-Industrie
GmbH
0 60 31 / 93 40
8080 Fürstenfeldbruck
Bayerische Frischgetränke
GmbH & Co.
0 81 41 / 24 10
5130 Geilenkirchen-Rischden
Willy Derichs GmbH & Co. KG
0 24 51 / 70 01-3
6300 Gießen
Hessisch-Niedersächsische
Getränke GmbH & Co.
Produktions- und Vertriebs KG
06 41 / 5 00 10
3170 Gifhorn
Franz Mielke GmbH & Co. KG
0 53 71 / 30 77
7413 Gomaringen
Getränkegesellschaft
Schwarzwald
Max Schmeling GmbH & Co. KG
0 70 72 / 20 21
4155 Grefrath
Rudolf und
Josef Mäurers OHG
0 21 58 / 10 55-58
4830 Gütersloh
Frischgetränke GmbH
0 52 41 / 60 20
4352 Herten
Westfälische Getränkeindustrie
Gesellschaft mbH. & Co. KG
0 23 66 / 80 30
6750 Kaiserslautern
Pfälzische Getränke-
Gesellschaft mbH
06 31 / 5 35 61-0
7500 Karlsruhe 31
Getränke-Industrie Mittelbaden
Troullier GmbH & Co. KG
0 97 21 / 7 08 10

3500 Kassel
Hessisch-Niedersächsische
Getränke GmbH & Co.
Produktions- und Vertriebs KG
05 61 / 40 92-0
2300 Kiel
August Cohrt & Co.,
Getränke GmbH
04 31 / 1 30 22
8729 Knetzgau
G. u. K. Partin
Erfrischungsgetränke
GmbH & Co.
0 95 27 / 7 80
6237 Liederbach
Getränkeindustrie Main-Taunus
GmbH & Co. KG
0 69 / 3 00 91-0
8990 Lindau
Erfrischungsgetränke GmbH
0 83 82 / 70 51-0
6800 Mannheim
HM Interdrink GmbH & Co. KG
Tel. 06 21 / 70 08-0
4400 Münster
Getränke-Industrie Münsterland
Ingwersen GmbH & Co. KG
02 51 / 61 70 31
2350 Neumünster
W.I.R. Liebelt GmbH & Co. KG
0 43 21 / 80 05
8500 Nürnberg
Südgetränke GmbH
09 11 / 5 40 90
6050 Offenbach
Peter Herdt & Söhne
GmbH & Co. KG
0 69 / 86 00 01-0
2900 Oldenburg
Franz Hermeling
Getränke GmbH & Co.
04 41 / 4 10 28

4500 Osnabrück
H. Heydt Markengetränke
05 41 / 6 91 16-0
3003 Ronnenberg 1/ Hannover
Hessisch-Niedersächsische
Getränke GmbH & Co.
Produktions- und
Vertriebs KG
05 11 / 43 80 60
4770 Soest
Getränke
Friedr. Schwarze
GmbH & Co. KG
0 29 21 / 7 30 28
3060 Stadthagen
Hessisch-Niedersächsische
Getränke GmbH & Co.
Produktions- und
Vertriebs KG
0 57 21 / 7 60 22
7900 Neu-Ulm
„FRUTTIKA“
Schwäb. Getränke-Industrie
GmbH & Co. KG
07 31 / 70 70 30
7068 Urbach
Getränke-Lachenmeier KG
0 71 81 / 8 00 10
6108 Weiterstadt
Getränke-Industrie Darmstadt
Hoffmann GmbH & Co. KG
0 61 51 / 85 30
4230 Wesel
Standard-Getränke
Stams GmbH & Co. KG
02 81 / 6 20 21

Tabakindustrie

Name des Unternehmens:
B·A·T Cigarettenfabriken GmbH
Werk Berlin

Anschrift:
Mertenstraße 63–115
1000 Berlin 20 (Spandau)

Telefon:
0 30 / 3 35 01–1

Kontaktperson:
Sekretariat Werksleitung

Produktionsprogramm:
Cigaretten, Rauchtabak

Firmengröße (Gesamtunternehmen):
a) Mitarbeiterzahl – 3 051 (1987)
b) Umsatz – 4,4 Mrd. DM (1987)

Gründungsjahr:
1926

Besichtigungen sind möglich:
Wann? – telefonisch zu erfragen
Für welche Personengruppe? – Alle Personen ab 18 Jahren. Max. 25 Personen
Können sich Einzelpersonen an Gruppen anschließen? – ja
Voranmeldung
a) erforderlich – ja
b) wie lange vorher? – möglichst 2 Wochen vorher
Was wird gezeigt? – Cigarettenproduktion

Name des Unternehmens:
B·A·T Cigarettenfabriken GmbH
Werk Bayreuth

Anschrift:
Riedinger Straße 15
8580 Bayreuth

Telefon:
09 21 / 2 91

Kontaktperson:
Sekretariat Werksleitung

Produktionsprogramm:
Cigaretten

Firmengröße (Gesamtunternehmen):
a) Mitarbeiterzahl – 3 051 (1987)
b) Umsatz – 4,4 Mrd. DM (1987)

Gründungsjahr:
1926

Besichtigungen sind möglich:
Wann? – telefonisch zu erfragen
Für welche Personengruppe? – Alle Personen ab 18 Jahren
Können sich Einzelpersonen an Gruppen anschließen? – ja
Voranmeldung
a) erforderlich – ja
b) wie lange vorher? – möglichst 2 Wochen vorher
Was wird gezeigt? – Cigarettenproduktion

BURGER SOEHNE
Burger Cigars Cigarillos
Innovationen. Qualität. Professionelles Marketing.

Name des Unternehmens:
Burger Söhne GmbH & Co. KG
Cigarrenfabrik

Anschrift:
Postfach 1767
4973 Vlotho

Wegbeschreibung:
Gewerbegebiet Hollwiesen-Wehrendorf, Gerhard-Lüking-Straße, BAB A2, Abfahrt Exter (Autobahnkirche)

Telefon:
05733 / 7904-0

Kontaktperson:
Herr Klaus Schmidt

Produktionsprogramm:
Cigarren und Cigarillos

Firmengröße:
a) Mitarbeiterzahl – 250
b) Umsatz – 35 Mio. DM

Gründungsjahr:
1864

Besichtigungen sind möglich:
Wann? – nach Vereinbarung
Für welche Personengruppe? – Unterricht und Ausbildung; fachlich interessierte Gruppen
Können sich Einzelpersonen an Gruppen anschließen? – möglichst nicht
Voranmeldung
a) erforderlich – ja
b) wie lange vorher? – 14 Tage
Was wird gezeigt? – Herstellung von Cigarren und Cigarillos vom Rohtabak bis zur Verkaufspackung

Name des Unternehmens:
Villiger Söhne GmbH
Cigarrenfabriken

Anschrift:
Postfach 201280
Schwarzenbergstraße 3–7
7890 Waldshut-Tiengen 2

Wegbeschreibung:
Schwarzenbergstraße, Autobahnausfahrt Lörrach, Richtung Schaffhausen bis Tiengen

Telefon: 07741 / 607-0

Kontaktperson: Herr W. Mülhaupt, Werksleiter

Produktionsprogramm:
Werk Waldshut-Tiengen:
Villiger-Kiel, Rillos, Villiger Stumpen
Werk Berlin: Tabatip, Tobajara, Braniff, Brio
Werk Bünde:
Backgammon, San Luis Rey, Deutsche Jagd, Weisse Eule, Herrenkrone, Schwarze Weisheit, Gelbe Rose sowie Cigarettenfilterhülsen

Firmengröße:
a) Mitarbeiterzahl – alle Werke: 570
b) Umsatz – 83,4 Mio. DM (1985)

Gründungsjahr:
Stammhaus in Pfeffiken/Schweiz: 1888,
Villiger Deutschland: 1910

Besichtigungen sind möglich:
Wann? – montags bis freitags ab 9.30 bis 11 Uhr und 13 bis 15 Uhr
Für welche Personengruppe? – für alle Interessenten
Können sich Einzelpersonen an Gruppen anschließen? – ja
Voranmeldung
a) erforderlich – ja
b) wie lange vorher? – mögl. 1 Woche
Was wird gezeigt? – Das gesamte Produktionsprogramm

Freizeitindustrie
Musikinstrumente, Schallplatten, Spielwaren, Sportartikel

Name des Unternehmens:
GEZE GmbH + Co

Anschrift:
Siemensstraße 21–29
7250 Leonberg

Wegbeschreibung:
Autobahnausfahrt Leonberg, dann GEZE-Beschilderung folgen

Telefon:
07152 / 203260

Kontaktperson:
Herr Schulz

Produktionsprogramm:
Spezialbaubeschläge

Firmengröße:
a) Mitarbeiterzahl – ca. 850
b) Umsatz – ca. 150 Mio. DM

Gründungsjahr:
1863

Besichtigungen sind möglich:
Wann? – möglichst morgens zwischen 9.30 und 12 Uhr
Für welche Personengruppe? – Interessierte Studien- und Schülergruppen
Können sich Einzelpersonen an Gruppen anschließen? – ja
Voranmeldung
a) erforderlich – ja
b) wie lange vorher? – 3–4 Wochen
Was wird gezeigt? – Produkte, Fertigungsverfahren, Ausbildungseinrichtungen

GROTRIAN-STEINWEG
das königliche Instrument

Name des Unternehmens:
Grotrian-Steinweg

Anschrift:
Grotrian-Steinweg-Straße 2
3300 Braunschweig

Telefon:
05 31 / 31 40 75

Kontaktperson:
Frau Peia, Herr Frankowiak,
Herr Grotrian-Steinweg

Firmengröße:
a) Mitarbeiterzahl – 130 (1987)
b) Umsatz – 16,0 Mio. DM 1987/88

Gründungsjahr:
1835

Besichtigungen sind möglich:
Wann? – vormittags 10 bis 13 Uhr
Für welche Personengruppe? – Interessenten
Können sich Einzelpersonen an Gruppen anschließen? – ja
Voranmeldung
a) erforderlich – ja
b) wie lange vorher? – 4 Wochen
Was wird gezeigt? – Produktion von Flügeln und Pianos

Name des Unternehmens:
Matth. Hohner AG

Anschrift:
Postfach 1260, 7218 Trossingen 1

Wegbeschreibung:
Autobahnabfahrt Trossingen, auf Autobahn Stuttgart–Singen

Telefon:
0 74 25 / 2 04 03 od. 2 04 18

Kontaktperson:
Werbeleiter Arnold Kutzli

Produktionsprogramm:
Mundharmonikas, Melodicas, Blockflöten, Handharmonikas, Akkordeons, Heimorgeln, transportable Orgeln, Home-Keyboards, Pianos, Gitarren, professionelles Equipment, Literatur, Musik-Verlag, Musik-Großsortiment

Firmengröße:
a) Mitarbeiterzahl – ca. 1400
b) Umsatz – ca. 138 Mio. DM

Gründungsjahr: 1857

Besichtigungen sind möglich:
Wann? – Montag bis Donnerstag 7.15 bis 12 und 13.30 bis 16.45 Uhr
Für welche Personengruppe? – sämtliche Schulen, Musikschulen, Ausbildungsstätten sowie potentielle Musikfreunde
Können sich Einzelpersonen an Gruppen anschließen? – ja
Voranmeldung
a) erforderlich – ja
b) wie lange vorher? – 14 Tage
Was wird gezeigt? – Besichtigung der Akkordeon-Fertigung, Besichtigung der Orgel- und Keyboardfertigung, Vorführung im Hohner-Musikstudio, Besuch des Trossinger Heimatmuseums mit großer Harmonikastube (DM 1,– pro Person) sowie kostengünstige Mittagsverpflegung in der Hohner-Werkskantine

HOHNER

Name des Unternehmens:
Margarete Steiff GmbH

Anschrift:
Alleenstraße 2
Postfach 15 60
7928 Giengen/Brenz

Telefon:
0 73 22 / 1 31–1

Kontaktperson:
Frau W. Ulitzka
Tel.: 07322 / 131398

Produktionsprogramm:
weichgestopfte Spielzeuge

Firmengröße:
a) Mitarbeiterzahl – 820 mit Zweigwerken
b) Umsatz – 60 Mio. DM

Gründungsjahr:
1880

Besichtigungen sind möglich:
Margarete Steiff Museum (keine Betriebsbesichtigung)
Wann? – Montag bis Freitag 13 bis 16 Uhr
Für welche Personengruppe? –
für jedermann
Können sich Einzelpersonen an Gruppen anschließen? – ja
Voranmeldung
a) erforderlich – ja, Einzelpersonen: nein
b) wie lange vorher? – ca. 4 Wochen
Was wird gezeigt? – etwa 1000 alte und neue Steifftiere, ein Film über die Firmengeschichte und über die Herstellung der Steifftiere

Haushaltswaren und -geräte, Geschenkartikel, Schmuck und Uhren, Glas, Feinkeramik

Name des Unternehmens:
Barthmann cristall
Dorotheenhütte

Anschrift:
Postfach 11 20
Glashüttenweg 4
7620 Wolfach

Wegbeschreibung:
Im Kinzigtal, genau in der Mitte des Schwarzwaldes zwischen Offenburg und Freudenstadt, Autobahnabfahrten: Offenburg und Rottweil

Telefon:
0 78 34 / 7 51–7 53

Kontaktperson:
Günter Dieterle, Rudolf Sonntag

Produktionsprogramm:
Trinkgläser und Geschenkartikel aus Bleikristall

Firmengröße:
a) Mitarbeiterzahl – 145
b) Umsatz – 10 Mio. DM

Gründungsjahr:
1947

Besichtigungen sind möglich:
Für welche Personengruppe? – alle
Können sich Einzelpersonen an Gruppen anschließen? – ja
Voranmeldung
a) erforderlich – nein
Was wird gezeigt? – Die Entstehung von Trinkgläsern und Geschenkartikeln aus Hochbleikristall (30 v. H.) von der glühenden Glasmasse im Ofen bis zum geschliffenen Kelch, zur gravierten Vase . . . In einem eigens eingerichteten Glasmuseum erlebt der Besucher 2000 Jahre Glasgeschichte

Barthmann Cristall

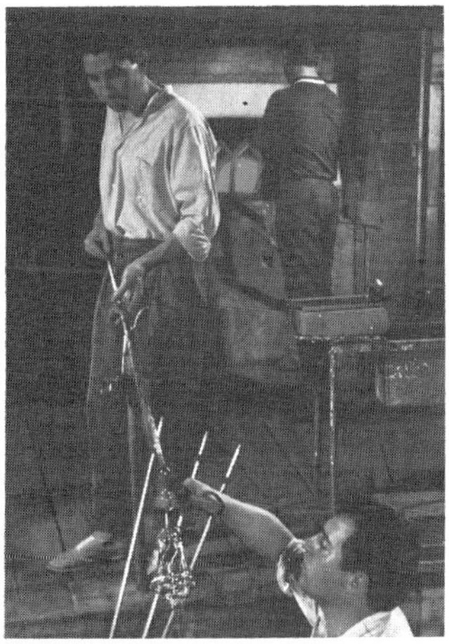

Name des Unternehmens:
Glaswerke Warmensteinach eG

Anschrift:
Bayreutherstraße 192
Postfach 28
8581 Warmensteinach

Wegbeschreibung:
Autobahn Nürnberg–Berlin, Ausfahrt Bayreuth-Nord

Telefon:
0 92 77 / 5 51

Kontaktperson:
Herr Unterweger, Frau Klotz

Produktionsprogramm:
Wirtschaftsglas mundgeblasen und gepreßt

Firmengröße:
Mitarbeiterzahl 250

Gründungsjahr:
1899

Besichtigungen sind möglich:
Wann? – täglich ab 10 Uhr (nur vormittags)
Für welche Personengruppe? – alle – außer Schüler unter 12 Jahren
Können sich Einzelpersonen an Gruppen anschließen? – ja
Voranmeldung
a) erforderlich – ja
b) wie lange vorher? – ca. 14 Tage
Was wird gezeigt? – Glashütte – Mundblasen und Pressen

J. A. HENCKELS
ZWILLINGSWERK AG

Name des Unternehmens:
J. A. Henckels
Zwillingswerk AG

Anschrift:
Grünewalder Straße 14–22
5650 Solingen 1

Wegbeschreibung:
Autobahnausfahrt: Solingen, Fahrt in Richtung Stadtmitte

Telefon:
0212 / 882328

Kontaktpersonen:
Frau Thomas

Produktionsprogramm:
Messer, Scheren, Bestecke, Manicure-Artikel

Firmengröße:
Mitarbeiterzahl – ca. 600

Gründungsjahr:
1731

Besichtigungen sind möglich:
Wann? – Montag bis Donnerstag
Beginn: 9.30 Uhr
Dauer ca. 1½ Std.
Für welche Personengruppe? – bis 30 Personen
Können sich Einzelpersonen an Gruppen anschließen? – ja
Voranmeldung
a) erforderlich – ja
b) wie lange vorher? – ca. 2 Monate
Was wird gezeigt? – Herstellung von Schneidwaren

PALME LIMBURG
PALMCO

Postfach 11 17 · D-6250 Limburg/Lahn 1

Name des Unternehmens:
Kristallkronleuchter-Fabrik
GERHARD PALME + CO. GMBH

Anschrift:
Holzheimer Straße 92
Postfach 11 17
6250 Limburg/Lahn 1

Wegbeschreibung:
Autobahnabfahrt Limburg-Süd, Richtung Holzheim/Südstadt

Telefon:
0 64 31 / 4 10 04

Kontaktperson:
Herr Gänzle

Produktionsprogramm:
Kristallkronleuchter

Firmengröße:
a) Mitarbeiterzahl – 60
b) Umsatz – 4,5 Mio. DM

Gründungsjahr:
1948

Besichtigungen sind möglich:
Wann? – Montags bis Donnerstags, 8 bis 12 und 14 bis 16 Uhr
Für welche Personengruppe? – zu vereinbaren
Können sich Einzelpersonen an Gruppen anschließen? – ja
Voranmeldung
a) erforderlich – ja
b) wie lange vorher? – 1–2 Wochen
Was wird gezeigt? – Ausstellungsraum, Fertigungsabteilungen. Es können auch große Kronleuchter (1–2 m Durchmesser) besichtigt werden, die vorwiegend an OPEC-Länder geliefert werden

Name des Unternehmens:
Freiherr von Poschinger Kristallglasfabrik

Anschrift:
8377 Frauenau/Bayer. Wald

Wegbeschreibung:
ab Deggendorf, über Regen und Zwiesel nach Frauenau

Telefon:
0 99 26 / 7 03

Kontaktperson:
Stephan Freiherr v. Poschinger

Firmengröße:
Mitarbeiterzahl – 180

Gründungsjahr:
1605

Besichtigungen sind möglich:
Wann? – ganzjährig
Für welche Personengruppe? – jedermann
Können sich Einzelpersonen an Gruppen anschließen? – ja
Voranmeldung
a) erforderlich – nein
Was wird gezeigt? – Herstellung und Veredlung mundgeblasener Kelchgläser und Geschenkartikel wie Vasen, Kerzenleuchter etc. in Kristall- und Farbglas

Name des Unternehmens:
Staatliche Majolika Manufaktur
Karlsruhe AG

Anschrift:
Ahaweg 6–8
7500 Karlsruhe 1

Wegbeschreibung:
Autobahn-Abfahrt KA-Durlach bis zur Stadtmitte. Die Manufaktur liegt am Rand des Schloßparks

Telefon:
07 21 / 2 70 11

Kontaktperson:
Frau Witkowski, Verkaufsleiterin

Firmengröße:
a) Mitarbeiterzahl – 100
b) Umsatz – ca. 7 Mio. DM

Gründungsjahr:
1901

Besichtigungen sind möglich:
Wann? – nach Anmeldung werktags außer Samstag 9 bis 12 und 14 bis 16 Uhr
Für welche Personengruppe? – für Gruppen bis zu 30 Personen
Können sich Einzelpersonen an Gruppen anschließen? – ja
Voranmeldung
a) erforderlich – ja
b) wie lange vorher? – 14 Tage
Was wird gezeigt? – Herstellung von künstlerischer Keramik, von Bau- und Gartenkeramik und von Ofenkacheln, bedeutende historische Ausstellung, bes. Jugendstil, Werksverkauf

Bauindustrie

Name des Unternehmens:
Bildungszentren des Bauhandwerks e. V.

Anschrift:
Bökendonk 15-17
4150 Krefeld

Wegbeschreibung:
BAB A 57, Abfahrt Krefeld-Oppum

Telefon: 0 21 51 / 54 10 55-57

Kontaktperson: Dipl.-Ing. Frank Pawlik

Produktionsprogramm:
- Überbetriebliche Unterweisung für Auszubildende in 15 Berufen des Bauhauptgewerbes (Stufenausbildung Bau)
- Auf-, Umschulungs- und Nachqualifizierungsmaßnahmen im Baubereich
- Berufsförderlehrgänge für Jugendliche
- Weiterbildungsseminare und -lehrgänge

Firmengröße:
a) Mitarbeiterzahl – 70
b) Umsatz – 9 Mio. DM

Gründungsjahr: 1979

Besichtigungen sind möglich:
Wann? – nach Vereinbarung
Für welche Personengruppe? – Interessierte am Baugeschehen und der Berufsausbildung im Baugewerbe (u. a. auch Lehrer und Schüler)
Können sich Einzelpersonen an Gruppen anschließen? – Grundsätzlich ja, es werden auch Einzelpersonen betreut
Voranmeldung:
a) erforderlich – ja
b) wie lange vorher? – 2-4 Wochen
Was wird gezeigt? – Praktische Ausbildung folgender Bauberufe: Maurer, Beton- und Stahlbetonbauer, Zimmerer, Stukkateur, Fliesen- und Mosaikleger, Wärme-, Kälte-, Schallschutzisolierer, Estrichleger, Trockenbaumonteur, Straßenbauer, Kanalbauer, Straßenwärter, Bauzeichner. Weitere Besichtigungsmöglichkeiten in den Bildungszentren des Bauhandwerks Düsseldorf und Wesel

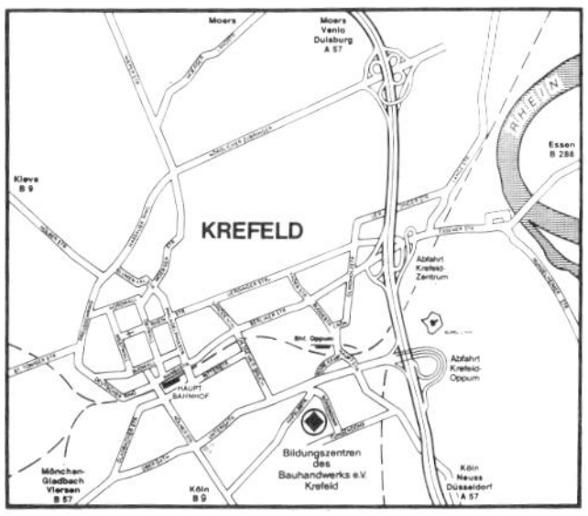

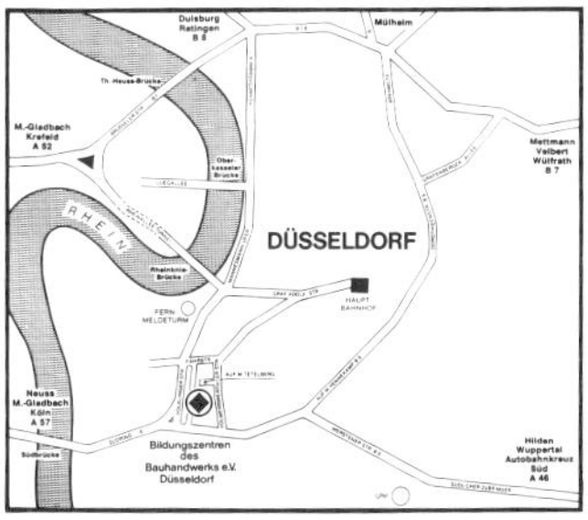

Auf'm Tetelberg 13 · 4000 Düsseldorf · Telefon (0211) 394071-72

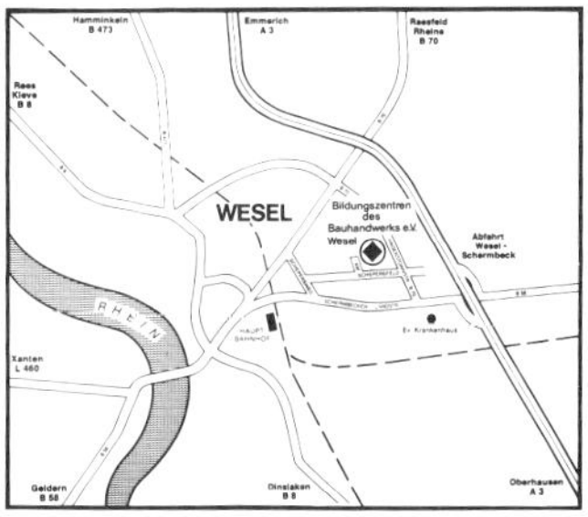

Am Schepersfeld 33a · 4230 Wesel · Telefon (0281) 56031-33

LOUIS EILERS

Name des Unternehmens:
Louis Eilers

Anschrift:
Entenfangweg 2
3000 Hannover 21

Telefon:
05 11 / 7 90 41

Kontaktperson:
Sekretariat

Produktionsprogramm:
Stahl-, Brücken-, Hoch-, Wasser-, Berg-, Mast-, Behälter-Bau

Firmengröße:
Mitarbeiterzahl – 500

Gründungsjahr:
1871

Besichtigungen sind möglich:
Wann? – an Werktagen
Für welche Personengruppe? – keine Einschränkung
Können sich Einzelpersonen an Gruppen anschließen? – ja
Voranmeldung
a) erforderlich – ja
b) wie lange vorher? – ca. 4 Wochen
Was wird gezeigt? – Produktionsprogramm, Fertigungsstraßen, technische Büros

Name des Unternehmens:
EURO-HAUS GmbH
Euro Fertigbau GmbH

Anschrift:
Industriegelände
Postfach 12 80
6690 St. Wendel 1-Bliesen/Saar

Wegbeschreibung:
Abfahrt Landstuhl-West der BAB Mannheim – Saarbrücken in Richtung Trier – Abfahrt Freisen der BAB Landstuhl – Trier B 41 in Richtung St. Wendel

Telefon:
0 68 54 / 7 90

Kontaktperson:
Geschäftsführer Josef Schuh
Geschäftsführer Armin Spaniol

Produktionsprogramm:
Markenhausbau,
Wohn-/Geschäftshäuser,
Industrie-, Bürogebäude, Holzfachwerkhallen,
gütegeprüfte Dachbinder, Wandelemente,
Holzlärmschutzwände

Firmengröße:
a) Mitarbeiterzahl – 280
b) Umsatz – 50,5 Mio. DM

Gründungsjahr:
1962 (EURO-Fertigbau GmbH)

Besichtigungen sind möglich:
Wann? – arbeitstäglich von 8 bis 17 Uhr
Für welche Personengruppe? – Schulen, Verbände, Institute usw.
Können sich Einzelpersonen an Gruppen anschließen? – ja
Voranmeldung:
a) erforderlich – ja
b) wie lange vorher? – 2 Wochen
Was wird gezeigt? – Produktion, Dachbindersystem, Mehrzweckhallen, Markenhäuser

Name des Unternehmens:
Peter Gross KG
F. Albert Bauunternehmung GmbH

Anschrift:
Dudweilerstraße 80
6670 St. Ingbert/Saar

Wegbeschreibung:
BAB A 6 Mannheim–Saarbrücken, Abfahrt St. Ingbert-West

Telefon:
0 68 94 / 15–2 02

Produktionsprogramm:
Bauunternehmung, Transportbeton, Betonfertigteile, Asphalt

Firmengröße:
a) Mitarbeiterzahl – 1400 – Baugruppe Gross/Albert
b) Umsatz – 150 Mio. DM – Baugruppe Gross/Albert

Gründungsjahr:
1885

Besichtigungen sind möglich:
Wann? – Nach Voranmeldung jederzeit möglich
Voranmeldung
a) erforderlich – ja
b) wie lange vorher? – 2–3 Wochen
Was wird gezeigt? – Bauhof, Fertigteilwerk, Transportbetonanlage, Asphaltanlage

HAACKE

Name des Unternehmens:
HAACKE + HAACKE GmbH + Co

Anschrift:
Am Olhorstberge 3
Postfach 4 70
3100 Celle-Westercelle

Wegbeschreibung:
BAB Frankfurt–Hamburg, Abfahrt Hannover-Kirchhorst, BAB Berlin–Dortmund, Abfahrt Hannover-Buchholz, B 3 bis 1 km vor Celle

Telefon:
0 51 41 / 8 05–0

Kontaktperson:
Herr Haacke

Produktionsprogramm:
HAACKE-Häuser

Firmengröße:
a) Mitarbeiterzahl – 115
b) Umsatz – 22,4 Mio. DM

Gründungsjahr:
Muttergesellschaft 1879

Besichtigungen sind möglich:
Wann? – arbeitstäglich
Für welche Personengruppe? – bis 30 Personen
Können sich Einzelpersonen an Gruppen anschließen? – ja
Voranmeldung
a) erforderlich – ja
b) wie lange vorher? – 4 Wochen
Was wird gezeigt? – Fertigung von Einfamilienhäusern mit anschließender Hausausstellung im Musterhaus-Park mit 6 Haacke-Häusern

HIG

Holzleimbau-Industrie Gesellschaft

Name des Unternehmens:
HIG Holzleimbau-Industrie Gesellschaft mbH

Anschrift:
Münsterstraße 200
4408 Dülmen

Wegbeschreibung:
A 43 Abfahrt Dülmen/Nord-Olfen unmittelbar an der Autobahnabfahrt gelegen (B 51)

Telefon:
0 25 94 / 13-2 00

Kontaktperson:
Dipl.-Ing. Werner Kümer

Produktionsprogramm:
Herstellung von brettschichtverleimten Holzbauteilen

Firmengröße:
a) Mitarbeiterzahl – 120
b) Umsatz – 26 Mio. DM

Gründungsjahr:
1986

Besichtigungen sind möglich:
Wann? – montags bis freitags von 8 bis 12 Uhr
Für welche Personengruppe? – Schüler, Studenten, Verbände, Vereinigungen, in Gruppen bis ca. 20 Personen
Können sich Einzelpersonen an Gruppen anschließen? – nach Vereinbarung
Voranmeldung:
a) erforderlich – ja
b) wie lange vorher? – ca. 3 Wochen
Was wird gezeigt? – Betriebsbesichtigung bei laufender Produktion und Baustellenmontage der Holzleimbinder anhand einer Filmvorführung

W. Hundhausen Bauunternehmung

Name des Unternehmens:
W. Hundhausen Bauuternehmung GmbH

Anschrift:
Postfach 210441
Bäckerstraße 4
5900 Siegen-Weidenau

Telefon:
0271 / 408-0

Kontaktperson:
Herr Dipl.-Ing. Wilhelm Hundhausen

Produktionsprogramm:
Hoch-, Industrie-, Straßen- und Gleisbau, Stahlbeton-Fertiggaragen, schlüsselfertiges Bauen, Baumeister-Häuser (konventionell errichtete 1- und 2-Familienhäuser)

Firmengröße:
a) Mitarbeiterzahl – ca. 200
b) Umsatz – ca. 30 Mio. DM

Gründungsjahr:
1898

Besichtigungen sind möglich:
Wann? – nach Absprache
Für welche Personengruppe? – Fachhochschulen, Universitäten und fachbezogene Berufsgruppen
Können sich Einzelpersonen an Gruppen anschließen? – ja
Voranmeldung
a) erforderlich – ja
b) wie lange vorher? – 14 Tage
Was wird gezeigt? – Betonwerk und Garagenproduktion, Schlüsselfertigbau-Projekte, Industriebau, Straßen und Tiefbau, Verwaltung einer mittelständischen Bauunternehmung

KESTING

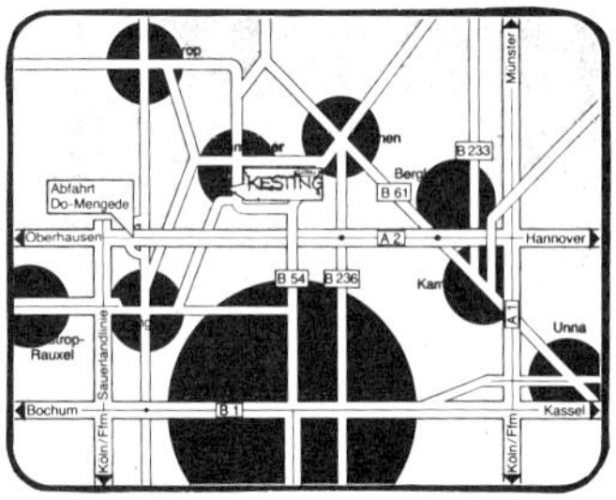

Name des Unternehmens:
KESTING-MASSIVHAUS GmbH

Anschrift:
Brechtener Straße 18
Postfach 61 80
4670 Lünen 6 (Brambauer)

Wegbeschreibung:
Autobahnabfahrt Dortmund-Mengede

Telefon:
02 31 / 87 81–0

Kontaktperson:
Dr. Bierwirth

Produktionsprogramm:
Massive Fertighäuser aus Stahlbeton-Raumelementen, Stahlbetonfertiggaragen, Industrie-Bauvorhaben

Firmengröße:
a) Mitarbeiterzahl – 850
b) Umsatz – 200 Mio. DM

Gründungsjahr:
1947

Besichtigungen sind möglich:
Wann? – nach vorheriger Vereinbarung
Für welche Personengruppe? – für Schulen, Universitäten, fachbezogene Berufsgruppen wie z. B. Architekten
Voranmeldung
a) erforderlich – ja
b) wie lange vorher? – ca. 2 Wochen
Was wird gezeigt? – Farb-Tonfilm über Herstellung eines Hauses, Produktion von bereits werkseitig weitestgehend ausgebauten Raumelementen für Ein- und Zweifamilienhäuser

Name des Unternehmens:
Markgraf GmbH Co. KG
Bauunternehmung

Anschrift:
Dieselstraße 9
8580 Bayreuth

Telefon:
09 21 / 2 97–0

Kontaktperson:
Dipl.-Ing. Waldemar Schmidt

Firmengröße:
a) Mitarbeiterzahl – über 800
b) Umsatz – über 80 Mio. DM

Gründungsjahr:
1932

Besichtigungen sind möglich:
Wann? – nach Vereinbarung
Für welche Personengruppe? –
Pressevertreter, Schüler, Studenten, Lehrer, Fachhochschulen, Techn. Universitäten, nicht Konkurrenz
Können sich Einzelpersonen an Gruppen anschließen? – ja
Voranmeldung
a) erforderlich – ja
b) wie lange vorher? – 3 Wochen
Was wird gezeigt? Sonderbaustellen nach Vereinbarung, Bauhof, Fertigteilwerk, Werkstätten, Bitumenmischanlage, Büros

MARKGRAF

Neue Heimat Bayern
Gemeinnützige Wohnungs- und Siedlungsgesellschaft mbH
Albert-Schweitzer-Straße 70
8000 München 83, Tel. (0 89) 67 99-0

Neue Heimat Bayern

Name des Unternehmens:
NEUE HEIMAT BAYERN
Gemeinnützige Wohnungs- und Siedlungsgesellschaft mbH

Anschrift:
Albert-Schweitzer-Straße 70
8000 München 83

Wegbeschreibung:
Stadtteil Neuperlach, Autobahn München–Salzburg, Abfahrt Neuperlach in Richtung Ständlerstraße

Telefon:
089 / 6799-313

Kontaktperson:
Pressestelle Christoph Titze

Produktionsprogramm:
Bau von Eigenheimen, Eigentumswohnungen und Mietwohnungen

Firmengröße:
a) Mitarbeiterzahl – 518
b) Umsatz – 350 Mio. DM

Gründungsjahr:
1924

Besichtigungen sind möglich:
Wann? – An Werktagen zu Bürozeiten
Für welche Personengruppe? – Fachpublikum auf dem Gebiet Wohnungs- und Städtebau
Können sich Einzelpersonen an Gruppen anschließen? – evtl. ja
Voranmeldung
a) erforderlich – ja
b) wie lange vorher? – ca. 2 Wochen
Was wird gezeigt? – Der Münchner Stadtteil Neuperlach (evtl. auch andere Wohngebiete der Neuen Heimat Bayern in München)

Name des Unternehmens:
NORDHAUS FERTIGBAU
Schwabenthan + Luppold KG

Anschrift:
Zillhauser Landstraße 36
7460 Balingen-7 (Streichen)

Wegbeschreibung:
Werk Rottenburg: Siebenlindenstraße 59

Telefon:
Werk Balingen: 0 74 33 / 24 88
Werk Rottenburg: 0 74 72 / 2 10 61

Kontaktperson:
Herr Karl-Otto Schwabenthan

Produktionsprogramm:
Fertighäuser

Firmengröße:
a) Mitarbeiterzahl – 100
b) Umsatz – 12 Mio. DM

Gründungsjahr:
1929

Besichtigungen sind möglich:
Wann? – Dienstags in unserem Werk Rottenburg
Für welche Personengruppe? – alle, jedoch zuvor Namensliste bei Gruppen
Können sich Einzelpersonen an Gruppen anschließen? – nach Anmeldung, ja
Voranmeldung
a) erforderlich – ja
b) wie lange vorher? – 4 Wochen
Was wird gezeigt? – Fertigungsbetrieb

Name des Unternehmens:
Otto Scherff
Hoch-, Tief-, Stahlbetonbau

Anschrift:
Gutenbergstraße 10
Postfach 16 40
4618 Kamen

Wegbeschreibung:
Abfahrt Kamen-Süd, Autobahn Köln–Bremen

Telefon:
0 23 07 / 77 11–17

Kontaktperson:
Herr Volbers/Herr Bonhoff

Produktionsprogramm:
Hoch- und Stahlbetonbau, Tief- und Straßenbau/Generalunternehmertätigkeit

Firmengröße:
a) Mitarbeiterzahl – 400
b) Umsatz – 80 Mio. DM (davon Produktion 35 Mio. DM)

Gründungsjahr:
1913

Besichtigungen sind möglich:
Für welche Personengruppe? – Studenten und alle der Bauwirtschaft nahestehenden Personenkreise
Können sich Einzelpersonen an Gruppen anschließen? – ja
Voranmeldung
a) erforderlich – ja
b) wie lange vorher? – 1 Woche
Was wird gezeigt? – Betriebsgelände, evtl. örtl. Baustellen

Innenausbau, Heizung, Klima, Lüftung, Sanitär

Name des Unternehmens:
E. Albers & v. Drathen

Anschrift:
Hindenburgstraße 26
2223 Meldorf

Wegbeschreibung:
Meldorf liegt an der Bundesstraße 5, Itzehoe-Heide. Das Werk liegt gegenüber dem Bahnhof Meldorf

Telefon:
0 48 32 / 8 01

Kontaktperson:
Herr Martin Hinzmann

Produktionsprogramm:
Fenster, Hebeschiebetüren, Haustüren

Firmengröße:
a) Mitarbeiterzahl – 890
b) Umsatz – 158 Mio. DM

Gründungsjahr:
1888

Besichtigungen sind möglich:
Wann? – werktags 9 bis 12 und 13 bis 16 Uhr
Für welche Personengruppe? – Fachpublikum aus der Bauwirtschaft
Können sich Einzelpersonen an Gruppen anschließen? – ja
Voranmeldung
a) erforderlich – ja
b) wie lange vorher? – 3 Wochen
Was wird gezeigt? – Produktion von Aldra-Fenstern und Türen und Velux-Dachflächenfenstern

AQUA BUTZKE-WERKE
AKTIENGESELLSCHAFT BERLIN

Name des Unternehmens:
Aqua Butzke-Werke
Aktiengesellschaft

Anschrift:
Ritterstraße 21–27
D–1000 Berlin 61

Wegbeschreibung:
Berlin-Kreuzberg, Bus 29, U-Bahnhof Prinzenstraße

Telefon:
0 30 / 61 01 266

Kontaktperson:
Dieter Steinmetz

Produktionsprogramm:
Wassersparende Sanitärarmaturen für öffentliche und gewerbliche Einrichtungen

Firmengröße:
a) Mitarbeiterzahl – 360
b) Umsatz – 36 Mio. DM

Gründungsjahr:
1873

Besichtigungen sind möglich:
Wann? – Montag bis Freitag 9 bis 15 Uhr
Für welche Personengruppe? – Sanitärfachleute, Architekten, Planer, Behörden
Können sich Einzelpersonen an Gruppen anschließen? – ja, aber nicht empfehlenswert
Voranmeldung:
a) erforderlich – ja
b) wie lange vorher? – ca. 3 Wochen
Was wird gezeigt? – Fertigungsbetrieb, Produktinformation im Seminarraum

Name des Unternehmens:
BROWN BOVERI-YORK
Kälte- und Klimatechnik GmbH

Anschrift:
Gottlieb-Daimler-Straße 6
Postfach 5180
6800 Mannheim 1
Vormontagewerk: Wallstadter Straße 65
6802 Ladenburg

Telefon:
Stammhaus: 0621 / 4681
Vormontagewerk: 06203 / 10030

Kontaktperson:
Stammhaus: Herr E.-L. Arens
Vormontagewerk: Hr. H. Haseköster

Produktionsprogramm:
Kälteanlagen und -systeme jeder Größenordnung in den Produktbereichen Klima-, Industrie- und Gewerbekälte

Firmengröße:
a) Mitarbeiterzahl – ca. 1000
b) Umsatz – ca. 180 Mio. DM

Gründungsjahr:
1970

Besichtigungen sind möglich:
Wann? – während der üblichen Arbeitszeit
Für welche Personengruppe? – Industriekaufleute und Ingenieure, Techniker und Studierende
Können sich Einzelpersonen an Gruppen anschließen? – ja
Voranmeldung:
a) erforderlich – ja
b) wie lange vorher? – 3 Monate
Was wird gezeigt? – Vormontage von Kälteanlagen jeglicher Größenordnung, auch für Schiene-, Straße- und Schiffskälte, Apparatebau

BBC YORK
BROWN BOVERI INTERNATIONAL

Ihr Weg zu uns ist einfach
It is easy to find us
C'est facile de nous trouver

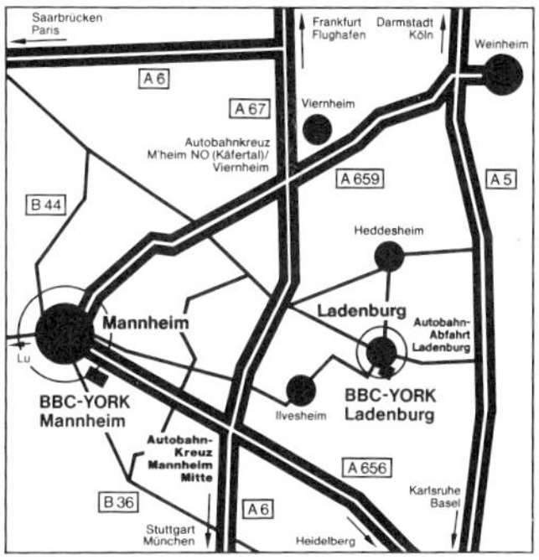

FRIEDRICH GROHE

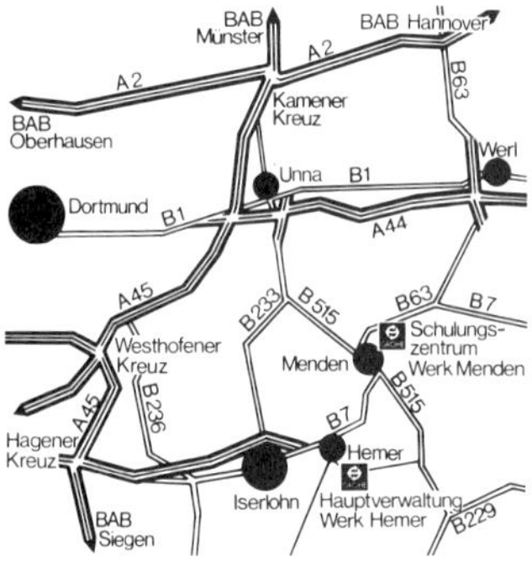

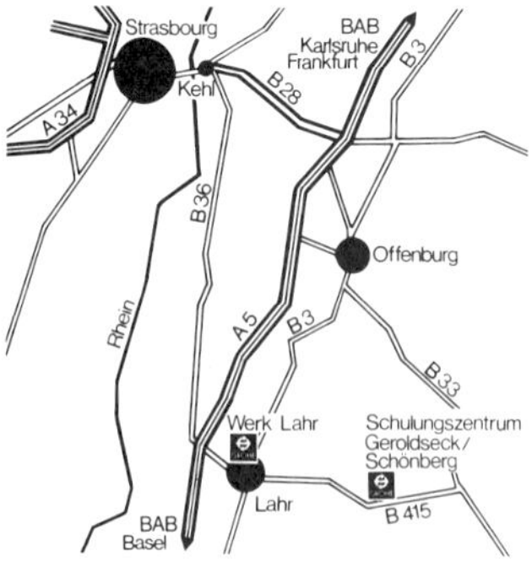

Name des Unternehmens:
Friedrich Grohe
Armaturenfabrik GmbH u. Co.

Anschrift:
Postfach 1361
5870 Hemer 1

Telefon:
0 23 73 / 16 57 60

Kontaktperson:
Herr Meding

Firmengröße:
a) Mitarbeiterzahl – 2 658 (1987)
b Umsatz – ca. 430 Mio. DM

Gründungsjahr:
1936

Besichtigungen sind möglich:
Wann? – nach Absprache
Für welche Personengruppe? – Sanitär-Fachleute, Architekten u. ä.
Können sich Einzelpersonen an Gruppen anschließen? – ja
Voranmeldung
a) erforderlich – ja
b) wie lange vorher? – mögl. frühzeitig

Was wird gezeigt? – Unternehmens-Tonbildschau, Führung durch den gesamten Armaturenfertigungsprozeß der Werke Hemer oder Lahr, Darstellung des Produktionsprogramms: Sanitär-Armaturen im Werk Menden/Hemer, Sauerland, oder im Werk Lahr, Schwarzwald

Name des Unternehmens:
Hansgrohe

Anschrift:
Hans Grohe GmbH & Co KG
Auestraße 3, Postfach 1145
7622 Schiltach

Wegbeschreibung:
A 5 Ausfahrt Offenburg, ab Offenburg B 33 bis Hausach, danach B 294 über Wolfach bis Schiltach;
A 81 Ausfahrt Rottweil, B 462 Richtung Schramberg–Schiltach

Telefon:
07836 / 510

Kontaktperson:
Gisela Müller

Produktionsprogramm:
Brausen, Armaturen, Ab- und Überlaufgarnituren, Badezimmerausstattung

Firmengröße:
Mitarbeiterzahl – ca. 950

Gründungsjahr:
1901

Besichtigungen sind möglich:
Wann? – nach Absprache
Für welche Personengruppe? – Sanitär-Großhändler, -Installateure, Architekten, Fachschulen
Können sich Einzelpersonen an Gruppen anschließen? – ja
Voranmeldung
a) erforderlich – ja
b) wie lange vorher? – bei Gruppen bis max. 40 Personen 6 Monate

hansgrohe
PRODUKTE VOLLER IDEEN

Name des Unternehmens:
Junior Baukonstruktionen GmbH + Co

Anschrift:
Im Schleeke 112–116, Postfach 18 25
3380 Goslar 1

Wegbeschreibung:
BAB Frankfurt–Hamburg, Abfahrt
Klein-Rhüden (Harz)

Telefon: 0 53 21 / 7 74 57

Kontaktperson:
Rudolf Schwarz, Leiter der Abt. Information

Produktionsprogramm:
Fenster und Fassaden, umsetzbare Trennwände, schlüsselfertiger Systembau

Firmengröße:
a) Mitarbeiterzahl – ca. 500
b) Umsatz – ca. 120 Mio. DM

Gründungsjahr: 1948

Besichtigungen sind möglich:
Wann? – Montag bis Freitag, vormittags
Für welche Personengruppe? – baufachlich interessierte Kreise, insbesondere Architekten, Planungsabteilungen, Baubehörden, Studenten, max. 20 Personen
Können sich Einzelpersonen an Gruppen anschließen? – nein
Voranmeldung
a) erforderlich – ja
b) wie lange vorher? – ca. 2–3 Wochen
Was wird gezeigt? – Fertigung von Fenstern, Fassaden, Verkleidungen aus Aluminium, Aluminium-Holz-Kombination, Holz, Oberflächenveredelung, umsetzbare Innenwände, schlüsselfertiger Systembau (Objektbesichtigung möglich), Farbtonfilm Systembau

Name des Unternehmens:
Keller Lufttechnik
GmbH + Co. KG

Anschrift:
Neue Weilheimer Straße 30
Postfach 13 41
7312 Kirchheim u. Teck

Wegbeschreibung:
3 km östlich AB Stuttgart–Ulm
Ausfahrt Kirchheim u. Teck, an der Landesstraße nach Weilheim a. d. Teck

Telefon:
0 70 21 / 5 74-2 85

Kontaktperson:
Hannes Lahn

Produktionsprogramm:
Lufttechnik – Absaugen – Fördern – Entstauben

Firmengröße:
Mitarbeiterzahl – 240

Gründungsjahr:
1903

Besichtigungen sind möglich:

Wann? – gegen telef. Anmeldung nahezu jederzeit

Für welche Personengruppe? – keine Einschränkung

Können sich Einzelpersonen an Gruppen anschließen? – ja

Voranmeldung
a) erforderlich – ja
b) wie lange vorher? – ca. 2–3 Wochen

Was wird gezeigt? – Werk – Produktion – Organisation – Ingenieurbüro

LUFT TECHNIK
Keller
ABSAUGEN · FÖRDERN
ENTSTAUBEN

Name des Unternehmens:
KK Raumelemente
Kirschner GmbH & Co. KG

Anschrift:
Münsterstraße 198
4408 Dülmen

Wegbeschreibung:
in Dülmen an der B 51, zwischen Münster/Westfl. und Recklinghausen oder A 43 Abfahrt Dülmen-Nord an der B 51

Telefon:
0 25 94 / 1 30

Kontaktperson:
Peter W. Walda

Produktionsprogramm:
Raumelemente für:
Bürogebäude, Sozialgebäude, Schulen, Kindergärten, Einfamilienhäuser

Firmengröße:
a) Mitarbeiterzahl – 25
b) Umsatz – 10,0 Mio. DM

Gründungsjahr:
1973

Besichtigungen sind möglich:
Wann? – montags bis freitags von 8 bis 15 Uhr
Für welche Personengruppe? – Schüler, Studenten, Verbände, Vereinigungen in Gruppen bis ca. 20 Personen
Können sich Einzelpersonen an Gruppen anschließen? – ja, nach Vereinbarung
Voranmeldung
a) erforderlich – ja
b) wie lange vorher? – ca. 2 Wochen
Was wird gezeigt? – Herstellung von Raumelementen für schlüsselfertige Bauvorhaben: Bürogebäude, Sozialgebäude, Schulen, Kindergärten, Einfamilienhäuser, ein- und zweigeschossige Bauweise, Grad der Vorfertigung bis 90%

Name des Unternehmens:
MEDIO-Heizkessel
Mittelmann & Stephan
GmbH & Co. KG

Anschrift:
Bahnhofstraße 103
Postfach 1220
5928 Bad Laasphe/Westf.

Telefon:
02752 / 10329

Kontaktperson:
Oberingenieur Karl-Heinz Renner

Produktionsprogramm:
Heizkessel, Warmwasserbereiter, Steuerungen

Firmengröße:
a) Mitarbeiterzahl – 90
b) Umsatz – 16 Mio. DM

Gründungsjahr:
1901

Besichtigungen sind möglich:
Wann? – Montag bis Donnerstag einschl. von 10 bis 15 Uhr
Für welche Personengruppe? – Heizungsbauer, Beratende Ingenieure, Schornsteinfeger, Fach- und Berufsschüler der Heizungsbranche
Können sich Einzelpersonen an Gruppen anschließen? – ja
Voranmeldung:
a) erforderlich – ja
b) wie lange vorher? – 2 Wochen
Was wird gezeigt? – Werk und Erzeugnisse

MEDIO

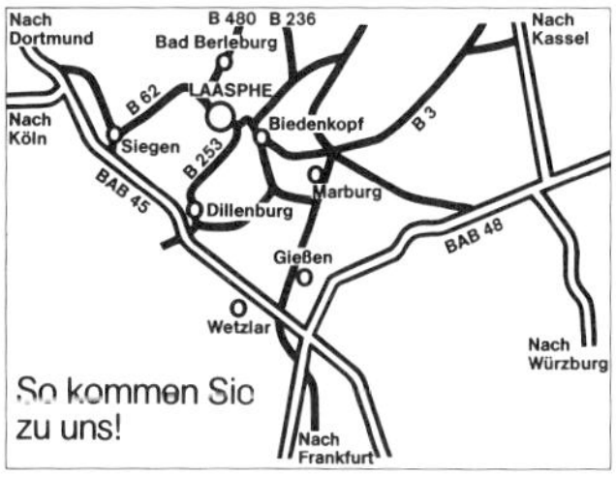

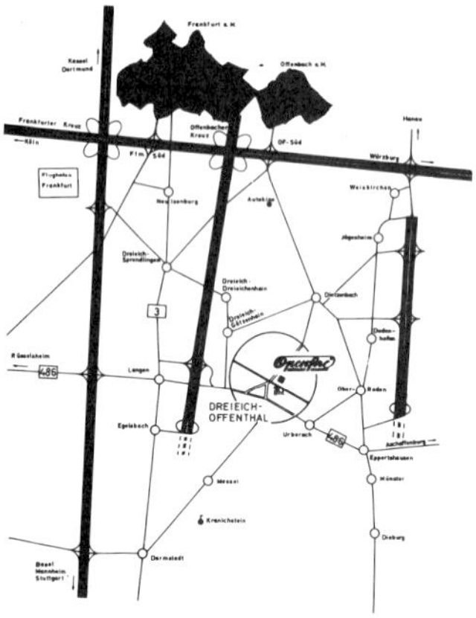

Name des Unternehmens:
Openfire RÖSLER-Kamine GmbH

Anschrift:
Behringstraße 1–3, 6072 Dreieich-Offenthal

Telefon: 0 60 74 / 60 81

Kontaktperson: Herren Bär und Saborrosch

Produktionsprogramm:
Offene Kamine/individuelle Gestaltung und Feuerungseinsätze für offene Kamine im RÖSLER-Baukastensystem, Warmluftkamine, Garten-Grillkamine, Kachelöfen im RÖSLER-Baukastensystem/DBGM komplett vorgefertigt oder individuell geplant und errichtet

Firmengröße:
a) Mitarbeiterzahl – ca. 60 Betrieb Offenthal
b) Umsatz – ca. 16 Mio. DM

Gründungsjahr:
1967 als Tochter-Unternehmen der RÖSLER KG

Besichtigungen sind möglich:
Wann? – Montag bis Donnerstag 7.30–17.00, Freitag 7.30–15.45, Samstag 8.30–12.00 Uhr
Für welche Personengruppe? – Einzelpersonen und Gruppen; von Bauinteressenten bis zu Kaminplanern, Architekten usw.
Voranmeldung
a) erforderlich – ja – schriftlich
b) wie lange vorher? – Einzelpersonen wenigstens einen Tag, Gruppen früher
Was wird gezeigt? – Einbaubeispiele des feuerungstechnischen Teils für offene Kamine individueller Gestaltung, für Warmluftkamine und Kachelöfen im Rahmen des großen RÖSLER-Kaminstudios mit über 50 kompletten bzw. feuerungstechnischen Anlagen. Individuelle und fachgerechte Information und Beratung

SAUTER

Name des Unternehmens:
SAUTER-CUMULUS GmbH

Anschrift:
Hans-Bunte-Straße 15
Postfach 350
7800 Freiburg

Wegbeschreibung:
Freiburg Industriegebiet-Nord
Autobahnausfahrt Freiburg-Nord

Telefon:
07 61 / 51 05-0

Kontaktperson:
Herr Ludwig Sautter

Produktionsprogramm:
Hersteller von Regel- und Steuereinrichtungen für Heizungs-, Lüftungs- und Klimaanlagen.

Firmengröße:
Mitarbeiterzahl – 380

Gründungsjahr: 1925

Besichtigungen sind möglich:
Wann? – nach Vereinbarung
Für welche Personengruppe? – Personen, die sich über die Möglichkeit der Heizenergieeinsparung durch Regeltechnik informieren wollen, z. B. Architekten, Heizungsbauer, Betreiber von Anlagen etc.
Können sich Einzelpersonen an Gruppen anschließen? – ja
Voranmeldung:
a) erforderlich – ja
b) wie lange vorher? – 3–4 Wochen
Was wird gezeigt? – Regeleinrichtungen für Heizungs-, Lüftungs- und Klimaanlagen

Name des Unternehmens:
SCHÜCO, Heinz Schürmann GmbH & Co.

Anschrift:
Karolinenstr. 1–15, Postfach 7620
4800 Bielefeld 1

Telefon:
0521/783540

Telex:
932613

Kontaktperson:
H. Sakobielski

Produktionsprogramm:
Systeme f. Fassaden, Fenster und Türen aus Aluminium und Kunststoff, Beschlägefabrik

Firmengröße:
a) Mitarbeiterzahl – 1250
b) Umsatz – 525 Mio.

Gründungsjahr:
1951

Besichtigungen sind möglich:
Wann? – nach Absprache
Für welche Personengruppe? – Bauplanung, Bauausführung und artverwandte Gruppen
Können sich Einzelpersonen an Gruppen anschließen? – Kann im Einzelfall abgestimmt werden.
Voranmeldung
a) erforderlich – ja
b) wie lange vorher? – 1 Monat
Was wird gezeigt? – Kann individuell festgelegt werden, z. B. neuartige Fenster-, Türen- und Fassadenkonstruktionen

Schwank

Namen des Unternehmens:
Schwank GmbH

Anschrift:
Bremerhavener Straße 43
Postfach 62 02 49
5000 Köln 60

Wegbeschreibung:
Abfahrt Autobahn Köln-Niehl – im Kreisel Abfahrt Industrie-Gebiet

Telefon:
0221 / 71 76-0

Kontaktperson:
Dipl.-Volkswirt Werner Vogel

Produktionsprogramm:
Gas-IR-Strahler zur Großraumbeheiz ıg, Trocknungsanlagen, Folienschrump ·fen

Firmengröße:
a) Mitarbeiterzahl – 134
b) Umsatz – 24 Mio. DM

Gründungsjahr:
1951

Besichtigungen sind möglich:
Wann? – nach Vereinbarung
Für welche Personengruppe? – unbeschränkt
Können sich Einzelpersonen an Gruppen anschließen? – ja
Voranmeldung:
a) erforderlich – ja
b) wie lange vorher? – 1 Woche
Was wird gezeigt? – Fertigung Gas-IR-Strahler

SULZER

Name des Unternehmens:
Sulzer
Anlagen und Gebäudetechnik GmbH

Anschrift:
Furtbachstraße 4
Postfach 13 03
7000 Stuttgart 1
Augsburg, Berlin, Bremen, Butzbach, Dortmund, Cuxhaven, Düsseldorf, Frankfurt, Freiburg, Hamburg, Karlsruhe, Ludwigshafen, München, Nürnberg, Singen, Stuttgart, Ulm, Würzburg

Telefon:
07 11 / 66 79–1 (64 84–0)

Kontaktperson: Herr Klar

Produktionsprogramm:
Beratung, Planung, Ausführung, Service und Reparatur Heizungstechnik, Klimatechnik, Sanitär und Brandschutz sowie Wasser- und Abwassertechnik

Firmengröße:
a) Mitarbeiterzahl – ca. 1350 Mitarbeiter in 18 Niederlassungen und Zentrale
b) Umsatz – 227 Mio. DM

Gründungsjahr: 1882

Besichtigungen sind möglich:
Nein, reines Büro für Ingeneering. Ausführliche Information über den Tätigkeitsbereich ist möglich
Für welche Personengruppe? – Einzelpersonen, kleinere Gruppen
Voranmeldung:
a) erforderlich – ja
b) wie lange vorher? – 1 Woche
Was wird gezeigt? – Information über den Tätigkeitsbereich

VIESSMANN

Name des Unternehmens:
Viessmann Werke GmbH & Co.

Anschrift:
Postfach 10
3559 Allendorf/Eder

Telefon:
0 64 52 / 7 00

Produktionsprogramm:
Heizkessel für Öl, Gas und feste Brennstoffe, Öl- und Gasbrenner, Warmwasserspeicher und Wärmetauscher aus Edelstahl, elektronische Regelungen und Steuerungen, Heizungsmischer, Wärmepumpen, Einrichtungen zur Gewinnung von Wärme aus der Umwelt, Lüftungssysteme und Wärmerückgewinnungsgeräte, Tiefkühl-, Kühl- und Frischhaltezellen.

Firmengröße:
a) Mitarbeiterzahl – 5 300
b) Umsatz – 780 Mio. DM

Gründungsjahr:
1917

Besichtigungen sind möglich:
Wann? – Montag bis Freitag
Für welche Personengruppe? – Heizungsfachleute, Architekten, Ingenieure, Ingenieur-Schulen, Fachschulen, Berufsschulen, Schornsteinfeger
Können sich Einzelpersonen an Gruppen anschließen? – nein
Voranmeldung
a) erforderlich – ja

Name des Unternehmens:
Wamsler Herd und
Ofen GmbH

Anschrift:
Landsberger Straße 372
8000 München 21

Telefon:
0 89 / 58 96-0

Kontaktperson:
Herr Pfeiffer

Produktionsprogramm:
Heizungsherde für feste Brennstoffe
Kohle-, Gas-, Elektro- und Ölherde,
Gasheizautomaten, Ölöfen,
Großkochanlagen

Firmengröße:
a) Mitarbeiterzahl – 500
b) Umsatz – 45 Mio. DM

Gründungsjahr:
1875

Besichtigungen sind möglich:
Wann? – nach Vereinbarung
Für welche Personengruppe? – Heizungsfachleute, Heizungsinstallateure
Können sich Einzelpersonen an Gruppen anschließen? – nein
Voranmeldung
a) erforderlich – ja
b) wie lange vorher? – 4 Wochen
Was wird gezeigt? – Produktionsanlagen: Stanzerei, Emaillierwerk, Montageband. Heizungsanlagen mit Heizungsherden.

-weishaupt-

Name des Unternehmens:
Max Weishaupt GmbH

Anschrift:
D–7959 Schwendi/Württ.

Wegbeschreibung:
ca. 30 km südlich von Ulm, 10 km östlich der B 30 – Ausfahrt Laupheim/Schwendi, 15 km westlich der Autobahnzufahrt Illertissen

Telefon:
0 73 53 / 8 32 40

Kontaktperson:
Herr Hennefarth

Produktionsprogramm:
Ölbrenner, Gasbrenner, Schaltanlagen

Firmengröße:
a) Mitarbeiterzahl – 2 100 (Gruppe), 1 000 in Schwendi
b) Umsatz – ca. 305 Mio. DM (1987)

Gründungsjahr:
1932

Besichtigungen sind möglich:
Für welche Personengruppe? – Fachleute der Branche Heizung, Lüftung, Wärme, Dampf
Können sich Einzelpersonen an Gruppen anschließen? – ja
Voranmeldung
a) erforderlich – ja
b) wie lange vorher? – 3–4 Wochen
Was wird gezeigt? – Fertigungsanlagen und Forschung und Entwicklung

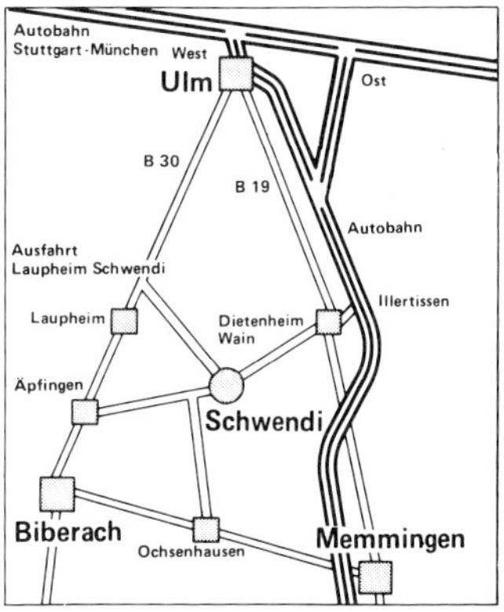

Außen-, Groß- und Einzelhandel

Name des Unternehmens:
Auto Becker

Anschrift:
Suitbertusstr. 150
4000 Düsseldorf

Telefon:
02 11 / 33 80-1

Kontaktperson:
Gudrun Jaspers

Firmengröße:
a) Mitarbeiterzahl – 350
b) Umsatz – 140 Mio. DM

Gründungsjahr:
1947

Besichtigungen sind möglich:
Wann? – Mo. – Fr. nach Absprache
Für welche Personengruppe? – ab 18 Jahre
Können sich Einzelpersonen an Gruppen anschließen? – ja
Voranmeldung
a) erforderlich – ja
b) wie lange vorher? – 14 Tage
Was wird gezeigt? – Neu- und Gebrauchtwagenausstellung, Großreparaturwerk

AUTOHAUS GEORG von OPEL

Name des Unternehmens:
Autohaus Georg von Opel GmbH & Co.

Anschrift:
Mainzer Landstraße 330–360
6000 Frankfurt am Main 19

Wegbeschreibung:
Ab Autobahnabfahrt Ffm-West bis zum Platz der Republik, dort rechts in die Mainzer Landstraße abbiegen

Telefon:
0 69 / 7 50 31

Kontaktperson:
Erich Wirth, Tel.-Durchwahl 7 50 32 17

Produktionsprogramm:
Kraftfahrzeug-Handel und -Reparatur

Firmengröße:
a) Mitarbeiterzahl – ca. 400
b) Umsatz – ca. 150 Mio. DM

Gründungsjahr:
1911

Besichtigungen sind möglich:
Wann? – nach Vereinbarung
Für welche Personengruppe? – Gruppen ab 10 Personen
Können sich Einzelpersonen an Gruppen anschließen? – ja
Voranmeldung
a) erforderlich – ja
b) wie lange vorher? – 8–10 Tage
Was wird gezeigt? – Opel-, General Motors- und Rolls-Royce-Programm, KFZ-Reparatur-Werkstätten und Ersatzteillager, Opel-Oldtimer, auf besonderen Wunsch: bestimmte Verwaltungs-Abteilungen

Name des Unternehmens:
Cl. Bergmann GmbH

Anschrift:
Falderbaumstraße 33
Postfach 100 440
3500 Kassel

Wegbeschreibung:
Industriepark Kassel- Waldau
Autobahnausfahrt Kassel-Mitte

Telefon:
05 61 / 5 80 30

Kontaktperson:
Herr Axel Kröger, Herr Helmut Sjöström

Produktionsprogramm:
Großhandlung in Elektro-Installationsmaterial und -Geräten, Sanitär- und Heizungs-Großhandlung

Firmengröße:
a) Mitarbeiterzahl – 200
b) Umsatz – 70 Mio. DM

Gründungsjahr:
1918

Besichtigungen sind möglich:
Wann? – nach Absprache jederzeit
Für welche Personengruppe? – Schüler, Studenten, Lehrkräfte, Eltern, bis 25 Personen
Können sich Einzelpersonen an Gruppen anschließen? – ja
Voranmeldung
a) erforderlich – ja
b) wie lange vorher? – mind. 2 Wochen
Was wird gezeigt? – Die gesamte Auftragsabwicklung vom Einkauf bis zum Verkauf, Lagerhaltung, von der Bestellung bis zur Verbuchung des Geldeinganges

scheins

Name des Unternehmens:
Chemikalien Scheins GmbH

Anschrift:
Postfach 12 08
Gut-Dämme-Straße 31 + 19/21
5100 Aachen

Wegbeschreibung:
an der Autobahn Richtung Niederlande gelegen, Abfahrt Würselen, dann Richtung Stadtmitte Aachen, nächste Kreuzung mit Ampelanlage links, dann nächste Straße rechts geradeaus bis zur Gut-Dämme-Straße

Telefon:
02 41 / 3 32 42

Kontaktperson:
Herr Hubert Lenné

Firmengröße:
a) Mitarbeiterzahl – ca. 40
b) Umsatz – ca. 25 Mio. DM

Gründungsjahr:
1903

Besichtigungen sind möglich:
Wann? – nach Vereinbarung
Für welche Personengruppe? – nach Vereinbarung
Können sich Einzelpersonen an Gruppen anschließen? – nach Vereinbarung
Voranmeldung
a) erforderlich – ja
b) wie lange vorher? – ca. 4 Wochen
Was wird gezeigt? – Betriebsgelände u. a. Lösemittel-Tank- und Abfüllanlage

Name des Unternehmens:
DEPOLMA Deutsch-Polnische
Maschinen-Handelsgesellschaft mbH

Anschrift: Tiergartenstraße 34 4000 Düsseldorf 1

Telefon: 02 11 / 68 44 92

Kontaktperson:
Werbeabt. oder Sekretariat von Direktor
Dipl.-Kfm. Józef Sliwowski

Produktionsprogramm:
Akquisition von Aufträgen deutscher Firmen für Lieferung von Waren aus Polen, die Organisation und Koordination der Zusammenarbeit zwischen polnischen und deutschen Unternehmen bei Produktion und Vertrieb sowie die Abwicklung von Exporten aus der Bundesrepublik Deutschland nach Polen im Auftrage polnischer Außenhandelsunternehmen

Firmengröße:
a) Mitarbeiterzahl – 28
b) Umsatz – 247 Mio. DM 1978 im Import aus Polen

Gründungsjahr: 1966

Besichtigungen sind möglich:
Wann? – täglich
Für welche Personengruppe? – kleine Gruppen
Können sich Einzelpersonen an Gruppen anschließen? – ja
Voranmeldung
a) erforderlich – ja telefonisch
b) wie lange vorher? – 2–3 Tage
Was wird gezeigt? – Verkaufscentrum von Computer MERA 100 und DEPOLMA-Galerie – Verkauf von modernen polnischen Kunstgegenständen

Name des Unternehmens:
Elwert und Meurer GmbH

Anschrift:
Hauptstraße 101
1 Berlin 62 (Schöneberg)

Wegbeschreibung:
nahe Innsbrucker Platz

Telefon:
0 30 / 78 40 01

Kontaktperson:
Herr Roehler

Produktionsprogramm:
Buchverkauf, Gemeinschaftswerbung

Firmengröße:
a) Mitarbeiterzahl – 52 Vollbeschäftigte, 18 Halbtagsbeschäftigte
b) Umsatz – 11 Mio. DM

Gründungsjahr:
1934

Besichtigungen sind möglich:
Wann? – täglich, außer Sonnabend nach Voranmeldung
Für welche Personengruppe? – jede
Können sich Einzelpersonen an Gruppen anschließen? – ja
Voranmeldung
a) erforderlich – ja
b) wie lange vorher? – 1 Woche
Was wird gezeigt? – gesamter Betrieb und Betriebsablauf

Name des Unternehmens:
Farben-Jenisch GmbH

Anschrift:
Gr. Hirschgraben 15 (neben dem Goethehaus) an der Berliner Straße,
6000 Frankfurt 1
Königsberger Str. 10,
6000 Frankfurt 90
(Industriehof)

Telefon:
06 11 / 79 41–1 38

Kontaktperson:
Hans Carl Jenisch

Produktionsprogramm:
Groß- und Einzelhandel
Lack- und Farben, Wand- und Bodenbeläge,
Mal- und Zeichenbedarf, Siebdrucktechnik

Firmengröße:
a) Mitarbeiterzahl – 90
b) Umsatz – 21 Mio. DM

Gründungsjahr:
1904

Besichtigungen sind möglich:
Wann? – nach Vereinbarung
Für welche Personengruppe? – Fach- und Führungskräfte, die sich verändern wollen, Schüler und Studenten, Lehrkräfte und Verbraucher
Können sich Einzelpersonen an Gruppen anschließen? – ja
Voranmeldung
a) erforderlich – ja
b) wie lange vorher? – einige Tage
Was wird gezeigt? – Verwaltung, Rechenzentrum, Großhandelslager und Lagerhaus, Farbenmisch-Anlage, Siebspann-Anlage, Verkaufsräume, Einsatz der Elektronik zur Entlastung der Mitarbeiter und somit zur Erhaltung von Arbeitsplätzen

Name des Unternehmens:
Fleurop GmbH

Anschrift:
Lindenstraße 3–4
1000 Berlin 45

Telefon:
030 / 720980

Kontaktperson:
Herr Dietrich Hübner

Firmengröße:
a) Mitarbeiterzahl – ca. 70
b) Umsatz – 120 Mio. DM

Gründungsjahr:
1908

Besichtigungen sind möglich:
Wann? – jederzeit
Für welche Personengruppe? – ohne Einschränkung
Können sich Einzelpersonen an Gruppen anschließen? – ja
Voranmeldung
a) erforderlich – ja
b) wie lange vorher? – 7 bis 14 Tage
Was wird gezeigt? – Aufbau und Arbeitsweise der Fleurop-Organisation

Name des Unternehmens:
HUS – Handelsunion Südwest
SPAR-Zentrale Saar-Pfalz

Anschrift:
Landauer Straße 125
6780 Pirmasens

Telefon:
06331/74021

Kontaktperson:
Rolf Mistler
–Betriebsleiter, Prokurist–

Produktionsprogramm:
SPAR-Zentrale Lebensmittelgroßhandel

Name des Unternehmens:
Claus Kling-Söhne GmbH & Co.

Anschrift:
Landauer Straße 127
6780 Pirmasens

Telefon:
06331/74021-24

Kontaktperson:
Voranmeldung über Sekretariat
Claus-Ludwig Kling, Dipl.-Kaufmann

Produktionsprogramm:
Supermarkt, Verbrauchermarkt

Firmengröße:
a) Mitarbeiterzahl – 200
b) Umsatz – 50 Mio. DM

Gründungsjahr:
1974

Besichtigungen sind möglich:
Wann? – jederzeit an Werktagen
Für welche Personengruppe? – ohne Einschränkungen
Können sich Einzelpersonen an Gruppen anschließen? – ja
Voranmeldung
a) erforderlich – ja
b) wie lange vorher? – ca. 4 Wochen
Was wird gezeigt? – gepflegter Frischemarkt, bedienungsintensiver Supermarkt

Name des Unternehmens:
Franz Kling C+C-Großhandel

Anschrift:
Landauer Straße 125
6780 Pirmasens
und Niederlassung Kaiserslautern
Kling & Sohn C+C-Großhandel
Blechhammerweg 34
6750 Kaiserslautern

Telefon:
06331/74021

Kontaktperson:
Voranmeldung bei
Herrn lic. rer. pol. Franz-Michael Kling
Frau Höh (Sekretariat)
Anmeldung nur über Pirmasens

Produktionsprogramm:
Lebensmittelgroßhandlung
Gastronomiegroßhandel

Firmengröße:
a) Mitarbeiterzahl – 100
b) Umsatz – 40 Mio. DM

Gründungsjahr:
1902

Besichtigungen sind möglich:
Wann? – jederzeit an Werktagen
Für welche Personengruppe? – keine Einschränkung
Können sich Einzelpersonen an Gruppen anschließen? – keine Einschränkung
Voranmeldung
a) erforderlich – ja
b) wie lange vorher? – 3 Wochen
Was wird gezeigt? – Organisationsablauf in C+C-Großhandlung (Fuhrpark, Lagerwesen)

Name des Unternehmens:
GROSSMARKT MANNHEIM GMBH

Anschrift:
Gottlieb-Daimler-Straße 14
6800 Mannheim 1

Wegbeschreibung:
unmittelbar neben der Autobahn-Ein-/Ausfahrt nach bzw. von Heidelberg

Telefon: 06 21 / 40 90 36

Kontaktperson:
Manfred Spachmann, Marktdirektor

Produktionsprogramm:
Trägerschaft und Verwaltung eines Versorgungsgroßmarktes

Firmengröße:
a) Mitarbeiterzahl – 6
b) Umsatz – Marktträger: 2 Mio. DM, marktansässige Anbieter: ca. 400 Mio. DM p. a.

Gründungsjahr: 1960

Besichtigungen sind möglich:
Wann? – ganzjährig dienstags, donnerstags und freitags spätestens 6.30 Uhr
Für welche Personengruppe? – für alle interessierten Kreise
Können sich Einzelpersonen an Gruppen anschließen? – ja
Voranmeldung
a) erforderlich – ja, unbedingt
b) wie lange vorher? – mind. 2 Wochen
Was wird gezeigt? – Die Marktanlage im Marktbetrieb mit Bananenreifereien und Blumengroßmarkt, ggf. Lebensmittel-Abholmärkte, die in den Markt integriert sind

Name des Unternehmens:
Möbel-Höhn KG

Anschrift:
An den Langenwiesen 1
8860 Nördlingen

Telefon:
0 90 81 / 40 57–59

Kontaktperson:
Karl Höhn, Karl Eisenschink

Produktionsprogramm:
Möbelhandel

Firmengröße:
a) Mitarbeiterzahl – ca. 100
b) Umsatz – ca. 25 Mio. DM

Gründungsjahr:
1951

Besichtigungen sind möglich:
Wann? – 8 bis 12 Uhr und 14 bis 18 Uhr
Für welche Personengruppe? – alle
Können sich Einzelpersonen an Gruppen anschließen? – ja
Voranmeldung
a) erforderlich – ja
b) wie lange vorher? 2–3 Tage
Was wird gezeigt? – Alle Ausstellungsräume ca. 17 000 qm

möbelhöhn

Name des Unternehmens:
Kathreiner Aktiengesellschaft

Anschrift:
Gruber Straße 60
8011 Poing

Wegbeschreibung:
Autobahn Nürnberg–Salzburg, Abfahrt Feldkirchen-Passau, Autobahn München–Passau

Telefon:
08 12 / 1 80 11

Kontaktperson:
H. Gottswinter/H. Koch

Firmengröße:
a) Mitarbeiterzahl – 1700
b) Umsatz – 530 Mio. DM

Gründungsjahr:
1829

Besichtigungen sind möglich:
Wann? – Montag bis Freitag
Für welche Personengruppe? – Lebensmittelbranche
Können sich Einzelpersonen an Gruppen anschließen? – ja
Voranmeldung
a) erforderlich – ja
b) wie lange vorher? – 2 Wochen
Was wird gezeigt? – Handelsbetrieb inkl. Lagerhaltung

KIPPING

Name des Unternehmens:
Karl Kipping GmbH & Co. KG
Baubedarf-Großhandel

Anschrift:
Postfach 366
Karl-Bröger-Straße 2-4
D-6320 Alsfeld 1

Wegbeschreibung:
Nähe Autobahnausfahrt Alsfeld-West, TÜH

Telefon:
0 66 31 / 1 88-0

Kontaktperson:
Dipl.-Ök. Dr. K. Kipping

Firmengröße:
a) Mitarbeiterzahl – 50
b) Umsatz – 23 Mio. DM (1987)

Gründungsjahr:
1914

Besichtigungen sind möglich:
Wann? – Montags ab 16 Uhr
Für welche Personengruppe? – Kleingruppen ca. 8 Personen
Können sich Einzelpersonen an Gruppen anschließen? – ja
Voranmeldung
a) erforderlich – ja
b) wie lange vorher? – 3 Wochen (Anmeldung bei Herrn Garg, Marketingleiter)
Was wird gezeigt? – EDV-Abwicklung im Großhandel, Tourenplanung

buch + presse
gerhard ludwig
6x im bahnhof
köln + godesberg

Name des Unternehmens:
Buchhandlungen
Gerhard Ludwig GmbH & Co.

Anschrift:
Postfach 10 03 05
5000 Köln 1

Wegbeschreibung:
Im Kölner Hauptbahnhof gelegen

Telefon:
02 21 / 13 20 01

Kontaktperson:
Herr Dr. A.-C. Eckert

Produktionsprogramm:
Handel mit Büchern, Taschenbüchern, Zeitungen und Zeitschriften

Firmengröße:
a) Mitarbeiterzahl – 80 (Stand 1. 7. 1988)
b) Umsatz – 16,0 Mio. DM (1987)

Gründungsjahr:
1946

Besichtigungen sind möglich:
Wann? – Täglich nach Voranmeldung Montag–Sonntag
Für welche Personengruppe? – Jede (maximal 15 Personen)
Können sich Einzelpersonen an Gruppen anschließen? – ja
Voranmeldung:
a) erforderlich – ja
b) wie lange vorher? – 14 Tage
Was wird gezeigt? – Verkauf in Buchhandlungen (3), Verkauf in Zeitungsgeschäften (6), Wareneingang

Name des Unternehmens:
Hans R. Marquart
Import Baustoffe Export

Anschrift:
Alter Postweg 173 c–h
2800 Bremen

Telefon:
04 21 / 4 58 06-0

Kontaktperson:
Hans R. Marquart, Konsul

Firmengröße:
a) Mitarbeiterzahl – 40
b) Umsatz – 30 Mio. DM

Gründungsjahr:
1950

Besichtigungen sind möglich:
Wann? – nach Voranmeldung
Für welche Personengruppe? – Baustoffhändler
Können sich Einzelpersonen an Gruppen anschließen? – ja
Voranmeldung
a) erforderlich – ja
b) wie lange vorher? – 1 Woche
Was wird gezeigt? – Spezialbaustoffe aus Importen usw.

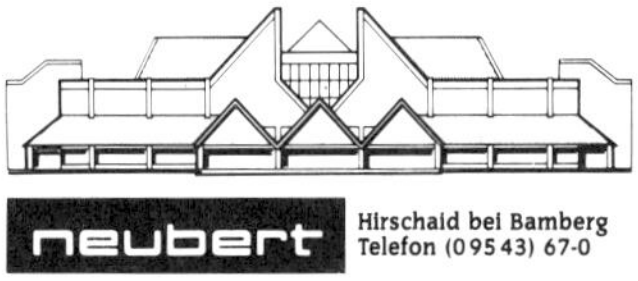

Name des Unternehmens:
Möbel Neubert GmbH & Co. KG

Anschrift:
Mergentheimer Straße 59, 8700 Würzburg
Industriestraße, 8606 Hirschaid bei Bamberg

Wegbeschreibung:
Haus Würzburg (Stammhaus): Ausfahrt Würzburg-Heidingsfeld der Autobahn A3/A5 Nürnberg–Frankfurt. Von der Abfahrt etwa 2 km stadteinwärts im Stadtteil Heidingsfeld.
Haus Hirschaid: Autobahnausfahrt Hirschaid der Autobahn A73 „Frankenschnellweg" Nürnberg–Bamberg

Telefon: 0931 / 806-0

Kontaktperson: Ulrike Weckesser 0931 / 806-210

Produktionsprogramm: Handel mit Möbeln, Teppichen, Heimtextilien, Glas- und Porzellanwaren, Lampen und Leuchten, Kunstgewerbe

Firmengröße: Mitarbeiterzahl – 950

Gründungsjahr: 1876

Besichtigungen sind möglich:

Wann? – jederzeit nach vorheriger telef. o. schriftl. Anmeldung. Montag bis Samstag (außer an den langen Samstagen)
Für welche Personengruppen? – Schüler, Studenten, Lehrkräfte, Hauswirtschaftsverb., Vereine jed. Art u. alle am Handel Interessierten
Können sich Einzelpersonen an Gruppen anschließen? – ja
Voranmeldung
a) erforderlich? – ja
b) wie lange vorher? – etwa 2 Wochen
Was wird gezeigt? – Informationsgang mit interess. Erläuterungen u. prakt. Tips durch alle Abteilungen. Auf Wunsch, jedoch nur im Haus Würzburg, Besichtigung der EDV mit Erläuterungen und/oder Vortrag über den organisat. Ablauf des Handelsuntern. Bitte fordern Sie Informationsmaterial an.

Name des Unternehmens:
NORD-WEST-RING
Schuheinkaufsgenossenschaft eG

Anschrift:
Schaumainkai 69
6000 Frankfurt am Main 70

Wegbeschreibung:
Die NORD-WEST-RING hat ihren Sitz in Frankfurt im Stadtteil Sachsenhausen und ist gut zu erreichen über die Autobahnabfahrt „Frankfurt-West“ bzw. „Frankfurt Süd“ oder mit dem Zug bis Frankfurt Hauptbahnhof bzw. Südbahnhof

Kontaktperson:
Sekretariat

Telefon:
069 / 6067-1

Produktionsprogramm:
Kooperation mittelständischer Schuheinzelhändler/Zentralregulierung

Firmengröße:
a) Mitarbeiterzahl – 1985: 334
b) Umsatz – 1045,9 TDM

Gründungsjahr:
1919

Besichtigungen sind möglich:
Wann? – Montag bis Freitag, Voranmeldung ist erwünscht
Können sich Einzelpersonen an Gruppen anschließen? – ja

Voranmeldung
a) erforderlich – ja
b) wie lange vorher? – 14 Tage

Was wird gezeigt? – Zentrale in Frankfurt, auf Wunsch können das Transit-Lager in Mainhausen und das Schulungszentrum in Bergen-Enkheim besichtigt werden

Name des Unternehmens:
OTTO Versand

Anschrift:
Wandsbeker Straße 3–7
2000 Hamburg 71

Wegbeschreibung:
U-Bahn oder S-Bahn bis Barmbek
(Umsteigen in Omnibus 173, bis Wandsbeker Straße/OTTO Versand)
U-Bahn bis Wandsbek, Gartenstadt
(Umsteigen in Omnibus 165, bis Wandsbeker Straße/OTTO Versand)
Schnellbus 37 ab Osdorf–Altona–Rathausmarkt bis Wandsbeker Straße/OTTO Versand

Telefon:
040/6461256

Kontaktperson:
Frau Lebitsch

Produktionsprogramm:
Versandhandel

Firmengröße:
a) Mitarbeiterzahl – (weltweit) 23000
b) Umsatz – rd. 11 Mrd. DM

Gründungsjahr:
1949

Besichtigungen sind möglich:
Wann? – nur nach Anmeldung, Montag–Freitag
Für welche Personengruppe? – alle
Können sich Einzelpersonen an Gruppen anschließen? – ja, nach Absprache
Voranmeldung
a) erforderlich – ja
b) wie lange vorher? – 1 Monat
Was wird gezeigt? – Tonbildschau, Betriebsbesichtigung, Auftragseingabe über EDV, Hängeförderer, Versand, Sonderprogramme sind möglich.

Name des Unternehmens:
Aug. Prelle KG
Baustoffgroßhandlung

Anschrift:
Bornhardtstr. 1 A
Postfach 2309
3380 Goslar 1

Wegbeschreibung:
BAB 7, Abfahrt Rhüden, von dort über die B 82; Goslar liegt verkehrsgünstig am Nordrand des Harzes

Telefon:
05321 / 80021

Kontaktperson:
Otto Fricke

Produktionsprogramm:
Groß- und Einzelhandel mit Baustoffen aller Art, Holz, Fliesen und Sanitär-Artikeln, Fliesenverlegeabteilung

Firmengröße:
a) Mitarbeiterzahl – 100
b) Umsatz – 33 Mio. DM

Gründungsjahr:
1876

Besichtigungen sind möglich:
Wann? Jederzeit wochentags von 9 bis 16 Uhr
Für welche Personengruppe? – beliebig
Können sich Einzelpersonen an Gruppen anschließen? – ja
Voranmeldung
a) erforderlich – ja
b) wie lange vorher? – ca. 4 Wochen
Was wird gezeigt? – Zentrallager und Bauausstellung

Prelle

Name des Unternehmens:
Schenke & Co
Wollimport-Export

Anschrift:
Postfach 15
8897 Pöttmes

Wegbeschreibung:
Auf dem Gumppenberg 6
8897 Pöttmes
(Autobahnabfahrt Ingolstadt-Nord, über Neuburg/ Donau
Autobahnabfahrt Augsburg-Ost, Richtung Neuburg/Donau

Telefon:
0 82 53 / 3 63

Kontaktperson:
Helmut Schenke

Produktionsprogramm:
Schafwolle aller Provenienzen Import/Export

Firmengröße:
a) Mitarbeiterzahl – 3
b) Umsatz – 22 Mio. DM

Gründungsjahr:
1964

Besichtigungen sind möglich:
Wann? – jederzeit
Für welche Personengruppe? – bis 20 Personen
Können sich Einzelpersonen an Gruppen anschließen? – ja
Voranmeldung
a) erforderlich – ja
b) wie lange vorher? – 3 Tage
Was wird gezeigt? – Wollmusterzimmer mit den vielartigen Wollqualitäten verschiedenster Provenienzen für diverse Einsatzzwecke und teilweise auch die Produktgruppen

Name des Unternehmens:
Großversandhaus Quelle
Gustav Schickedanz KG

Anschrift:
Nürnberger Straße 91–95
8510 Fürth
Versandbetrieb:
Fürther Straße 205, Eingang Adam-Klein-Str.
8500 Nürnberg

Telefon:
09 11 / 7 42 21 23

Kontaktperson:
Willi Scherpf
Öffentlichkeitsarbeit

Produktionsprogramm:
Produktpalette eines Großversandhauses (Katalog) – über 180 Verkaufshäuser

Firmengröße:
a) Mitarbeiterzahl – ca. 22 000
b) Umsatz – Quelle Deutschland: 7,110 Mrd. DM (Geschäftsjahr 1987/88)

Gründungsjahr:
1927

Besichtigungen sind möglich:
Wann? – Montag bis Freitag: 9 bis 11.30 Uhr
Für welche Personengruppe? – Besichtigung für jedermann möglich, Jugendliche ab 15 Jahre
Können sich Einzelpersonen an Gruppen anschließen? – ja
Voranmeldung
a) erforderlich – ja
b) wie lange vorher? – vier Monate
Was wird gezeigt? – Versandbetrieb – Elektronische Auftragsbearbeitung, Ablauf bis zur Verpackung des Kundenpakets

SCHWAB

Name des Unternehmens:
SCHWAB AG

Anschrift:
Kinzigheimer Weg 6
6450 Hanau 1

Telefon:
0 61 81 / 3 68-2 09

Kontaktperson:
Frau Krüger, App. 2 09
Presse- und Öffentlichkeitsarbeit

Produktionsprogramm:
Versandhaus

Firmengröße:
a) Mitarbeiterzahl – ca. 1 600
(plus zeitweilig 600 Aushilfen)
b) Umsatz – 743 Mio. DM im GJ 1987

Gründungsjahr:
1954

Besichtigungen sind möglich:
Wann? – nach Absprache
Für welche Personengruppe? – Studenten/Schüler/Lehrkräfte, Verbände/Vereinigungen/Gruppen
Können sich Einzelpersonen an Gruppen anschließen? – ja – nach Absprache
Voranmeldung
a) erforderlich – ja
b) wie lange vorher? – mindestens 4 Wochen
Was wird gezeigt? – Abwicklung des Versandhandels, z. B.: Hängende Konfektion, Qualitätssicherung

Name des Unternehmens:
Firma Südfleisch GmbH

Anschrift:
Zenettiplatz 1
8000 München 2

Wegbeschreibung:
Am Stadtzentrum, Schlachthofviertel

Telefon:
089 / 72031

Kontaktperson:
Peter Schweinsteiger, Tel.: 7203-218

Produktionsprogramm:
Großhandel von Vieh und Fleisch, Schlachtung, Zerlegung, Export

Firmengröße:
a) Mitarbeiterzahl – ca. 1600
b) Umsatz – ca. 2,4 Mrd. DM

Gründungsjahr:
1957

Besichtigungen sind möglich:

Wann? – Möglichst Mittwoch vormittags in München, Straubing, Weiden und Pfarrkirchen

Für welche Personengruppe? – Interessenten aus der Landwirtschaft sowie Vieh- und Fleischbranche

Können sich Einzelpersonen an Gruppen anschließen? – ja

Voranmeldung
a) erforderlich – ja
b) wie lange vorher? – möglichst 14 Tage

Was wird gezeigt? – München: Lebendviehmarkt sowie Schlacht- und Fleischvermarktungsanlagen
Straubing und Weiden: Schlacht-, Zerlege- und Fleischvermarktung
Pfarrkirchen: Schlacht-, Zerlege- und Fleischvermarktungsanlage sowie Wurst- und Fleischwarenproduktion

Name des Unternehmens:
Weiss u. Sohn KG
(Leuchten-Weiss)

Anschrift:
Moselstraße 23–29
6090 Rüsselsheim

Telefon:
06142 / 63017, Telex 4182166

Kontaktperson:
Herr Weiss

Firmengröße:
a) Mitarbeiterzahl – 28
b) Umsatz – ca. 10 Mio. DM

Gründungsjahr:
1. 1. 26

Besichtigungen sind möglich:
Wann? – nach Vereinbarung
Für welche Personengruppe? – Interesse für Leuchten
Können sich Einzelpersonen an Gruppen anschließen? – ja
Voranmeldung
a) erforderlich – ja
b) wie lange vorher? – ca. 2 Monate
Was wird gezeigt? – Größtes Leuchtenangebot in Hessen

Verkehr, Nachrichtenübermittlung

DACHSER GMBH & Co

Name des Unternehmens: Dachser GmbH & Co

Anschrift: Hauptniederlassung
Memminger Straße 140, 8960 Kempten/Allgäu
Niederlassungen in: Aachen, Augsburg, Berlin, Dortmund, Düsseldorf, Edingen-Nhs., Frankfurt, Hamburg, Hannover, Karlsruhe, Köln, Kornwestheim, Memmingen, München, Neu-Ulm, Nürnberg, Regensburg, Saarbrücken, Wangen, Frischdienstzentrale Kelsterbach.

Wegbeschreibung:
Gruppen werden jeweils gesondert informiert.

Telefon: 0831/985-0

Kontaktperson: Herr Negele

Produktionsprogramm: Logistik, Anbieter von Logistik-Dienstleistungen: integrierte Transport-/Lager-/Administrations-Systeme

Firmengröße:
a) Mitarbeiterzahl – 5500
b) Umsatz 1989 – 1,3 Mrd. DM

Gründungsjahr: 1930

Besichtigungen sind möglich:
Wann? – nach tel. Abstimmung
Herrn Beiersdorf
Für welche Personengruppe? – Abschlußklassen weiterführender Schulen,
Studenten der BWL und verwandter Fächer
Können sich Einzelpersonen an Gruppen anschließen? – ja
Voranmeldung:
a) erforderlich – ja
b) wie lange vorher? – ca. 3 Wochen
Was wird gezeigt? – Logistik – Spedition – Lagerei – Transport
Anhand ausgewählter Vorgänge werden die für einen Anbieter von integrierten Transport-/Lager- und Administrations-Systemen typischen Abläufe demonstriert.
Abteilungsleiter erläutern ihr Aufgabengebiet

Weitere Informationen Seite 458

Name des Unternehmens:
DB, Deutsche Bundesbahn

Anschrift:
Hauptverwaltung – V 4011 –
Friedrich-Ebert-Anlage 43–45
6000 Frankfurt/Main bzw. jede andere Bundesbahndienststelle wie Bundesbahndirektionen, Bahnhöfe, Ausbesserungswerke, Betriebswerke usw.

Wegbeschreibung:
10 Gehminuten vom Hauptbahnhof
(in unmittelbarer Nähe des Messegeländes)
Autobahnausfahrt Frankfurt/M.-West

Telefon: 069 / 265/6504

Kontaktperson: Ulrich Funk

Firmengröße:
a) Mitarbeiterzahl – 276 000
b) Umsatz – 1987: 26,9 Mrd. DM

Gründungsjahr:
1835

Besichtigungen sind möglich:
Wann? – Nach Vereinbarung, im allgemeinen Montag bis Freitag 8 bis 16 Uhr
Für welche Personengruppe? – Schulen, Universitäten, Verbände, Vereinigungen, Gruppen
Können sich Einzelpersonen an Gruppen anschließen? – nein
Voranmeldung
a) erforderlich – ja. Anmeldung siehe oben bzw. bei der Pressestelle der für den Wohnort des Interessenten zuständigen Bundesbahndirektion in Essen, Frankfurt/M., Hamburg, Hannover, Karlsruhe, Köln, München, Nürnberg, Saarbrücken, Stuttgart
b) wie lange vorher? – möglichst frühzeitig
Was wird gezeigt? – Anlagen und Fahrzeuge der DB, außerdem ggf. Filme, Informationsmaterial, Kurzreferate

Name des Unternehmens:
DB, Deutsche Bundesbahn

Anschrift:
Betriebswerk Hamburg 1 (ICE-Bw)
Elbgaustraße 110 a
2000 Hamburg 54

Wegbeschreibung:
BAB-Abfahrt Hamburg-Volkspark oder Hamburg-Stellingen, S-Bahn: Elbgaustraße

Telefon:
0 40 / 57 27–3 70 Herr Bauer
0 40 / 57 27–3 53 Herr Ninse
Telefax Nr.: 0 40 / 84 77 61

Firmengröße:
Mitarbeiterzahl – 1 000

Gründungsjahr:
Inbetriebnahme 02.06.1991

Besichtigungen sind möglich:
wann? Montag bis Freitag von 8.00 Uhr bis 16.00 Uhr, nach Vereinbarung
Für welche Personengruppe? Schulen, Universitäten, Verbände, Vereinigungen (max. 15 Pers. je Gruppe)
Können sich Einzelpersonen an Gruppen anschließen? – nein
Voranmeldung:
a) erforderlich – ja
b) wie lange vorher? – möglichst frühzeitig
Was wird gezeigt? – Instandhaltung und Behandlung der Hochgeschwindigkeitszüge ICE nach neuester Technik und innerhalb kürzester Zeit.

Standort ICE-Betriebswerk Hamburg

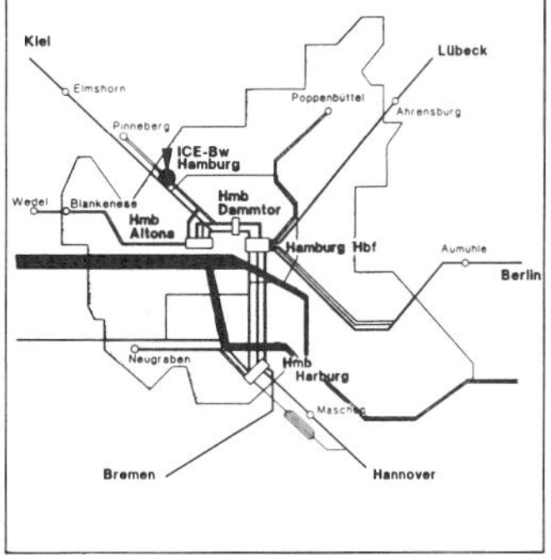

Name des Unternehmens:
Deutsche Bundespost

Anschrift:
Postamt (V),
Fernmeldeamt,
Postgiroamt, das dem Wohnort am nächsten liegt

Telefon:
siehe Telefonbuch unter POST

Kontaktperson:
Kundenberater beim Postamt
oder Postgiroamt,
Beamter für Öffentlichkeitsarbeit
beim Fernmeldeamt

Firmengröße:
a) Mitarbeiterzahl – 543217
b) Bilanzsumme – 127,7 Mrd. DM (1984)

Besichtigungen sind möglich:
Wann? – nach Vereinbarung
Für welche Personengruppe? – Schüler, insbesondere von Hauptschulen, Realschulen, Handels- und Fachschulen, Studenten, Auszubildende, Lehrer, Volkshochschulen, Vereine, Verbände und sonstige Organisationen
Können sich Einzelpersonen an Gruppen anschließen? – Bitte um vorherige Absprache
Voranmeldung
a) erforderlich? – ja
b) wie lange vorher? – möglichst 4 Wochen
Was wird gezeigt? – Schalterraum, Betriebsstellen, technische Einrichtungen, außerdem Filmvorführungen, Informationsmaterial, Kurzreferate, Diskussionen (wenn erwünscht)

Name des Unternehmens:
Flughafen Hannover-Langenhagen GmbH

Anschrift:
Postfach 42 02 80
3000 Hannover 42

Wegbeschreibung:
Autobahn-Eckverbindung Hamburg–Köln/
Köln–Berlin, Ausfahrt Flughafen

Telefon:
05 11 / 7 30 53 53

Kontaktperson:
Besucherdienst

Firmengröße:
a) Mitarbeiterzahl – 1980: Angestellte 159
Lohnempfänger 339
b) Umsatz – 1980: 53,7 Mio. DM

Gründungsjahr:
1951

Besichtigungen sind möglich:
Wann? – täglich von 8 bis 17 Uhr
Für welche Personengruppe? – alle (Kinder ab 5 Jahre)
Können sich Einzelpersonen an Gruppen anschließen? – ja
Voranmeldung
a) erforderlich – ja
b) wie lange vorher? – ca. 8 Tage
Was wird gezeigt? – Fluggastgebäude, Aussichtsterrasse, Flugbetriebsflächen, Flugzeughalle, Start- und Landebahn, auf Wunsch 16 mm Farbtonfilm nach Wahl

Name des Unternehmens:
Flughafen Köln/Bonn GmbH

Anschrift:
Postfach 98 01 20, 5000 Köln 90

Wegbeschreibung:
zwischen Köln und Bonn auf der rechten Rheinseite, direkter Anschluß an die Autobahn 59

Telefon: 0 22 03 / 4 00,
Besucherdienst-Durchwahl 40 40 72

Kontaktperson:
Abt. Öffentlichkeitsarbeit der Flughafen Köln/Bonn GmbH

Firmengröße:
Mitarbeiterzahl – Flughafengesellschaft: rd. 1 000, Flughafen insges. rd. 3 500

Gründungsjahr: Uneingeschränkter ziviler Luftverkehr seit 1957

Besichtigungen sind möglich:
Wann? – nach Vereinbarung
Für welche Personengruppe? – alle Arten
Können sich Einzelpersonen an Gruppen anschließen? – nach Rücksprache
Voranmeldung
a) erforderlich – ja unbedingt
b) wie lange vorher? – 4 Wochen
Was wird gezeigt? – Flughafen Köln/Bonn. Die Führungen beginnen mit Luftfahrtkino (Flugterminal, Ankunft) mit einer Einführung in die Luftfahrt allgemein und den Flughafen Köln/Bonn im besonderen.

Name des Unternehmens:
Flughafen München GmbH

Anschrift:
Informationszentrum Flughafen München 2
Bauzentrale
8050 Freising

Wegbeschreibung:
Autobahn A 92 (München-Deggendorf) bis Ausfahrt „Baustelle Flughafen", dann vor der Baustellenschranke links abbiegen, Ausschilderung zum Informationszentrum.

Telefon:
0 81 69 / 81-360

Kontaktperson:
Informationszentrum Flughafen München GmbH

Firmengröße:
Mitarbeiterzahl – Flughafen insgesamt rund 10 000

Gründungsjahr:
Fertigstellung des neuen Flughafens: 1991

Besichtigungen sind möglich:
Wann? – Täglich von 9.00 bis 17.00 Uhr
An Feiertagen geschlossen
Für welche Personengruppe? – Alle interessierten Gruppen, max. 50 Personen
Können sich Einzelpersonen an Gruppen anschließen? – Nach Rücksprache
Voranmeldung:
a) erforderlich – ja, unbedingt
b) wie lange vorher? – 4-6 Wochen
Was wird gezeigt? – Ausstellungstafeln, Modelle und Filme im Informationszentrum erläutern Planung, Bau und Funktion des neuen Flughafens. Für Gruppen, die mit einem Bus anreisen, ist auch eine Baustellenrundfahrt möglich. Dauer der Führung ca. zwei Stunden.

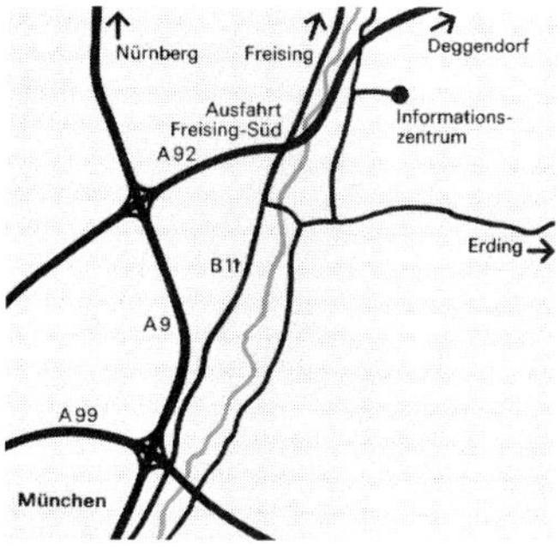

JASPER ★★★★ BUS REISEN

Name des Unternehmens:
Friedr. Jasper Rund- und Gesellschaftsfahrten GmbH

Anschrift:
Mühlendamm 86
2000 Hamburg 76

Wegbeschreibung:
Ende Autobahn Hannover–Bremen, über Elbbrücken, Heidenkampsweg, Steinhauerdamm, Mühlendamm

Telefon:
0 40 / 2 27 10 60

Kontaktperson:
Ralf H. Meyer

Produktionsprogramm:
Veranstalter von Ausflügen und Reisen, Vermietung von Omnibussen, Durchführung von Bus-Linienverkehr

Firmengröße:
a) Mitarbeiterzahl – 80
b) Umsatz – 13 Mio. DM

Gründungsjahr:
1902

Besichtigungen sind möglich:
Wann? – nach vorheriger Vereinbarung
Für welche Personengruppe? – bis 10 Personen
Können sich Einzelpersonen an Gruppen anschließen? – ja
Voranmeldung
a) erforderlich – ja
b) wie lange vorher? – 3 Wochen
Was wird gezeigt? – Bushalle, Werkstatt, Bürobetrieb, Reisebusse, Reisebüros

LHG

Name des Unternehmens:
Lübecker Hafen-Gesellschaft mbH

Anschrift:
An der Untertrave 16
2400 Lübeck 1

Wegbeschreibung:
BAB – Ausschilderung Autobahnabfahrt Lübeck-Mitte „Nordlandkai", Autobahnkreuz Bad Schwartau „Skandinavienkai"

Telefon:
04 51 / 16 02-0

Kontaktperson:
Roland Beberniß,
Prokurist Marketing

Produktionsprogramm:
Umschlag/Lagerung

Firmengröße:
a) Mitarbeiterzahl – 400
b) Umsatz – 68,5 Mio. DM

Gründungsjahr:
1934

Besichtigungen sind möglich:
Wann? – nach Absprache
Für welche Personengruppe? – Verladende Wirtschaft
Können sich Einzelpersonen an Gruppen anschließen? – nein
Voranmeldung
a) erforderlich – ja
b) wie lange vorher? – 1 Woche erwünscht
Was wird gezeigt? – Umschlagsanlagen Lübeck-Stadt (Konstinkai, Nordlandkai), Lübeck-Travemünde (Skandinavienkai), Ton-Dia-Schau

Louis Neukirch GmbH Bremen

Name des Unternehmens:
Louis Neukirch GmbH

Anschrift:
Neidenburger Straße 21
2800 Bremen 1

Wegbeschreibung:
Autobahnabfahrt Bremen-Vahr, dann stadteinwärts fahren bis zur nächsten Kreuzung (Achtung: nicht auf Brücke überqueren, sondern unten bleiben!), an dieser Kreuzung links in die Straße „In der Vahr", an der nächsten Ampelkreuzung rechts in die „Julius-Brecht-Allee", dann geradeaus bis zur Unterquerung der Eisenbahnbrücke, nach dieser Brücke erste Straße links – Neidenburger Straße

Telefon: 04 21 / 49 10 11

Kontaktperson: Herr Wöhncke

Produktionsprogramm:
Computer- und Neumöbeltransport

Firmengröße:
a) Mitarbeiterzahl – 35
b) Umsatz – 2 Mio. DM

Gründungsjahr: 1824

Besichtigungen sind möglich:
Wann? – nach Vereinbarung
Für welche Personengruppe? – Einzelpersonen und Kleingruppen
Können sich Einzelpersonen an Gruppen anschließen? – ja
Voranmeldung
a) erforderlich – ja
b) wie lange vorher? – 14 Tage
Was wird gezeigt? – Rundgang durch Büros, Läger, eigene Tischlerei und eigene Kfz-Werkstatt, Dauer: ca. 30 Minuten, anschließend Informationsgespräch

OVAG

Name des Unternehmens:
Oberbergische Verkehrsgesellschaft
Aktiengesellschaft OVAG

Anschrift:
Postfach 34 01 66
5270 Gummersbach 31 (Niederseßmar)

Telefon:
0 22 61 / 2 10 41

Kontaktperson:
Peter Naumann

Firmengröße:
a) Mitarbeiterzahl – 137 (1987)
b) Umsatz – 13,8 Mio. DM (1987)

Gründungsjahr:
1949

Firmengröße:
a) Mitarbeiterzahl – 160
b) Umsatz – 1982: ca. 15,1 Mio. DM

Gründungsjahr:
1949

Besichtigungen sind möglich:
Wann? – jeweils von Montag bis Donnerstag von 8 bis 16 Uhr
Für welche Personengruppe? – alle Interessierten
Können sich Einzelpersonen an Gruppen anschließen? – ja
Voranmeldung
a) erforderlich – ja
b) wie lange vorher? – 3 Tage
Was wird gezeigt? – Reparatur- und Wartungsabläufe, Verkehrslenkung, Funkleitstelle

PANALPINA
5 Kontinente – 1 Spediteur

Name des Unternehmens:
PANALPINA-NIEDERQUELL
Welttransport GmbH

Anschrift:
Schwieberdinger Straße 200
Postfach 400529
7000 Stuttgart 40

Wegbeschreibung:
BAB-Ausfahrt Stuttgart-Zuffenhausen
B 10 Richtung Zuffenhausen
1. Ausfahrt abbiegen – 1. Ampel links

Telefon:
0711/8293-203

Kontaktperson:
Herr Martin Willhaus

Produktionsprogramm:
Dienstleistung – Güterverkehr

Firmengröße:
a) Mitarbeiterzahl – ca. 6300 weltweit
b) Umsatz – ca. 3,2 Mrd. DM – 1986 Gesamtkonzern

Gründungsjahr:
1968

Besichtigungen sind möglich:
Wann? – nach Vereinbarung
Für welche Personengruppe? – Gruppen aller Art
Können sich Einzelpersonen an Gruppen anschließen? – ja
Voranmeldung:
a) erforderlich – ja
b) wie lange vorher? – ca. 4 Wochen
Was wird gezeigt? – Logistik-Konzeptionen, mod. Kommunikationsmöglichkeiten in der Spedition, Umschlaganlagen; weitere Panalpina-Häuser in: Bremen, Düsseldorf, Frankfurt, Hagen, Hamburg, Hannover, Kehl, Ludwigshafen, München, Nürnberg

RHENUS
AKTIENGESELLSCHAFT

Name des Unternehmens:
RHENUS Aktiengesellschaft

Anschrift:
Mallinckrodtstr. 320,
4600 Dortmund 1

Telefon:
0231 846-308

Kontaktperson:
Dr. Hartmut Nowacki

Produktionsprogramm:
Spedition, Transporte inländisch und international

Firmengröße:
a) Mitarbeiterzahl – ca. 8000 (Unternehmensgruppe)
b) Umsatz – ca. 2 Mrd. DM (Unternehmensgruppe)

Gründungsjahr:
1912

Besichtigungen sind möglich:
nach Vereinbarung
Wann? – Das ganze Jahr über
Können sich Einzelpersonen an Gruppen anschließen? – ja
Voranmeldung:
a) erforderlich – ja
b) wie lange vorher? – mindestens vier Wochen
Was wird gezeigt? – Hauptverwaltung und Speditionsbetrieb am Dortmunder Hafen

Funk, Film, Fernsehen

SFB

Name des Unternehmens:
SENDER FREIES BERLIN – SFB

Anschrift:
Masurenallee 8–14
1000 Berlin 19

Wegbeschreibung:
in der Nähe des Funkturms, am Theodor-Heuss-Platz

Telefon:
030 / 3031 1125/1124

Kontaktperson:
Frau Hildegard Laskowski

Produktionsprogramm:
Mitglied der ARD, Hörfunk- und Fernsehprogramme

Firmengröße:
a) Mitarbeiterzahl – 1400 festangestellte Mitarbeiter
b) Umsatz – Anstalt öffentlichen Rechts

Gründungsjahr:
1953

Besichtigungen sind möglich:
Wann? – nach schriftlicher oder mündlicher Vereinbarung
Für welche Personengruppe? – für alle Personengruppen von 16 Jahren an, maximale Teilnehmerzahl 15 Personen pro Führung
Können sich Einzelpersonen an Gruppen anschließen? – ja, nach Vereinbarung
Voranmeldung
a) erforderlich – ja
b) wie lange vorher? – ca. 9 Wochen
Was wird gezeigt? – Die studiotechnischen Einrichtungen des Rundfunk- und des Fernsehhauses; Dauer der Besichtigung ca. 1½ Stunden

Kreditinstitute und Versicherungen

wüstenrot

Name des Unternehmens:
Bausparkasse Wüstenrot

Anschrift:
Wüstenrot-Haus
7140 Ludwigsburg

Telefon:
0 71 41 / 16 38 50

Kontaktperson:
Dr. Gernot von Hahn

Produktionsprogramm:
Bausparverträge, Geldanlagen;
Wohnungsbaufinanzierungen

Firmengröße:
a) Mitarbeiterzahl – 3 900
b) Bilanzsumme – 20 Mrd. DM

Gründungsjahr:
1921

Besichtigungen sind möglich:
Wann? – werktags nach Vereinbarung
Für welche Personengruppe? – interessierte Gruppen ab 5 Personen
Können sich Einzelpersonen an Gruppen anschließen? – ja
Voranmeldung
a) erforderlich – ja
b) wie lange vorher? – 1 Woche
Was wird gezeigt? – Büroräume einschließlich moderner Anwendung von Datensichtgeräten

Bethmann Bank
seit 1748

Name des Unternehmens:
Bethmann Bank

Anschrift:
Bethmannstraße 7–9
6000 Frankfurt am Main

Wegbeschreibung:
Nähe Paulskirche

Telefon:
069 21771

Kontaktperson:
Geschäftsleitungssekretariat Tel. 2177239
oder Organisationsabteilung Tel. 2177331

Firmengröße:
a) Mitarbeiterzahl – 270
b) Bilanzsumme – 31. 12. 85 – 1068,5 Mio. DM

Gründungsjahr:
1748

Besichtigungen sind möglich:
Wann? – Montag bis Freitag von 9 bis 17 Uhr
Für welche Personengruppe? – Studenten, Lehrkräfte, Verbände, Vereinigungen, Real- und Oberschüler
Können sich Einzelpersonen an Gruppen anschließen? – nein
Voranmeldung
a) erforderlich – ja
b) wie lange vorher? – mind. 1 Monat
Was wird gezeigt? – Der Betriebsablauf einer Privatbank, d. h. Vorstellung der einzelnen Abteilungen mit ihren Aufgaben, Geschichte der Bethmann Bank

Name des Unternehmens:
BHW-Bausparkasse,
Beamtenheimstättenwerk,
Gemeinnützige Bausparkasse für den öffentlichen Dienst GmbH

Anschrift:
Postfach 10 13 22
Lubahnstr. 2
3250 Hameln 1

Telefon:
0 51 51 / 18 36 06

Kontaktperson:
Hans-Joachim Wernery

Produktionsprogramm:
Bauspargeschäft und alle damit zusammenhängenden Serviceleistungen

Firmengröße:
a) Mitarbeiterzahl – 4 827
b) Bilanz – 33,2 Mrd. DM

Gründungsjahr:
1928

Besichtigungen sind möglich:
Wann? – nach Vereinbarung
Für welche Personengruppe? – öffentlicher Dienst, Schulen und Hochschulen mit Fachbereich Bankwesen
Können sich Einzelpersonen an Gruppen anschließen? – nein
Voranmeldung
a) erforderlich – ja
b) wie lange vorher? – 6 Wochen
Was wird gezeigt? – Information über die Arbeit einer Bausparkasse, moderne Bürotechnik

DAK

Name des Unternehmens:
DAK Deutsche Angestellten-Krankenkasse
Ersatzkasse

Anschrift:
Postfach 101444
Steindamm 96–106
2000 Hamburg 1

Telefon:
040 / 28801412 / 28801275

Kontaktperson:
Herr Edgar Puchmüller
Herr Horst Beißel

Produktionsprogramm:
Krankenversicherung

Firmengröße:
a) Mitarbeiterzahl – über 13000
b) Umsatz – ca. 15 Mrd. DM

Gründungsjahr:
1774

Besichtigungen sind möglich:
Wann? – nach Vereinbarung
Für welche Personengruppe? – für alle Interessenten
Können sich Einzelpersonen an Gruppen anschließen? – ja
Voranmeldung
a) erforderlich – ja
b) wie lange vorher? – 4 Wochen
Was wird gezeigt? – je nach Personengruppe, kann ein Einblick in die Arbeitsweise eines modernen Krankenversicherungsunternehmens vermittelt werden, von der Organisation bis zur Gesundheitsaufklärung

Deutsche Bank

Name des Unternehmens:
Deutsche Bank AG

Anschrift:
Postfach 100601, Taunusanlage 12,
6000 Frankfurt am Main 1

Telefon:
069 / 7150-3405 / 3408

Kontaktaufnahme über:
Zentrale Presseabteilung Frankfurt
und Geschäftsstellen der Bank im Bundesgebiet
und Berlin (West)

Firmengröße (Konzern):
a) Mitarbeiterzahl – rd. 53500
b) Geschäftsvolumen:
264,4 Mrd. DM Mitte 1987

Gründungsjahr:
1870

Besichtigungen sind möglich:

Wann? – nach Vereinbarung

Für welche Personengruppe? – interessierte Gruppen, insbesondere Schüler (ab 16 Jahren), Studenten, Auszubildende, Lehrer, Hausfrauen, Bundeswehrangehörige, Vereine, Verbände und sonstige Gruppen bzw. Organisationen

Können sich Einzelpersonen an Gruppen anschließen? – nein

Voranmeldung
a) erforderlich – ja
b) wie lange vorher? – möglichst frühzeitig vor gewünschtem Besuchstermin

Was wird gezeigt? – Kundennahe Abteilungen (z. B. Zweigstelle), Devisenhandel, Börsenabteilung (damit verbunden evtl. ein Besuch an einer Wertpapierbörse), technische Einrichtungen, soweit vorhanden und zugänglich; außerdem – nach vorheriger Abstimmung – Information, Gespräche und Diskussion über gewünschte Themen sowie Filmvorführungen

Deutsche Krankenversicherung
Aktiengesellschaft

Name des Unternehmens:
DEUTSCHE KRANKENVERSICHERUNG AG

Anschrift:
Aachener Straße 300
5000 Köln 41

Wegbeschreibung:
Autobahnkreuz Köln-West, Abfahrt Köln-Lövenich, stadteinwärts ca. 4 km

Telefon:
02 21 / 5 78 42 02

Kontaktperson:
Herr Schmidt, Abt. Öffentlichkeitsarbeit
Herr Meisenburg, Abt. Bildungswesen

Produktionsprogramm:
private Krankenversicherung

Firmengröße:
a) Mitarbeiterzahl – 6 200
b) Umsatz – 2,6 Mrd. DM

Gründungsjahr:
1927

Besichtigungen sind möglich:
Wann? – Mittwoch, 9 bis 16 Uhr
Für welche Personengruppe? – für alle Interessenten
Können sich Einzelpersonen an Gruppen anschließen? – nein
Voranmeldung
a) erforderlich – ja
b) wie lange vorher? – 2 Wochen
Was wird gezeigt? – als Einführung eine Tonbildschau: Einblick in die Arbeitsweise einer modernen Krankenversicherung, von der Antragstellung bis zur Erstattung (24 Minuten); Führung durch das Haus, Gesamtdauer: ca. 2 Stunden.

Deutscher Ring

Name des Unternehmens:
Deutscher Ring Lebensversicherungs-AG,
Deutscher Ring Krankenversicherungsverein aG,
Deutscher Ring Sachversicherungs-AG,
Deutscher Ring Bausparkasse AG,
Deutscher Ring Anlagenvermittlung GmbH

Anschrift:
Ost-West-Straße 110, 2000 Hamburg 11

Wegbeschreibung:
aus Richtung Süden: BAB Hannover–Hamburg über die Elbbrücken in die Stadt, Haus steht direkt gegenüber dem Michel; aus Richtung Norden: Ausschilderung Richtung Innenstadt folgen

Telefon:
040 / 3599-1 (Zentrale)
040 / 3599-810 (Aus- und Weiterbildung)

Kontaktperson:
Abt. Aus- und Weiterbildung

Produktionsprogramm:
Versicherungen, Bausparen, Kapitalanlagen

Firmengröße:
a) Mitarbeiterzahl – 3 050 (1987)
b) 1,856 Mrd. DM Beitragseinnahmen 1987

Gründungsjahr:
1913 (Lebensversicherungs-AG)

Besichtigungen sind möglich:
Wann? – nach Vereinbarung
Für welche Personengruppe? – alle
Können sich Einzelpersonen an Gruppen anschließen? – ja
Voranmeldung
a) erforderlich – ja
b) wie lange vorher – ca. 10–14 Tage
Was wird gezeigt? – nach Absprache

Name des Unternehmens:
Dresdner Bank AG

Anschrift:
Jürgen-Ponto-Platz 1
6000 Frankfurt a. M. 1

In Berlin:
Bank für Handel und Industrie AG
Uhlandstraße 9–11, 1000 Berlin 12

Anschriften der mehr als 1000 Geschäftsstellen in Telefonbüchern aufgeführt

Telefon:
069 / 2632005 oder 2634588

Kontaktperson:
Leiter der Niederlassungen und Filialen

Produktionsprogramm:
Alle banküblichen Geschäfte

Firmengröße (Konzern):
a) Mitarbeiterzahl – 38 000
b) Bilanzsumme – 207 Mrd. DM (1987)

Gründungsjahr: 1872

Besichtigungen sind möglich:
Wann? – nach Vereinbarung
Für welche Personengruppe? – alle interessierten Gruppen (z. B.: Schüler, Lehrer, Studenten, Auszubildende, VHS, Mitarbeiter von Firmen, Kammern, Behörden, Verbänden, Vereinen, Bundeswehr, Klubs, Kunden)
Können sich Einzelpersonen an Gruppen anschließen? – nach Vereinbarung
Voranmeldung
a) erforderlich – ja
b) wie lange vorher? – ca. 3 Monate
Was wird gezeigt? – Einrichtungen der Bank und der Wertpapierbörse (wenn am Ort), Filme, Informationsmaterialien, Diskussionen. Möglich: Kurzreferate mit Diskussion über ausgewählte Themen mit Spezialisten der Bank.

Das neue Verwaltungsgebäude der Dresdner Bank AG am Jürgen-Ponto-Platz in Frankfurt am Main bietet auf 40.000 qm Büro- und Tagungsraumfläche für 2500 Mitarbeiter moderne und funktionsgerechte Arbeitsplätze. Die 24 Büroetagen der insgesamt 32 Stockwerke des Hauses (Gesamthöhe: 166,30 m) sind als Bürolandschaft eingerichtet; Gliederung in mehrere Einheiten, deren Einrichtung von den Wünschen der Mitarbeiter mitbestimmt ist.

(Im Vordergrund: Ein Granitkeil, der als Teil des von Professor Heinz Mack gestalteten Jürgen-Ponto-Platzes einen lebendigen Kontrast zur Leichtmetall-Ummantelung des Hochhauses bildet).

Foto: Dresdner Bank AG

Name des Unternehmens:
Frankfurter
Versicherungs-Aktiengesellschaft

Anschrift:
Taunusanlage 18
Postfach 21 42
6000 Frankfurt 1

Wegbeschreibung:
Abfahrt Frankfurt-West von der Autobahn, Weiterfahrt über Messegelände zum Opernplatz (Innenstadt)

Telefon:
0 69 / 71 26 23 10

Kontaktperson:
Herr Linhart für Schulen, Lehrkräfte, Schüler
Herr Müntner für Universitäten, Lehrkräfte, Studenten

Produktionsprogramm:
Sachversicherungen (Kompositversicherer)

Firmengröße:
a) Mitarbeiterzahl – 4000
b) Beitragseinnahmen 1980: 940 Mio. DM

Gründungsjahr:
1929

Besichtigungen sind möglich:
Wann? – nach telefonischer oder schriftlicher Vereinbarung
Für welche Personengruppe? – Universitäten, Schulen, Lehrkräfte, Studenten und Schüler
Können sich Einzelpersonen an Gruppen anschließen? – nein
Voranmeldung
a) erforderlich – ja
b) wie lange vorher? – 4 Wochen
Was wird gezeigt? – Individuelle Programmabsprache möglich

Hamburg-Mannheimer
Versicherungs-AG

Name des Unternehmens:
Hamburg-Mannheimer
Versicherungsgesellschaften

Anschrift:
Überseering 45
2000 Hamburg 60

Wegbeschreibung:
in der Geschäftsstadt Nord, zwischen Innenstadt und Flughafen

Telefon:
0 40 / 63 76 28 18 (Durchwahl)

Kontaktperson:
Anke Schreiber,
Abteilung Presse und Information

Firmengröße:
a) Mitarbeiterzahl – ca. 2 700 in der Hauptverwaltung
b) Beitragseinnahmen 1980: ca. 2,2 Mrd. DM

Gründungsjahr:
1899

Besichtigungen sind möglich:
Wann? – während der Geschäftszeit
Für welche Personengruppe? – Architekten, Betriebsorganisatoren, Studenten, Schulklassen
Können sich Einzelpersonen an Gruppen anschließen? – ja
Voranmeldung
a) erforderlich – ja
b) wie lange vorher? – 2–4 Wochen
Was wird gezeigt? – eines der größten und modernsten Bürogebäude der Bundesrepublik, Großräume von je 6 000 qm, ein umfangreicher Sozial- und Sportbereich, Arbeitsabläufe in einem großen Versicherungsunternehmen

Kreissparkasse Ludwigsburg

Name des Unternehmens:
Kreissparkasse Ludwigsburg

Anschrift:
Postfach 620
Schillerplatz 6
7140 Ludwigsburg

Wegbeschreibung:
Ausfahrt Ludwigsburg Süd, Schwieberdinger Straße, Pflugfelder Straße, Schillerstraße

Telefon:
0 71 41 / 1 48-21 41

Kontaktperson:
Dr. Thomas Baum

Produktionsprogramm:
alle Bankgeschäfte

Firmengröße:
a) Mitarbeiterzahl – 1 593 (ohne Auszubildende)
b) 5,5 Mrd. DM Bilanzsumme, 754 000 Kundenkonten

Gründungsjahr: 1852

Besichtigungen sind möglich:
Wann? – Dienstag, Mittwoch, Freitag von 8.30 bis 16 Uhr, Montag, Donnerstag von 8.30 bis 17.30 Uhr
Für welche Personengruppe? – keine Einschränkung
Können sich Einzelpersonen an Gruppen anschließen? – ja
Voranmeldung
a) erforderlich – ja
b) wie lange vorher? – etwa 1 Woche
Was wird gezeigt? – Kundenhalle mit Kassen-, Service-, Beratungsbereich, Auslandsabteilung einschließlich Münzen, Edelmetalle, Tresor, SB-Kasse, Reuter-Monitor mit aktuellen internationalen Börseninformationen

Name des Unternehmens:
METZGERBANK-EVGEDEM
Ein- und Verkaufsgenossenschaft der Metzgermeister eG-KG
Spar- und Kreditbank

Anschrift:
Postfach 61 04
Gerberstraße 19
8700 Würzburg

Wegbeschreibung:
Beim alten Kranen

Telefon:
09 31 / 5 01 58

Kontaktperson:
Bankdirektor Ernst Michael Baral

Produktionsprogramm:
Kreditinstitut – Volksbank

Firmengröße:
a) Mitarbeiterzahl – 19
b) Umsatz – 2,20 Mrd. DM

Gründungsjahr:
1922

Besichtigungen sind möglich:
Wann? – jederzeit nach Vereinbarung
Voranmeldung
a) erforderlich – ja
b) wie lange vorher? – 1 Woche
Was wird gezeigt? – Bankbetrieb und, sofern gewünscht, Geschäftsneubau unserer Komplementärin, Fertigstellung 1980 (Ein- und Verkaufsgenossenschaft der Metzgermeister)

Name des Unternehmens:
MÜNCHENER VEREIN
VERSICHERUNGSGRUPPE

Anschrift:
Pettenkoferstraße 19
8000 München 2

Telefon:
089/5152-397

Btx:
* 51520 #

Kontaktperson:
Fr. Kott
Ausbildungsleiterin

Produktionsprogramm:
Kranken-, Lebens-, Sach- und HUK-Versicherungen

Firmengröße:
a) Mitarbeiterzahl – 849
b) Umsatz – 355 Mio. DM

Gründungsjahr:
1922

Besichtigungen sind möglich:
Wann? – nach Vereinbarung
Für welche Personengruppe? – Schüler und Studenten, evtl. Bewerber
Können sich Einzelpersonen an Gruppen anschließen? – ja
Voranmeldung
a) erforderlich – ja
b) wie lange vorher? – 8 Wochen
Was wird gezeigt? – Fachvortrag bzw. Informationsgespräche je nach Besuchergruppe

Name des Unternehmens:
Oldenburgische Landesbank AG

Anschrift:
Stau 15/17
2900 Oldenburg

Wegbeschreibung:
Autobahn Oldenburg–Wilhelmshaven, Abfahrt Oldenburg-Hafen

Telefon:
04 41 / 22 12 34

Kontaktperson:
Marketing-Abteilung, Herr Koch

Produktionsprogramm:
Universalbank

Firmengröße:
a) Mitarbeiterzahl – 2 307
b) Bilanzsumme – 5,4 Mrd. DM

Gründungsjahr:
1868

Besichtigungen sind möglich:
Wann? – jederzeit, möglichst vormittags
Für welche Personengruppe? – Real-Schulen und Gymnasien nur mit Abschlußklassen, max. 30 Personen
Können sich Einzelpersonen an Gruppen anschließen? – ja
Voranmeldung
a) erforderlich – ja
b) wie lange vorher? – 3 Monate
Was wird gezeigt? – Kassen, Tresore, Textverarbeitungssysteme, Wertpapier-Informationssystem, Zahlungsverkehr-Abwicklung, außerdem Filme, Vorträge

OVD Versicherungs-Dienst | Für den Opel-Händler und seine Kunden

Name des Unternehmens:
Opel-Händler Versicherungsdienst GmbH

Anschrift:
Ludwig-Dörfler-Allee 5–7, Postfach 17 62
6090 Rüsselsheim

Wegbeschreibung:
BAB Köln–Frankfurt Abf.
Raunheim/Rüsselsheim,
BAB Frankfurt–Mainz Abf. Rüsselsheim Ost,
BAB Darmstadt–Mainz Abf. Rüsselsheim Süd

Telefon:
06142 / 404-0

Kontaktperson:
Prok. Ass. Blösel

Produktionsprogramm:
Versicherungen für Opel-Händler und deren Kunden (alle erforderlichen Sparten)

Firmengröße:
Mitarbeiterzahl – rund 100

Gründungsjahr:
Vorgesellschaft 1929, jetzige 1948

Besichtigungen sind möglich:
Wann? – jederzeit nach Anmeldung
Für welche Personengruppe? – Grundsätzlich alle an der Arbeitsweise und Aufgabenstellung eines automobilbezogenen Versicherungs-Dienstes Interessierte
Können sich Einzelpersonen an Gruppen anschließen? – Im Einzelfall möglich
Voranmeldung
a) erforderlich – ja
b) wie lange vorher? – 3–4 Wochen
Was wird gezeigt? – Organisationsstruktur und EDV-Technik eines Dienstleistungsunternehmens der Versicherungsbranche, bei Interesse: Produktionsprogramm

Sparkassen-Versicherung
Zentraleuropäische Versicherung

Name des Unternehmens:
Sparkassen-Versicherung
Zentraleuropäische Versicherung

Anschrift:
Löwentorstraße 65
Postfach 50 10 80
7000 Stuttgart 50

Telefon:
07 11 / 81 06–1

Kontaktperson:
Abt.-Dir. Günter Wizemann

Produktionsprogramm:
Alle Versicherungen

Firmengröße:
a) Mitarbeiterzahl – 694 Innendienst, 234 hauptberufl. Außendienst
b) Umsatz – 1985: 681 Mio. DM Beitragseinnahmen

Gründungsjahr:
1924

Besichtigungen sind möglich:
Wann? – Montag bis Freitag, während der Arbeitszeit
Für welche Personengruppe? – für Interessenten an Verwaltungsgebäuden
Können sich Einzelpersonen an Gruppen anschließen? – ja
Voranmeldung
a) erforderlich – ja
b) wie lange vorher? – ca. 1 Woche
Was wird gezeigt? – Verwaltungsgebäude (bezogen 1974, November, mit Schulungsräumen, Sportzentrum, Casino, Großraumbüros)

TELA
VERSICHERUNG
AKTIENGESELLSCHAFT

Name des Unternehmens:
TELA Versicherung Aktiengesellschaft

Anschrift:
Postfach 389
8000 München 1

Wegbeschreibung:
8000 München 2, Prannerstraße 8
(Stadtzentrum)

Telefon:
0 89 / 23 00-3 77

Kontaktperson:
Herr Scholbeck

Produktionsprogramm:
Spezialversicherer für elektronische Systeme

Firmengröße:
a) Mitarbeiterzahl – 500
b) Prämieneinnahmen 340 Mio. DM

Gründungsjahr:
1926

Besichtigungen sind möglich:
Wann? – Montag bis Freitag, 9 bis 16 Uhr
Für welche Personengruppe? – Fach- und Führungskräfte, Studenten, Lehrkräfte, Schüler, Verbände
Können sich Einzelpersonen an Gruppen anschließen? – ja
Voranmeldung
a) erforderlich – ja
b) wie lange vorher? – ca. 1 Woche
Was wird gezeigt? – Direktionsgebäude mit modernen technischen Einrichtungen unter besonderer Berücksichtigung der Sicherheitsaspekte, falls gewünscht, das im gleichen Gebäudekomplex befindliche Siemens-Museum

VGH
VERSICHERUNGSGRUPPE HANNOVER
Finanzgruppe

Name des Unternehmens:
Versicherungsgruppe Hannover

Anschrift:
Schiffgraben 4
3000 Hannover 1

Wegbeschreibung:
Hannover-Stadtmitte (Aegidientorplatz)

Telefon:
05 11 / 3 62-0

Kontaktperson:
Fr. Höppner, Dr. Sohn

Produktionsprogramm:
Versicherungen

Firmengröße:
a) Mitarbeiterzahl – ca. 1 800 ohne Außendienst
b) Beitragseinnahme 1989: 1,8 Mrd. DM

Gründungsjahr:
Landschaftliche Brandkasse: 1750
Provinzial Lebensversicherung: 1919

Besichtigungen sind möglich:
Wann? – wochentags zwischen 9 und 15 Uhr, nach vorheriger Anmeldung und Abstimmung
Was wird gezeigt? – Versicherungsbetrieb

Hotel- und Gaststättengewerbe
Kurbetriebe

Name des Unternehmens:
Bad Orb GmbH

Anschrift:
Postfach 13 20
6482 Bad Orb

Wegbeschreibung:
Autobahn A 66, Abfahrt Bad Orb

Telefon:
0 60 52 / 83-0

Kontaktperson:
Geschäftsführer Günter Schermuly

Produktionsprogramm:
Heilbad – Kurbetrieb mit therapeutischen Einrichtungen – Akupunkturzentrum

Firmengröße:
a) Mitarbeiterzahl – 170
b) Umsatz – 18 Mio. DM

Gründungsjahr:
1899

Besichtigungen sind möglich:
Wann? – zu jeder Zeit
Für welche Personengruppe? – keine Einschränkung
Können sich Einzelpersonen an Gruppen anschließen? – ja
Voranmeldung:
a) erforderlich – ja
b) wie lange vorher? – 4 Wochen
Was wird gezeigt? – Der gesamte Kurbetrieb. Kurbetrieb mit Mineralsolebewegungsbad und allen therapeutischen Einrichtungen. EDV-orientierte Terminierung der Kurmittel.

HOTEL
CONTI-HANSA
KIEL

Name des Unternehmens:
Hotel Conti-Hansa

Anschrift:
Schloßgarten 7
2300 Kiel 1

Wegbeschreibung:
BAB 215 bis Ende, dann nur Ausschilderung: Centrum/Oslo-Kai folgen, Hotel liegt gegenüber dem Oslo-Kai

Telefon:
0431 / 5115-0

Kontaktperson:
Manfred Stanko

Produktionsprogramm:
Hotel/Restaurants/Tagungsräume

Firmengröße:
Mitarbeiterzahl – ca. 140 inkl. 26 Azubis

Gründungsjahr:
1981, von Juli 1983 bis September 1984 fanden umfangreiche Umbau- und Erweiterungsarbeiten statt

Besichtigungen sind möglich:
Wann: – Montag bis Freitag 10 bis 12.30 Uhr und 15 bis 18 Uhr
Für welche Personengruppe? – Branchen-Insider
Können sich Einzelpersonen an Gruppen anschließen? – ja
Voranmeldung:
a) erforderlich – ja
b) wie lange vorher? – 3 bis 4 Tage
Was wird gezeigt? – Hotelzimmer, Restaurants, Tagungsräume sowie Wirtschaftsräume

Name des Unternehmens:
Dorint Hotelgesellschaft mbH

Anschrift:
Goetersstraße 17
4050 Mönchengladbach 2

Telefon:
0 21 66 / 4 58 80

Kontaktperson:
Ingrid Heuser, Pressestelle
Hans Mücke, Stefan Rszkowski, Fritz-Ulrich Stolle, GF

Produktionsprogramm:
Firstclass Hotels und Ferienparks in D, B, CH, A und bald NL

Firmengröße:
a) Mitarbeiterzahl – 2 100
b) Umsatz – 156 Mio. DM in 1988

Gründungsjahr:
1959

Besichtigungen sind möglich:
Wann? – nach Absprache
Für welche Personengruppe? – Branchen-Insider aus Tourismus, Gastronomie, Schulungsgruppen, Presse, Opinion-Leader-Gruppen
Voranmeldung:
a) erforderlich – ja
b) wie lange vorher? – 3-4 Wochen
Was wird gezeigt? – Betriebsablauf in Hotels und Ferienparks, EDV, Reservierungssysteme, moderne Innenarchitektur etc.

Dorint®
... ein Stück Lebensqualität!

DORINT Starnberger See Hotel

DORINT Hotel Kassel

Mönchengladbach

Bad Neuenahr

DORINT Hotel Sprendlingen

Biersdorf

Trier

Bad Kissingen

Feldberg

Schönhagen

Ferienpark Südeifel

Winterberg

Hameln

Kaiserslautern

Arolsen

Trier

Bad Krozingen

Die heilkräftige Therme in Badens Sonnengarten

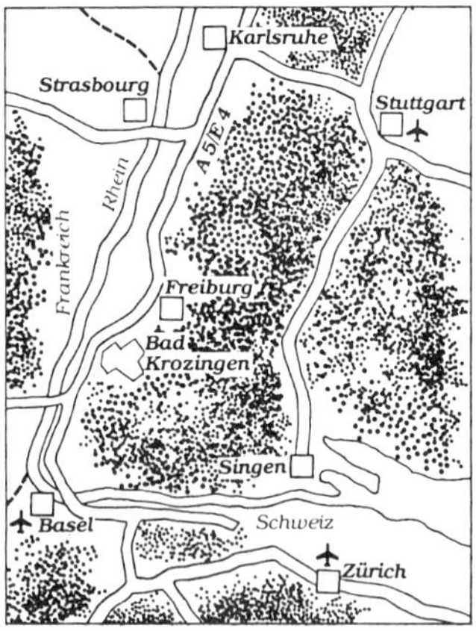

Name des Unternehmens:
Kur- und Bäderverwaltung
Bad Krozingen GmbH

Anschrift:
Herbert-Hellmann-Allee 12
7812 Bad Krozingen

Wegbeschreibung:
Autobahn A 5, Abfahrt Bad Krozingen

Telefon:
07633 / 2003

Kontaktperson:
Günter Garbe

Produktionsprogramm:
Heilbad für Herz-Kreislauf-Rheuma-Bandscheiben-Rehabilitation

Firmengröße:
a) Mitarbeiterzahl – 120
b) Umsatz – 885000 Übernachtungen im Jahre 1985

Gründungsjahr:
1911

Besichtigungen sind möglich:
Wann? – Montag bis Samstag
Für welche Personengruppe? – keine Einschränkungen
Können sich Einzelpersonen an Gruppen anschließen? – ja
Voranmeldung
a) erforderlich – ja
b) wie lange vorher? – 1 Woche
Was wird gezeigt? – Kureinrichtungen (Thermalhallen- und Freibad, Wannenbäderabteilung, Kurhaus)

Anschrift:
Hotel MARITIM BELLEVUE

Anschrift:
Bismarckallee 2
2300 Kiel

Wegbeschreibung:
BAB 215 bis zu Ende, dann nur
Ausschilderung: Centrum/Oslo-Kai folgen

Telefon:
04 31 / 3 50 50

Kontaktpersonen:
Herr Volker Kletthofer
Herr Ingo Petersen

Produktionsprogramm:
Hotel/Restauration/Tagungen/Kongresse

Firmengröße:
Mitarbeiterzahl – 80

Gründungsjahr:
1972

Besichtigungen sind möglich:
Wann? – nach Voranmeldung
Für welche Personengruppe? – jede, bis zu 15 Personen
Können sich Einzelpersonen an Gruppen anschließen? – ja
Voranmeldung
a) erforderlich – ja
b) wie lange vorher? – 14 Tage
Was wird gezeigt? – Hotel-, Restauration-, Tagungs- und Kongreßeinrichtungen sowie Wirtschaftsräume

Name des Unternehmens:
MARITIM Berghotel

Anschrift:
Am Pfaffenstieg
3389 Braunlage

Wegbeschreibung:
Von Norden kommend Abfahrt Rhüden über Goslar/Bad Harzburg nach Braunlage, ca. 60 km, von Süden kommend Abfahrt Göttingen-Nord die B 27 nach Braunlage, ca. 69 km

Telefon:
0 55 20 / 30 51

Kontaktperson:
Direktor Erich Döring

Produktionsprogramm:
Hotel/Restauration/Tagungen/Kongresse

Firmengröße:
Mitarbeiterzahl – 130

Gründungsjahr:
1973

Besichtigungen sind möglich:
Wann? – nach Voranmeldung
Für welche Personengruppe? – jede, bis zu 15 Personen
Können sich Einzelpersonen an Gruppen anschließen? – ja
Voranmeldung
a) erforderlich – ja
b) wie lange vorher? – 14 Tage
Was wird gezeigt? – Hotel-, Restauration-, Tagungs- und Kongreßeinrichtungen sowie Wirtschaftsräume

Name des Unternehmens:
MARITIM Golf- und Sporthotel

Anschrift:
An der Waldkapelle 26
2408 Timmendorfer Strand

Wegbeschreibung:
Autobahn Hamburg–Lübeck,
Lübeck-Puttgarden, Abfahrt
Ratekau/Timmendorfer Strand

Telefon:
0 45 03 / 40 91

Kontaktpersonen:
Herr W. Huperz, Herr H. Holle

Produktionsprogramm:
Hotel/Restauration/Tagungen/Kongresse

Firmengröße:
Mitarbeiterzahl – Winter ca. 110, Sommer ca. 160

Gründungsjahr:
1973

Besichtigungen sind möglich:
Wann? – nach Vereinbarung
Für welche Personengruppe? – jede, bis zu 15 Personen
Können sich Einzelpersonen an Gruppen anschließen? – ja
Voranmeldung
a) erforderlich – ja
b) wie lange vorher? – 14 Tage
Was wird gezeigt? – Hotel-, Restauration-, Tagungs- und Kongreßeinrichtungen sowie Wirtschaftsräume

MARITIM

Golf- und Sporthotel

Name des Unternehmens:
MARITIM Seehotel

Anschrift:
Strandallee 73 B
2408 Timmendorfer Strand

Wegbeschreibung:
Autobahn Hamburg–Lübeck,
Lübeck-Puttgarden, Abfahrt
Ratekau/Timmendorfer Strand

Telefon:
0 45 03 / 6 05-0

Kontaktperson:
Herr H. Mahnkopf
Frau U. Neumann

Produktionsprogramm:
Hotel/Restauration/Tagungen/Kongresse

Firmengröße:
Mitarbeiterzahl – 180

Gründungsjahr:
1969

Besichtigungen sind möglich:
Wann? – nach Vereinbarung
Für welche Personengruppe? – jede, bis zu 15 Personen
Können sich Einzelpersonen an Gruppen anschließen? – ja
Voranmeldung
a) erforderlich – ja
b) wie lange vorher? – 14 Tage
Was wird gezeigt? – Hotel-, Restauration-, Tagungs- und Kongreßeinrichtungen sowie Wirtschaftsräume

Name des Unternehmens:
MARITIM Staatsbadhotel

Anschrift:
Parkstraße 53
4902 Bad Salzuflen

Wegbeschreibung:
Autobahn Berlin–Köln

Telefon:
0 52 22 / 14 51

Kontaktperson:
Herr H. Schellinger

Produktionsprogramm:
Hotel/Restauration/Tagungen

Firmengröße:
Mitarbeiterzahl – 120

Gründungsjahr:
1972

Besichtigungen sind möglich:
Wann? – nach Voranmeldung vorzugsweise in den Monaten Januar/Februar/März, Juli/August, November/Dezember
Für welche Personengruppe? – jede, bis zu 15 Personen
Können sich Einzelpersonen an Gruppen anschließen? – ja
Voranmeldung
a) erforderlich – ja
b) wie lange vorher – 14 Tage
Was wird gezeigt? – Hotel-, Restauration-, Tagungseinrichtungen sowie Wirtschaftsräume

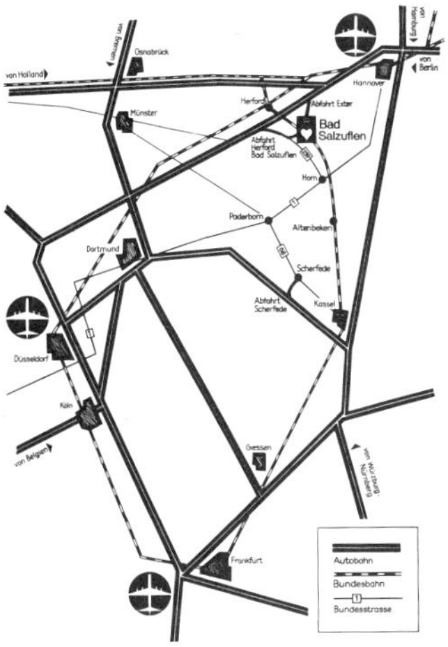

Name des Unternehmens:
Hotel MARITIM Stadtgarten

Anschrift:
Am Stadtgarten 1
4650 Gelsenkirchen

Wegbeschreibung:
A 2 Gelsenkirchen-Buer, A 42
Gelsenkirchen-Schalke, B 1 Gelsenkirchen

Telefon:
02 09 / 1 59 51

Kontaktperson:
Herr Klaus Bartelt (Direktion)

Produktionsprogramm:
Hotel/Restauration/Tagungen/Kongresse

Firmengröße:
Mitarbeiterzahl – 130

Gründungsjahr:
1972

Besichtigungen sind möglich:
Wann? – nach Vereinbarung
Für welche Personengruppe? – jede, bis zu 15 Personen
Können sich Einzelpersonen an Gruppen anschließen? – ja
Voranmeldung
a) erforderlich – ja
b) wie lange vorher? – 14 Tage
Was wird gezeigt? – Hotel-, Restauration-, Tagungs- und Kongreßeinrichtungen sowie Wirtschaftsräume

Name des Unternehmens:
MARITIM Strandhotel

Anschrift:
Trelleborg Allee 2
2400 Lübeck-Travemünde

Wegbeschreibung:
Autobahn: Hamburg–Lübeck

Telefon:
0 45 02 / 40 01

Kontaktperson:
Herr T. Wachs

Produktionsprogramm:
Hotel/Restauration/Tagungen/Kongresse

Firmengröße:
Mitarbeiterzahl – ca. 160

Gründungsjahr:
1973

Besichtigungen sind möglich:
Wann? – nach Voranmeldung
Für welche Personengruppe? – jede, bis zu 15 Personen
Können sich Einzelpersonen an Gruppen anschließen? – ja
Voranmeldung
a) erforderlich – ja
b) wie lange vorher? – 14 Tage
Was wird gezeigt? – Hotel-, Restauration-, Tagungs- und Kongreßeinrichtungen sowie Wirtschaftsräume

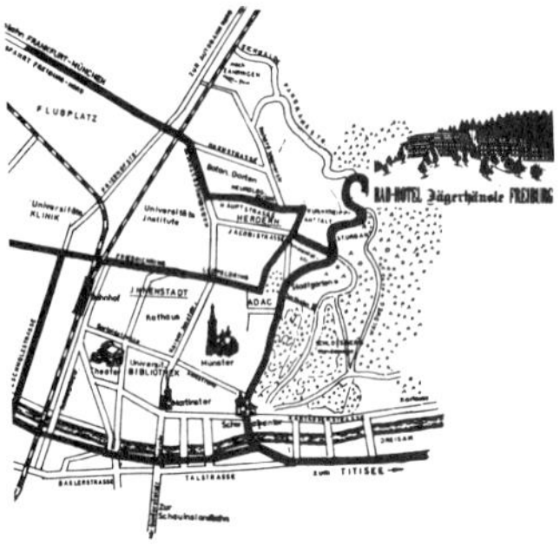

Name des Unternehmens:
PANORAMAHOTEL AM JÄGERHÄUSLE

Anschrift:
Wintererstraße 89
7800 Freiburg

Telefon:
07 61 / 55 10 11

Kontaktperson:
Direktor Half

Produktionsprogramm:
Hotel, Restaurant, Bar, Tagungen, Hallenbad, Sauna, Heilpraktiker, Tennisplätze, Tischtennis, Boccia

Firmengröße:
a) Mitarbeiterzahl – 65
b) Umsatz – 4 Mio. DM

Gründungsjahr:
1974

Besichtigungen sind möglich:
Wann? – wochentags
Für welche Personengruppe? – jede
Können sich Einzelpersonen an Gruppen anschließen? – ja
Voranmeldung
a) erforderlich – ja
b) wie lange vorher? – 1 Woche
Was wird gezeigt? – Innenleben eines modernen gastronomischen Betriebs

Name des Unternehmens:
Rheuma-Heilbad Aktiengesellschaft
Bad Kreuznach

Anschrift:
Kurhausstraße 16
Postfach 2362
6550 Bad Kreuznach

Telefon:
06 71 / 93-12 16

Kontaktperson:
Herr Sempf

Produktionsprogramm:
Betrieb von Kliniken und Zentralbäderhaus

Firmengröße:
a) Mitarbeiterzahl – 300
b) Umsatz – 24 Mio. DM

Gründungsjahr:
1950

Besichtigungen sind möglich:
Wann? – montags bis freitags 9 bis 17 Uhr
Für welche Personengruppe? – jede (Gruppengröße bis 35)
Können sich Einzelpersonen an Gruppen anschließen? – ja
Voranmeldung
a) erforderlich – ja
b) wie lange vorher? – ca. 1 Woche
Was wird gezeigt? – Zentralbäderhaus, Heilschlamm-Abt., 1 Klinik

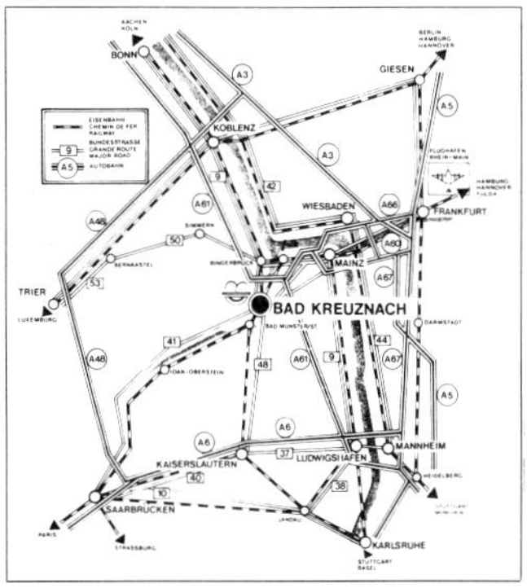

Drosselgasse RÜDESHEIMER SCHLOSS

Name des Unternehmens:
Rüdesheimer Schloss
das stimmungsvolle Weingasthaus

Anschrift:
Drosselgasse, Postfach 11 69
6220 Rüdesheim am Rhein

Wegbeschreibung:
Von der BAB aus Richtung Frankfurt oder Mainz in Richtung Wiesbaden und dann über die B 42 in Richtung Eltville und weiter nach Rüdesheim am Rhein, 27 km von Wiesbaden, 50 km vom Flughafen Frankfurt

Telefon:
06722 / 2031
Telex 42143
Btx *35 35 33 35 #
Fax 0 67 22 / 4 79 60

Kontaktperson:
Heinrich Breuer

Produktionsprogramm:
Restaurant/Weinhaus

Firmengröße:
a) Mitarbeiterzahl – 40
b) Umsatz – 3,5 Mio. DM

Gründungsjahr:
1930

Besichtigungen sind möglich:
Wann? – nach Vereinbarung täglich von April bis Oktober; kostenlos bei Einnahme einer Mahlzeit oder Getränken
Für welche Personengruppe? – jede
Können sich Einzelpersonen an Gruppen anschließen? – ja
Voranmeldung
a) erforderlich – ja
b) wie lange vorher? – ca. 1 Woche
Was wird gezeigt? – Küche, Restauranträume (750 Sitzplätze)

STAATSBAD SALZUFLEN

Name des Unternehmens:
Staatsbad Salzuflen GmbH

Anschrift:
Postfach 180
4902 Bad Salzuflen

Telefon:
05222 / 1830
Telex 9312233 kurv

Kontaktperson:
Abtlg. für Öffentlichkeitsarbeit, Herr Kochs

Produktionsprogramm:
Staatsbad

Firmengröße:
a) Mitarbeiterzahl – 337
b) Umsatz – ca. 27 Mio. DM

Gründungsjahr:
1818

Besichtigungen sind möglich:
Wann? – nach Absprache
Für welche Personengruppe? – keine Einschränkungen
Können sich Einzelpersonen an Gruppen anschließen? – ja
Voranmeldung
a) erforderlich – ja
b) wie lange vorher? – ca. 14 Tage
Was wird gezeigt? – Besichtigung der Kur- und Badeanlagen

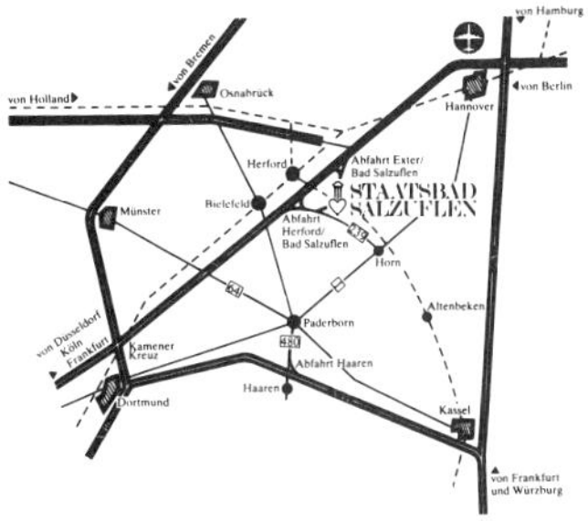

STEIGENBERGER HOTELS
AKTIENGESELLSCHAFT

Name des Unternehmens:
Steigenberger Hotels Aktiengesellschaft

Anschrift:
Hauptabteilung Personal,
Postfach 160663,
6000 Frankfurt/M. 16

Wegbeschreibung:
Hauptverwaltung im Steigenberger Hotel Frankfurter Hof, Bethmannstraße 33

Telefon:
0 69 /2 15-7 23/7 24/7 26

Kontaktperson:
Hauptabteilung Personal, Herr Burkhardt, Frau Esser

Produktionsprogramm:
29 Hotels sowie 2 Restaurant-Betriebe im In- und Ausland, Hotelberufsfachschule, Catering, Consulting, Hotelbedarf, Weinkellerei

Gründungsjahr:
1930

Besichtigungen sind möglich:
Wann? – nur nach vorheriger Absprache
Für welche Personengruppe? – Schüler von Abschlußklassen, Studierende an FS, FHS, Universitäten
Können sich Einzelpersonen an Gruppen anschließen? – ja
Voranmeldung
a) erforderlich – ja
b) wie lange vorher? – 4 Wochen
Was wird gezeigt? – Hotelbetrieb (Stadt-, Kur- oder Ferienhotel) mit seinen Abteilungen

Name des Unternehmens:
Weissenhäuser Strand Betriebs GmbH
Erste KG

Anschrift:
Seestraße 1
2440 Weissenhäuser Strand

Wegbeschreibung:
Lage: An der Hohwachter Bucht bei Oldenburg/Holstein. Autobahn Hamburg–Lübeck–Oldenburg, Abfahrt Oldenburg-Mitte, 5 km

Telefon:
0 43 61 / 49 01

Kontaktperson:
Bernd Bartel

Firmengröße:
a) Mitarbeiterzahl – ca. 250
b) Umsatz – 25 Mio. DM

Gründungsjahr:
1973

Besichtigungen sind möglich:
Wann? – jederzeit
Für welche Personengruppe? – jede
Können sich Einzelpersonen an Gruppen anschließen? – ja
Voranmeldung
a) erforderlich – ja
b) wie lange vorher? – 4 Wochen
Was wird gezeigt? – Das gesamte Ferienzentrum mit seinen verschiedenen Hotellerie-, Kur-, Gastronomie- und Freizeitangeboten und -einrichtungen

Weissenhäuser Strand Ostseebad

Land- und Forstwirtschaft, Weinbau

Name des Unternehmens:
Weingut Georg Breuer

Anschrift:
Geisenheimer Straße 9/Grabenstraße 8
6220 Rüdesheim am Rhein

Wegbeschreibung:
Von der BAB aus Richtung Frankfurt oder Mainz in Richtung Wiesbaden und dann über die B 42 in Richtung Eltville und weiter nach Rüdesheim am Rhein, 27 km von Wiesbaden, 50 km vom Flughafen Frankfurt

Telefon:
06722 / 1027
Telex 42140, Btx *35 35 33 35 #
Fax 0 67 22 / 45 31

Kontaktperson:
Bernhard Breuer, Heinrich Breuer

Produktionsprogramm:
Rheingauer Weine, auch Export

Firmengröße: Mittelbetrieb

Gründungsjahr: 1880

Besichtigungen sind möglich:
Wann? – Jeden Tag nach vorheriger Anmeldung, gegen Unkostenerstattung
Für welche Personengruppe? – jede
Können sich Einzelpersonen an Gruppen anschließen? – ja
Voranmeldung
a) erforderlich – ja
b) wie lange vorher? – ca. 1 Woche
Was wird gezeigt? – Keller, Trockenbeerenauslesekeller, Museumskeller. Jede Führung ist mit einer Weinprobe verbunden. Nach Vereinbarung: Besuch der Weinberge mit dem Winzerexpreß. Rahmenprogramm mit Mittag- oder Abendessen im Rüdesheimer Schloß, dem stimmungsvollen Weingasthaus in der Drosselgasse
Auf Wunsch Weinbergsbesichtigung

GEORG BREUER

RÜDESHEIM AM RHEIN

V D P

RHEINGAU RIESLING

WEINGUT FUCHS-JACOBUS
WALDLAUBERSHEIM-NAHE

Name des Unternehmens:
Weingut Fuchs-Jacobus

Anschrift:
Im Schloßhof
6531 Waldlaubersheim/Nahe

Telefon:
0 67 07 / 17 22

Kontaktperson:
Wilfried Jacobus

Produktionsprogramm:
Qualitätsweine und Prädikatsweine aus Einzellagen, vorwiegend trockene Weine

Firmengröße:
Mittelbetrieb

Gründungsjahr:
1873

Besichtigungen sind möglich:
Wann? – jederzeit
Für welche Personengruppe? – 1–20 Personen
Können sich Einzelpersonen an Gruppen anschließen? – ja
Voranmeldung erforderlich – ja
Was wird gezeigt? – Der gesamte Weinbau: Weinberge, Bearbeitung (Dauerbegrünung am Steilhang, Erziehung in Hochkultur), Weinbereitung, Keller, Verkauf, Weinprobe

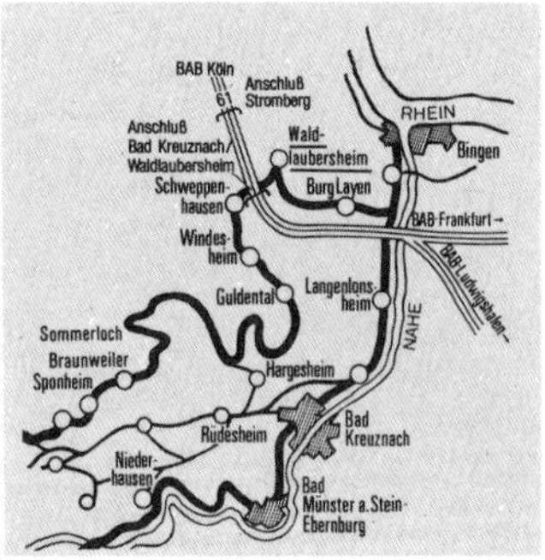

Autobahn 61 Abfahrt Bad Kreuznach/ Waldlaubersheim

Name des Unternehmens:
Fürstlich Castell'sches Domänenamt

Anschrift:
8711 Castell

Wegbeschreibung:
Autobahn Nürnberg–Würzburg, Ausfahrt Schweinfurt/Süd-Wiesentheid

Telefon:
09325 / 601-70
Telex: (17) 932580 castell d

Kontaktperson:
Frau Else Liedtke
Herr Karl-Heinz Rebitzer

Produktionsprogramm:
Qualitätsweinbau
Eigene Rebflächen 59 ha
„Erzeugergemeinschaft Steigerwald" 60 ha

Firmengröße:
a) Mitarbeiterzahl – 50
b) Umsatz – 7 Mio. DM

Gründungsjahr:
Weinbau urkundlich seit 1258

Besichtigungen sind möglich:
Wann? – nach Voranmeldung
Für welche Personengruppe? – bis zu 100 Personen
Können sich Einzelpersonen an Gruppen anschließen? – wird im Einzelfall entschieden
Voranmeldung
a) erforderlich – ja
b) wie lange vorher? – je nach Jahreszeit 2 bis 4 Wochen
Was wird gezeigt? – Gesamtbetrieb
Weinproben werden im Anschluß daran gerne durchgeführt

Erzeugergemeinschaft
GEBIETS-
WINZERGENOSSENSCHAFT
FRANKEN eG

Name des Unternehmens:
GEBIETS-WINZERGENOSSENSCHAFT
FRANKEN eG

Anschrift:
Postfach 5 05
8710 Kitzingen-Repperndorf

Wegbeschreibung:
Nur 4 km ab dem Autobahnkreuz Biebelried, Autobahnabfahrt Biebelried, Weiterfahrt auf der Bundesstraße 8 in Richtung Kitzingen, direkt an der Autobahn

Telefon:
09321 / 700525

Kontaktperson:
Frl. Annette Hess

Produktionsprogramm:
Frankenweine in typischen Bocksbeuteln und in Literflaschen

Firmengröße:
a) Mitarbeiterzahl – 160
b) Umsatz – 80 Mio. DM

Gründungsjahr: 1959

Besichtigungen sind möglich:
Wann? – Montag bis Freitag von 8 bis 16 Uhr sowie nach besonderer Vereinbarung
Für welche Personengruppe? – Gruppen jeder Zusammensetzung bis 200 Personen
Können sich Einzelpersonen an Gruppen anschließen? – ja, nach Voranmeldung
Voranmeldung
a) erforderlich – ja
b) wie lange vorher? – möglichst frühzeitig
Was wird gezeigt? – Sämtliche kellertechnischen Einrichtungen, Abfüllanlagen für Bocksbeutel und Literflaschen, Edelstahltank- und Faßlagerkeller, Flaschenlagerkeller, Weinproben werden im Anschluß an die Betriebsbesichtigung kredenzt

Name des Unternehmens:
Weingut Graf von Kanitz

Anschrift:
Rheinstraße 49
6223 Lorch im Rheingau

Telefon:
06726 / 346

Kontaktperson:
Gernot Boos
Leiter des Weingutes

Firmengröße:
Mittelbetrieb

Gründungsjahr:
ca. 13. Jahrhundert

Besichtigungen sind möglich:
Wann? – Nach Vereinbarung
Für welche Personengruppe? – Jedermann, vorzugsweise Gruppen bis 15 Personen
Können sich Einzelpersonen an Gruppen anschließen? – ja
Voranmeldung
a) erforderlich – ja
b) wie lange vorher? – ca. 8 Tage
Was wird gezeigt? – Weinberge mit naturgerechtem Weinanbau, Kellerei. Weinproben werden auf Wunsch durchgeführt.

Weingut
Graf von Kanitz
Lorch im Rheingau

Individuell gepflegte
Weine mit ganz
eigenem Charakter

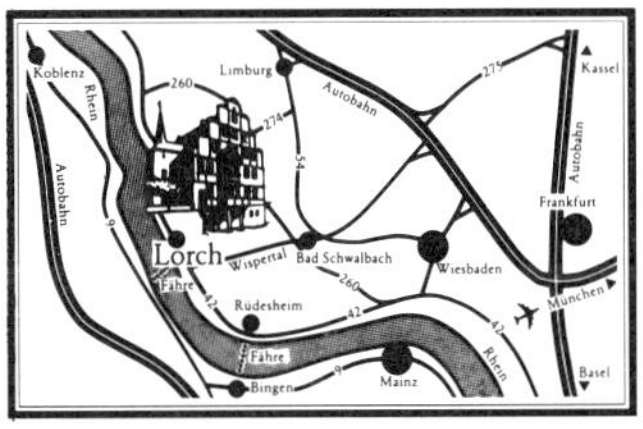

Ferdinand Pieroth GmbH
Weingut-Weinkellerei
Burg Layen bei Bingen
am Rhein-Nahe-Eck

So kommen Sie nach Burg Layen:

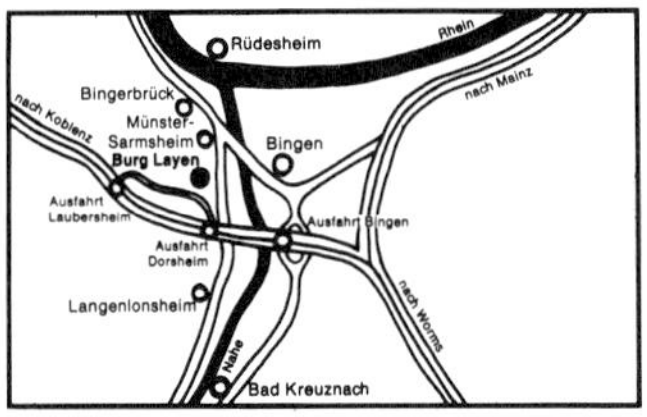

Name des Unternehmens:
Ferdinand Pieroth
Weingut-Weinkellerei GmbH

Anschrift:
6531 Burg Layen
bei Bingen am Rhein

Telefon:
0 67 21 / 30 24 42

Kontaktperson:
Kundendienstabteilung

Produktionsprogramm:
Wein, Sekt, Spirituosen, Fruchtsäfte

Firmengröße:
a) Mitarbeiterzahl – 3500
b) Umsatz – 588,6 Mio. DM (1982)

Besichtigungen sind möglich:
Wann? – nach telefonischer Vereinbarung
Für welche Personengruppe? – nach telefonischer Vereinbarung
Können sich Einzelpersonen an Gruppen anschließen? – nach telefonischer Vereinbarung
Voranmeldung
a) erforderlich – ja
b) wie lange vorher? – 4 Wochen
Was wird gezeigt? – nach Absprache

Name des Unternehmens:
Prinz zu Salm-Dalberg'sches Weingut

Anschrift:
6551 Schloß Wallhausen

Wegbeschreibung:
A 61 Abfahrt Bad Kreuznach-Waldlaubersheim, etwa 7 km Landstraße (ausgeschildert)

Telefon: 0 67 06 / 2 89, Fax

Kontaktperson:
Frau Gaul
Bürozeit: tägl. 8.00–12.00 Uhr

Produktionsprogramm:
Weiß- und Rotwein und Sekt

Firmengröße:
a) Mitarbeiterzahl – 4
b) Umsatz – knapp ½ Mio. DM

Gründungsjahr:
1200 (erste Urkunde des Weinguts)
Familie: seit 932

Besichtigungen sind möglich:
Wann? – jederzeit nach Absprache
Für welche Personengruppe? – Einzelpersonen und Gruppen bis zu 100 Personen
Können sich Einzelpersonen an Gruppen anschließen? – ja
Voranmeldung
a) erforderlich – ja, um sicherzugehen, daß jemand anwesend ist
b) wie lange vorher? – kurzfristig
Was wird gezeigt? – Betrieb, Keller, falls Interesse Weinberge mit Wanderung zur naheliegenden Ruine Dalburg, Weinproben oder fachliche Weinseminare oder -wanderungen möglich. Proben im rustikalen Schloßkeller.

Prinz zu Salm-Dalberg'sches Weingut
6551 Schloß Wallhausen

Name des Unternehmens:
Balthasar RESS
Weingutsbesitzer

Anschrift:
Hattenheim
6228 Eltville am Rhein 3

Wegbeschreibung:
An der B 42 zwischen Eltville und Rüdesheim am Rhein gelegen, Zufahrt zur Kellerei direkt von der B 42 aus, Ausfahrt Hattenheim hinter Shell-Tankstelle

Telefon:
0 67 23 / 30 11
Telefax 0 67 23 / 17 11

Kontaktperson:
Stefan Ress

Produktionsprogramm:
Rheingauer Weine aus eigenem Weingut

Firmengröße:
a) Mitarbeiterzahl – 12
b) Umsatz – 3 Mio. DM

Gründungsjahr:
1870

Besichtigungen sind möglich:
Wann? – werktags, Montag bis Freitag 9 bis 12 und 14 bis 16 Uhr
Für welche Personengruppe? – bis 40 Personen
Können sich Einzelpersonen an Gruppen anschließen? – ja
Voranmeldung
a) erforderlich – ja
b) wie lange vorher? – 7 Tage
Was wird gezeigt? – Produktionsablauf, Weinherstellung von Kelter bis zur Flasche, Besichtigung eines Weinbergs möglich

Name des Unternehmens:
Weincastell Schilling-Gilbert

Anschrift:
6531 Waldlaubersheim

Wegbeschreibung:
A 61 (Bingen–Koblenz) Abfahrt Bad Kreuznach/Waldlaubersheim
Oberhalb der alten Wehrkirche, umgeben von Weinbergen

Telefon:
0 67 07 / 4 98

Kontaktperson:
Dipl.-Ing. Ulrich G. Schilling

Produktionsprogramm:
Weinbau und Flaschenweinverkauf

Firmengröße:
Familienbetrieb 10 ha

Gründungsjahr:
1632

Besichtigungen sind möglich:
Wann? – nach Vereinbarung
Für welche Personengruppe? – Erwachsene, interessierte Weinfreunde
Voranmeldung
a) erforderlich – ja
b) wie lange vorher? – 1 Woche
Was wird gezeigt? – Verschiedene Rebsorten und Erziehungsarten im Weinberg. Das Weingut mit seiner maschinellen Ausstattung für Weinberg und Keller. Kelterhalle, Holzfaßkeller, Abfüllraum und Flaschenweinlager, Probierstube. Exklusive fachliche Weinprobe durch den Gutsbesitzer. Einführung in die Weinkultur.

Name des Unternehmens:
Fr. Strube, Saatzucht

Anschrift:
Postfach 83
3338 Schöningen

Wegbeschreibung:
Söllingen, Kreis Helmstedt (Autobahnabfahrt Helmstedt)

Telefon:
0 53 54 / 80 90

Kontaktperson:
Dr. Hienen

Produktionsprogramm:
Zuckerrüben, Weizen, Mais, Hybridroggen

Firmengröße:
a) Mitarbeiterzahl – 135
b) Umsatz – 45 Mio. DM

Gründungsjahr:
1877

Besichtigungen sind möglich:
Wann? – Juni/Juli
Für welche Personengruppe? – Saatgutbranche, Lehr- und Beratungskräfte in der Landwirtschaft, Landwirte
Können sich Einzelpersonen an Gruppen anschließen? – unter Umständen ja
Voranmeldung
a) erforderlich – ja
b) wie lange vorher? – bei Gruppen einige Monate
Was wird gezeigt? – Einrichtungen der Saatzucht, Zuchtgärten und Versuche, Anbau der Sorten in der Praxis

Name des Unternehmens:
ZENTRALKELLEREI
Badischer Winzergenossenschaften eG

Anschrift:
7814 Breisach

Telefon:
0 76 67 / 82-0

Kontaktperson:
Empfang, Frau Weber

Produktionsprogramm:
ca. 1000 nach Lage, Traubensorte, Qualitätsstufe und Jahrgang individuell ausgebaute badische Weine

Firmengröße:
a) Mitarbeiterzahl – 200
b) Umsatz – ca. 140 Mio. DM

Gründungsjahr:
1952

Besichtigungen sind möglich:
Wann? – Montag bis Samstag nach telefonischer Vereinbarung. Nicht im Oktober
Für welche Personengruppe? – alle interessierten Gruppen
Können sich Einzelpersonen an Gruppen anschließen? – ja, nach Absprache
Voranmeldung
a) erforderlich – ja
b) wie lange vorher? – 2–3 Tage
Was wird gezeigt? – Traubenerfassungs- und Kelteranlagen, Tankkeller, Abfüllstraßen, Flaschenlager. Fahrt mit der Besucherbahn durch unterirdische Faß- und Flaschenlager. Tonfilm über das Weinbaugebiet Baden. Weinproben nach Vereinbarung.

ZBW

Zentralkellerei Badischer Winzergenossenschaften eG
7814 Breisach am Kaiserstuhl

Name des Unternehmens:
Zentralkellerei Mosel-Saar-Ruwer eG

Anschrift: Postfach 1480
Gewerbegebiet Bornwiese
5550 Bernkastel-Kues

Wegbeschreibung:
an der B 53, nächste Autobahnausfahrt: Wittlich

Telefon: 06531 / 57-0, Telex: 4721524 zemo d

Kontaktperson: W. Geller, Tel. 06531 / 57-14

Produktionsprogramm:
Winzergenossenschaft für das gesamte Weinanbaugebiet Mosel–Saar–Ruwer

Firmengröße:
a) Mitarbeiterzahl – ca. 90
b) Umsatz – über 70 Mio. DM

Gründungsjahr: 1968

Besichtigungen sind möglich:
Wann? – für größere Gruppen: montags bis samstags nach Terminvereinbarung; für Einzelpersonen und kleine Gruppen: dienstags und donnerstags um 15 Uhr ohne vorherige Anmeldung, im September und Oktober zusätzlich auch mittwochs 15 Uhr.
Für welche Personengruppe? – alle Personengruppen, auch Schulen
Können sich Einzelpersonen an Gruppen anschließen? – ja
Voranmeldung:
a) erforderlich – ja, bei größeren Gruppen, nein, bei kl. Gruppen u. Einzelpersonen, dienstags u. donnerstags um 15 Uhr
b) wie lange vorher? – 2 Tage
Was wird gezeigt? – modernste Kellertechnik und alte Tradition der Weinbereitung, interessanter Informationsfilm über deutschen Wein und deutsche Weinlandschaften. Anschließend wird geboten: Teilnahme an einer Weinprobe, Kosten dafür: pro Person ab DM 5,– (5 Weinsorten, Probierglas als Souvenir).

Elektronische Datenverarbeitung als Dienstleistung

Name des Unternehmens:
GEI-Gesellschaft für Elektronische Informationsverarbeitung mbH

Anschrift:
Pascalstraße 14
5100 Aachen

Telefon:
0 24 08 / 13-0

Kontaktperson:
Dr. Bleimann-Gather

Firmengröße:
a) Mitarbeiterzahl – 900
b) Umsatz – 132 Mio. DM

Gründungsjahr:
1969

Besichtigungen sind möglich:
Wann? – grundsätzlich immer, aber nach Absprache
Für welche Personengruppe? – bis ca. 20 Personen

Voranmeldung
a) erforderlich – ja
b) wie lange vorher? – ca. 1 Woche vorher
Was wird gezeigt? –
Computer Aided Software Engineering, Datenbanken, CIM-Konzepte

GEI Das System- und Softwarehaus

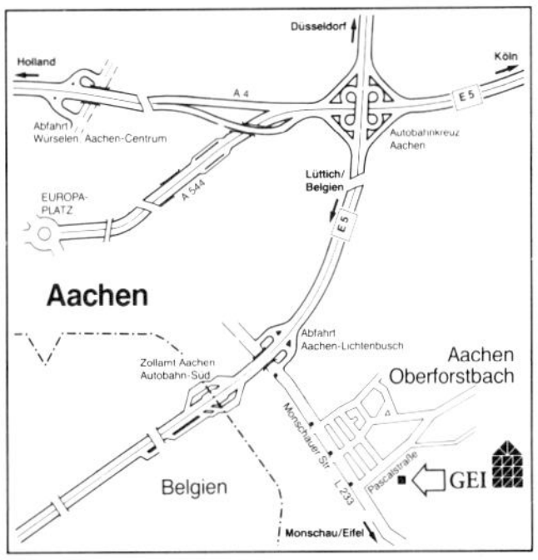

Name des Unternehmens:
ICR Internationale Consulting und Rechenzentrum GmbH

Anschrift:
Im Altenschemel 21
Postfach 100832
6730 Neustadt/Wstr.

Telefon:
06327/39-0

Kontaktperson:
Herr Mayer

Produktionsprogramm:
Dienstleistung des Service-Rechenzentrums, Personal-Computer-Vertrieb

Firmengröße:
a) Mitarbeiterzahl – 100
b) Umsatz – 17 Mio. DM

Gründungsjahr:
1982

Besichtigungen sind möglich:
Wann? – jederzeit
Für welche Personengruppe? – Fachinteressenten
Können sich Einzelpersonen an Gruppen anschließen? – ja
Voranmeldung:
a) erforderlich – ja
b) wie lange vorher? – 14 Tage
Was wird gezeigt? – Rechenzentrum, Personal-Computer-Vertrieb

Name des Unternehmens:
MATTHIESEN DATEN GmbH
Matthiesen „Kienzle-Datensysteme“ GmbH

Anschrift:
Werftstraße 23
Postfach 19 02 47
4000 Düsseldorf 11 (Heerdt)

Telefon:
02 11 / 50 84-2 21

Kontaktperson:
Elke Böing

Vertriebsprogramm:
EDV-, MDT- und PC-Systeme, Terminal-Arbeitsplätze, Unternehmensberatung, Software (Organisation, Programmierung), Fachschule für Informationsverarbeitung, Technischer Service, Organisationsmittel, Büromöbelsysteme

Firmengröße:
a) Mitarbeiterzahl – Matthiesen EDV-Verbund: ca. 150
b) Umsatz – ca. 40 Mio. DM

Gründungsjahr:
1961

Besichtigungen sind möglich:
Wann? – nach Vereinbarung
Für welche Personengruppe? – EDV-Interessenten
Können sich Einzelpersonen an Gruppen anschließen? – ja
Voranmeldung:
a) erforderlich – ja
b) wie lange vorher? – 10 Tage
Was wird gezeigt? – siehe Vertriebsprogramm

MATTHIESEN DATEN
Systeme · Software · Service

MATTHIESEN KIENZLE

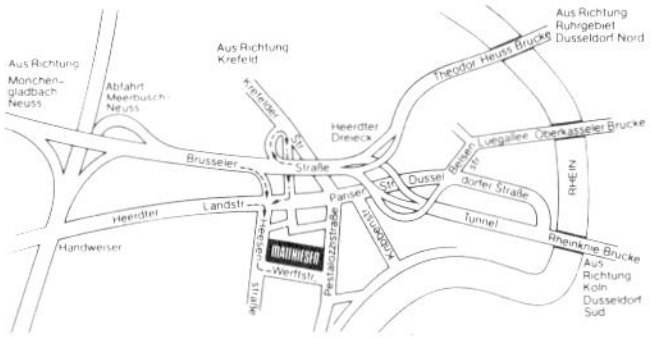

TAYLORIX
COMPUTER · ORGANISATION · SERVICE

Name des Unternehmens:
TAYLORIX ORGANISATION

Anschrift:
Postfach 40 08 67
Hauptverwaltung:
Zazenhäuser Straße 106
7000 Stuttgart 40
(Zuffenhausen)

Telefon:
07 11 / 82 09-0

Kontaktperson:
Herr Freimut L. Allmoslechner
Leiter Presse und Öffentlichkeitsarbeit

Firmengröße:
a) Mitarbeiterzahl – einschl. der 42 Servicestellen insgesamt ca. 1 500, davon ca. 450 in der Stuttgarter Zentrale
b) Umsatz – Geschäftsjahr 87/88 213 Mio. DM

Gründungsjahr:
1921

Besichtigungen sind möglich:
Wann? – jeweils 3 Stunden vormittags oder nachmittags
Für welche Personengruppe? – Schüler, Studierende von gewerblich orientierten Bildungseinrichtungen, Angehörige des Handwerks, Facheinzelhandels und Großhandels, Steuerberater, Verantwortliche von Fertigungsbetrieben
Können sich Einzelpersonen an Gruppen anschließen? – bedingt ja
Voranmeldung:
a) erforderlich – ja
b) wie lange vorher? – 4-6 Wochen
Was wird gezeigt? – Computer-Lösungen für das Handwerk, für Facheinzelhandelsgeschäfte, Großhandel, für Steuerberater-Kanzleien und Fertigungsbetriebe.

Dienstleistungen für Unternehmen

Name des Unternehmens:
Bremer Wertpapierbörse

Anschrift:
Obernstraße 2-12
Postfach 10 07 26
2800 Bremen

Wegbeschreibung:
Autobahnabfahrt Stadtmitte; die Wertpapierbörse befindet sich in unmittelbarer Nähe des Rathauses, gegenüber Karstadt

Telefon:
04 21 / 32 12 82

Produktionsprogramm:
Handel mit Wertpapieren

Firmengröße:
Mitarbeiterzahl – 3 Amtliche Kursmakler, 3 Maklerstellvertreter, 24 Mitgliedsinstitute, 110 Händler

Gründungsjahr:
1682

Besichtigungen sind möglich:
Wann? – werktags von 11.30 bis 13.30 Uhr
Für welche Personengruppe? – alle, bevorzugt Fachorientierte
Können sich Einzelpersonen an Gruppen anschließen? – ja
Voranmeldung:
a) erforderlich – ja
b) wie lange vorher? – möglichst langfristig
Was wird gezeigt? – der Börsenhandel; ein Film, fachorientierte Gruppen erhalten Einführungsvorträge

BREMER WERTPAPIERBÖRSE

Name des Unternehmens:
Verband der Vereine Creditreform e. V.

Anschrift:
Hellersbergstr. 12, Postfach 101553
4040 Neuss

Wegbeschreibung:
Autobahn A 61 Köln–Krefeld, Abfahrt Neuss (Neuss/Hafen), dann links, an der Ampel erneut links, an der nächsten Ecke rechts

Telefon:
02101/109-171

Kontaktperson:
Horst Schnitzler, Abteilung Öffentlichkeitsarbeit

Produktionsprogramm:
Kreditschutzorganisation (Wirtschaftsauskünfte, Inkasso, Marketing, Fachseminare, Wirtschafts- und Konjunkturforschung)

Firmengröße:
a) Mitarbeiterzahl – 2 137 im gesamten Bundesgebiet, im Verband der Vereine Creditreform e. V. 110
b) Umsatz – 1987: 210,42 Mio. DM

Gründungsjahr: 1879

Besichtigungen sind möglich:
Wann? – jederzeit
Für welche Personengruppe? – maximal 20 Personen
Können sich Einzelpersonen an Gruppen anschließen? – ja
Voranmeldung
a) erforderlich – ja
b) wie lange vorher? – 1 Monat
Was wird gezeigt? – Arbeitsweise, theoretisch und praktisch erläutert (u. a. Dia-Schau)

Name des Unternehmens:
DHL Worldwide Express GmbH

Anschrift:
Langer Kornweg 34 h
6092 Kelsterbach
18 Niederlassungen bundesweit:
Kelsterbach, Hamburg, Düsseldorf,
Stuttgart, Nürnberg, München

Telefon:
0 61 07 / 75 20

Kontaktperson:
Wolfgang Beecken

Produktionsprogramm/Dienstleistung:
Versand von Waren und Dokumenten weltweit in 180 Länder von Haus zu Haus

Firmengröße:
a) Mitarbeiterzahl – 1100
b) Umsatz – 133 Mio. DM (1989)

Gründungsjahr:
1978 in der Bundesrepublik Deutschland
1969 in den USA

Besichtigungen sind möglich:
wann? Montag bis Freitag
Für welche Personengruppe? 10–15 Pers.; Logistik- + Versandleiter, Sekretärinnen, Exportleiter, Journalisten
Können sich Einzelpersonen an Gruppen anschließen? – ja
Voranmeldung:
a) erforderlich – ja
b) wie lange vorher? – drei Wochen
Was wird gezeigt? – Kurierbereich:
Sendungseingang/-ausgang
Kundendienst: computerunterstützte Informationszentrale

Kocarek
ÜBERSETZUNGEN
... für Technik · Wirtschaft
Wissenschaft

Name des Unternehmens:
KOCAREK ÜBERSETZUNGEN ESSEN

Anschrift:
Heinickestraße 85
4300 Essen 1

Telefon:
02 01 / 23 20 06

Kontaktperson:
Frau Bärbel Hammacher

Produktionsprogramm:
1. Techn. Übersetzungen für Bedienungsanleitungen, Normen, Vertragstexte, Prospekte, Software-Programme, Patente, Urkunden
2. Dolmetschen und Zeichnungsbeschriftung
3. Dokumentationen mit DTP in den Sprachen Englisch, Französisch, Spanisch, Italienisch, Niederländisch, Portugiesisch, Russisch und Chinesisch

Firmengröße:
Mitarbeiterzahl – 25

Gründungsjahr:
1976

Besichtigungen sind möglich:
wann? nach Vereinbarung
Für welche Personengruppe? alle Personengruppen, die sich für Fremdsprachen, Übersetzungen, computergestützte Übersetzungen interessieren.
Können sich Einzelpersonen an Gruppen anschließen? – ja
Voranmeldung:
a) erforderlich – ja
b) wie lange vorher? – 14 Tage vorher
Was wird gezeigt? – Computergestütztes Übersetzen, Beschriftung von Zeichnungen, Textverarbeitung, Vorführung chinesischer und russischer Programme am Bildschirm, Arbeitsplätze des Übersetzers, Rundgang durch die Betriebsräume, Diskussion mit Übersetzern, Tonbildschau aus ausgewählten Arbeitsbereichen.

Name des Unternehmens:
Landesentwicklungsgesellschaft Nordrhein-Westfalen für Städtebau, Wohnungswesen und Agrarordnung GmbH

Anschrift:
Roßstraße 120
4000 Düsseldorf 30

Telefon:
02 11 / 4 56 80

Kontaktperson:
Herr Dr. Bernd Behrendt

Firmengröße:
a) Mitarbeiterzahl – 350
b) Umsatz – 86,0 Mio. DM

Gründungsjahr:
1970 (Fusion), 1918 (Altgesellschaften)

Besichtigungen sind möglich:
Wann? – nach Voranmeldung
Für welche Personengruppe? – Unternehmer, Kommunalpolitiker, Architekten, Ingenieure
Können sich Einzelpersonen an Gruppen anschließen? – ja
Voranmeldung:
a) erforderlich – ja
b) wie lange vorher? – 4 Wochen
Was wird gezeigt? – Betriebsbesichtigungen nicht sinnvoll. Es können aber städtebauliche Entwicklungsmaßnahmen, Wohnungsbauten, umgenutzte Industriebauten besichtigt werden.

Messe Frankfurt

Name des Unternehmens:
Messe Frankfurt GmbH

Anschrift:
Ludwig-Erhard-Anlage 1
6000 Frankfurt 1

Telefon:
0 69 / 75 75-0
Telex: 4 11 558 messe d
Teletex: 699 795 Messe Ff
Telefax: 0 69 / 75 75-64 33

Kontaktperson:
Protokoll der Messe Frankfurt
Telefon: 75 75-68 96 / 61 34

Firmengröße:
a) Mitarbeiterzahl – ca. 430
b) Umsatz – je nach Veranstaltungsjahr
170 – 260 Mio. DM

Gründungsjahr:
Erste Erwähnung um 1240
Oktober 1948 – erste Messe nach Kriegsende

Besichtigungen sind möglich:
Wann? – nach Absprache
Für welche Personengruppe? – nach Absprache
Können sich Einzelpersonen an Gruppen anschließen? – ja
Voranmeldung:
a) erforderlich – ja
b) wie lange vorher? – ca. 4 Wochen
Was wird gezeigt? – Messeveranstaltungen, allgemeine/spezielle Unternehmensinformation, Messegelände

Name des Unternehmens:
omnia-Werbegesellschaft mbH & Co. KG

Anschrift:
Am Wellenkotten 5
Postfach 63 07–08
4800 Bielefeld 1

Telefon:
05 21 / 15 20 28

Kontaktperson:
Paul-Ullrich Krüger, Günter Offhaus

Firmengröße:
a) Mitarbeiterzahl – 30
b) Umsatz – 80 Mio. DM

Gründungsjahr:
1960

Besichtigungen sind möglich:
Wann? – nach Vereinbarung
Für welche Personengruppe? – Studenten (Universität und FHS), Schüler der Berufs- und Berufsfachschulen, Schüler der oberen Klassen der Gymnasien, Einzelpersonen und kleine Gruppen bis 12 Personen
Können sich Einzelpersonen an Gruppen anschließen? – ja
Voranmeldung
a) erforderlich – ja
b) wie lange vorher? – 4 Wochen
Was wird gezeigt? – Aufbau und Arbeitsweise der Werbeagentur mit Fachgespräch über Berufsgrundlage und Berufsmöglichkeiten

omnia

Name des Unternehmens:
Pädagogisches Institut für die Wirtschaft im Christlichen Jugenddorfwerk Deutschlands

Anschrift:
Dreibrüderstraße 14
6490 Schlüchtern 1

Telefon:
06661/3021, 3022, 3023

Kontaktpersonen:
Christa Ravenstein, Kristine Qualen, Ulrike Ravenstein

Produktionsprogramm:
Training von Führungskräften, Ein- und Verkäufern, Betriebs- und Personalratsmitgliedern, Sekretärinnen, Entwicklung von Führungsinstrumenten und von Methoden zur Auswahl von Personal, Personalberatung und Lektorat
Tochtergesellschaft:
Förderungswerk für Spitzenbegabte

Firmengröße:
Mitarbeiterzahl – 30 Büromitarbeiter und ebenso viele Trainer und Berater

Gründungsjahr:
1972

Besichtigungen sind möglich:
Wann? – werktags ab 8 bis 15 Uhr
Für welche Personengruppe? – Einzelpersonen, Gruppen, auch Schulklassen
Voranmeldung
a) erforderlich – ja
b) wie lange vorher? – 10 Tage
Was wird gezeigt? – die Arbeitsweise, theoretisch und praktisch erläutert (u. a. Videofilm), Fachgespräche über Ausbildungsmöglichkeiten, Büroführung und Lektorat mit Beschreibung von Aufgabenstellung, Arbeitsweise und Markt, Beratungsstelle für Spitzenbegabte

Pharmaselect GmbH

Name des Unternehmens:
Pharmaselect GmbH

Anschrift:
Postfach 314
Otto-Heilmann-Straße 5
8022 Grünwald

Wegbeschreibung:
6 min. Autobahnring München-Ost, Ausfahrt Oberhaching/Grünwald

Telefon:
0 89 / 6 41 33 25

Kontaktperson:
Dr. med. Rabbe Nordström

Produktionsprogramm:
Personalfachberatung

Gründungsjahr:
1977

Besichtigungen sind möglich:
Wann? – nach Vereinbarung
Für welche Personengruppe? – nur einzelne Personen
Können sich Einzelpersonen an Gruppen anschließen?– ja
Voranmeldung
a) erforderlich – ja
b) wie lange vorher? – mind. 10 Tage
Was wird gezeigt? – Büroführung mit Beschreibung von Aufgabenstellung, Arbeitsweise und Markt

Rheinisch-Westfälischer TÜV

Name des Unternehmens:
Rheinisch-Westfälischer
TÜV

Anschrift:
Steubenstr. 53
Postfach 103261
4300 Essen 1

Telefon: 02 01 / 8 25-22 38

Kontaktperson:
Eberhard Wühle, Öffentlichkeitsarbeit

Dienstleistungsprogramm:
Prüfungen, Untersuchungen, Begutachtungen und Beratungen auf den Gebieten der Sicherheitstechnik, der Energietechnik und des Umweltschutzes

Firmengröße:
a) Mitarbeiterzahl – 2100
b) Umsatz – 257 Mio. DM

Gründungsjahr: 1872

Besichtigungen sind möglich:
Wann? – nach Vereinbarung
Für welche Personengruppe? – für Personen, die an Fragen der Sicherheitstechnik, der Energietechnik und des Umweltschutzes interessiert sind
Können sich Einzelpersonen an Gruppen anschließen? – ja
Voranmeldung:
a) erforderlich – ja
b) wie lange vorher? – ca. 4 Wochen
Was wird gezeigt? – Technisches Untersuchungs- und Forschungszentrum mit
– Werkstoffprüfungen unterschiedlicher Art
– physikalische und chemische Laboratorien
– Prüfstellen für Gerätesicherheit
– 20-Minuten-Film „Ihr Partner"
– Typprüfstelle, Prüfanlage und zentrale Abgasprüfstelle für Kraftfahrzeuge

Name des Unternehmens:
Heinz Schriefers,
Catering-Produkte-Automaten

Anschrift:
Schiefbahner Str. 3, 4060 Viersen 1

Telefon:
02162/13013

Kontaktpersonen:
Heinz Schriefers
Dipl.-Ing. Karl Thönes

Produktionsprogramm:
Bäckerei – Konditorei – Zwischenverpflegung
Technischer Betrieb
Verpflegungssysteme
Getränkeautomaten
Verpflegungsautomaten
Warenautomaten

Firmengröße:
a) Mitarbeiterzahl – 384
b) Umsatz – 34 Mio. DM

Gründungsjahr:
1957

Besichtigungen sind möglich:
Wann? – immer, nach vorheriger schriftlicher oder telefonischer Absprache
Für welche Personengruppe? – ca. 20 Personen oder mehr, dann werden diese in Gruppen eingeteilt
Können sich Einzelpersonen an Gruppen anschließen? – ja
Voranmeldung
a) erforderlich – ja
b) wie lange vorher? – 8 Tage
Was wird gezeigt? – Produktion, Bäckerei – Konditorei – Zwischenverpflegung, technischer Betrieb, Lager und die Verwaltung eines modernen Dienstleistungsbetriebes. Des weiteren sehen Sie noch eine der schönsten Sammlungen von alten Unterhaltungs- und Warenautomaten in Europa.

TEAM PR

Public Relations Gesellschaft mbH
Rödelheimer Landstraße 13 a
6000 Frankfurt am Main 90
Tel 069/706071 Fax 069/708372

Name des Unternehmens:
TEAM PR
Public Relations Gesellschaft mbH

Anschrift:
Rödelheimer Landstraße 13 a
6000 Frankfurt am Main 90

Wegbeschreibung:
Nähe Messe/Opelkreisel (3 Autominuten Frankfurter Kreuz)

Telefon:
0 69 / 70 60 71

Kontaktperson:
Bernhard Meyer M.A./Rolf Famulla M.A.

Produktionsprogramm:
Öffentlichkeitsarbeit/Werbung

Firmengröße:
Mitarbeiterzahl – 10

Gründungsjahr:
1986

Besichtigungen sind möglich:
Wann? – nach Absprache
Für welche Personengruppe? – Studenten, Abiturienten, Lehrpersonal, bis zu 10 Personen
Können sich Einzelpersonen an Gruppen anschließen? – ja
Voranmeldung:
a) erforderlich – ja
b) wie lange vorher? – ca. 4 Wochen
Was wird gezeigt? – Beispielhafte Öffentlichkeitsarbeit, Textverarbeitung, visuelle Kommunikationsproduktion

Name des Unternehmens:
Transit Kühlhausgesellschaft mbH

Anschrift:
Uferstraße 73–101
4650 Gelsenkirchen

Wegbeschreibung:
Autobahn A 2 Abfahrt Gelsenkirchen-Buer oder Autobahn A 42 Abfahrt Gelsenkirchen-Zentrum

Telefon:
0209 / 40905-0

Kontaktperson:
E. W. Fiegenbaum

Produktionsprogramm:
Dienstleistungen auf dem Kühlhausgebiet

Firmengröße:
a) Mitarbeiterzahl – 34
b) Umsatz – 100000 m^3 Lagerraum

Gründungsjahr:
1939

Besichtigungen sind möglich:
Wann? – montags bis freitags
Für welche Personengruppe? – nach Absprache
Können sich Einzelpersonen an Gruppen anschließen? – ja
Voranmeldung
a) erforderlich – ja
b) wie lange vorher? – 4 Wochen
Was wird gezeigt? – Kühlhausbetrieb

TREUARBEIT

Name des Unternehmens:
TREUARBEIT Aktiengesellschaft
Wirtschaftsprüfungsgesellschaft
Steuerberatungsgesellschaft

Anschrift:
Bockenheimer Anlage 15 (Mozartplatz)
6000 Frankfurt am Main 1
Niederlassungen in Berlin, Bonn, Bremen, Brüssel, Düsseldorf, Frankfurt, Hamburg, Hannover, Kassel, Kiel, Luxemburg, München, Saarbrücken, Stuttgart

Telefon: 069 / 71 23-0

Kontaktperson: Herr Hans-Jochen Kaufmann
Direktor der TREUARBEIT/Personalchef bzw. Geschäftsleitungen der Niederlassungen

Produktionsprogramm:
Alle einschlägigen Tätigkeiten einer Wirtschaftsprüfungsgesellschaft und Steuerberatungsgesellschaft

Firmengröße:
a) Mitarbeiterzahl – 1 391
b) Umsatz – 188 Mio. DM (1987)

Gründungsjahr: 1922

Besichtigungen sind möglich:
Wann? – nach Vereinbarung
Für welche Personengruppe? – Studenten, evtl. Bewerber, sonstige Personengruppen jeweils nach Absprache
Können sich Einzelpersonen an Gruppen anschließen? – ja, nach Absprache
Voranmeldung
a) erforderlich – ja
b) wie lange vorher? – kurzfristig
Was wird gezeigt? – je nach Personengruppe kann ein Einblick in den Arbeitsablauf einer großen Wirtschaftsprüfungsgesellschaft vermittelt werden; Diskussion (wenn erwünscht); daneben Betriebsbesichtigung, Textverarbeitung, Hausdruckerei u. ä.

Name des Unternehmens:
Uhde GmbH

Anschrift:
Friedrich-Uhde-Straße 15
Postfach 10 50 62
4600 Dortmund 1

Wegbeschreibung:
An der Bundesstraße 1, Nähe Fernsehturm

Telefon: 02 31 / 54 70

Kontaktperson: Horst Gieseler

Produktionsprogramm:
Ingenieurarbeiten, Planen, Liefern schlüsselfertiger Industrieanlagen

Firmengröße:
a) Mitarbeiterzahl – 2 800
b) Umsatz – ca. 800 Mio. – 1 Mrd. DM

Gründungsjahr: 1921

Besichtigungen sind möglich:
Wann? – nach Vereinbarung
Für welche Personengruppe? – vorzugsweise Gruppen bis 15 Personen, Lehrkräfte und Studenten der Abschlußsemester von Technischen Hochschulen, Bereiche: chemische Verfahrenstechnik und technische Chemie, entsprechende Endsemester Ing.-Fachschulen
Voranmeldung:
a) erforderlich – ja
b) wie lange vorher? –
Was wird gezeigt? – Selbstdarstellung des Unternehmens, Filmvorführung, Modellbau, Computergestütztes Zeichnen, entsprechend der Interessenlage Diskussion mit Fachleuten

UHDE

Name des Unternehmens:
Werbefachliches Lehrinstitut Marquardt WLM (Höhere Privatschule)
Ausbildung von Werbeassistenten(-innen) – BAföG anerkannt –

Anschrift:
Post-Straße 1
4600 Dortmund 1 (am Grafenhof)

Wegbeschreibung:
Innenstadt – Nähe Stadttheater/Opernhaus

Telefon:
0231 / 141463

Kontaktperson:
Frau Sabine Marquardt BDW, Diplom-Ökonom, Werbeberaterin, Institutsleiterin

Firmengröße:
a) Mitarbeiterzahl – 16 Lehrkräfte – 60 Studierende (3 Jahresklassen je 20 Teilnehmer)
b) Umsatz – Semestergebühren (½jährlich ca. 4000,– DM)

Gründungsjahr:
1958

Besichtigungen sind möglich:
Wann? – montags bis freitags ab 14 Uhr
Für welche Personengruppe? – Interessierte Schüler, Lehrer, Eltern, Berufsberater (bis 20 Teilnehmer)
Können sich Einzelpersonen an Gruppen anschließen? – ja
Voranmeldung
a) erforderlich – ja
b) wie lange vorher? – bei Gruppen ca. 14 Tage, Einzelpersonen ggf. kurzfristig/telefonisch
Was wird gezeigt? – Übungs- und Arbeitsproben von Fachschülern – Unterrichtsräume und technische Einrichtungen – Lehrmittel und Demonstrationsmaterial – ausführliches Informationsgespräch.

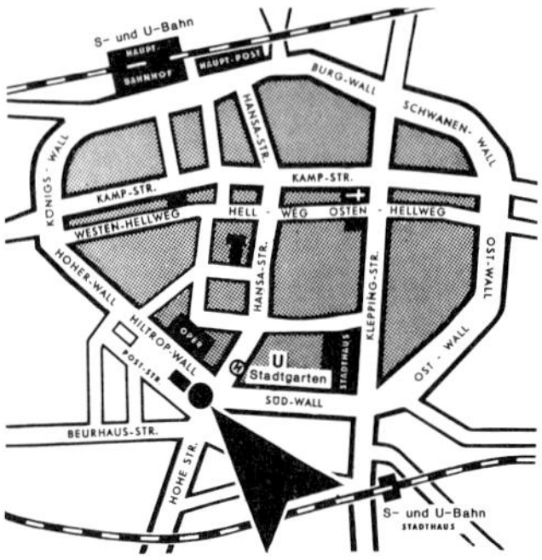

Das Lehrinstitut Marquardt befindet sich in der Innenstadt von Dortmund in der Nähe vom Stadttheater (Großes Haus / Oper) am Hiltropwall – Eingang Poststraße 1 (Rückseite vom Hiltropwall 2) – 4. Etage – Aufzug.

Straßenbahn-, Omnibus-, S- und U-Bahnverbindungen bestehen nach allen Stadtteilen ab Haltestellen "Stadtgarten/Stadttheater".

Vom Hauptbahnhof ist dieses Lehrinstitut in ca. 10 Minuten Fußweg oder mit der U-Bahn bzw. Straßenbahn bequem zu erreichen.

Vom Ruhrschnellweg (B 1) liegt dieses Lehrinstitut nur wenige Autominuten entfernt und ist somit günstig zu allen Autobahnen und Fernstraßen gelegen.

Pkw-Parkmöglichkeiten bestehen auf dem benachbarten Parkplatz Poststraße gegenüber dem Stadttheater, in der Tiefgarage des Opernhauses und am Stadtgarten, auf dem Parkplatz an der Ecke Beurhausstraße / Hohe Straße sowie in den Nachbarstraßen.

Name des Unternehmens:
Werbeteam

Anschrift:
Robert-Bosch-Straße 1
3300 Braunschweig

Wegbeschreibung:
Autobahn A 2 – Strecke Hannover–Berlin, Abfahrt Braunschweig, Hansestraße, erste Kreuzung links – ins Gewerbegebiet Hansestraße

Telefon:
0531/31004-0

Kontaktperson:
Rainer Winnen

Produktionsprogramm:
Messestände in konventioneller Bauweise und Systemkonstruktionen, Verkaufsraumwerbemittel, z. B. faltbare Displaywände, drehende Litfaßsäulen, Falttheken

Firmengröße:
a) Mitarbeiterzahl – 55 feste und 20 freie Mitarbeiter
b) Umsatz – 12,5 Mio. DM

Gründungsjahr:
1973

Besichtigungen sind möglich:
Wann? – von Mai bis August
Für welche Personengruppe? – maximal 20 Personen
Können sich Einzelpersonen an Gruppen anschließen? – nach Absprache
Voranmeldung:
a) erforderlich – ja
b) wie lange vorher? – ca. 4 Wochen
Was wird gezeigt? – Produktion von Displays, Produktion von Messeständen: vom Entwurf bis zum schlüsselfertigen Messestand

werbeteam

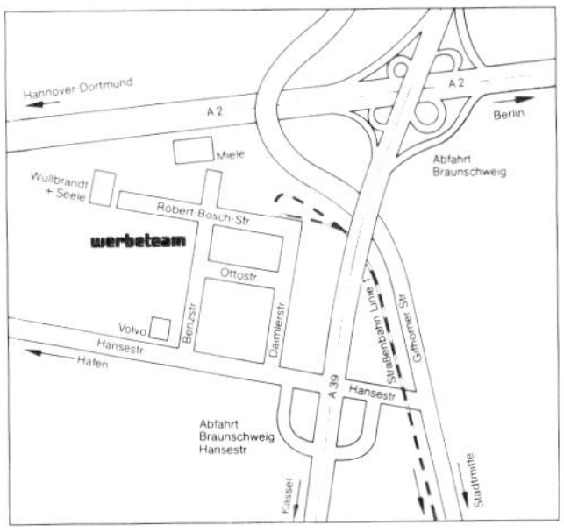

Forschung und Entwicklung

GKSS
FORSCHUNGSZENTRUM GEESTHACHT GMBH

Name des Unternehmens:
GKSS-Forschungszentrum
Geesthacht GmbH

Anschrift:
Max-Planck-Straße
Postfach 1160
2054 Geesthacht

Telefon:
0 41 52 / 87-0

Kontaktperson:
Abt. Öffentlichkeitsarbeit – Herr Christiansen – Tel. 0 41 52 / 87 16 77

Firmengröße:
Mitarbeiterzahl – ca. 750

Gründungsjahr:
1956

Besichtigungen sind möglich:
Wann? – Montag bis Freitag
Für welche Personengruppe? – Abschlußklassen der Oberschulen, Studenten und Lehrkräfte sowie Verbände, Vereinigungen und Wirtschaftsgruppen
Können sich Einzelpersonen an Gruppen anschließen? – ja
Voranmeldung
a) erforderlich – ja
b) wie lange vorher? – 3 Wochen
Was wird gezeigt? – Forschungsschwerpunkte:
- Reaktorsicherheitsforschung
- Materialforschung
- Unterwassertechnik
- Umweltforschung / Klimaforschung / Umwelttechnik

Name des Unternehmens:
Hahn-Meitner-Institut Berlin GmbH

Anschrift:
Glienicker Straße 100
1000 Berlin 39

Wegbeschreibung:
Die S-Bahn-Linie „S 3“ fährt von der Innenstadt bis Bahnhof „Wannsee“. Von dort fährt die Buslinie „18“ direkt zum HMI

Telefon:
030 / 8009-2034

Kontaktperson:
Elke Schramm

Firmengröße:
Mitarbeiterzahl – ca. 730

Gründungsjahr:
1959

Besichtigungen sind möglich:
Wann? – dienstags und donnerstags
Für welche Personengruppe? – Schulklassen, Studenten, Wissenschaftler, Journalisten, Behörden, Firmen, interessierte Bürger
Können sich Einzelpersonen an Gruppen anschließen? – ja
Voranmeldung
a) erforderlich – ja
b) wie lange vorher? – 6 bis 8 Wochen
Was wird gezeigt? – Allgemeine Einführung (Ton-Bild-Schau), ausgewählte Arbeitsbereiche nach Vereinbarung.

Name des Unternehmens:
Kernforschungsanlage Jülich GmbH (KFA)

Anschrift:
Postfach 1913
5170 Jülich

Wegbeschreibung:
Autobahn Köln–Aachen, Ausfahrt Düren, Autobahn Düsseldorf–Aachen, Ausfahrt Jülich-Mersch, Autobahn Aachen–Düsseldorf, Ausfahrt Jülich-Koslar

Telefon:
0 24 61 / 61-46 61

Kontaktperson:
P. Schäfer, G. Müsgen

Forschungsprogramm:
Nuklearmedizin und -chemie, Biotechnologie, Kernfusion, Energie- und Umweltforschung, Festkörperforschung, Materialforschung, Grundlagenforschung zur Informationstechnik

Firmengröße:
a) Mitarbeiterzahl – 4 550
b) Umsatz – 500 Mio. DM p. a.

Gründungsjahr:
1956

Besichtigungen sind möglich:
Wann? – dienstags bis donnerstags, 9.30 – 12.00 oder 14.00 – 16.30 Uhr
Für welche Personengruppe? – alle (z. B. Schüler, Studenten, Wissenschaftler, Behörden, Vereine, Verbände, Industrie und Handel, Journalisten, kirchl. Interessengemeinschaften
Können sich Einzelpersonen an Gruppen anschließen? – ja
Voranmeldung:
a) erforderlich – ja
b) wie lange vorher? – ca. 5 Monate
Was wird gezeigt? – Standardprogramm: Einführung, Film oder Diaschau (wahlweise), Diskussion zu aktuellen Themen, Rundfahrt durch das 2 qkm große Gelände, Institutsbesichtigung nach Wunsch

Name des Unternehmens:
Kernforschungszentrum Karlsruhe GmbH

Anschrift: Postfach 3640, 7500 Karlsruhe 1

Wegbeschreibung:
2,5 qkm großes Gelände im Hardtwald, ca. 12 km nördlich von Karlsruhe. Autobahn Frankfurt–Basel über die Ausfahrten Karlsruhe-Durlach und Bruchsal

Telefon: 0 72 47 / 8 21

Kontaktperson: Stabsabteilung Öffentlichkeitsarbeit, Tel. 07247/824856, Mo.–Do. von 9 bis 12 Uhr

Produktionsprogramm:
Kerntechnik, Kernfusion, Umwelttechnik, Materialforschung, Kernphysik, Mikrotechnik, Handhabungstechnik

Firmengröße:
a) Mitarbeiterzahl – 3200
b) Umsatz – ca. 600 Mio. DM

Gründungsjahr: 1956

Besichtigungen sind möglich:
Wann? – Dienstag bis Samstag jeweils vormittags, Donnerstag auch nachmittags
Für welche Personengruppe? – Geschlossene Gruppen bis zu 40 Personen. Das Kernforschungszentrum ist nicht mit öffentlichen Verkehrsmitteln zu erreichen, daher wird die Anreise mit eigenem Bus empfohlen
Können sich Einzelpersonen an Gruppen anschließen? – ja
Voranmeldung
a) erforderlich – ja
b) wie lange vorher? – 6–8 Wochen
Was wird gezeigt? – Standardprogramm: Informationsfilm, Diskussion über aktuelle Fragen, Ausstellungsbesuch, Geländerundfahrt – einzelne technische Entwicklungen nach Vereinbarung

Name des Unternehmens:
Kraftwerk Union Aktiengesellschaft

Anschrift: Kraftwerk Union AG
Seligenstädter Straße
8757 Karlstein a. Main

Wegbeschreibung:
BAB Frankfurt–Würzburg bis Seligenstädter Kreuz, über Dettingen nach Großwelzheim, nach dem Ort das KWU-Gelände

Telefon: 06 11 / 8 07-26 44

Kontaktperson:
Leiter des Referats Öffentlichkeit Inland:
Dipl.-Phys. Harald Kohler

Produktionsprogramm:
Prüfung von Kraftwerkskomponenten;
Ausbildung von KKW-Betriebspersonal;
Strahlenquellen für med. Zwecke

Firmengröße:
a) Mitarbeiterzahl – Gesamtunternehmen
KWU AG: rd. 14500
Forschungsgelände Karlstein: rd. 260
b) Umsatz – Gesamtunternehmen
KWU AG: rd. 3,4 Mrd. DM

Gründungsjahr: 1969

Besichtigungen sind möglich:
Wann? – Montag bis Freitag 9 bis 16 Uhr
Für welche Personengruppe? – möglichst geschlossene Personengruppen mit Interesse für Wärmekraftwerke und Radiochemie
Können sich Einzelpersonen an Gruppen anschließen? – selbstverständlich
Voranmeldung
a) erforderlich – ja
b) wie lange vorher? – etwa 1 Monat
Was wird gezeigt? – Radioaktivität und Strahlung im Alltag; Simulatoranlage einer Kraftwerkswarte; Großprüfstand für Rohrleitungen, Ventile, Motoren; Heiße Zellen (= radiochem. Labor); Informationen zum Thema Energieversorgung (Vorträge mit Film u. w.).

Name des Unternehmens:
Max-Planck-Institut für Plasmaphysik (IPP)

Anschrift:
Boltzmannstr. 2
8046 Garching bei München

Wegbeschreibung:
Autobahn München–Nürnberg, Abfahrt Garching-Nord

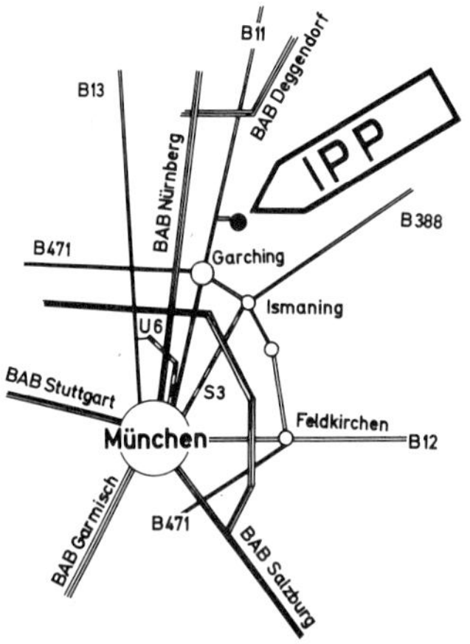

Telefon:
0 89 / 3 29 91

Kontaktperson:
Frau Stahlberg

Produktionsprogramm:
Forschungsinstitut

Firmengröße:
a) Mitarbeiterzahl – ca. 1 000
b) Umsatz – Jahresetat ca. 150 Mio. DM

Gründungsjahr:
1960

Besichtigungen sind möglich:
Wann? – nach Absprache, nur für Fachbesucher
Für welche Personengruppe? – Gruppen von 10 bis 20 Personen
Können sich Einzelpersonen an Gruppen anschließen? – ist prinzipiell möglich
Voranmeldung
a) erforderlich – ja, unbedingt
b) wie lange vorher? – ca. 3 Monate
Was wird gezeigt? – Physikalische Experimentiereinrichtungen zur Fusionsforschung

Versorgungsbetriebe, Energiewirtschaft, Stadtwerke

BEWAG

Name des Unternehmens:
Berliner Kraft- und Licht
(Bewag)-Aktiengesellschaft

Anschrift:
Stauffenbergstraße 26
1000 Berlin 30

Telefon:
0 30 / 2 67 21 36

Kontaktperson:
Frau Gaedtke

Produktionsprogramm:
Erzeugung und Vertrieb von Elektrizität und Fernwärme

Firmengröße:
a) Mitarbeiterzahl – 7 248
(Ohne Auszubildende)
b) Umsatz – 2 417 Mio. DM

Gründungsjahr:
1884

Besichtigungen sind möglich:
Wann? – werktags in der Zeit von 9 bis 16 Uhr
Für welche Personengruppe? – Alle Interessierten ab 15 Jahren
Können sich Einzelpersonen an Gruppen anschließen? – ja
Voranmeldung:
a) erforderlich – ja
b) wie lange vorher? – ca. 8-12 Wochen für Gruppen
Was wird gezeigt? – Heizkraftwerk Lichterfelde, Heizkraftwerk Reuter und Heizkraftwerk Reuter-West

Bremer Straßenbahn AG

Name des Unternehmens:
Bremer Straßenbahn AG

Anschrift:
Flughafendamm 12
Postfach 10 66 27
2800 Bremen 1

Wegbeschreibung:
Autobahn Hansa-Linie Abfahrt Bremen Arsten, Richtung Innenstadt

Telefon:
04 21 / 55 96 1 Zentrale
04 21 / 55 96 214 Pressestelle

Kontaktperson: Herren Pietsch und Jacht

Produktionsprogramm:
öffentlicher Personennahverkehr

Firmengröße:
a) Mitarbeiterzahl – rd. 2000
b) Umsatz – rd. 113 Mio. DM brutto

Gründungsjahr: 1876

Besichtigungen sind möglich:
Wann? – an Werktagen montags–freitags
Für welche Personengruppe? – am öffentlichen Personennahverkehr interessierte Fachgruppen, Verbände, Vereinigungen, Schulklassen in Begleitung von Lehrkräften
Können sich Einzelpersonen an Gruppen anschließen? – ja
Voranmeldung
a) erforderlich – ja
b) wie lange vorher? – ca. 4 Wochen
Was wird gezeigt? – Fahrzeuge des öffentlichen Personennahverkehrs, Werkstätten (Haupt- und Betriebswerkstatt), techn. Anlage des Gleis- und Fahrleitungsbaues

DVG

Name des Unternehmens:
Duisburger Verkehrsgesellschaft AG

Anschrift:
Mülheimer Straße 72–74
4100 Duisburg 1

Wegbeschreibung:
Autobahnen A 2/A 3/A 430: Abfahrt Duisburg-Kaiserberg, Richtung Stadtmitte

Telefon:
0203 / 395-0

Kontaktperson:
Herr Helmut Heckner, Prokurist

Produktionsprogramm:
Öffentlicher Personennahverkehr

Firmengröße:
a) Mitarbeiterzahl – 1 488
b) Umsatz – 72 Mio. DM

Gründungsjahr:
1881 (DVG seit 1. 1. 1940)

Besichtigungen sind möglich:
Wann? – nur nach vorheriger Anmeldung und Genehmigung durch den Betriebsleiter unter Ausschluß jeglicher Unfallhaftung
Für welche Personengruppe? – Fachbesucher
Können sich Einzelpersonen an Gruppen anschließen? – ja
Voranmeldung
a) erforderlich – ja
b) wie lange vorher? – 1 Woche
Was wird gezeigt? – Betriebshof, Omnibus- und Straßenbahnreparaturwerkstatt

ELEKTROMARK
KOMMUNALES ELEKTRIZITÄTSWERK MARK AKTIENGESELLSCHAFT

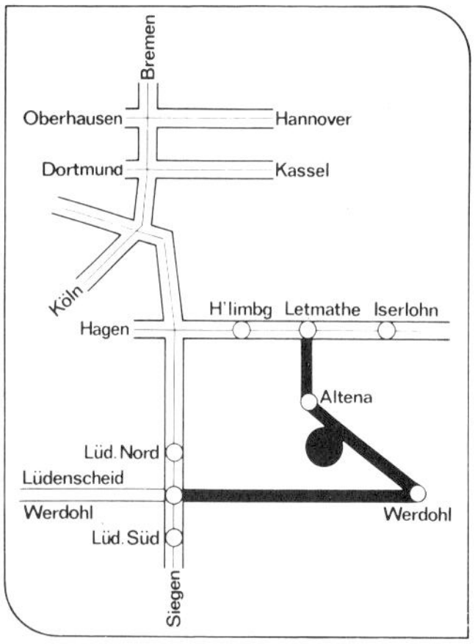

Name des Unternehmens:
ELEKTROMARK
Kommunales Elektrizitätswerk Mark AG

Anschrift:
Körnerstraße 40
5800 Hagen 1

Telefon:
0 23 31 / 1 23–24 20

Kontaktperson:
Herr Dipl.-Kfm. Haas

Firmengröße:
a) Mitarbeiterzahl – 1350
b) Umsatz – 712 Mio. DM

Gründungsjahr:
1906

Besichtigungen sind möglich:
Wann? – werktäglich
Für welche Personengruppe? – offen
Können sich Einzelpersonen an Gruppen anschließen? – nach Absprache
Voranmeldung
a) erforderlich – ja
b) wie lange vorher? – ca. 3 Wochen
Was wird gezeigt? – Energieerzeugungsanlagen, Wärmekraftwerk, Pumpspeicherwerk, Umspannwerke, Netzbetriebsführung

Name des Unternehmens:
Gesellschaft für Straßenbahnen
im Saartal AG

Anschrift:
Hohenzollernstraße 115
6600 Saarbrücken 1

Telefon:
06 81 / 50 03–1

Kontaktperson:
Herr F. Steffen
Durchwahl 5 00 32 45

Produktionsprogramm:
Öffentlicher Personennahverkehr (ÖPNV)

Firmengröße:
a) Mitarbeiterzahl – 698
b) Umsatz – rd. 41 Mio. DM

Gründungsjahr:
1892

Besichtigungen sind möglich:
Wann? – dienstags bis donnerstags, 13.30 bis 15.30 Uhr
Für welche Personengruppe? – am ÖPNV interessierte Personengruppen
Können sich Einzelpersonen an Gruppen anschließen? – ja
Voranmeldung
a) erforderlich – ja
b) wie lange vorher? – 14 Tage
Was wird gezeigt? – Einführungsvortrag und Rundgang Betriebshof mit Werkstatteinrichtungen und Verwaltung

Die Saartal-Linien.
Gesellschaft für Straßenbahnen im Saartal AG

Name des Unternehmens:
Großkraftwerk Franken AG
Rudolphstr. 28, 8500 Nürnberg 20

Anschrift:
Kraftwerk Franken I
Felsenstraße 14, 8500 Nürnberg

Wegbeschreibung:
von der B 14 Nürnberg–Ansbach an der Stadtgrenze Nürnberg-Stein nach NW über Bahnhof- und Gebersdorfer Straße

Telefon: 09 11 / 6 55 41

Kontaktperson:
Betriebsleiter Dipl.-Ing. Riel oder Vertreter

Produktionsprogramm:
Elektrizitätserzeugung aus Erdgas und Heizöl

Firmengröße:
a) Mitarbeiterzahl – 160
b) Installierte Leistung: 790 000 Kilowatt

Gründungsjahr:
1911

Besichtigungen sind möglich:
Wann? – dienstags, donnerstags und freitags; mittwochs und samstags nur ausnahmsweise
Für welche Personengruppe? – Schulklassen (ab ca. 10 Jahren), Studenten, Vereine, Reisegruppen mit mehr als 20 Personen
Können sich Einzelpersonen an Gruppen anschließen? – nein
Voranmeldung
a) erforderlich – ja, schriftlich oder telefonisch
b) wie lange vorher? – kurzfristig, in den letzten Wochen des Schuljahres können Engpässe auftreten
Was wird gezeigt? – Einführungsvortrag und Rundgang durch das Kraftwerk

Name des Unternehmens:
Großkraftwerk Franken AG
Rudolphstr. 28, 8500 Nürnberg 20

Anschrift:
Kraftwerk Franken II
Kraftwerkstraße 25, 8520 Erlangen

Wegbeschreibung:
Zufahrt von Erlangen, Ortsteil Schallershof, entlang dem Main-Donau-Kanal an dessen Ostseite nach Süden oder von der Autobahn Nürnberg–Würzburg, Ausfahrt Frauenaurach, nach Osten über den RMD-Kanal

Telefon: 09131 / 997-1

Kontaktperson:
Betriebsleiter Dipl.-Ing. Kalkstein oder Vertreter

Produktionsprogramm:
Elektrizitätserzeugung aus Steinkohle

Firmengröße:
a) Mitarbeiterzahl – ca. 220
b) Umsatz – Erzeugung 1987:
2,6 Milliarden Kilowattstunden (netto)
Installierte Leistung: 400 000 Kilowatt

Gründungsjahr:
1911
Baujahr des Kraftwerks: 1966/67

Besichtigungen sind möglich:
Wann? – an Werktagen, samstags nur ausnahmsweise
Für welche Personengruppe? – Schulklassen (ab ca. 10 Jahren), Studenten, Vereine, Reisegruppen mit mehr als 20 Personen
Können sich Einzelpersonen an Gruppen anschließen? – nein
Voranmeldung
a) erforderlich – ja
b) wie lange vorher? – kurzfristig
Was wird gezeigt? – Einführungsvortrag und Rundgang durch das Kraftwerk

Name des Unternehmens:
Großkraftwerk Franken AG
Rudolphstr. 28, 8500 Nürnberg 20

Anschrift:
Pumpspeicherwerk Happurg
Hauptstraße 26, 8569 Happurg

Wegbeschreibung:
Ausfahrt Lauf der Autobahn Berlin–München, von dort auf der B 14 nach Osten an Hersbruck vorbei, dann nach Süden

Telefon: 0 91 51 / 30 78

Kontaktperson:
Dipl.-Ing. Riel 09 11 / 6 55 41

Produktionsprogramm:
Elektrizitätserzeugung im Pumpspeicherbetrieb

Firmengröße:
a) Mitarbeiterzahl – 20
b) Installierte Leistung: 160 000 Kilowatt

Gründungsjahr:
1911
Baujahr des Kraftwerks: 1958

Besichtigungen sind möglich:
Wann? – täglich (auch samstags und sonntags) von 10 bis 12 und von 14 bis 16 Uhr
Für welche Personengruppe? – auch kleine Gruppen
Können sich Einzelpersonen an Gruppen anschließen? – meistens
Voranmeldung
a) erforderlich – ja
b) wie lange vorher? – kurzfristig
Was wird gezeigt? – Einführungsvortrag und Rundgang im Maschinenhaus

Name des Unternehmens:
Hamburger Wasserwerke GmbH

Anschrift:
Mönckebergstraße 8
2000 Hamburg 1

Telefon:
040 / 339700

Kontaktperson:
Pressestelle

Produktionsprogramm:
Wasserversorgung, Badebetriebe, Eissporthalle

Firmengröße:
a) Mitarbeiterzahl – 1985: 1898
b) Umsatz – 1985: 281,5 Mio. DM

Gründungsjahr:
Hamburger Wasserwerke GmbH: 1924
Alternativ: Stadtwasserkunst 1848

Besichtigungen sind möglich:
Wann? – jederzeit, außer bei betriebl. Überholungsarbeiten
Für welche Personengruppe? – Wasserfach- und Badefachexperten, Hochschul-, Fachhochschul- und Technikerstudenten, Bürgergruppen, Volks- und Oberschüler
Können sich Einzelpersonen an Gruppen anschließen? – ja
Voranmeldung
a) erforderlich – ja
b) wie lange vorher? – ca. 14 Tage
Was wird gezeigt? – Verfahrenstechnische Abläufe, bauliche Ausführung, schwimmtechnische Einrichtungen

HEW

Name des Unternehmens:
Hamburgische Electricitäts-Werke Aktiengesellschaft

Anschrift:
Überseering 12
2000 Hamburg 60

Telefon:
0 40 / 6 36 27 38

Kontaktperson:
Herr Pittlick

Produktionsprogramm:
Elektrizitätsversorgungsunternehmen (Strom und Fernwärme)

Firmengröße:
a) Mitarbeiterzahl – rd. 5 500
b) Umsatz – 2 329 Mio. DM (1987)

Gründungsjahr:
1894

Besichtigungen sind möglich:
Für welche Personengruppe? – für alle Personengruppen und Einzelpersonen
Können sich Einzelpersonen an Gruppen anschließen? – ja
Voranmeldung
a) erforderlich – ja
b) wie lange vorher? – erwünscht 6 Wochen. Die Informationszentren Kernenergie können von Einzelpersonen täglich, außer montags, von 9 bis 16.30 Uhr besucht werden.

Was wird gezeigt? – Informationszentren Kernkraftwerk Brunsbüttel (771 Megawatt) Kernkraftwerk Krümmel (1 260 Megawatt) Heizkraftwerk Wedel (376 MW, 300 MW therm.) Heizkraftwerk Hafen (198 MW, 415 MW therm.) Pumpspeicherwerk Geesthacht (120 Megawatt)
– Aufbau und Wirkungsweise von Kraftwerken und Stromverteilungsanlagen

ÜSTRA

Name des Unternehmens:
ÜSTRA Hannoversche Verkehrsbetriebe
Aktiengesellschaft

Anschrift:
Am Hohen Ufer 6
Postfach 25 40
3000 Hannover 1

Telefon:
05 11 / 16 68 319 bzw. 16 68 325

Kontaktperson:
Herr Bernd M. Zeidler
oder Thomas Hinz

Produktionsprogramm:
Verkehrsunternehmen

Firmengröße:
a) Mitarbeiterzahl – 2311
b) Beförderungsleistungen – 124 Mio. Beförderungsfälle im Jahre 1984

Gründungsjahr:
1892

Besichtigungen sind möglich:
Wann? – nur nach vorheriger Vereinbarung
Für welche Personengruppe? – keine Beschränkung auf bestimmte Personengruppen
Können sich Einzelpersonen an Gruppen anschließen? – ja
Voranmeldung
a) erforderlich – ja
b) wie lange vorher? – mind. 1 Monat, der Zeitraum ist abhängig vom Umfange des gewünschten Besichtigungsprogramms

Was wird gezeigt? – Fahrzeuge, Betriebshöfe, Verkehrsanlagen einschließlich Stadtbahnstationen und Tunnelanlagen etc., in der Regel erfolgt hier Einzelabsprache

Name des Unternehmens:
Hessen-Nassauische Gas-Aktiengesellschaft

Anschrift:
Zuckschwerdtstraße 28
6230 Frankfurt/M-Höchst 80

Telefon:
06 11 / 3 00 31

Produktionsprogramm:
Gasverteilung, Installationen

Firmengröße:
a) Mitarbeiterzahl – 303
b) Umsatz – 131,7 Mio. DM (1980)
c) Absatz – 3 466,9 Mio. kWh

Gründungsjahr:
1864

Besichtigungen sind möglich: nein
Die HNG ist ein Versorgungsunternehmen der deutschen Gaswirtschaft. Wir versorgen die westlichen Vororte von Frankfurt sowie den Hoch- und den Maintaunus-Kreis mit Erdgas.
Möglich sind Vorträge über die Aufgaben und den Aufbau der HNG und die Situation der deutschen Gaswirtschaft.

Name des Unternehmens:
Innwerk Aktiengesellschaft

Anschrift:
Werkstraße 1
8266 Töging a. Inn

Wegbeschreibung:
Bundesstraße B 12 von München bis Mühldorf, dort nach Töging a. Inn

Telefon:
0 86 31 / 9 01-4 59

Kontaktperson:
Herrn E. Engelmann

Produktionsprogramm:
Stromerzeugung aus Wasserkraft

Firmengröße:
a) Installierte Leistung: – 480 000 KW (= 480 MW)
b) Jahreserzeugung: – 2,9 Mrd. KWh

Gründungsjahr:
1917

Besichtigungen sind möglich:
Wann? – nach Rücksprache Montag bis Donnerstag
Für welche Personengruppe? – Gruppen ab 20 Personen
Können sich Einzelpersonen an Gruppen anschließen? – ja
Voranmeldung
a) erforderlich – ja
b) wie lange vorher? – 2 Wochen
Was wird gezeigt? – Kanalkraftwerk und Flußkraftwerke

Name des Unternehmens:
Isar-Amperwerke AG
Kraftwerk Irsching bei Ingolstadt

Anschrift:
8075 Vohburg

Wegbeschreibung:
Autobahn München–Nürnberg, Ausfahrt Manching, in Richtung Regensburg bis Ernsgaden, hier entsprechende Beschilderung
Autobahn Nürnberg–München (Ingolstadt Nord) Ausf. Vohburg Richtung Vohburg bis Großmehring, hier Abfahrt entsprechend Beschilderung

Telefon:
0 84 57 / 10 11

Kontaktperson:
Herr Reifenhäuser
Herr Madsack

Produktionsprogramm:
Stromerzeugung, Brennstoff: Schweröl und Erdgas

Firmengröße:
Nettoleistung: 878 000 kW (= 878 MW)

Inbetriebnahme:
1969 – 1974

Besichtigungen sind möglich:
Wann? – Montag bis Donnerstag, zwischen 8 und 15 Uhr nach Vereinbarung
Können sich Einzelpersonen an Gruppen anschließen? – in der Regel keine Einzelbesucher
Voranmeldung
a) erforderlich – ja
b) wie lange vorher? – ca. 2–3 Wochen
Was wird gezeigt? – Kraftwerksanlage

Name des Unternehmens:
Isar-Amperwerke AG
Kraftwerk Leiningerwerk

Anschrift:
8051 Zolling
über Freising/Obb.

Wegbeschreibung:
Zolling-Anglberg in der Nähe von Freising, von Freising aus nach Norden Richtung Mainburg, in Zolling nach Osten abzweigen

Telefon:
0 81 67 / 80 25

Kontaktperson:
Herr Brettner

Produktionsprogramm:
Stromerzeugung, Brennstoff: Kohle

Firmengröße:
Nettoleistung: – 420 MW

Inbetriebnahme:
1986

Besichtigungen sind möglich:
Wann? – Montag bis Freitag: 8.00 Uhr bis 15.00 Uhr und nach Vereinbarung
Können sich Einzelpersonen an Gruppen anschließen? – in der Regel keine Einzelbesucher
Voranmeldung:
a) erforderlich – ja
b) wie lange vorher? – 2-3 Wochen
Was wird gezeigt? – Kraftwerksanlage mit Rauchgasentschwefelungsanlage und Stickoxidminderungsanlage. Informationszentrum täglich geöffnet von 9.00 bis 19.00 Uhr auch Einzelpersonen

Anschrift:
Kraftwerk am Höllenstein AG

Anschrift:
Sedanstraße 10
Postfach 13
8440 Straubing
(Verwaltung)

Wegbeschreibung:
Wasserkraftwerke in Höllenstein (= Landkreis Regen) und Pulling (= Landkreis Cham)

Telefon:
0 94 21 / 50 87

Kontaktperson:
Direktor Jähn

Produktionsprogramm:
Wasserkraftwerke

Firmengröße:
a) Mitarbeiterzahl – 7
b) Umsatz – 10,753 Mio. DM (1978)

Gründungsjahr:
1923

Besichtigungen sind möglich:
Wann? – nach vorheriger Anmeldung
Für welche Personengruppe? – bis zu 30 Personen
Können sich Einzelpersonen an Gruppen anschließen? – ja
Voranmeldung
a) erforderlich – ja
b) wie lange vorher? – ca. 1 Woche
Was wird gezeigt? – Kraftwerksbetrieb

Name des Unternehmens:
Kraftwerk Arzberg der Energieversorgung Oberfranken AG, Bayreuth

Anschrift:
Am Trepper 3
8594 Arzberg

Wegbeschreibung:
Arzberg liegt an der B 303 (Marktredwitz/Schirnding), Hinweisschilder zum Kraftwerk im Ort.

Telefon: 09233/401-0

Kontaktperson: Dipl.-Ing. G. Ide

Produktionsprogramm:
Wärmekraftwerk zur Stromerzeugung auf Braunkohlen- und Erdgasbasis mit simultaner Rauchgasreinigungsanlage zur Abscheidung von SO_2 und No_x

Firmengröße:
a) Mitarbeiterzahl – Im Kraftwerk: 230
Gesamtunternehmen: 1863
b) Umsatz – 1986/87: 1 001 Mio. DM

Gründungsjahr: 1914

Besichtigungen sind möglich:
Wann? – werktäglich zwischen 10.00 und 12.00 Uhr sowie 14.00 bis 16.00 Uhr gegen Voranmeldung.
Vom Informationszentrum:
Freitag/Samstag/Sonntag, 14.00 bis 18.00 Uhr (ohne Betreuung)
Für welche Personengruppe? – alle, die Strom verwenden.
Voranmeldung
a) erforderlich – für Rundgang durch das Kraftwerksgelände
b) wie lange vorher? – ca. 8 Tage
Was wird gezeigt? – Informationszentrum, Film, Tonbildschau, Modelle, Fotos und Grafiken über Stromerzeugung, -verteilung und -anwendung.

Name des Unternehmens:
Kraftwerk Wehrden GmbH

Anschrift:
Grabenstraße
6620 Völklingen

Telefon:
0 68 98 / 2 40 31

Kontaktperson:
Oberingenieur Dipl.-Ing. Lütge (auch Vereinigte Saar-Elektrizitäts-AG, Saarbrücken, Heinr.-Böcking-Str. 10–14, Abt. Ö + I, Tel. 06 81/6 07–1)

Produktionsprogramm:
Kraftwerks-Unternehmen

Firmengröße:
a) Mitarbeiterzahl – 270
b) Umsatz – rd. 66 Mio. DM

Gründungsjahr:
1926

Besichtigungen sind möglich:
Wann? – montags bis freitags zwischen 8 und 15 Uhr
Für welche Personengruppe? – für alle Gruppen mit erkennbarem sachlichem Interesse
Können sich Einzelpersonen an Gruppen anschließen? – ja
Voranmeldung
a) erforderlich – ja
b) wie lange vorher? – 14 Tage
Was wird gezeigt? – Brennstoffversorgung, Feuerungs-, Turbinen- und Generator-Anlagen, Entsorgung (225-MW-Kraftwerk)

Name des Unternehmens:
Kreisverkehrsbetriebe Saarlouis
Aktiengesellschaft

Anschrift:
Oberförstereistraße 2
6630 Saarlouis

Wegbeschreibung:
Stadtzentrum Saarlouis, am Omnibusbahnhof
Kleiner Markt

Telefon:
0 68 31 / 30 33

Kontaktperson:
Betriebsleiter Richard Klein

Produktionsprogramm:
Öffentl. Personennahverkehr

Firmengröße:
a) Mitarbeiterzahl – 174
b) Umsatz – 11,8 Mio. DM

Gründungsjahr:
1922

Besichtigungen sind möglich:
Wann? – werktäglich zwischen 8 und 16 Uhr
Für welche Personengruppe? – keine Einschränkung
Können sich Einzelpersonen an Gruppen anschließen? – ja
Voranmeldung
a) erforderlich – ja
b) wie lange vorher? – etwa 4 Wochen
Was wird gezeigt? – Betriebshof mit Pflege- und Reparaturhallen und Verwaltung sowie zentraler Omnibusbahnhof

maingas

Name des Unternehmens:
Maingas
Main-Gaswerke Aktiengesellschaft

Anschrift:
Solmsstraße 38
6000 Frankfurt/M. 90

Telefon:
069 / 7911-341

Kontaktperson:
Joachim Schwantje

Firmengröße:
a) Mitarbeiterzahl – 1 028
b) Umsatz – 595,7 Mio. DM

Gründungsjahr:
1828 / 1930

Besichtigungen sind möglich:
Wann? – nach Vereinbarung
Für welche Personengruppe? – uneingeschränkt
Können sich Einzelpersonen an Gruppen anschließen? – ja
Voranmeldung
a) erforderlich – ja
b) wie lange vorher? – 1 Woche
Was wird gezeigt? – Lastverteilung, Magazin, Freiluftregleranlage, Werkstätten, Sozialeinrichtungen, Studio Hauswirtschaft, Spezialfahrzeuge

Name des Unternehmens:
NWK Nordwestdeutsche Kraftwerke AG

Anschrift:
Pappelallee 35/37
2000 Hamburg 76

Telefon:
0 40 / 2 02 06-0

Produktionsprogramm:
EVU

Firmengröße:
a) Mitarbeiterzahl – rd. 3350
b) Umsatz – 2557 Mio. DM

Gründungsjahr:
16. Januar 1900

Besichtigungen sind möglich:
Wann? – In allen konventionellen Kraftwerken und Informationszentren der Kernkraftwerke, Montag bis Freitag
Für welche Personengruppe? – Für alle Gruppen bis max. einer Busbelegung
Können sich Einzelpersonen an Gruppen anschließen? – ja
Voranmeldung
a) erforderlich – ja, möglichst telefonische Kontaktaufnahme zur Abstimmung des Besuchstermines
b) wie lange vorher? – ca. 1 Monat
Was wird gezeigt? – Vortrag, Diskussion, Filme, Besichtigung

NWK
NORDWESTDEUTSCHE KRAFTWERKE AG

Name des Unternehmens:
PreussenElektra Aktiengesellschaft

Anschrift:
Stabsabteilung Öffentlichkeitsarbeit
Postfach 4849
3000 Hannover 1

Telefon: 05 11 / 4 39-24 55 und 28 18

Kontaktperson:
Dipl.-Phys. Harald David, Sekretariat: Marion Janke

Produktionsprogramm:
EVU

Firmengröße:
a) Mitarbeiterzahl – 7 740
b) Umsatz – 6 Mrd. DM

Gründungsjahr: 1927

Besichtigungen sind möglich:
Wann? – nach Vereinbarung
Für welche Personengruppe? – für jedermann, ab 15 Jahre (maximal eine Busbelegung)
Können sich Einzelpersonen an Gruppen anschließen? – in Ausnahmefällen ja (Informationszentren sind auch für Einzelbesucher zugänglich)
Voranmeldung:
a) erforderlich – ja, möglichst telefonische Kontaktaufnahme zur Abstimmung des Besuchstermins
b) wie lange vorher? – möglichst 2 Monate

Was wird gezeigt? –
- In Informationszentren von Kernkraftwerken: Aufbau und Arbeitsweise von Kernkraftwerken (Vorträge, Diskussionen, Filme), Vorträge über aktuelle Schwerpunktthemen im Bereich Stromerzeugung/Umweltschutz
- Konventionelle Kraftwerke (Steinkohle/Braunkohle, Gas, Wasser einschließlich Pumpspeicherwerke)
- Schalt- und Umspannanlagen
- Braunkohletagebau

RWE

Name des Unternehmens:
RWE, Rheinisch-Westfälisches Elektrizitätswerk Aktiengesellschaft

Anschrift: Hauptverwaltung
Kruppstraße 5, 4300 Essen 1

Wegbeschreibung:
Wird auf Anfrage zugesandt

Telefon: 0201 / 185-1

Kontaktpersonen: (Abt. Öffentlichkeitsarbeit und Information) Jean-Claude Perlo (Tel. 02 01 / 1 85 39 04), Roswitha Passmann (Tel. 02 01 / 1 85 39 24)

Produktionsprogramm:
Elektrizitätsversorgungsunternehmen

Firmengröße:
a) Mitarbeiterzahl – 24 590
b) Umsatz – über 16,2 Mrd. DM

Gründungsjahr: 1898

Besichtigungen sind möglich:
Wann? – nach Vereinbarung
Für welche Personengruppe? – für alle (Mindestalter 15 Jahre)
Können sich Einzelpersonen an Gruppen anschließen? – nein.
Die Informationszentren der Kernkraftwerke sind täglich für Einzelbesucher geöffnet.
Voranmeldung
a) erforderlich – ja
b) wie lange vorher? – 6 Monate
Was wird gezeigt? –
- In Informationszentren von Kernkraftwerken: Aufbau und Wirkungsweise von Kernkraftwerken
- Braunkohlekraftwerke
- Erdgaskraftwerke
- Laufwasser- und Pumpspeicherkraftwerke
- Schalt- und Umspannanlagen

Name des Unternehmens:
Städtische Betriebs- und
Verkehrsgesellschaft mbH

Anschrift:
Kilianstraße
Postfach 578
6550 Bad Kreuznach

Telefon:
06 71 / 9 91

Kontaktperson:
Herr Stüdemann

Produktionsprogramm:
Regionales Versorgungsunternehmen

Firmengröße:
a) Mitarbeiterzahl – 285
b) Umsatz – 67 Mio. DM

Gründungsjahr:
1926

Besichtigungen sind möglich:
Wann? – werktags von 8 bis 16 Uhr
Können sich Einzelpersonen an Gruppen anschließen? – ja
Voranmeldung
a) erforderlich – ja
b) wie lange vorher? – 2 Wochen
Was wird gezeigt? – Anlagen aus der Elektrizitäts-, Erdgas- sowie Trinkwasserversorgung und Einrichtungen des öffentlichen Personennahverkehrs und eines Hallenbades.

Name des Unternehmens:
Städtische Werke
– Überlandwerke – Coburg

Anschrift:
Schillerplatz 1
8630 Coburg

Wegbeschreibung:
Autobahnausfahrt Coburg

Telefon:
09561 / 749-1

Kontaktperson:
Dipl.-Ing. Hans-Joachim Fraaß, 1. Werkleiter

Firmengröße:
a) Mitarbeiterzahl – 406
b) Umsatz – 121 Mio. DM

Gründungsjahr:
1854 Gas, 1894 Wasser, 1904 Strom

Besichtigungen sind möglich:
Wann? – Montag mit Donnerstag von 7 bis 16 Uhr
Für welche Personengruppe? – beliebig
Können sich Einzelpersonen an Gruppen anschließen? – ja
Voranmeldung
a) erforderlich – ja
b) wie lange vorher? – mind. 14 Tage
Was wird gezeigt? – Bereiche der Stromversorgung, der Gasversorgung, der Wasserversorgung, der Fernwärmeversorgung

Stadtwerke
Schwäbisch Hall GmbH
Energie
Wasser
Bäder

Unterlimpurger Straße 82-88 · 7170 Schwäbisch Hall
Telefon (0791) 401-0

Name des Unternehmens:
Stadtwerke Schwäbisch Hall GmbH

Anschrift:
Unterlimpurger Straße 82–88
Postfach 10 06 08
7170 Schwäbisch Hall

Wegbeschreibung:
Vom Bahnhof Schwäbisch Hall Richtung Steinbach (Komburg) an der Brücke links abbiegen

Telefon:
0791 / 4010

Kontaktpersonen:
Herr Brucker, Herr Ragnitz

Firmengröße:
a) Mitarbeiterzahl – 96
b) Umsatz – 45 Mio. DM

Gründungsjahr:
1971

Besichtigungen sind möglich:
Wann? – Montag bis Freitag
Für welche Personengruppe? – Schulen, Universitäten
Können sich Einzelpersonen an Gruppen anschließen? – ja
Voranmeldung
a) erforderlich – ja
b) wie lange vorher? – ca. 3 Wochen
Was wird gezeigt? – Fernheizwerk, Schenkenseebad, Flußwasseraufbereitungsanlage, Blockheizkraftwerk

STADTWERKE SOLINGEN
sicher · wirtschaftlich · solide

Name des Unternehmens:
Stadtwerke Solingen

Anschrift:
Beethovenstraße 210, 5650 Solingen 1
Verkehrsbetrieb: Weidenstraße,
5650 Solingen 1

Wegbeschreibung:
Autobahn Frankfurt–Köln–Oberhausen Abfahrt Solingen/Langenfeld, Autobahn Hannover–Wuppertal–Köln Abfahrt Solingen-Burg /Wermelskirchen, Autobahn Hannover–Wuppertal–Düsseldorf Abfahrt Haan-Ost/ Solingen

Telefon: 02 12 / 2 95-0

Kontaktperson:
Herr Falk, Telefon 29 55 64
Verkehrsbetrieb: Herr Dipl.-Ing. Vogel,
Telefon 29 56 00

Produktionsprogramm:
Bezug und Weiterverteilung von Gas und Strom, Gewinnung und Verteilung von Wasser, Erzeugung von Strom und Fernwärme, öffentlicher Personennahverkehr

Firmengröße:
a) Mitarbeiterzahl – 956
b) Umsatz – 245 Mio. DM

Besichtigungen sind möglich:
Wann? – nach schriftlicher Bestätigung der Stadtwerke
Für welche Personengruppe? – fachbezogene Gruppen, evtl. auch andere interessierte Gruppen
Können sich Einzelpersonen an Gruppen anschließen? – ja
Voranmeldung
a) erforderlich – ja
b) wie lange vorher? – ca. 4–6 Wochen, schriftlich
Was wird gezeigt? – Besichtigung der Wasserwerke, des Obus- und Omnibusbetriebshofes, der Müllverbrennungsanlage und des Heizkraftwerkes

ESWE

Name des Unternehmens:
Stadtwerke Wiesbaden AG

Anschrift: Postfach 55 40
Kirchgasse 2, 6200 Wiesbaden

Telefon: 06 11 / 3 69–1

Kontaktperson:
Presse- und Informationsabteilung
Tel. 369-2140; für Besichtigungen: 369-2259

Produktionsprogramm:
Wassergewinnung im Taunus und am Rhein, Energie- und Wasserverteilung; öff. Personennahverkehr (einschl. Nerobergbahn von 1888); ESWE-Bad; Rheinufer- und Hafenverwaltung; Anschlußbahnen (mit Museumsbahnbetrieb auf der „Aartalbahn" über die Eiserne Hand)

Firmengröße:
a) Mitarbeiterzahl – 1987: ca. 1 897
b) Umsatz – 1987: ca. 440 Mio. DM

Gründungsjahr: 1930 (Wasserwerk: 1870)

Besichtigungen sind möglich:
Wann? – nach Vereinbarung
Für welche Personengruppe? – Schulklassen und sonstige interessierte Gruppen
Voranmeldung
a) erforderlich – ja
b) wie lange vorher? – ca. 1 Woche
Was wird gezeigt? – Wassergewinnung; ESWE-Verkehrsbetriebe (Gartenfeldstraße 18); Aus- und Fortbildungszentrum (Weidenbornstraße 1); ESWE-Technicum (Technisches Museum der Betriebssparten Wasser, Energie und Verkehr) in der Nähe des Tierparks Fasanerie

Name des Unternehmens:
Stadtwerke Wilhelmshaven

Anschrift:
Luisenstraße 8
2940 Wilhelmshaven

Wegbeschreibung:
Autobahnabfahrt Wilhelmshaven-Nord

Telefon:
0 44 21 / 2 91-0

Kontaktpersonen:
Dipl.-Ing. Reiche
Ing. Fiedler

Produktionsprogramm:
Wasserversorgung, Personennahverkehr

Firmengröße:
a) Mitarbeiterzahl – 250
b) Umsatz – 21,2 Mio. DM

Gründungsjahr:
1961

Besichtigungen sind möglich:
Wann? – nach Absprache
Für welche Personengruppe? – Schüler, Studenten, andere Gruppen
Können sich Einzelpersonen an Gruppen anschließen? – ja
Voranmeldung
a) erforderlich – ja
b) wie lange vorher? – 1 Woche
Was wird gezeigt? – Wasserwerk Feldhausen

Name des Unternehmens:
Technische Werke der Stadt Stuttgart AG

Anschrift:
Lautenschlagerstraße 21, Postfach 793
7000 Stuttgart 1

Wegbeschreibung:
3 Minuten vom Hauptbahnhof entfernt neben der OPD und gegenüber dem neuen Lufthansa-Stadtbüro

Telefon:
07 11 / 2 89–1

Kontaktperson:
Referat Öffentlichkeitsarbeit
Dieter Wergen 2 89-32 87

Produktionsprogramm:
Kommunales Querverbundunternehmen (Strom, Fernwärme, Gas und Wasser)

Firmengröße:
a) Mitarbeiterzahl – 4277
b) Umsatz – 1474 Mio. DM

Gründungsjahr:
1933, 1962 Umwandlung in eine AG

Besichtigungen sind möglich:
Wann? – in der Regel montags bis freitags
Für welche Personengruppe? – Gäste des Hauses, Experten, Studenten und Schüler
Können sich Einzelpersonen an Gruppen anschließen? – im Einzelfall ja
Voranmeldung
a) erforderlich – ja
b) wie lange vorher? – 8–14 Tage
Was wird gezeigt? –
Versorgungseinrichtungen der Elektrizitäts-, Fernwärme-, Gas- und Wasserversorgung

Weitere Informationen Seite 585

VEW

Name des Unternehmens:
VEW, Vereinigte Elektrizitätswerke
Westfalen AG

Anschrift:
Rheinlanddamm 24
4600 Dortmund 1

Wegbeschreibung:
Kraftwerke und Informationszentren

Telefon:
02 31 / 4 38 21 22-44 09

Kontaktperson:
Abt. Information

Produktionsprogramm:
Energieversorgungsunternehmen

Firmengröße:
a) Mitarbeiterzahl – 7 522
b) Umsatz – 5 263 Mio. DM

Gründungsjahr:
1925

Besichtigungen sind möglich:
Wann? – nach Vereinbarung
Für welche Personengruppe? – alle
Können sich Einzelpersonen an Gruppen anschließen? – ja
Voranmeldung
a) erforderlich – ja
b) wie lange vorher? – ca. 8 Wochen
Was wird gezeigt? – Kraftwerke und Informationszentren

Name des Unternehmens:
Vereinigte
Saar-Elektrizitäts-Aktiengesellschaft

Anschrift:
Heinrich-Böcking-Straße 10–14
6600 Saarbrücken 3

Telefon:
0681 / 607520

Kontaktperson:
Abt. Öffentlichkeitsarbeit und Information,
Armin R. Gehl

Firmengröße:
a) Mitarbeiterzahl – 1 150
b) Umsatz – 1987: 850 Mio. DM

Gründungsjahr:
1912

Besichtigungen sind möglich:
Wann? – bis auf Ausnahmen dienstags bis freitags, zwischen 8 und 15 Uhr
Für welche Personengruppe? – für alle mit erkennbaren sachlichen Interessen
Können sich Einzelpersonen an Gruppen anschließen? – ja
Voranmeldung
a) erforderlich – ja
b) wie lange vorher? – 4 Wochen
Was wird gezeigt? – im wesentlichen Kraftwerksanlagen in Schwalbach-Ensdorf (2 × 120 MW und 1 × 300 MW) nach Wunsch Beratungszentren in Illingen und Merzig, Solarhaus und Elektromuseum in Illingen, Schalt- und Umspannanlagen, Netzleitstelle Geislautern, Wasserkraftwerk Oberthal-Gronig

··die tws informieren ··· die tws informieren ··· die tws informieren ··· die tws info

Sichere Energieversorgung mit Verantwortung für Mensch und Umwelt.

Wir alle brauchen Energie, um uns wohl zu fühlen: Strom, Erdgas und Fernwärme – für freundliches Licht, gute Küche, gemütliche Wärme, heißes Wasser...

Ohne Energie geht heute nichts mehr, im Haushalt wie im Betrieb. Aber wir brauchen auch eine gesunde Natur und eine saubere Umwelt, um uns wohl zu fühlen. Für uns heute und für die Zukunft unserer Kinder. Und deshalb investieren wir schon jetzt jährlich rund 250 Millionen DM, um beides zu sichern: die gute Energieversorgung und die saubere Umwelt.

Zug um Zug bauen wir unsere Versorgungsnetze weiter aus. Und rund um die Uhr sind unsere 4200 TWS Mitarbeiter im Einsatz. Immer mehr Haushalte, Industrie-, Handwerks- und Handelsunternehmen sollen an unser Versorgungsnetz angeschlossen werden. Denn je mehr Menschen in unserer Region mit umweltfreundlichen Energien versorgt sind, desto sauberer wird unsere Umwelt.

TWS

Technische Werke der Stadt Stuttgart AG

Alphabetisches Register

AEG Aktiengesellschaft	217
E. Albers u.v. Drathen	397
Alpirsbacher Klosterbräu	313
Aluminium-Walzwerke Singen GmbH	35
ANT Nachrichtentechnik GmbH	218
Anker Teppichfabrik Gebr. Schoeller GmbH u. Co. KG	287
Apollo-Schuhfabrik	307
Aqua-Butzke-Werke Aktiengesellschaft	398
Arnold & Stolzenberg GmbH	155
Asbach & Co. K. G. Weinbrennerei	314
Audi AG	179, 180
Auto-Becker	417
Autohaus Georg v. Opel	418
Avon Cosmetics GmbH	41
AWA-Couvert August Wegener	97
Bad Orb Gesellschaft mbH	485
Heinrich Bald Fahrzeugfabrik GmbH & Co.	181
Bally Wulff Automaten GmbH	219
Barthmann Cristall Dorotheenhütte	375
Bartram	288
BASF Aktiengesellschaft	42
BAT-Werk, Berlin	363
BAT-Werk, Bayreuth	364
Bauer Zeitungshaus	257
Bauknecht Hausgeräte GmbH	220
Bausparkasse Wüstenrot	465
Bayer AG	43, 44
Bayerische Motorenwerke AG (BMW)	183–186, 212, 213
Bayerische Schiffbau GmbH	182
BE-PAK GmbH & Co.	99
Kurt Cl. Bergmann GmbH u. Co. KG	419
Berliner Kraft- und Licht BEWAG AG	553
Bertelsmann Distribution GmbH	258
Besmer Teppichfabrik	289
Bethmann Bank	466
BHW Gemeinnützige Bausparkasse	467
Bildungszentren des Bauhandwerks e. V.	383
BOMAG-Menck GmbH	106

Botterbloom eG 315
Breisgau Milch GmbH 316
Bremer Straßenbahn AG 554
Bremer Wertpapierbörse 525
Weingut G. Breuer 505
Brohler Mineralbrunnen GmbH 317
Brown Boveri-York, BBC 399
Burger Söhne GmbH & Co. KG 365
Dr. Ing. K. Busch GmbH 107
Busch-Jaeger Elektro GmbH 221
ByK Gulden Lomberg Chemische Fabrik GmbH 45

Champignon Kulturen GmbH 318
Chemikalien Scheins GmbH 420
Coca-Cola GmbH 319, 360
Contact GmbH 222
Conti Hansa Hotel 486
Creditreform 526

Dachser GmbH & Co. 445, 458
Friedrich Deckel Aktiengesellschaft 108
John Deere Werke, Mannheim 109
John Deere Werke, Zweibrücken 110
Depolma GmbH 421
DeTeWe 223
Deutsche Angestellten Krankenkasse DAK 468
Deutsche Bank AG 469
Deutsche BP Aktiengesellschaft, Raffinerie Bayern 67
Deutsche Bundesbahn, Verwaltung 446
Deutsche Bundesbahn, Betriebswerk 447
Deutsche Bundespost 448
Deutsche Goodyear GmbH 77
Deutsche Krankenversicherung AG 470
Deutsche Texaco AG 68
Deutsche Rockwool Mineralwoll GmbH 28, 32
Deutscher Ring 471
Deutz u. Geldermann Sektkellerei 320
DHL Worldwide Express GmbH 527
Doduco KG Dr. E. Dürrwächter 224
Dorint Hotelgesellschaft mbH 487
Dortmunder Kronen GmbH & Co. 321
3-Glocken-GmbH 322
3K-Büromöbel GmbH 84
Dresdner Bank AG 472
Druckhaus Haberbeck, Rudolf Haberbeck GmbH u. Co. KG 262

Druckhaus Koblenz Mittelrhein-Verlag GmbH	264
Duisburger Verkehrsgesellschaft	555
Duropal Werk Eberh. Wrede GmbH u. Co. KG	46
Du Pont de Nemours (Deutschland) GmbH	47
Peter Eckes KG	323
Eduscho	324
Eichbaum Brauerei AG	325
Louis Eilers	384
Elefantenschuh GmbH	308
Elektromark Kommunales Elektrizitätswerk Mark AG	556
Elwert und Meurer GmbH	422
Endress + Hauser GmbH + Co.	225
Enka AG	48
Erste Bayerische Basaltstein AG	23
ESWE Stadtwerke Wiesbaden	580
Euro Haus GmbH	385
Fahrzeugwerk Borco-Höhns	187
Farben Jenisch	423
Faudi Feinbau GmbH	167
Finzer, Säckinger-Maschinen-Fabrik GmbH	111
Fischer u. Porter GmbH	226
Flanschenfabrik Hüttental GmbH	168
Fleurop GmbH	424
Flohr Otis GmbH, Berlin	156
Flohr Otis Aufzugs-GmbH, Stadthagen	157
Florex Frottier GmbH	290
Flughafen Hannover-Langenhagen GmbH	449
Flughafen Köln/Bonn GmbH	450
Flughafen München GmbH	451
Oswald Forst GmbH	130
Foto-Quelle GmbH	253
Francotyp GmbH	112
Frankfurter Allgemeine Zeitung GmbH	259, 282, 283
Frankfurter Bettfedernfabrik Fritz Volker GmbH	291
Frankfurter Versicherungs AG	473
Freiherr von Poschinger, Kristallglasfabrik	379
Weingut Fuchs-Jacobus	506
Fürstlich Castell'sches Domänenamt GmbH	507
Fuldaer Verlagsanstalt GmbH	260
Gebhard GmbH u. Co.	83
Gebietswinzergenossenschaft Franken eG	508
GEI-Ges. für elektronische Informationsverarbeitung	519

Geka-Brush GmbH	49
Wilhelm Geldbach GmbH u. Co. KG	169
Gesellschaft für Straßenbahnen im Saartal	557
GESTRA Aktiengesellschaft	170
GEWA Druck GmbH	261
GEZE Vereinigte Baubeschlagfabriken Gretsch & Co. GmbH	369
GKSS-Forschungszentrum Geesthacht GmbH	545
Glaswerke Warmensteinach	376
Gloria Werke H. Schulte Frankenfeld GmbH u. Co.	171
Gold-Zack Werke	292
Grahamhaus Studt	326
Enzianbrennerei Graßl GmbH & Co. KG	327
Friedrich Grohe Armaturenfabrik GmbH & Co.	400
Hans Grohe GmbH & Co. KG	401
Peter Gross KG	386
Großkraftwerk Franken AG	558–560
Großmarkt Mannheim GmbH	488
Großversandhaus Quelle Gustav Schickedanz KG	439
Grotrian Steinweg	370
Gummi-Reiff	78
Haacke + Haacke GmbH + Co	387
Hager Electro GmbH & Co.	227
Hahn-Meitner-Institut Berlin GmbH	546
Hamburg-Mannheimer Versicherungs Gesellschaft	474
Hamburger Wasserwerke GmbH	561
Hamburgische Elektricitätswerke	562
Hannen Brauerei GmbH	328
Hannoversche Verkehrsbetriebe	563
Hansen Rumhaus	329
Hassia & Luisen Mineralquellen Bad Vilbel GmbH & Co. KG	330
Hauser Modelle GmbH & Co.	293
Heidelberger Zement Aktiengesellschaft	24
Heilbronner Stimme	263
Heliowatt Werke Elektr. Ges. mbH	228
J.A. Henckels Zwillingswerk AG	377
Hessen-Nassauische Gas Aktiengesellschaft	564
Hewlett-Packard GmbH	229
Heyligenstaedt & Comp. Werkzeugmaschinen GmbH	113
HIG Holzleimbau-Industrie Gesellschaft mbH	388
Robert Hildebrand Maschinenbau GmbH	158
Hoechst AG	50
Hoechst Aktiengesellschaft, Werk Ruhrchemie	51
Dr. Karl Höhn GmbH	98
Möbel-Höhn KG	429

Michael Hörauf Maschinenfabrik GmbH & Co. KG	114
Matth. Hohner AG	371
Honeywell GmbH	230
Hoogovens Aluminium Kabelwerk GmbH	36
Hoppecke Batterien	115
Hüls Aktiengesellschaft	52
Wilhelm Hundhausen Bauunternehmung	388
HUS – Handelsunion Südwest Spar-Zentrale Saar-Pfalz	425
IBM Deutschland GmbH	231
ICR Internationale Consulting und Rechenzentrum GmbH	520
Innwerk Aktiengesellschaft	565
Isar Amperwerke AG Kraftwerk Irsching	566
Isar Amperwerke AG Kraftwerk Leiningerwerk	567
IVECO Magirus AG	188
Ixion Otto Häfner GmbH & Co. KG	116
Friedrich Jasper Rund- und Gesellschaftsfahrten GmbH	452
H. Jungheinrich u. Co., Maschinenfabrik GmbH u. Co. KG	117
Junior Baukonstruktionen GmbH u. Co. KG	402
Karl Kässbohrer Fahrzeugwerke GmbH	189
Kammer-Kirsch GmbH	331
Weingut Graf von Kanitz	509
Kapp u. Co.	118
Kathreiner	430
Keller Lufttechnik GmbH u. Co. KG	403
Kernforschungsanlage Jülich GmbH	547
Kernforschungszentrum Karlsruhe GmbH	548
Kesting Massivhaus GmbH	390
Karl Kipping KG	431
KK Raumelemente Kirschner GmbH u. Co. KG	404
Claus Kling-Söhne GmbH & Co.	426
Franz Kling C + C-Großhandel	427
Klöckner Moeller Elektrizitäts GmbH	232, 246–247
Klopp Werke KG – Klopp Handel KG	119
Kocarek Übersetzungen Essen	528
Körber AG	120
Kraftwerk am Höllenstein AG	568
Kraftwerk Arzberg der Energieversorgung Oberfranken AG	569
Kraftwerk Wehrden GmbH	570
Kreissparkasse Ludwigsburg	475
Kreisverkehrsbetriebe Saarlouis AG	571
Kristallkronleuchter-Fabrik Gerhard Palme & Co. GmbH	378
Krone AG	233

F.A. Kümpers	294, 304
Küppers Kölsch Brauerei GmbH	333
H. Kuhnke Fabrik für Elektrotechnik und Pneumatik GmbH	234
Kupferberg u. Cie.	332
Kur- und Bäderverwaltung Bad Krozingen	488
Otto Kynast GmbH u. Co. KG	121
J. Lacmann u. Sohn KG	85
Landesentwicklungsgesellschaft Nordrhein-Westfalen	529
Landsberg, Bayerische Pflugfabrik GmbH	105
Langenscheidt Verlagsgruppe	265
Lapp GmbH	235
Maschinenfabrik Lauffer GmbH	124
Lauterberger Blechwarenfabrik GmbH	159
Leicht Einbauküchen	86
Georg Leinfelder GmbH + Co.	99
Lenze GmbH + Co. KG	122, 123
Lindener Gilde Bräu AG	334
Bernhard Link GmbH & Co. KG	25
Buchhandlung Gerhard Ludwig GmbH & Co.	432
Lübbe Unternehmensgruppe	266
Lübecker Hafengesellschaft mbH	453
August Lücking KG, Ziegeleien – Betonwerke	26
Madsack GmbH & Co. Verlagsgesellschaft	267
Maho AG	125, 126
Maier Ladenbau – Metallbau	87
Main-Gaswerke Aktiengesellschaft	572
Mannheimer Morgen	268
Hotel Maritim Bellevue	489
Maritim Berghotel	490
Maritim Golf- und Sporthotel	491
Maritim Seehotel	492
Maritim Staatsbadhotel	493
Hotel Maritim Stadtgarten	494
Maritim Strandhotel	495
Markgraf GmbH & Co. KG	391
Hans R. Marquart	433
Matthiesen Daten GmbH, Matthiesen Kienzle Datensysteme Gmbl	521
Max-Planck-Institut für Plasmaphysik	550
Mercedes-Benz AG	190–195
E. Merck	53
Messe Frankfurt	530
Karl Messer GmbH u. Co. KG	160
Ed. Messmer GmbH u. Co.	335

Metz Feuerwehrgeräte GmbH 127
Metzgerbank EVGEDEM 476
MEZ AG 295
Miele & Cie. 236
Milchhof Niederrhein eG 336
Mitsubishi Electric Europe GmbH 237, 248
Mittelmann u. Stephan GmbH & Co. KG 405
Mobil Oil AG 69–71
Möbel Neubert GmbH & Co. 434
Montaplast GmbH 54
Motor-Presse-Verlag GmbH & Co. KG 269
Mülhoff Spirituosenfabrik 337
Münchener Verein Versicherungsgruppe 477

National Semiconductor GmbH 238
Neue Heimat, Bayern 392
Neue Osnabrücker Zeitung 270
J.D. Neuhaus Hebezeuge 128
Louis Neukirch GmbH 454
NEUMAG 129
Nixdorf Computer AG 239
Nordhaus Fertigbau 393
Nordland Papier GmbH 100
Nordwestdeutsche Kraftwerke AG 573
Nord-West-Ring 435
Nourypharma GmbH 55

Oberbergische Verkehrsgesellschaft, OVAG 455
Oldenburgische Landesbank AG 478
Omnia Werbegesellschaft 531
Opel-Händler Versicherungsdienst GmbH 479
OMW Oberrheinische Mineralölwerke GmbH 72
Adam Opel AG 196–198
Openfire Rösler-Kamine GmbH 406
Organon GmbH 56
Orschler Produktion KG 88
OTTO Versand 436
Overbeck GmbH & Co. KG 131
Oventrop Arn. Sohn KG 172

Pädagogisches Institut für die Wirtschaft 532
Palatia Malz GmbH 338
Panalpina-Niederquell Welttransport GmbH 456
Panoramahotel am Jägerhäusle 496
Parzeller GmbH & Co. KG 271

Pellio-Pelze GmbH	296
Peugeot Automobile Deutschland GmbH	199
Pfaff Haushaltmaschinen GmbH	132
Pfaff Industriemaschinen GmbH	133
Pharmaselect GmbH	533
Ferdinand Pieroth Weingut – Weinkellerei GmbH	510
Piraiki Patraiki van Delden Textil AG	297
Pohlschröder GmbH & Co. KG	89
Ponndorf Maschinenfabrik GmbH	134
Dr.-Ing.h.c.F. Porsche Aktiengesellschaft	200
Aug. Prelle KG	437
Presse-Druck- und Verlags-GmbH	
Verlag der Augsburger Allgemeinen Zeitung	272
Pressehaus Falter	273
Prettl GmbH	135
Preussen Elektra Aktiengesellschaft	574
Prinz zu Salm – Dalberg'sches Weingut	511
Dr. Ramisch GmbH u. Co.	136
Rank Xerox GmbH	240
Ravoton Klinkerwerke GmbH	29
Reichert-Jung Division	173
Verlag Norman Rentrop	274
Resopal GmbH	90
Balthasar Ress KG	512
Rheinisch-Westfälischer TÜV e.V.	534
Rheintacho GmbH & Co.	174
Rhenus Aktiengesellschaft	457
Rheuma-Heilbad AG, Bad Kreuznach	497
Rollmann & Rose GmbH	298
Roth GmbH Bad Ems	57
Rüdesheimer Schloß	498
RWE, Rhein.-Westf. Elektrizitätswerk AG	575
Saarbrücker Zeitung	275
Sachtleben Chemie GmbH	58
Sandoz AG	59
Sauer-Sundstrand GmbH & Co.	137, 151
Sauter-Cumulus Werke GmbH	407
Sechsämtertropfen	339
Segger KG	309
Sender Freies Berlin – SFB	461
Siemens	241, 249
Siemens AG UB KWU	142
Siplast Deutschland GmbH	29

Sohler Airtex	143
Sparkassen Versicherung	480
Süddeutsche Zucker AG, Werk Groß-Gerau	340
Süddeutsche Zucker AG, Werk Offenau	343
Süddeutsche Zucker AG, Werk Offstein	341
Süddeutsche Zucker AG, Werk Plattling	344
Süddeutsche Zucker AG, Werk Rain	346
Süddeutsche Zucker AG, Werk Regensburg	345
Süddeutsche Zucker AG, Werk Waghäusel	342
Südfleisch GmbH	441
Südrad GmbH	202
Gebr. Sulzer Heizungs- und Klimatechnik GmbH	410
Gebr. Schabert GmbH	101
Karl Schaeff GmbH & Co	140
Weinbrennerei Scharlachberg	347
Schaudt Maschinenbau GmbH	138
Schenke & Co. Wollimport-Export	438
Otto Scherff	394
Schering AG	60
Schiess AG, Geschäftsbereich Nassovia	141
Schill Malz	348
Weincastell Schilling-Gilbert	513
Schindler Aufzugfabrik GmbH	161
W. Schlafhorst & Co.	139
Schmelzbasaltwerk Kalenborn	30
Hans Schmid Verlag	276
J. + A. Schmid GmbH & Co.	91
Schmitz-Anhänger	201
Alois Schober Bekleidungswerk	299
Schriefers-Gruppe GmbH & Co KG	535
Schüco Heinz Schürmann GmbH & Co.	408
Schwab AG	440
Schwaben Bräu	349
Schwank GmbH	409
Schwarz Pharma AG	61
Schwarzwälder Bote	277
Schwelmer Verpackungs GmbH	37
Staatliche Majolika Manufaktur	380
Staatsbad Salzuflen	499
Stadtwerke Schwäbisch Hall GmbH	578
Stadtwerke Solingen	579
Stadtwerke Wiesbaden AG	580
Stadtwerke Wilhelmshaven	581

Städtische Betriebs- u. Verkehrsges. Bad Kreuznach	576
Städtische Werke Überlandwerke Coburg	577
Standard Elektrik Lorenz AG	242
Sta-Rite Industries GmbH Europa	144
Privatbrauerei Jacob Stauder GmbH & Co.	350
Margarete Steiff GmbH	372
Steigenberger Hotels Aktiengesellschaft	500
Stoll GmbH u. Co. KG	92
Storebest Ladeneinrichtung GmbH	93
Strube Saatzucht	514
Taylorix Organisation	522
TEAM PR	536
Technicon GmbH	175
Technische Werke der Stadt Stuttgart AG	582, 585
TeGi-Keramik Paul Teeuwen GmbH u. Co. KG	31
Tela Versicherung Aktiengesellschaft	481
Peter Temming AG	102
TELENORMA, Telefonbau und Normalzeit	243
Teutoburger Mineralbrunnen GmbH	351
Dr. Karl Thomae GmbH	62
Thyssen Nordseewerke GmbH	203
Tracto-Technik	162
Transit Kühlhausgesellschaft mbH	537
Treuarbeit Aktiengesellschaft	538
Uhde GmbH	539
Umdasch GmbH	94
Union Deutsche Lebensmittelwerke GmbH	352
Union Werkzeugmaschinen M. Reuther GmbH u. Co. KG	145
Universitätsdruckerei H. Stürtz AG	278
VEBA OEL AG	73
VEGA	244
Vereinigte CeWe-Colorbetriebe GmbH u. Co. KG	254
Vereinigte Saar-Elektrizitäts AG	584
Vereinigte Seidenwebereien AG	300
Vereinigte Verlagsauslieferung GmbH – VVA	279
Vereinigung Rheinischer Molkereien	355
Veritas Gummiwerke AG	79
Versicherungsgruppe Hannover	482
VEW Vereinigte Elektrizitätswerke Dortmund	583
Viessmann GmbH & Co.	411
Villiger Söhne GmbH	366
Leonhard Vogel Bekleidungswerk	301

Kurt Vogelsang GmbH	63
J.M. Voith GmbH	146
Volkswagen AG, Wolfsburg	204
Volkswagen AG, Braunschweig	207
Volkswagen AG, Emden	205
Volkswagen AG, Hannover	206
Volkswagen AG, Kassel	209
Volkswagen AG, Salzgitter	208
Walther Spritz- und Lackiersysteme GmbH	163
Wamsler Herd u. Ofen GmbH	412
Warsteiner Brauerei – Gebr. Cramer KG	356
Wegener	302
Michael Weinig GmbH u. Co.	147
Max Weishaupt GmbH	413
Weiss und Sohn KG	442
Weissenhäuser Strand Ostsee	501
Wemhöner Pressen	148
Werbefachliches Lehrinstitut Marquardt WLM	540
Werbelicht KG	245
Werbeteam	541
Westfälische Getränkeindustrie GmbH & Co. KG	357
Westfalia-Werke	210
WGF Wuppertaler Garnbleicherei und Färberei	303
Wicküler Brauerei GmbH & Co. KG	358
Witzenmann GmbH	38
Zahnradfabrik Friedrichshafen AG	149
Zentralkellerei Badische Winzergenossenschaften	515
Zentralkellerei Mosel-Saar-Ruwer eG	516
H. Zeppernick u. Co. KG	150
Emil Zettler, Kalenderwerk	280
Zuckerfabrik Sehnde AG	359

Register nach Postleitzahlen

1000 Berlin 61	Aqua Butzke-Werke AG	398
1000 Berlin 44	Bally Wulff Automaten GmbH	219
1000 Berlin	BAT Werk	363
1000 Berlin 20	Be-PAK GmbH & Co.	99
1000 Berlin 30	Berliner Kraft- und Licht BEWAG AG	553
1000 Berlin 20	BMW AG, Sparte Motorrad	186, 212–213
1000 Berlin 48	Mercedes-Benz AG	195
1000 Berlin 36	De Te We	223
1000 Berlin	Elwert und Meurer GmbH	422
1000 Berlin	Fleurop GmbH	424
1000 Berlin 27	Flohr Otis GmbH	156
1000 Berlin 51	Francotyp GmbH	112
1000 Berlin 39	Hahn-Meitner-Institut Berlin GmbH	546
1000 Berlin	Heliowatt Werke Elektr. GmbH	228
1000 Berlin 47	Hoogovens Aluminium Kabelwerk GmbH	36
1000 Berlin 37	Krone AG	233
1000 Berlin	Schering AG	60
1000 Berlin	Schindler Aufzüge GmbH	161
1000 Berlin 19	Sender Freies Berlin – SFB	461
2000 Hamburg	Busch-Jaeger Elektro GmbH	221
2000 Hamburg 1	DAK	468
2000 Hamburg	Deutsche Bundesbahn Betriebswerk	447
2000 Hamburg 11	Deutscher Ring	471
2000 Hamburg 60	Hamburg-Mannheimer	474
2000 Hamburg 1	Hamburger Wasserwerke GmbH	561
2000 Hamburg	Hamburgische Elektricitätswerke	562
2000 Hamburg 70	Ixion	116
2000 Hamburg 76	F. Jasper GmbH	452
2000 Hamburg 70	H. Jungheinrich & Co.	117
2000 Hamburg 1	Mobil Oil	70
2000 Hamburg 76	Nordwestdeutsche Kraftwerke AG	573
2000 Hamburg 71	OTTO Versand	436
2000 Wedel/Holstein	Mobil Oil AG	69
2054 Geesthacht-Tesperh.	GKSS-GmbH	545
2120 Rotenburg	Fahrzeugwerk Borco-Höhns	187
2208 Glückstadt	Peter Temming AG	102
2223 Meldorf	E. Albers & v. Drathen	397
2240 Heide	Deutsche Texaco AG	68

2300 Kiel	Conti Hansa Hotel	486
2300 Kiel	Hotel Maritim Bellevue	489
2350 Neumünster	Bartram	288
2350 Neumünster	NEUMAG	129
2350 Neumünster	Sauer-Sundstrand GmbH & Co.	137, 151
2390 Flensburg	Hansen Rum	329
2400 Lübeck	Lübecker Hafengesellschaft GmbH	453
2400 Lübeck-Travemünde	Maritim Strandhotel	495
2400 Lübeck	Storebest-Ladeneinrichtung GmbH	93
2408 Timmendorfer Strand	Maritim Golf- und Sporthotel	491
2408 Timmendorfer Strand	Maritim Seehotel	492
2427 Malente	H. Kuhnke	234
2440 Weißenhäuser Strand	Weißenhäuser Strand Ostsee	501
2800 Bremen 1	Bremer Straßenbahn AG	554
2800 Bremen 1	Bremer Wertpapierbörse	525
2800 Bremen 44	Mercedes-Benz AG	191
2800 Bremen 1	Eduscho	324
2800 Bremen 1	GESTRA AG	170
2800 Bremen	Louis Neukirch GmbH	454
2800 Bremen	Werbelicht KG	245
2820 Bremen	H. R. Marquart Import Baustoffe Export	433
2882 Övelgönne 1	Botterbloom eG	315
2900 Oldenburg	Oldenburgische Landesbank AG	478
2900 Oldenburg	Vereinigte CeWe GmbH & Co. KG	254
2940 Wilhelmshaven	Stadtwerke	581
2970 Emden	Thyssen Nordseewerke GmbH	203
2970 Emden	Volkswagen AG	205
2992 Dörpen	Nordland Papier GmbH	100
3000 Hannover	Louis Eilers	384
3000 Hannover	Flughafen Hann.-Langenhagen GmbH	449
3000 Hannover	Hannoversche Verkehrsbetriebe	563
3000 Hannover 1	Lindener Gilde-Bräu AG	334
3000 Hannover 71	Madsack GmbH & Co	267
3000 Hannover	Preussen Elektra AG	574
3000 Hannover 1	Versicherungsgruppe Hannover	482
3000 Hannover	Volkswagen AG	206
3060 Stadthagen	Flohr Otis Aufzugs-GmbH	157
3100 Celle-Westercelle	Haacke + Haacke GmbH + Co.	387
3163 Sehnde 1	Zuckerfabrik Sehnde AG	359
3180 Wolfsburg	Volkswagen AG	204
3220 Alfeld	AWA Couvert	97
3250 Hameln	Besmer Teppichfabrik	289
3250 Hameln 1	BHW Gemeinnützige Bausparkasse	467
3258 Aerzen	Lenze GmbH & Co. KG.	122

3300 Braunschweig	Grotrian-Steinweg	370
3300 Braunschweig	Volkswagen AG	207
3300 Braunschweig	Werbeteam	541
3321 Salzgitter	Volkswagen AG	208
3338 Schöningen	Strube Saatzucht	514
3352 Einbeck 21	Arnold & Stolzenberg GmbH	155
3380 Goslar	Junior Baukonstruktionen GmbH & Co. KG	402
3380 Goslar	Aug. Prelle KG	437
3389 Braunlage	Maritim Berghotel	490
3400 Göttingen	Fischer & Porter GmbH	226
3422 Bad Lauterberg 1	Lauterberger Blechwarenfabrik GmbH	159
3444 Wehretal 2	Rollmann & Rose GmbH	298
3500 Kassel	Kurt Cl. Bergmann GmbH & Co. KG	419
3500 Kassel	Mercedes-Benz AG	192
3500 Kassel	Ponndorf-Maschinenfabrik GmbH	134
3500 Kassel	Volkswagen AG	209
3530 Warburg, Westf. 2	August Lücking KG	26
3575 Kirchhain 1	H. Zeppernick & Co. KG	150
4000 Düsseldorf	Auto Becker	417
4000 Düsseldorf	Depolma GmbH	421
4000 Düsseldorf 30	Landesentwicklungsgesellschaft	529
4000 Düsseldorf 11	Matthiesen Daten GmbH, Matthiesen Kienzle Datensysteme	521
4000 Düsseldorf 11	Rank Xerox GmbH	240
4019 Monheim	Schwarz Pharma AG	61
4020 Mettmann 1	Gold-Zack Werke	292
4030 Ratingen-West	Mitsubishi Electric Europe GmbH	237, 248
4040 Neuss	Creditreform	526
4050 Mönchengladbach 2	Zentralverwaltung Dorint Hotelges. mbH	487
4050 Mönchengladbach-Neuwerk	Hannen Brauerei GmbH	328
4050 Mönchengladbach 1	W. Schlafhorst & Co.	139
4060 Viersen 1	Schriefers-Gruppe	535
4100 Duisburg 1	Duisburger Verkehrsgesellschaft AG	555
4100 Duisburg 12	Milchhof Niederrhein eG	336
4100 Duisburg 17	Sachtleben Chemie GmbH	58
4150 Krefeld	Bayer AG, Werk Uerdingen	44
4150 Krefeld	Bildungszentren des Bauhandwerks e. V.	343
4150 Krefeld	Milchhof Niederrhein eG	336
4150 Krefeld	Dr. Ramisch GmbH & Co.	136
4150 Krefeld	Vereinigte Seidenwebereien AG	300
4150 Krefeld	Vereinigung Rheinischer Molkereien	355
4180 Goch	Mülhoff Spirituosenfabrik	337
4190 Kleve	Elefanten Schuh GmbH	308

4190 Kleve	Union Deutsche Lebensmittelwerke	353
4200 Oberhausen 11	Hoechst AG, Werk Ruhrchemie	51
4280 Borken	Milchhof Niederrhein eG	336
4300 Essen	Coca-Cola GmbH	319, 360
4300 Essen	Kocarek Übersetzungen	528
4300 Essen 12	Privatbrauerei J. Stauder GmbH & Co.	350
4300 Essen 1	RWE, Rhein.-Westf. Elektrizitätswerk AG	575
4300 Essen 1	Rheinisch-Westf. TÜV e. V.	534
4330 Mülheim a. d. R.	Siemens AG UBKWU	142
4352 Herten	Westfälische Getränkeindustrie	357
4370 Marl	Bauer Zeitungshaus	257
4370 Marl 1	Hüls AG	52
4390 Gladbeck	Deutsche Rockwool Mineralwoll GmbH	28, 32
4408 Dülmen	HIG Holzleimbau-Industrie GmbH	388
4408 Dülmen	KK Raumelemente	404
4417 Altenberge	Schmitz-Anhänger	201
4434 Ochtrup	Piraiki Patraiki van Delden	297
4440 Rheine	F. A. Kümpers	294, 304
4446 Hörstel	Segger KG	309
4500 Osnabrück	Neue Osnabrücker Zeitung	269
4570 Quakenbrück	O. Kynast GmbH & Co. KG	121
4600 Dortmund	Dortmunder Kronen GmbH & Co.	321
4600 Dortmund	GEI-Ges. für elektron. Informationsverarbeitung	519
4600 Dortmund	Pohlschröder GmbH & Co. KG	89
4600 Dortmund 1	Rhenus Aktiengesellschaft	457
4600 Dortmund 1	Uhde GmbH	539
4600 Dortmund	VEW	583
4600 Dortmund 1	Werbefachliches Lehrinstitut Marquardt	540
4618 Kamen	Otto Scherff	394
4630 Bochum 1	Adam Opel AG	197
4650 Gelsenkirchen	W. Geldbach GmbH & Co. KG	169
4650 Gelsenkirchen	Hotel Maritim Stadtgarten	494
4650 Gelsenkirchen	Transit Kühlhausgesellschaft mbH	537
4670 Lünen	Kesting-Massivhaus GmbH	390
4724 Wadersloh	Gloria-Werke	171
4788 Warstein 1	Warsteiner Brauerei	356
4790 Paderborn	Nixdorf Computer AG	239
4800 Bielefeld 1	Omnia-Werbegesellschaft	531
4800 Bielefeld 1	Schüco	408
4800 Bielefeld	Teutoburger Mineralbrunnen GmbH	351
4800 Bielefeld 17	Union Werkzeugmaschinen	145
4803 Steinhagen	Florex Frottier GmbH	290
4830 Gütersloh 100	Bertelsmann Distribution GmbH	258
4830 Gütersloh 1	Miele & Cie.	236
4830 Gütersloh 100	VVA – Vereinigte Verlagsauslieferung GmbH	279

4840 Rheda-Wiedenbrück	Westfalia-Werke	210
4900 Herford	Wemhöner Pressen	144
4902 Bad Salzuflen	Maritim Staatsbadhotel	493
4902 Bad Salzuflen	Staatsbad Salzuflen	499
4923 Extertal	Lenze GmbH & Co. KG	123
4937 Lage/Lippe	Druckhaus Haberbeck GmbH & Co. KG	262
4973 Vlotho/Weser	Burger Söhne GmbH & Co. KG	365
5000 Köln 1	Deutsche Goodyear GmbH	77
5000 Köln 41	Deutsche Krankenversicherung AG	470
5000 Köln 90	Flughafen Köln/Bonn GmbH	450
5000 Köln 51	Küppers Kölsch Brauerei GmbH	333
5000 Köln 1	Buchhandlung Gerhard Ludwig GmbH & Co.	432
5000 Köln 60	Schwank GmbH	409
5060 Bergisch-Gladbach 2	Lübbe Unternehmensgruppe	266
5090 Leverkusen 1	Bayer AG	43
5100 Aachen	Chemikalien Scheins GmbH	420
5100 Aachen	Pressehaus Falter	273
5130 Geilenkirchen-Gillr.	TeGi-Keramik P. Teeuwen GmbH & Co. KG	31
5160 Düren	ANKER-Teppichfabrik	287
5170 Jülich	Kernforschungsanlage Jülich GmbH	547
5222 Morsbach	Montaplast GmbH	54
5270 Gummersbach	Oberbergische Verkehrsgesellschaft	455
5300 Bonn 1	Klöckner Moeller Elektrizitäts GmbH	232, 246–247
5300 Bonn 2	Verlag Norman Rentrop	274
5400 Koblenz	Druckhaus Koblenz Mittelrhein-Verlag	264
5407 Boppard	BOMAG GmbH	106
5412 Ransbach-Baumbach 1	B. Link GmbH & Co. KG	25
5427 Bad Ems	Roth GmbH	57
5467 Kalenborn	Schmelzbasaltwerk Kalenborn	30
5474 Brohl-Lützing 1	Brohler Mineralbrunnen GmbH	317
5550 Bernkastel-Kues	Zentralkellerei Mosel-Saar-Ruwer eG	516
5600 Wuppertal 11	Walther GmbH	163
5600 Wuppertal 2	WGF-Wuppertaler Garnbleicherei u. Färberei	303
5600 Wuppertal 2	Wicküler Brauerei GmbH & Co. KG	358
5650 Solingen 1	O. Forst GmbH & Co. KG	130
5650 Solingen 1	J. A. Henckels Zwillingswerk	377
5650 Solingen	Klopp-Werke KG	119
5650 Solingen	Stadtwerke Solingen	579
5760 Arnsberg 1	Duropal-Werk	46
5787 Olsberg	F. W. Oventrop Arn. Sohn KG	172
5790 Brilon 2	Hoppecke Batterien	115
5800 Hagen 1	Elektromark	556
5810 Witten-Heren	J. D. Neuhaus Hebezeuge	128
5830 Schwelm	Schwelmer Verpackungs GmbH	37

5870 Hemer 1	F. Grohe Armaturenfabrik GmbH u. Co.	400
5880 Lüdenscheid	Busch-Jaeger Elektro GmbH	221
5900 Siegen 1	H. Bald Fahrzeugfabrik GmbH & Co.	181
5900 Siegen 21	Flanschenfabrik Hüttental GmbH	168
5900 Siegen	W. Hundhausen	389
5928 Laasphe	Mittelmann & Stephan GmbH & Co. KG	405
5940 Lennestadt 1	Tracto-Technik	162
6000 Frankfurt	AEG Aktiengesellschaft	217
6000 Frankfurt	Autohaus Georg v. Opel	418
6000 Frankfurt	Bethmann-Bank	466
6000 Frankfurt 1	Deutsche Bank AG	469
6000 Frankfurt	Deutsche Bundesbahn	446
6000 Frankfurt 1	Dresdner Bank AG	472
6000 Frankfurt	Farben-Jenisch GmbH	423
6000 Frankfurt 1	Frankfurter Allgemeine Zeitung GmbH	259, 282–283
6000 Frankfurt	Frankfurter Bettfedernfabrik F. Volker GmbH	291
6000 Frankfurt	Frankfurter Versicherungs-AG	473
6000 Frankfurt 90	Main-Gaswerke AG	572
6000 Frankfurt 1	Messe Frankfurt	530
6000 Frankfurt	Nord-West-Ring	435
6000 Frankfurt 16	Steigenberger Hotels Aktiengesellschaft	500
6000 Frankfurt 90	TEAM PR	536
6000 Frankfurt 1	TELENORMA, Telefonbau und Normalzeit	243
6000 Frankfurt 1	Treuarbeit AG	538
6070 Langen	Schiess AG	141
6072 Dreieich-Offenthal	Openfire Rösler-Kamine GmbH	406
6078 Neu-Isenburg	Du Pont de Nemours	47
6080 Groß-Gerau	Süddeutsche Zucker AG	340
6090 Rüsselsheim	Opel-Händler Versicherungsdienst GmbH	479
6090 Rüsselsheim	Adam Opel AG	196
6090 Rüsselsheim	Weiss und Sohn KG	442
6092 Kelsterbach	DHL Worldwide Express GmbH	527
6100 Darmstadt	E. Merck	53
6103 Griesheim	Sta-Rite Industries GmbH	144
6114 Groß-Umstadt	Resopal GmbH	90
6143 Lorsch	3K Büromöbel GmbH	84
6200 Wiesbaden	ESWE Stadtwerke Wiesbaden	580
6220 Rüdesheim	Asbach & Co. K.G.	314
6220 Rüdesheim	Rüdesheimer Schloß	474
6220 Rüdesheim	Weingut G. Breuer	505
6223 Lorch im Rheingau	Weingut Graf von Kanitz	509
6229 Hattenheim	Balthasar Ress KG	512
6230 Frankfurt 80	Hessen-Nassauische Gas-AG	564

6230 Frankfurt 80	Hoechst AG	50
6250 Limburg	Kristallkronleuchter-Fabrik	378
6300 Gießen	Heyligenstaedt & Comp.	113
6320 Alsfeld	Karl Kipping KG	431
6348 Herborn	Overbeck GmbH & Co. KG	131
6368 Bad Vilbel	Hassia & Luisen	347
6368 Bad Vilbel	Technicon GmbH	175
6370 Oberursel	Faudi-Feinbau GmbH	167
6400 Fulda	Fuldaer Verlagsanstalt GmbH	260
6400 Fulda	Parzeller GmbH & Co. KG	271
6420 Lauterbach	Wegener	302
6432 Heringen	Karl Messer GmbH & Co. KG	160
6442 Rotenburg	Fahrzeugwerk Borco-Höhns	187
6450 Hanau	Schwab AG	440
6451 Neuberg 1	Ravoton Klinkerwerke GmbH	27
6457 Maintal 1	Honeywell GmbH	230
6460 Gelnhausen	Veritas Gummiwerke AG	79
6477 Limeshain 1	Champignon-Kulturen-GmbH	318
6482 Bad Orb	Bad Orb Gesellschaft mbH	485
6490 Schlüchtern 1	Pädagogisches Institut für die Wirtschaft	532
6500 Mainz	Kupferberg & Cie.	332
6501 Nieder-Olm	Peter Eckes KG	323
6522 Osthofen	Schill-Malz	348
6530 Bingen	GEWA Druck GmbH	261
6530 Bingen	Weinbrennerei Scharlachberg	347
6531 Burg Layen	F. Pieroth GmbH	510
6531 Waldlaubersheim	Weingut Fuchs-Jacobus	506
6531 Waldlaubersheim	Weincastell Schilling-Gilbert	513
6550 Bad Kreuznach	Grahamhaus Studt	326
6550 Bad Kreuznach	Rheuma Heilbad AG	497
6550 Bad Kreuznach	Städtische Betriebs- u. Verkehrsgesellschaft	576
6551 Schloß Wallhausen	Prinz zu Salm – Dalbergsches Weingut	511
6600 Saarbrücken	Gesellschaft für Straßenbahnen	557
6600 Saarbrücken	Peugeot	199
6600 Saarbrücken	Saarbrücker Zeitung	275
6600 Saarbrücken	Vereinigte Saar-Elektrizität	584
6601 Ensheim/Saar	Hager Elektro KG	227
6620 Völklingen	Kraftwerk Wehrden GmbH	570
6630 Saarlouis	Kreisverkehrsbetriebe Saarlouis AG	571
6632 Saarwellingen	Siplast Deutschland GmbH	29
6660 Zweibrücken	John Deere Werke	110
6670 St. Ingbert	Baugruppe Gross/Albert	386
6689 Merchweiler	Hans Schmid Verlag	276
6690 St. Wendel	Euro Haus GmbH	385
6700 Ludwigshafen	BASF Aktiengesellschaft	42

6718 Grünstadt 1	Süddeutsche Zucker AG	341
6729 Wörth/Rhein	Mobil Oil	71
6730 Neustadt/Wstr.	ICR Intern. Consulting und Rechenzentrum GmbH	520
6750 Kaiserslautern	Adam Opel AG	198
6750 Kaiserslautern	Pfaff Industriemaschinen GmbH	133
6751 Kreimbach-Kaulbach	Palatia Malz GmbH	338
6754 Otterberg	J. Lacmann & Sohn KG	85
6780 Pirmasens	HUS – Handelsunion Südwest Spar-Zentrale Saar-Pfalz	425
6780 Pirmasens	Claus Kling-Söhne GmbH & Co.	426
6780 Pirmasens	Franz Kling C+C-Großhandel	427
6800 Mannheim	Brown Boveri-York	399
6800 Mannheim	John Deere Werke	109
6800 Mannheim 1	Eichbaum-Brauerei AG	325
6800 Mannheim	Großmarkt Mannheim GmbH	428
6800 Mannheim	Mannheimer Morgen	268
6833 Waghäusel	Süddeutsche Zucker-Aktiengesellschaft	342
6900 Heidelberg	Heidelberger Zement AG	24
6907 Nußloch	Reichert-Jung Division	173
6921 Neidenstein	Umdasch GmbH	94
6940 Weinheim	3 Glocken GmbH	322
6954 Hassmersheim	K. Vogelsang GmbH	63
6972 Tauberbischofsheim	M. Weinig GmbH & Co.	147
7000 Stuttgart 80	Bauknecht Hausgeräte GmbH	220
7000 Stuttgart 80	Contact GmbH	222
7000 Stuttgart 60	Mercedes-Benz AG	190
7000 Stuttgart 80	IBM Deutschland GmbH	231
7000 Stuttgart 80	Lapp GmbH Kabelwerk	235
7000 Stuttgart 1	Motor-Presse-Verlag GmbH & Co KG	269
7000 Stuttgart 40	Panalpina-Niederquell Welttransport GmbH	456
7000 Stuttgart 40	Porsche AG	200
7000 Stuttgart 61	Schaudt Maschinenbau GmbH	138
7000 Stuttgart	Schwaben Bräu	349
7000 Stuttgart 50	Sparkassen-Versicherung	480
7000 Stuttgart 40	Standard Elektrik Lorenz AG	242
7000 Stuttgart 1	Gebr. Sulzer Heizung und Klimatechnik GmbH	410
7000 Stuttgart 1	Taylorix Organisation	522
7000 Stuttgart	Technische Werke der Stadt Stuttgart AG	582, 585
7030 Böblingen	Hewlett Packard	229
7032 Sindelfingen	Apollo-Schuhfabrik	307
7032 Sindelfingen	Mercedes-Benz AG	194
7070 Schwäb. Gmünd	Leicht Einbauküchen GmbH	86
7100 Heilbronn	Heilbronner Stimme	263

7101 Offenau	Süddeutsche Zucker-AG	343
7107 Neckarsulm	Audi AG	180
7140 Ludwigsburg	Bausparkasse Wüstenrot	465
7140 Ludwigsburg	Kreissparkasse Ludwigsburg	475
7150 Backnang	ANT Nachrichtentechnik GmbH	218
7157 Murrhardt	Pellio-Pelze GmbH	296
7170 Schw.Hall	Stadtwerke Schwäbisch Hall GmbH	578
7183 Langenburg	Karl Schaeff GmbH & Co.	140
7218 Trossingen 1	Matth. Hohner AG	371
7238 Oberndorf	Schwarzwälder Bote	277
7240 Horb am Neckar	Maschinenfabrik Lauffer GmbH	124
7250 Leonberg	GEZE	369
7297 Alpirsbach	Alpirsbacher Klosterbräu	313
7312 Kirchheim	Keller Lufttechnik GmbH & Co. KG	403
7333 Ebersbach/Fils	Südrad GmbH	202
7334 Süssen	M. Hörauf Maschinenfabrik GmbH & Co. KG	114
7410 Reutlingen	Gummi-Reiff	78
7417 Pfullingen	Prettl GmbH	135
7440 Nürtingen	R. Hildebrand Maschinenbau GmbH	158
7460 Balingen 7	Nordhaus Fertigbau	393
7500 Karlsruhe	Kernforschungszentrum Karlsruhe GmbH	548
7500 Karlsruhe	Metz Feuerwehrgeräte GmbH	127
7500 Karlsruhe	OMW Oberrheinische Mineralölwerke GmbH	72
7500 Karlsruhe 41	Pfaff Haushaltmaschinen GmbH	132
7500 Karlsruhe	Staatliche Majolika Manufakturen AG	380
7522 Philippsburg	Deutsche Goodyear GmbH	77
7530 Pforzheim	Doduco KG Dr. E. Dürrwächter	224
7530 Pforzheim	Witzenmann GmbH	38
7560 Gaggenau	Mercedes-Benz AG	193
7603 Oppenau	Kammer Kirsch GmbH	331
7605 Bad Peterstal	Maier Ladenbau-Metallbau	87
7620 Wolfach	Barthmann Cristall	375
7622 Schiltach	Hans Grohe GmbH & Co. KG	401
7622 Schiltach	VEGA	244
7700 Singen	Aluminium-Walzwerke Singen GmbH	35
7750 Konstanz	ByK Gulden Lomberg	45
7800 Freiburg	Breisgau Milch GmbH	316
7800 Freiburg	Panoramahotel am Jägerhäusle	496
7800 Freiburg	Rheintacho GmbH & Co.	174
7800 Freiburg	Sauter Cumulus GmbH	407
7812 Bad Krozingen	Kur- und Bäderverwaltung	488
7814 Breisach	Deutz & Geldermann	320
7814 Breisach	Zentralkellerei Bad. Winzergenoss. eG	515
7832 Kenzingen	MEZ AG	295
7867 Maulburg	Dr.-Ing. K. Busch GmbH	107

7867 Maulburg	Endress + Hauser GmbH + Co.	225
7880 Bad Säckingen 11	Finzer, Säckinger Maschinen-Fabrik GmbH	111
7890 Waldshut 1	Stoll GmbH & Co KG	92
7890 Waldshut-Tiengen 2	Villiger Söhne GmbH	366
7900 Ulm	Dr. K. Höhn GmbH	98
7900 Ulm	IVECO Magirus AG	188
7900 Ulm	K. Kässbohrer Fahrzeugwerke GmbH	189
7920 Heidenheim	J. M. Voith GmbH	146
7928 Giengen	M. Steiff GmbH	372
7950 Biberach	Dr. K. Thomae GmbH	62
7959 Schwendi	M. Weishaupt GmbH	413
7988 Wangen	Sohler Airtex	143
7990 Friedrichshafen 1	Zahnradfabrik Friedrichshafen AG	149
8000 München 40	Avon Cosmetics GmbH	41
8000 München	Bayerische Motorenwerke AG, BMW	183, 212–213
8000 München	Friedrich Deckel AG	108
8000 München 40	Langenscheidt Verlagsgruppe	265
8000 München 2	Münchner Verein Versicherungsgruppe	477
8000 München	Neue Heimat Bayern	392
8000 München	Siemens	241, 249
8000 München	Südfleisch GmbH	441
8000 München 2	Tela Versicherung AG	481
8000 München 21	Wamsler Herd und Ofen GmbH	412
8011 Poing	Kathreiner	430
8022 Grünwald	Pharmaselect GmbH	533
8042 Oberschleißheim	Nourypharma GmbH	55
8042 Oberschleißheim	Organon GmbH	56
8046 Garching	Max-Planck-Institut	550
8050 Freising	Flughafen München GmbH	451
8051 Unterzolling	Isar Amperwerke AG, Kraftwerk Leiningerwerk	567
8070 Ingolstadt	Audi AG	179
8075 Vohburg	Deutsche BP AG	67
8075 Vohburg	Isar Amperwerke AG	566
8080 Fürstenfeldbruck	National Semiconductor GmbH	238
8240 Berchtesgaden	Enzianbrennerei Graßl GmbH & Co. KG	327
8266 Töging	Innwerk AG	565
8312 Dingolfing	BMW AG	184, 212–213
8350 Plattling	Süddeutsche Zucker-AG	344
8377 Frauenau	Freiherr von Poschinger Kristallglasfabrik	379
8399 Neukirchen	Bekleidungsfabrik A. Schober	299
8400 Regensburg	BMW AG	185, 212–213
8400 Regensburg	Süddeutsche Zucker-AG	345
8440 Straubing	Kraftwerk am Höllenstein AG	568
8453 Vilseck	J. + A. Schmid GmbH & Co. KG	91

8490 Cham	Ludwig Gebhardt GmbH & Co.	83
8500 Nürnberg	Foto-Quelle GmbH	253
8500 Nürnberg	Großkraftwerk Franken AG	558
8500 Nürnberg	Großversandhaus Quelle	439
8500 Nürnberg 80	Sandoz AG	59
8510 Fürth	Großversandhaus Quelle	439
8520 Erlangen	Großkraftwerk Franken AG	559
8561 Happburg	Großkraftwerk Franken AG	560
8580 Bayreuth	BAT-Werk	364
8580 Bayreuth	Markgraf GmbH & Co. KG	391
8581 Warmensteinach	Glaswerke Warmensteinach eG	376
8591 Steinmühle	Erste Bayerische Basaltstein AG	23
8592 Wunsiedel	Sechsämtertropfen	339
8594 Arzberg	Kraftwerk Arzberg der Energieversorgung Oberfranken AG, Bayreuth	569
8630 Coburg	Kapp & Co.	118
8630 Coburg	Städtische Werke Überlandwerke	577
8700 Würzburg	Metzgerbank Evgedem	476
8700 Würzburg 21	Möbel Neubert GmbH & Co.	434
8700 Würzburg	Universitätsdruckerei H. Stürtz AG	278
8710 Kitzingen	Gebietswinzergenoss. Franken eG	508
8711 Castell	Fürstlich Castell'sches Domänenamt	507
8722 Grettstadt	Ed. Meßmer GmbH & Co.	335
8750 Aschaffenburg	Orschler KG	88
8751 Mömlingen	Vogel Bekleidungswerk	301
8753 Obernburg	Enka AG	48
8757 Karlstein	Kraftwerk Union AG	549
8765 Erlenbach	Bayerische Schiffbau GmbH	182
8803 Rothenburg	Karl Schaeff GmbH & Co.	140
8804 Dinkelsbühl	Gebr. Schabert GmbH	101
8809 Bechhofen-Weizendorf	Geka-Brush GmbH	49
8852 Rain/Lech	Süddeutsche Zucker-AG	346
8860 Nördlingen	Möbel Höhn	429
8890 Schrobenhausen	Georg Leinfelder GmbH + Co.	99
8897 Pöttmes	Schenke & Co.	438
8900 Augsburg	Presse-Druck- und Verlags-GmbH Verlag der Augsburger Allgemeinen Zeitung	272
8910 Landsberg	Bayerische Pflugfabrik GmbH	105
8930 Schwabmünchen	E. Zettler Kalenderwerk	280
8940 Memmingen	Hauser Modelle	293
8960 Kempten/Allgäu	Dachser GmbH & Co.	445, 458
8962 Pfronten	MAHO AG	125–126